U0473203

观念的艺术与技术的艺术

新星出版社 NEW STAR PRESS

蒋原伦 著

no.28 新人文丛书

新人文丛书编辑委员会

主　编　　王晓纯　　吴晚云
副主编　　罗学科　　史仲文（执行）
　　　　　张加才　　郭　涛

特邀编委（以姓氏笔画为序）

于建嵘	马立诚	王向远	王清淮	王鲁湘
刘丽华	安乐哲	尤西林	吴　思	吴祚来
张　柠	汪民安	李雪涛	陈晓明	邵　建
赵　强	单　纯	金惠敏	骆　爽	夏可君
黑　马	熊培云	敬文东	谢　泳	戴隆斌

编委（以姓氏笔画为序）

王文革	王鸿博	王景中	王德岩	曲　辉
刘永祥	孙德辉	李志强	邹建成	张卫平
张　轶	张常年	周　洪	屈铁军	赵玉琦
赵晓辉	赵姝明	袁本文	铁　军	秦志勇

【总序】

新人文：在思想与行动之间

王晓纯

"人文"一词，用法不一：古人将之与"天文"对举，今人把它与"科学"并列；它还常用来概称一种无论西方还是东方都存在的崇扬人性与人道的主义或精神。

"人文"与"天文"对举，最早出现于《周易》。《周易·贲卦》象辞中，有"观乎天文，以察时变；观乎人文，以化成天下"之语。根据后人的解释，"文者，象也"，即呈露的形象、现象。于人而言，包括人世间的事态、状况，并可以引申到个人气象与社会风貌。值得注意的是，文中强调"文明以止，人文也"。文明总是与人文密不可分。人而文之，方谓之文明。在中国传统中，"人文"主要指人类社会的礼乐教化、典章制度和道德观念。而文明在其本质上，乃是人类对"人之为人"在思想上的自觉和这种自觉在实践中的表现。

"人文"与"科学"并列，与西方近代分科之学的出现与发展有关。伴随科学与技术的勃兴和迅猛发展，人类社会传统的文化格局发生了重大改变，尤其通过科学与工业革命不断推波助澜，甚至形成了科学与人文之间所谓"两种文化"的分裂。

"人文"作为一种精神或主义，泛指从古到今东西方都出现过的强调人的地位和价值、关注人的精神和道德、重视人的权利和自由、追求人的旨趣和理想的一般主张。

当代中国思想者的研究视域从来没有离开过对中国社会的人文关注。如今，中国社会进入了一个重要的转型时期。新时期呼唤新人文，也不断催生着新人文。

新人文是一种新愿景。现代社会使人在工具理性和技术统治面前常感无力，物质的丰富与精神的幸福之间往往容易失衡。新人文将目光聚焦于人本身，重塑价值理性，高扬人性尊严，唤起内心力量，促进个性自由发展，让梦想不再贫乏，让精神充满希望。

新人文是一种方法论。唯人主义和唯科学主义是现代性的基本组成部分，但两者的分隔也有渐行渐远之势。新人文试图重新发现科学与人文的内在融通，增进科学与人文的互补互用，让科学更加昌明，让人文之光更加夺目。

新人文是一种行动哲学。继往圣、开来学不是思想者的唯一目标，理想与现实之间需要架设坚实的桥梁。新人文力图夯实人文基础，作为社会的良知而发出公正的呼声，着力提高全民族的文化素养和精神境界，让思想冲破桎梏，用行动构筑未来。

鉴于以上种种，我们编辑了这套"新人文"丛书，奉献给关心当下中国现代化进程和新人文建设的广大读者。

2012.10.19

目 录

序／童庆炳 ··· 001

第一辑　文化批评 ··· 001
　　去势的儒学与信仰 ·· 003
　　让生活新闻化 ·· 011
　　文物与宝物 ··· 018
　　今夜星光灿烂
　　　　——身披屏幕的新一代 ·· 025
　　图像／图符修辞 ··· 032
　　论电视评委 ··· 042
　　一切新文化都是青年亚文化 ·· 048
　　作为新现实的互联网 ··· 054
　　文学体制与网络写作 ··· 059
　　电子时代的民俗 ··· 066
　　观念的艺术与技术的艺术 ··· 072
　　当代艺术中的"中国经验" ··· 077
　　华西一景 ·· 080

第二辑　媒介神话解析 ·· 087
　　媒体价值观 ··· 089
　　聊天的媒介学意义 ·· 098

网络聊天的语用和文化…………………………………………112
大众媒介与现代神话……………………………………………123
多媒介的当代艺术与阐释性批评
　　——兼论当代艺术评价体系……………………………144
媒介批评的功能和范畴…………………………………………155
挑战"景观电影"
　　——论胡戈的意义………………………………………163
新媒介环境与舆论研究…………………………………………169
大众文化研究的系谱……………………………………………173

第三辑　空间与文化……………………………………………185
文化理想…………………………………………………………187
新都市文化
　　——后海文化研究………………………………………216

第四辑　诗学研究………………………………………………251
20世纪中国文学史研究观念的演变
　　——从系谱论到本质论…………………………………253
"思想内容"和"艺术成就"的两分阐释模式探析
　　——中国文学史研究观念演变案例研究………………282
中西诗学范畴及其差异…………………………………………300
神话叙事与诗……………………………………………………335
隔与不隔…………………………………………………………361

序 / 童庆炳

原伦送来他的自选集《观念的艺术与技术的艺术》，嘱我作序。接连几天，一直在阅读。他的著作分为四辑：文化批评、媒介神话解析、空间与文化、诗学研究。他年轻的时候，一直写文学批评文章，文笔既有具体的逻辑，又文采斐然，生动可读，品味不尽。

一晃之间，几十年过去。蒋原伦也从一家报纸编辑成为了大学老教授。他的著作除了保持年轻时期的优点之外，学术功力大大增加，文字间流露出学术的厚重感。无论是文化批评，还是媒体理论，都充满了渊博的知识、翔实的资料和鞭辟入里的分析，读来十分可喜。

蒋原伦的"文化批评"眼界开阔，论儒道，谈文物，论图像，谈民俗，涉及方方面面。值得称道的是，他笔下所论不是空谈，而是摆事实，讲道理，"入精微而致广大"，给人诸多启发。《去势的儒学与信仰》一篇从媒体的变化来谈儒学的兴衰。他从当前的情况出发，认为"媒介手段的变化会改变文化的形态"。他的解释是，"由于孔子处于中华文明的源头，注定了其形象被不断描摹、添彩、涂抹、修改的命运。当然对孔子及其学说下任何断言，对其历史命运作不刊之论的推测，不过是管窥蠡测而已"。其结论是："文化传承是复杂而多变的，仅仅由于新媒体和新文化的产生而给某种古老的甚至稍早的文化形态下死亡判决书是轻率的。"这种用发展的、变化的观点来看一种学说或一种文化是可取的。《文物与宝物》一篇也写得很有分量，他说："这是很悖谬的事情，王圆箓和斯坦因造就了敦煌学，却同时背负了罪名。"对此，文章细致展开了对悖谬事实的深入的解读和分析，揭示了其中的文化涵义，有力而又有趣。特别是对"文物"与"宝物"互转等问题，做出辩证分析，道人所未道，真可谓"好驴马不逐队行"（王夫之）。

人到中年，蒋原伦的写作开始由当代文学批评向媒介学"转型"，对新的理论媒介学作了深入的研究，长期在媒介学中浸润，媒介学理论成为他的一个研究目标。我读这一部分论文的时候，对其中的说法和理论不甚了解，找原伦来谈，对电子媒介及其功能才稍稍有些明白。譬如，现在我们经常听到和说到明星。按照我原来的理解，明星就是依靠着自己的才能及其表演一夜成名的人：影星，依靠在电影中扮演角色，一时间被大家认识，即一夜成名；歌星，凭着自己的歌喉，在电视台唱首令人赞赏的歌，一夜成名；球星，在某次电视直播中，依靠在足球场上踢进一个很特别的球或很关键的球，一夜成名……这似乎是一种很奇怪的现象，这在过去的传统的舞台或球场表演中是不可想象的事情，可是现在这种"明星"神话就在我们面前。那么这种"明星"神话是如何被创造出来的呢？原伦说："当然，明星更可以归于神话学的范畴，这是大规模的文化工业、现代传媒、金融资本这三者合谋生产的现代神话，在这一神话中，'明星制是它们制造出来的第一批产品'。""金融资本"意味着要花大钱。"文化工业和现代传媒"意味着规模化的电子工业和产生文化工业的诸种条件，正是这三者结合创造了明星。但为什么过去的一般的舞台就不能像现在这样创造明星呢？在回答这个问题时，他引用了亚历山大·沃克的一段话："在摄影机贴近到足以摄下表演者的个人特征之前，电影明星一直不能从舞台演员群体中脱颖而出，而特写镜头正是摆脱的第一步……它把表演者和周围隔离开来，把观众的目光集中于表演者的容貌和个人特征，而且有时候几乎同他或她的表演才华毫无关系。这应该是突破舞台传统的决定性的一步，是构建艺人独创性的最有潜势的手段，也是观众和电影演员两者的情感在心理上互相交流的开始。"原伦引的这段话，让他感兴趣的是其中的"媒介学立场"，并认为正是这特写镜头创造了电影明星。我认为"媒介学立场"一语，很好地揭示了"特写镜头"的实质，也揭示了媒介在改变传统文化中所起的那种使其脱胎换骨的作用。"特写镜头"的确在传统的影视中起到了"革命性"的作用，有时候那"特写"可以写出人脸的每一个毛孔，让观众看到的人脸比真的人脸还真，观众的这种感觉改变了传统的镜头留给人的印象，凸显了生活中似乎不可观察到的神妙部分。实际上，那人脸没有变，变的是"特写镜头"产生的效果。就如现今的武打片，比过去的显得真，也似乎显得功夫更了得，实际上不是，武打动作还是过去的武打动作，功夫甚至比过去的还差，但为何让观众觉得更真，那功夫更好，那是电子媒体处理的结果。原伦以下一段话给我很多启发：

"……明星是社会流行趣味的代表，这种流行趣味不是由哪一位才趣卓著的人物独自创作出来的，不是由麦当娜、迈克尔·杰克逊、伊丽莎白·泰勒、玛丽莲·梦露或球星马拉多纳、迈克尔·乔丹等仅仅依靠自身的才华酿成的，而是由商业文明和大众文化合谋并通过明星自觉不自觉的配合，共同创造的。"由此我感到，在电子媒介如此发展之前，对于我们老一代而言，看到电子产品会大惊小怪，觉得这不是正常的文化；对于我们的后辈而言，他们一生下来就落入电子媒介的网络中，觉得生活本来就是如此的，这是正常的文化。这就是电子媒介给文化给生活方式带来的变化。

我历来认为，新的事物的涌现必然会带来新的理论。新媒体必然会有自己的学问，甚至有一天远超那些历史悠久的学问也未可知。蒋原伦教授以他的学术勇气，接受新事物，研究新学问，在媒介学上有了自己的成系统的阐释，熔古今于一炉而自成面貌，这是很了不起的。

论集最后一部分《20世纪中国文学史研究观念的演变》等数篇论文，以广博的知识为基础，以深入的分析为中心，以观念的改变为目标，说明了原伦从一个文学评论者转变为一个问题研究家。见解新鲜，解释到位，具有很强的启发性。我为他能写出如此有深度的论文感到由衷的高兴。

原伦身体好，学术潜力足，正是做学问的好时候，希望他能集中一两个单元（假定一个单元10年），抓住自己感兴趣的问题，用力去做，必能获得更加巨大的学术成果。

2014年4月17日

第一辑
文化批评

去势的儒学与信仰

若干年前,当北京大学张教授宣称,一万个孔子不如一个章子怡时,引来一片哗然,网络讨伐声此起彼伏,该教授反复申明自己的原意为媒体所误解,但仍然有人不依不饶。

我知道张教授的意思不是在谈论孔子和章子怡在思想文化界的价值孰高孰低,孔子在思想和文化上的历史地位是不言而喻的。但是就当今而言,就对外宣传的有效性方面,孔子的绩效恐怕不如人意。其时,章的大幅照片刊登在《时代》杂志的封面上,章的电影《十面埋伏》《艺伎回忆录》和广告等也红遍全球。我也以为教授的话有些道理,实践是检验真理的标准嘛!要不孔子怎么就上不了《时代》的封面。不料,才一年工夫,形势陡转,孔子和他的《论语》迅速蹿红,这回红的不光是孔子一人,还有于丹,或者干脆说,就是因为于丹。某种意义上说,是"唯女子与小人难养也"的"女子"于丹,捧红了孔子,一起上了各种杂志的封面,风光无限。

当然公平一点说,这回的红,是孔子和于丹互为媒介。孔子因于丹而焕发青春,于丹缘孔子而大红大紫,连带与《论语》有关的十几本著作和注释本也一起畅销,走进书店,《论语》系列书籍独自作为第一方阵,摆在最显眼的位置,蔚为壮观。其实作为常销书,杨伯峻的《论语译注》和钱穆的《论语新解》本来就卖得不错,现在也裹在一起,竟然有点借光的意思,钱、杨两位先生地下有知,不知会作何感想。借光往往是"互相"的,按现在的时髦说法是"双赢",但是不管谁借谁的光,孔子的光芒终究要比其他人长久一些。

想想也是，孔子他老人家已经红了两千来年，尽管"五四"以来，有人把封建社会的账全部算到他一人身上，那也是因为他太走红的缘故，千百年来朝代更替，皇冠跌落，孔子却不受影响，屹立百代，德配太庙，有素王之称，所以对封建社会的苟延残喘似乎多少得负点责任。时髦的说法是儒学充当了封建专制制度的"社会水泥"。当时，岂止是打倒孔家店，好像传统文化统统不行，是糟粕，一律打倒。凡事矫枉过正，若是过大发了，还会反弹回来，孔子和儒学亦如此，批林批孔时跌到了谷底，"孔学名高实秕糠"，"《十批》不是好文章"，连带着捎上了郭沫若。中国两千年的历史也简化成儒法斗争史，法家是历史前进的推手，儒学则是挡车的螳螂，撼树的蚍蜉。

然而否极泰来，在20世纪80年代后期，儒学开始复苏、升温，得到全社会关注。尽管在改革开放的思想系谱里，没孔子什么事儿，但是，这些都不妨碍他老人家抖尽身上的污水，重新回到原先的牌位上。说改革开放与他无关，也不能太绝对了。他老人家早就说过"有朋自远方来，不亦乐乎"，只是这回开门请的是高鼻子蓝眼睛的朋友，想必他不一定愿意见，尤其是穿西装让他敏感，当初他对管仲千恩万谢，就是因为这位霸诸侯一匡天下的齐相，使他免受"被发左衽"之辱。

后来电视台推出孔子也是恰逢其时，权且不说为了吸引眼球，单从回应海内外的国学热、读经热、儒学复兴热出发，也应该尝试一下，可以说是社会上的尊孔读经，为电视孔子的复活打下了基础。这里有诸多因素的复合，难以一一厘清，其中就有"为天地立心，为生民立命"的意思在。社会物质财富的积累、生产力的提高并没有给人们带来心的宁静、行的规范，倒是引出一派物欲横流的景象，让志士仁人们莫不忧虑，于是想到要为中华民族重建价值核心和信仰系统，还是要树立一个本土的"神"，可见对孔子的重新召唤，不是为了"鸡的屁"（GDP）。人们发现，尽管有了"鸡的屁"，还是缺失了某种精神，所以为了稳固国人的精神塔基，必须再造信仰系统。

其实，当年康有为最具大眼光，他曾经提出过"尊孔圣为国教"的建议，理由是东洋西洋均有宗教信仰，唯有泱泱大国的中国没有统一的宗教,恐怕立国无本,进退失据。虽然佛教和道教在中国影响很大,但是均不如儒学根基稳固,而且以近代的科学眼光来看,宗教是迷信,孔子的学说不是迷信,有理性、有情感、有伦理,是兼顾了"头上灿烂之星空"和"心中道德之律令"的本土话语,何必反求诸他乡。紧跟着康有为还拟订了实施的具体办法。可惜在那兵荒马乱的年头,这一切显得不合时宜。不过和后来蔡元培先生大力倡导美育相比,倒是复兴儒学更容易为国人所接受。

蔡元培先生也是这个意思,以审美教育代替宗教发挥作用。这想法很有创意,受康德的影响,以审美判断来协调认识与伦理、沟通知性与理性,以美育来"陶养情感",使得知情意三者得到均衡发展,满足人性的内在需求。但是太理想化了,要花大力气大成本不说,还要抹去读书人的部分记忆,难度太大。

回过头来说,虽然孔子和于丹互为媒介,共同蹿红,还有一个媒介是断断不能忽略的,那就是电子媒介,没有电视和百家讲坛,就没有于丹,也就没有今天的孔子。从最表层的现象看,是电视救了孔子,有那么多儒学复兴者奔走呼号,但是似乎都没有于丹在百家讲坛上讲的孔子那么有感召力:那个心灵鸡汤的孔子左右逢源,他每段话说得很短,很精辟,留有充分的发挥余地,很符合电视的再传播;且《论语》中一段话与另一段话之间没有必然的关联,便于选取,即选取和当下语境相对吻合的语录来阐释,并且这一阐释和流畅华丽的口语表述、兼有评书的抑扬顿挫,又有心理治疗功能的娓娓道白两相结合,功效非凡。难怪伊尼斯、麦克卢汉一干人早就强调口头传统呢,认为口头传统具有灵活性,比起书面传统来更加完善,可以避免单一线性思维,可以纠正文明的偏向,使时间偏向和空间偏向互相平衡。他们的见解似乎在中国的百家讲坛也得到了部分印证。

而那个周游列国、不受待见的孔子,惶惶如"丧家狗"的孔子,或者李零先生描画的那个孔子,有着自己一整套相对完整的政治与治国主张的孔子,靠着文言和印刷文字流传,还要加大量注释的孔夫子就不怎么受欢迎。当然,就此以为心灵鸡汤的孔子击败了那个济世救国的孔子就错了。时势造英雄,也许若干年后人们还要召唤那位至圣先师。况且两千年来,他老人家从未被固定在一副面孔中。很难说若干年以后,孔子又会是什么新形象，文化的演进路径和媒介的技术的发展说不定会塑造出更加现代化的孔子，例如世界级比较文化大师或者说"交往行动理论"和"符号互动理论"的先驱者等。

孔子当时的世界就是中原列国，孔子的学说就是在国际文化交流和碰撞的语境中产生的，孔子的交通工具是当时最先进的马车，他的语录被记载在竹简和缣帛上，是当时最前卫的书写方式。他周游列国，就好比常上互联网，信息灵通。由于有教无类，收费也低，三千弟子中各国青年留学生均有，是国际性的私家学院，和稍后希腊的雅典学院大概有一拼。不过孔子教的是六艺：礼、乐、射、御、书、数，人家教的是语法、修辞、逻辑、天文、音乐、数学、几何等七科。从实用角度讲，孔子这边要强一些。由于孔子处于中华文明的源头，注定了其形象被不断描摹、添彩、涂抹、修改。当然对孔子及其学说下任何断言，对其历史命运作不刊之论的推测，不过是管窥蠡测而已。

二

文化的承传是复杂而多变的，仅仅由于新媒体和新文化的产生而给某种古老的甚至稍早的文化形态下死亡判决书是轻率的。文化的分类和解析方式也是多样化的，除了听觉/视觉、口头/书面、白话/文言、印刷/电子等，我还把它解析为两个层面，符号和话语。符号是排他的，无法兼容，用了中文就不能用西文，有了甲能指就无法同时使用乙能指；话语是兼容的，海纳百川，在一组陈述中可以组合不同的思想和观念。符号的意义差异是共时性的，离开了共时性就无法定位；话语是历时性的，往往是在继承前人的基础上加以丰富和发展的。话语的继承，既有正相关关系，也有反相关关系，例如麦克卢汉的媒介理论对伊尼斯"传播的偏向"就是正相关关系，新自由主义对古典自由主义而言也是正相关关系，而新老自由主义和夹在其间的凯恩斯主义则是反相关关系；新历史主义与克罗齐的思想有正相关关系，而对形式主义和新批评则是反相关关系；荣格的或帕洛阿尔托小组的心理学思想对弗洛伊德的理论既有正相关也有反相关关系。当然无论是正相关关系还是反相关关系，都是有承传和某种逻辑在，还有非逻辑的融合和拼贴，后现代话语就是如此，大杂烩。所以20世纪以来，西方无论有什么样的新思想都可以被"中国化"，化得好不好，合理与否是一回事，就话语层面而言，基本是多种思想交汇，古今中外，你中有我，我中有你。领土是有国界的，国界划得不清楚，会产生纠纷和战争。思想和话语是有倾向而没有国界的，在春秋战国时代，诸子百家的思想各有倾向，却并不对应于具体的鲁国、楚国或秦国。自然有人试图将思想和国土对应起来，强调文化的纯洁性或民族性，不管其用意如何，结果总是徒劳的。并不是说不存在文化的民族性，只是说文化的演变不是朝着预先设定的民族性方向前行，这和生物遗传类似，"自然选择"要比人为的干预更有创意，更能出奇制胜。大自然的鬼斧神工也表现在文化方面，如果为了文化的民族特色而对思想和话语进行封锁，不仅不可能发展出辉煌的一乡一土的特色文化，还会适得其反，迅速导致文化的衰落。思想禁锢对文化的繁荣最具杀伤力，文化不是闭门造车的产物，它总是在互相交流、借鉴、吸收和融合中逐渐丰富、深厚、博大。丰富博大也会走向烦琐，烦琐会回归简约，这一过程虽然也可以说是人为的，但却是不可规划的，正如不可计划人的情感和思想，不可规划什么时候会有新的发明创造面世一般。

中华文化的发展不可能在拒绝外来文化的基础上达成，或者说中华文化从来是在和外来文化的交流、碰撞中逐渐变得丰厚博大。外来文化说来抽象，其实蛮具体，战争、移民、传教、通商、留学、翻译、技术交流和文化论争、领土版图的扩大或缩减等等，都会引进外来文化。如果不是与军事侵略并存，那么我们只能在隐喻的意义上使用文化侵略这个词。特别是媒介全球化的时代，如果用显微镜来检测文化的肌理，会发现每一条纤维都融合着各种文化因子，成分复杂。因此即便是最古老、最纯正、最本土的文化，也融合着后来的或外来的因子。今天我们无法直接走近古老的文化（甚至包括考古学，因为对出土文物的鉴定和阐释是一门现代学科），我们接触的是经前人一再阐释的、器物和观念混为一体的对象。所谓文化传统，是由经典和经典的阐释话语共同构成的，就如我们面对的

《论语》早已不是2500年前的竹简木牍,而是经历代圣贤或编撰或注释或转手的《论语》解读话语。传统文化是流,不是仅仅指源头。传统文化有时也是一种宿命,无论其优劣,后人无法轻易解脱,而且必然要承受。媒介手段的变化会改变文化的形态,新媒介带来新文化,但是传统文化的内容会浓缩成某种形式(我们有时称之为"精神")保留下来,当然是"有意味的形式"。讲《论语》就是一种形式,无论在课堂,还是在电视台,或者在网络博客,均意味着当代人和传统文化有着密不可分的精神联系,至于讲得怎样,那就另当别论。关键是能持续不断地被讲,一代接一代地讲。其实"精神"就是通过形式保存下来的。

三

形式即是媒介,由它通向某种精神和文化,媒介手段和方式同样也是文化。以电影为例,好莱坞大片是文化产业的产品,而好莱坞电影的制作方式更有拷贝的意义,大资金的运作、大片的生产模式、动漫的运用、市场营销手段的成功等等均可以进入课堂的教案,成为文化产业类课程的内容。或许为了某种理由,我们可以抵制好莱坞大片,但是不妨碍以好莱坞的运营模式或制作方式来生产大片。以章子怡为例,她是现代影视制作体制的产物,她的成功只是证明中国电影和演员进入世界市场的成功。输出章子怡没有独特的文化意义,只是应了一句全球通的广告词"我能"。就如中国足球2002年忽然踢进世界杯,表明游戏规则对参与者的认可。好莱坞梦工厂和电视屏幕能生产许多大同小异的章子怡,却无法再造当代孔子,因为孔子是与一个古老的传统结合在一起的。中国的传统丰富深厚博大,孔子作为传统的象征有其偶然性,尽管我们现在可以分析出一百条必然性来,但是历史的机遇巧合永远是神秘的,高于人的理性。历史还把孔子和儒学锻造成特定的精神形态,成为中华文化的发动机和生产机器,源源不断地生产出各个时段,各种样本的传统文化来。

以"媒介即讯息"的逻辑推断,媒介方式的变化,新兴媒体的崛起,极大地改变了当代文化的面貌，与此同时，传统文化因其传播手段落后，将被渐渐淘汰，或被挤到一块狭小的空间里，自生自灭。然而历史的轨迹与逻辑的推断往往成悖反之势，新媒体的出现不仅没有遗弃传统文化，反而增加了其产能，书店里有关国学或传统文化的著作铺天盖地，甚至还有电子版和网络版等系列产品，在以往时代，哪见过这阵势？不过，当代传媒相中传统文化这一块，并不是一般意义上的出于弘扬的意愿，站在文化产业的立场上看，孔孟老庄、三坟五典这些都是资源，都潜藏着巨大的市场和无限的商机，都是可以反复加工、重新包装的对象，而传统文化典籍经此一加工包装，也往往变得面目俱非，不忍卒读。

新兴媒体和现代影视工业相结合，生产出大大小小的章子怡，其产品的功用和效益比较明显，张颐武教授赞许章子怡就是看上其当下的功用。而孔子的功用和效益，在今天来讲则比较模糊，毕竟考大学不比科举，论语背得不熟，丢不了什么分。另外，儒学也没有了以往思想控制和意识形态方面的利用价值，时过境迁，儒学已明显被去功能化。

去功能化的儒学为什么也能那么火？那是经过上千年的冶炼，滤去功利的杂质，慢慢演变为某种信仰的缘故。

就没有实用价值一点而言，"孔学名高实秕糠"可谓一语中的。其实当年孔子就"干七十余君，莫能用"。后来孟子也如此，齐威王、梁宣王等向他讨教具体的治国和对付邻国的方略时，孟子那一番有关仁义的高谈阔论就不解决实际问题，起码是远水不解近渴。按照《史记》的说法，"（孟子）游事齐宣王，宣王不能用。适梁，梁惠王不果所言，则见以为迂远而阔于事情。当是之时，秦用商鞅，楚、魏用吴起，齐用孙子、田忌。天下方务于合从连衡，以攻伐为贤。而孟轲乃述唐、虞、三代之德，是以所如者不合。"合则留，不合则去。也许正是脱离了实用价值，反而容易使其升华，成为一种精神信仰。孟子之所以为孟子，就是他的迂阔，坚守自己的信仰，不苟同于流俗，结果只能回老家与他的徒弟们著书立说去了。至于后学们虚构出的"内圣外王"一套说法，一心想着两头通吃，不仅无可操作性，还有很大的欺骗性。在枪杆子里面出政权的年代，倒是先王后圣更便于付诸实施，是皇帝总会有新衣穿的。

当四书五经还是读书人仕途的敲门砖时，当它们还是换取黄金屋、千钟粟和颜如玉的筹码时，不过是一种谋取利禄的媒介，而不能成为精神家园。儒学的去功能化，不仅不会导致其衰落，反而还成全了它，即如在日本，在韩国，儒学和治国的关系不那么紧密，反倒是香火绵绵不断。那里的人们也就没有在歪歪斜斜的字里行间看出"吃人"两个字来，糊里糊涂就马虎过去了，进入现代社会，公民的人格也没因此残损破缺。

"仁义"也罢，"中庸"也罢，作为价值取向，很是高尚，值得普世推广。而不能因为某些倡导者的虚伪，就派定相关学说是伪善的、只为专制统治服务等等。不过高尚是有条件的，那就是与实用和效益保持距离，非工具化和价值中立。一旦被拖入现实的泥淖，为实用目的服务，作为策略和手段来运用，就会失之偏颇，就会有美美恶恶之癖。只有儒学工具化过程结束，其内涵的价值理性才会得到进一步开掘，其精神层面的力量才能逐步积聚，成为民族和群体的信仰。

再来说说康有为立孔教为国教的方案之所以无法推行，我以为，主要是那时的儒学还没有去势，这位大成至圣文宣王和现实生活中气势熏天的权贵们似乎有着千丝万缕的联系，仍然有着统治工具的嫌疑，难怪目光如炬的鲁迅和"五四"新青年一代人不答应，革命党人不答应。甚至，要不要打倒孔家店，要不要反对各种名头的尊孔读经，成了那时新潮学子和封建余孽的分水岭。

俱往矣，近一个世纪的阻隔，尘埃落定，总算使儒学脱离了统治意识形态，回归自身。因此，感觉上作为中华文化的形象大使，哪怕是作为心灵鸡汤的孔子，都比修齐治平、内圣外王的孔子要可爱。也许这位和蔼慈祥的老人家与十字架上悲天悯人的耶稣是一类人，也许他和柏拉图、亚里士多德是同道，也许孔子就是孔子，无人比肩。只要不当大成至圣文宣王，只要不进入必修课，不靠它拿学分，他只是在校园的绿草坪上优雅地站站、目眺远方，再或者上互联网常常露脸，即便左子怡、右于丹，也是一片和谐图景啊！

（载《读书》2008年第11期）

让生活新闻化

文章的题目缺少主语，是谁或是什么让生活新闻化？

是微博！微博让许多人的生活新闻化。

若干年后有人写中国思想史，一定会写到微博，写到2009年，这一年被一些人称为微博元年。

思想史上原本应该写哲人和思想家，写写孔子、墨子、老子或孙子，写写朱熹和王阳明，写写康有为和梁启超，哪怕写写蔡伦和毕昇也行，因为有了他们，思想的传播变得便利了、迅捷了。思想史上怎么能写纸张、印刷机、电视或互联网呢？那只不过是一堆媒介而已！但是，我相信微博能，作为一种新的媒介形态，它和以往的媒介不同，它可以使每一个人成为思想者，每一个人也都能成为思想者。

我的朋友、同人中间有一部分人开微博，每天或隔几天要打理一下微博；有一些人则潜水微博，只浏览不发声；还有一些人不上微博，退避三舍，生怕泄露了隐私；也有一些人，上了几天微博，新鲜一阵就退了下来。我以他们上微博积极的程度，来判定他们是否愿意让自己的生活新闻化。凡是经常上微博的、积极上微博的、把自己的微博搞得风生水起的博主，都是愿意让生活新闻化的先锋人物。生活在由自己和粉丝构筑起来的新鲜事件和话题中，每天能生产出新的生活意义，既新鲜又刺激。就是潜水微博的人，也使日常生活有了新内容，在他人的日常生活的播报中获得某些新闻性满足。因为微博中的"他人"是自己主动关注和选择的结果，微博的粉丝圈和关注圈比日常生活的小圈子要大一些，且通过一个又一个的关注圈，像涟漪一样可以荡漾到任何自己想要到达的远方（当然，名人微博另当别论，这里有公共关系的意义在，下文将会细述），他人的新闻是在自己兴趣世界的边沿上，似乎伸手就能够得着，起码比好望角要近一些。

关于新闻，原先读到的教科书对此下过一个定义：新闻是关于新近发生事实的报道。当然，这一定义并不全面，还有一个是谁来报道的问题，不过在互联网和微博出现之前，人们很少会意识到这个问题，即由职业记者报道并有专门的新闻机构发布的消息，才算得上是新闻，隔壁大爷或邻家小妹传递的消息不是新闻，市井细民日常生活中的事件不是新闻。

而今，微博的降临，陡然改变了新闻的形态，新闻源源不断地从周围的日常生活中喷涌而出，它不再是报纸或广播电视的专利。以前作为新闻来源的素材，现在都成了新闻本身，记者所寻找的目击证人如果自己上微博，就成了新闻的发布者。约翰·费斯克在《阅读大众文化》一书中曾经揭示了新闻报道的真实性等级，事实或真实在某种意义上是有等级差异的。播报新闻的电视主持人、电视台所连线的远方记者以及记者所采访的目击证人，分别处于真实性的三个等级之中，新闻机构赋予电视新闻主持人以权威性和全面性，处于真实性等级序列的最高端，主持人的话语不代表自身，他或她是规范的新闻话语的化身，尽管电视台主持人离事发地点空间距离最远。而目击证人处于真实序列的低端，虽然他们就在事发现场。目击证人作为具体的个人，由于其所处的地位和特定视角，尽管所言真实，但往往不够全面，可能还有其他目击证人来加以补充，真实的新闻报道只有在经过记者和电视台的综合之后，才被社会所认可。今天在微博新闻中，这种真实性的级差似被消解了，微博与微博之间是等距离的，都在点击鼠标的一念之间。特别是记者和主持人也开了微博，人们发现每个人可以是同样真实而片面的，每个人也同样具有比较、鉴别和综合不同消息来源的能力。与此相应，新闻的独家报道和第一时间播报的重要性也降低了，微博上几乎全是独家报道，并配以第一时间的个性评论，应当说，微博为新闻的民主化作出了大贡献。

新闻原本就来源于人们的社会公共生活和私人的日常生活，但在传统和惯例中，新闻似乎更关注社会的公共生活，较远离私人的日常生活。这里除了有涉及个人隐私的问题，关键还在于新闻报道的机制和把关人的筛选（狗仔队就专门报道公众人物的私生活，似乎还为此发展出一套理论，这里有更复杂的动因）。因为日常生活不仅琐细、庸常、不上档次，而且还无关大局，无足挂齿，所以容易被剔除。更何况这类日常生活琐闻充满着个人的情感和偏好，往往不够客观。而正规的新闻机构因为其报道公共事件并采取公众的立场，人们习惯将它看成是公众的代言人而获得了某种规范性和权威性。此时记者和报道者的立场被隐去了，他们的报道被认为是站在公正和客观立场上的。记者是秉持职业操守的，又受过正规的训练，他们的客观和公正似乎是由其所在的机构作保证的。新闻机构由于赋予记者某种客观性和公正性，又反过来证明了它自身的不偏不倚。

其实，新闻机构有新闻机构的偏好性，记者有记者的主观倾向，人们对此熟视无睹而已。新闻机构和新闻人往往运用社会所认可的话语来报道事件，所以掩盖了其报道的选择性和偏向性。例如在有关灾难的报道中，经常有受难者家属或群众"情绪稳定"的报道，久而久之，这"情绪稳定"就成了认可的套路，似乎没有了它，报道就不够客观。有一些新入行的记者，尽管报道的写作上还不够老练，叙事的功力上还有待提高，但是那一句"情绪稳定"，却显示了其不相称的世故。

微博上的新闻由于没有权威机构作保证，所以在客观性上有点悬。微博人的新闻也不使用记者常用的那套新闻报道话语，个人性的言语和偏好性的表述使得其报道的公正性又悬上加悬。但是微博新闻却以其生动、鲜活、及时，带有个人体温和喜怒哀乐，吸引着人们的眼球，使得当下的记者们编辑们麇集在微博中寻找素材。以前人们将寻找丑闻报道的行为称之为"扒粪"（据说是美国总统西奥多·罗斯福最早把当时从事揭露新闻写作的记者们挖苦为"扒粪男子"的），现在好了，扒扒微博，总要高雅一些。常常听到一些新闻报道中有"零距离""原生态"等等夸张的说法，其实，微博倒是当得起这一说法的，即便是讹传和谣言，微博上的讹传和谣言也是原生态的，动机昭然，不那么阴险，比较容易查找源头。再则，微博的客观性和公正性不是体现在每一个具体的个体身上，而是体现在各种言论、思想、立场的交汇之中，不同个体的真实侧面，是所谓的客观世界的最好注脚。

微博不仅使生活新闻化，更开辟了个人的公共关系新领域。关于公共关系学，依某些教科书的界定，是"研究组织与公众之间传播与沟通的行为、规律和方法的一门学科"。在伯奈斯当初创建公共关系学的年代，公共关系的实践活动意味着商家的宣传、促销，意味着产品的包装和人的包装（如竞选总统），有时就搞成了公共忽悠学，正如时下的金融工程专业，在实践中偏向圈钱工程学的路子。微博在打破了新闻的定义后，再一次挑战了公共关系学，因为微博是以个人行为替换了组织行为。每一个微博人都明白，只要上了微博就不是生活在熟人圈子里，而是进入了公共空间（个别官员不甚明白，在微博上说私房话，以为可作手机短信用，套一句时髦的话来说，是媒介素养不够的缘故）。

微博作为公共空间，有其特殊性，这是有着博主私人话语印迹的公共空间，或者说是在私人领地中的公共空间，毕竟博主有权随时关闭和开放这一领地。作为私人话语和公共空间融合的微博，在社会文化中所发挥的功能和带来的人际交往及社会文化的新变化几乎是全方位的，以前人为设置的种种界限均被打破，如私人生活和公共生活的区隔，个体心理和社会心理的区分、文化和政治的区分，等等。由此许多社会学科研究领域的界限也模糊化，例如微博中舆论的概念既可作为新闻传播学的概念，也可以看成一个更广泛的文化概念，因为微博不只是关心社会重大事件，它对日常生活事件和一般社会文化现象的关注，在更深层的意义上改变了整个社会文化形态，重构了个体和个体、个体话语和公共舆论之间的关系。

微博中最值得注目的景观是"互粉"，"互粉"现象的社会学意义远远超过所谓的名人微博。"互粉"意味着平等的交流，意味着友好互动。一个刚进入微博的新手，一个名不见经传的普通人，通过"互粉"来获得他人的关注（当然"僵尸粉"除外），由此他也得到了自尊和认可，有了思想的热情，有了社会参与的主动性。

微博是特殊的"一对多"的关系，这个"多"不是一个常量，而是一个变量。"多"是需要经营的，要不断打理并择机更新微博内容，与时俱进，要关心社会公共事务，表明自己是一个关心社会关心公益的人。这就要求博主要学会处理公共关系，要打造、修理和不断维护个人的公众形象。公众形象是一种特殊的社会资源，它不一定会使博主直接受益，但是，这是一种长期的储蓄，其积攒的是人气。某种意义上说，微博也像是一份个人财产，在通货膨胀的年头，不让财产缩水还试图有新的收获，就要付出辛劳付出心血，就要有责任感，这同样是成为社会公民的一种磨炼。这里要提及名人微博，许多网站招徕名人微博，是出于吸引眼球的商业动机，而从名人角度出发，他们要学会在新的媒介环境中处理公共关系，保持其影响力。当然，名人这个概念是有点模糊的，在微博产生之前，名人是在各个社会领域中崭露头角的人物（这里不讨论其出名的途径是靠个人扎实的努力，还是靠哗众取宠），微博之后，就有了微博名人，因为微博同样给人提供了出名和发展的空间。

20世纪初，美国芝加哥学派的学者在社会学意义上探讨了"自我"在其形成过程中的人际互动。例如米德认为，自我不是天生的，也不是本能地发展起来的，自我是通过与他人互动的社会过程而得到发展的。一个个体不仅在与一些特殊人的期望的关联中学会行事，而且按照其他一般个体如何期望他怎样行事的想法来学会行事（参见罗杰斯《传播学史》第五章）。自我的成长需要良好的互动环境，而个体思想的成熟和社会思想的发展更需要互动和交流的环境。

自然，互动和互动的环境条件并不一样，在传统的环境中，互动对象的次序是首属团体，是亲朋好友、熟人，然后是陌生人，自然的空间距离将互动的对象分成不同的社会交际圈，由此互动的方式也有因人而异的差别。在微博中，要同时等距离地面对不同的人群，空间的压缩和扁平化提高了言论和思想的凝练、概括程度，使得思想和表达趋于普适化。微博的人际互动，无论在规模上还是在频率上远远超出了日常生活中的互动，这无疑加速了思想间的交流。人际互动的频率有时也是思想交流的频率，思想之果的营养来自意见的交换和信息的通畅，正是在微博的多边人际互动中，每个个体的思想获得了勃发的生机。

据说，自我的本质是反省。所谓反省，是一个人将自己作为思考对象的能力。思想的成长需要个体的反思，微博似乎承担了反思的职责，因为微博将他人的反馈立即传递给博主，催促着个体的反思，微博上的跟帖和议论是多元文化的缩影，多元文化的丰富性是个体思想丰富性的基石。

或许，马克思在其《资本论》中早就点到了这个意思，他说："一个人口相对稀少的国家，若其交通手段发达，其人口就比一个人口数量大而交通手段不发达的国家稠密；从这层意义上讲，例如，美利坚联盟北部诸州的人口就比印度的稠密。"以此推论，寄居在微博中，就是居住在人口超稠密的大都市里，这里的稠密，不仅是指人际交往的稠密，更可能包含着思想交流和文化互动的稠密。稠密导致摩擦和碰撞，摩擦和碰撞产生火花，思想的火花在传递和传播中启迪心灵。或可说，在什么样的人际互动环境中会产生什么样的思想者，即便连大思想家也不能例外。

康德之所以静态地建筑纯粹理性的大厦，是因为他生活在一个宁静的世界里，终其一生，未到过家乡60公里以外的地方。某种意义上可以说，康德内心世界的丰富性超过了整个外部宇宙，故他能以一己之力，建构他形而上的理性范畴。黑格尔的历史理性则是动态的，他比康德晚生了46年，年轻时适逢法国大革命，黑格尔在其书斋中肯定感受到了历史浪潮的剧烈拍打，历史的动荡和变幻、历史的大开大阖统统投射在其头脑之中，因此他的哲学被称之为"法国革命的德国理论"，在他那里，绝对理念的进展有着长长的历史轨迹。

马克思的时代恰逢资本主义的上升时期，他在历史的变动中，发现了经济地位或阶级地位对人们思想产生的深刻影响。资产阶级就是以其经济活动的强势登上历史舞台的。如果在一个相对凝固的社会，历史节奏缓慢，周围人的经济地位没有起起落落，资本主义世界财富的积聚和散落也没有那么瞬息万变和惊心动魄，那么可能难以观察到经济地位如此强烈地左右着社会各阶层的思想和行动，并使得社会产生严酷的分化。现在人们常说的屁股决定脑袋，这屁股更多的是指经济地位和与此相应的社会地位。产生马克思有产生马克思的历史语境和经济环境，有相应的人际和社会互动条件。

微博开启了互联网时代的新空间，拓展出人际多边互动的广阔领域，自会结出相应的思想之果。

今天人们对微博的诟病，认为其会造成思想的碎片化，殊不知碎片化是我们的宿命，在中国思想史的源头上，几乎全是碎片化思想，孔子的《论语》就是碎片化思想的结晶，老子的《道德经》虽然有五千言，但也不过相当于四五十条微博而已。

（载《读书》2012年第2期）

文物与宝物

如今国民的文物意识大大提高，认识到文物即宝物，只要打地底下挖掘出来的，都是好东西。无论是一枚石针，一片瓦当，破碎的陶罐或残缺的农具，统统都搜集起来，放在博物馆的玻璃柜里，供人鉴赏。这里除了全民文化程度的提高，还应该归功于央视的《国宝》《档案》等一类节目和一些博物馆的免费开放，普及了人们的文物意识。不过，这类节目有些最后落脚点还是在宝物上，说得直白一些，就是值不值钱！就如北京台的《鉴宝》节目，最后的关键，是落在市场价格上，这也是吸引眼球的关键。

一

文物是宝物，宝物却不一定是文物。但是搁在几十年前，这一观念是倒置的，宝物可能是文物，文物不一定是宝物，或者肯定不是宝物。特别是那些不能搬到自家院子里据为己有的文物。如北京的城墙是文物，但是体量太大，不能放置在博物馆，当然更无法据为己有，搁哪儿都碍手碍脚，干脆拆了修二环路，那些墙砖搭个柴火棚，垒个鸡窝什么的还有些用场。再如大型洞窟中的佛像，矗立在那里，风吹日晒，日渐褪色，倒是不碍人们什么事，但它们不是宝物，难免被砸毁的命运。笔者20世纪70年代曾到过龙门石窟，许多佛像的肩膀上都没有脑袋，那是反"封资修"的年代，估计砸整座佛像是一个体力活儿，光去掉脑袋既不太费劲，也表达了反对封建迷信和"破四旧"的决心。尽管是"封资修"，如果是一尊金身或玉佛，那待遇就不同了，肯定被保护起来，转移到博物馆或地库里，那不是佛爷的面子大，而是那金玉的材质魅力大。

没有到敦煌之前，英国的斯坦因和法国的伯希和在我的印象中是骗子加强盗一类的人物，他们盗走了大量的中国文物，以今天的观念，他们骗走的都是好东西，大胆而狡诈，但是在百多年前，不仅是王圆箓，恐怕绝大多数人都认为他们是傻子，想想他们拉走的是些什么东西啊，是一堆"废纸"，残缺不全的经卷、各种写本，上面抄写着谁都不认识的奇奇怪怪的文字。万里迢迢而来，怎么就看中这么些陈年古董了？

按照学者钱存训的说法，1907年斯坦因在藏经洞和敦煌附近拉走了七千来卷写本和其他文物，多半是佛经，还有儒家和道家的经典、先秦诸子、史籍、韵书、诗赋、小说、变文、契约、各种公私文件，此外，还有一些梵文、粟特文、波斯文、回纥文及藏文写本，另外还有家常书信，如其中有七封信是粟特商人写给他们在撒马尔罕和布哈拉亲属的家信，信中述及通信的困难、商品的价格、银的兑换率和一些家常琐事（见钱存训《书于竹帛·纸卷》）。

斯坦因似乎也没有冲着财宝而来，尽管先后拉走了上万件文物，也没有因此而发财，在这些文物中纸本居多，能值几个钱？也只有放在博物馆和研究机构才有价值。据说他终身未娶，一生节俭，没有房屋私产。当然斯坦因是有收获的，不仅写出了一大摞研究著作如《古代和田》《斯坦因西域考古记》《亚洲腹地考古记》等，还换来了"敦煌学开山鼻祖"等各种学术声誉和显赫头衔，英国乔治五世还授予他印度帝国高级爵士爵位。但另一方面也留下了恶名，按照弗洛伊德学说来理解，他是将力必多全投射在考古学和文物研究上了，所以在攫取西域文物上贪婪无比，后来竟然将不能搬动的壁画切割下来掳走，实际上是毁坏了文物。

藏经洞的打开是在1900年，待到1907年，那方寸之地早已被翻腾过多少遍了，如果有值钱的东西早就被掳走了。假设这堆什物中有王羲之的字或吴道子的画，王圆箓再愚昧也不至于轻易脱手，哪有斯坦因的份。再说，敦煌在中国的腹地，斯坦因从哪儿出境都不易，路途遥远，又没有飞机火车可搭乘，交通工具基本就是骡马大车，四处茫茫原野或戈壁，如果碰上强人剪径是没地儿躲的。我想，如果遇上强人，他们觊觎中的一定是洋人口袋里的钱财，而不是那一车车中国的"破烂"。那时节，这样的老古董肯定比今天容易寻觅，也相对好搜集（估计造假也没有今天这么猖獗，造假只有在成为一个产业链时，才有利可图）。也没听说有什么歹人潜入莫高窟盗宝。也许多少年之后，我们的后辈写穿越小说，会编出敦煌盗宝记这样的故事来，在这样的故事中，莫高窟周围一定有城管巡逻，甚至有武警把守，但斯坦因到来的时候，藏经洞只有王圆箓一人把守，他外出时，一扇木门和一把铁锁，仅此而已。

据说王圆箓还是有一些眼光的，或者说有些嗅觉，感觉到藏经洞里的这堆什物可能有价值，当然，所谓有价值也是指文物价值，不是宝物价值，如果是宝物，他早就秘而不宣，拿去换银子了，省得到处化缘来盖他的道观太清宫了。他曾向地方的各级行政长官通报了数次，得到的答复是就地保管。这中间，有一位道台，还对比了王圆箓呈上的写本，认为那上面的书法不如自家写得好，关注的是其书法学上的意义。

二

在现代汉语词典里，文物的概念和宝物的概念是不同的，分开的。在现实生活中，这两个概念是交叉的，有时是等同的，难分难舍。

宝物是独立的，不需要衬托，无论在珠宝店，在博物馆，还是私家收藏那里，都会射出耀眼的光芒，让所有的人眼前为之一亮。文物是要在一定的知识背景中，在一定的语境里才有价值。今天来看，莫高窟的一切，哪怕是一抔黄土都是宝贝，可是那时节，莫高窟几近废墟，只有王圆箓（或许还雇一两个人）在那里忙碌，清理。谁也不认为藏经洞里的这堆什物有多么重要的价值。这跟卞和献璧不同，和氏璧是宝贝，楚王或楚王的近侍、玉工等有眼无珠，不识荆山之玉。而敦煌的情形与此不同，那些纸本和经卷只有在现代考古学、人类学、民俗学、语言学和宗教研究者的视野中才有价值,所以要等到斯坦因和伯希和等人的登场,才显出意义来。

这是很悖谬的事情,王圆箓和斯坦因造就了敦煌学,却同时背负了罪名,如果当初王道士发现藏经洞后,胡乱处理,甚至烧纸取暖,反倒不会有人指责,王道士只是无数道人中较为寻常的一个。或者说斯坦因拿走这些,没有送回英国,中途不测,文物失散,也不会有人指责。事实上,他多次考察西部中国,在没到敦煌之前的1900年,已经在从喀什到和田的途中搜集了大量的文物,如陶片、钱币、金属器皿、简牍、写本、画像等等,若没有敦煌学的崛起,则可能他的这些占有,没有多少人会记得或提及。在国人眼里,他最多是一群西方探险家和考古学者中面目模糊的一员。然而有了敦煌学情形就不一样了,或者说敦煌学越显赫,他们身背的罪名也越重。其实,敦煌学并不是必然会有的,这是意识历史或者观念历史的产物,正是斯坦因和王道士的偶然相遇,给了历史以产生敦煌学的机遇,当然还要有伯希和的跟进和法国汉学研究的兴盛,否则,以中国(或大清)当时的情形而断,恐怕这类文献资料被毁弃和埋没的情形居多。

敦煌藏经洞的发现虽然千载难遇,但以中国地域之广,历史之悠久,类似的情形一定会重现,特别在西北之地,气候干燥,东西不容易腐烂,成捆成堆的文物出土,保不齐会有岐山学、丰镐学、凉州学等问世。依中国自己深厚的金石、小学、考据研究传统,似乎接下来应该有这个学那个学的产出,但是实际情形是莫有。所以还是这句话,敦煌学并不必然会产生,正所谓世有伯乐而后有千里马,千里马常有而伯乐不常有。

在那个兵荒马乱的年代,中华大地还没有产生如法国的敦煌学、西域史学等的土壤(所以中国敦煌学的开拓者是法国留学回来的常书鸿,很顺理成章)。即便是战争消弭,情况也不乐观。北京城墙就是在和平年代消失的,在人们的眼皮底下。当然,我们可以为此找到许多理由,如为了首都的发展,为了经济建设;此一时彼一时,不能以今天的眼光来要求当时等等。但是,同样我们也可以为王圆箓找到许多理由,为了莫高窟的发展,为了道观建设的需要,等等。笔者很欣赏余秋雨先生《文化苦旅》中的某些篇章,就是不明白,为什么在《道士塔》一文中将那么尖刻的责难加于王道士一身。一些中学课本又恰恰选了这一篇散文，使王道士被钉在历史的耻辱柱上。为了今天的爱国主义教育，就需要牺牲一些小人物？当初北京城墙拆毁前，梁思成等著名学人曾苦苦劝阻并反复陈述理由，尚且没有奏效，而王道士身旁毕竟没有先觉先知如余秋雨先生者的劝诫，倘若有，我想敦煌文物的命运一定会比北京城墙的命运要好些。

或者是有识者得之吧，斯坦因欺骗也罢，装出一副虔诚的样子也罢，总之他认定这是宝贝，尽管其时他基本读不懂这堆东西（据说斯坦因不怎么通汉语），汉学与语言学方面的功底不及伯希和深厚，眼光和识断也没有后者老到，所以掳走的东西反而更多，强烈的文物意识驱使他席卷一切。于是斯坦因得到了卷子，王圆篆得到了银子。除了斯坦因和伯希和等，又有谁会将它们当作宝贝来看待？大清皇朝摇摇欲坠之际，好像什么学问都没有意义。这不是指当时中国没有识者，而是整体上、社会意识层面上没有引起足够重视。那时现代意义上的考古学、人类学、民俗学等等尚未在中国生根，那些个不起眼的经卷、写本尚未有后来所赋予的那些非凡的价值。这里还应该看到，伯希和满载敦煌文物的马队堂而皇之地到郑州，又换乘火车到北京，然后再下南京和上海，引起了一些中国学者的关注，他们"为伯希和举行了一次宴会，并且结成一个社，以选择他携带的那批文献中的珍贵者，影印发表和刊印成一大套书。他们甚至要求伯希和作中间调停，以便将来能在巴黎方便他们在这方面的工作"（参见耿昇《伯希和西域敦煌探险与法国敦煌学研究》，载《法国敦煌学精粹》），只是没有看到官方和学术界的交涉和赎回的要求，如：这些珍贵文物应该留在中国等等。

现在想来，斯坦因、伯希和等倒是真正的文化苦旅者，我们可以想见百多年前塞外大漠旅途的艰辛和种种风险，飞沙走石，风餐露宿。但他们得到了梦寐以求的或喜出望外的东西，中国却失却了本不应该失却，然而在那个年代却不太可能完好保存的东西。

三

无论是文物还是宝物，总是物以稀为贵。走进大英博物馆的埃及馆，劈面而立的是罗塞塔石碑，这块被人们称之为钥匙碑的镇馆之宝，镌刻着托勒密五世加冕一周年时的诏书。石碑的正面有三段不同的文字。居上是古埃及的象形文字，中间是立碑当时的埃及通俗文字（公元前1世纪），最下方是希腊文，后来的学者根据下方的希腊文和埃及通俗文字破解出早已失传的古埃及象形文字，并且发现埃及的象形文字，并不全是表意字，它们居然也可以是表音的，即象形字符同时是拼音符号。破解古埃及的文字之谜，吸引了欧洲许多语言学文字学研究者，英国的托马斯·杨和法国的商博良是其中的佼佼者。他们是同行又是对手，最后是商博良胜出。学术研究中竟然有了竞技的成分，这就有了情节有了悬念，有了观赏的焦点，如后来的达尔文与华莱士之间也是这种关系，《物种起源》的仓促发表是达尔文为了抢在华莱士之前公布自己的进化论思想，情形有些惊险。这类学术竞争有时像智力游戏，常常成为历史佳话，所谓胜出，其实也是在吸收了前人和他人成果之上的一次飞跃，是人类文明达到一个新高度的标志，虽然其间难免也有争夺、狡黠和欺瞒，但毕竟没有权力竞争的血腥味。多少年之后，当人们还对《雍正王朝》《张居正》等小说或电视剧津津乐道时，这类小圈子内的学术竞争听起来显得分外迂腐。

无独有偶，这回在银川西夏王陵，也看到了一块钥匙碑，是有着西夏文和汉文两面碑文的《凉州重修护国寺感应塔碑》复制品，真品在武威市的博物馆内。西夏王朝于公元1227年被蒙古大军所灭，延续了近两百年的西夏文明从此湮灭不传，所以到1804年，感应塔碑的发现，使得一个消失了六百来年的文明重见天日，本该是石破天惊的大事，但是实际上却波澜不惊。也许在天朝文化人眼里，这蕞尔小国或化外之地的物事，不值得大惊小怪？

西夏文无疑是"天书"，这是当年西夏王朝的大臣野利仁荣仿照汉字创制的一套表意文字，结构方正，笔画繁冗。远看这些方块字，个个眼熟，近看一个也不认识（在1989年的现代美术展上，笔者观看徐冰创作的《析世鉴》，就是这种感觉。由此相信徐冰的创作灵感最初可能来自西夏文）。张澍发现西夏碑比法国人发现罗塞塔石碑仅晚了五年，但是这两块碑的命运完全不同。罗塞塔石碑很快就有了归属之争，尽管石碑是在埃及的罗塞塔附近的一处要塞发现的，但法国人认为，是他们首先寻觅到的，拥有物权。英国人的逻辑，既然英国军队打败了法国军队，那么一切都是英国的战利品，包括罗塞塔石碑。于是法国人又偷运，英国人又拦阻，最后就装船运到了大不列颠。我怀疑这后面的偷运之说是好莱坞电影人的祖先虚构的，当然也可能真有其事，生活常比电影更丰富，更传奇。

西夏碑则不久就被人遗忘，尽管乾嘉学派的主要人物除了戴震，其他三位如段玉裁、王念孙、王引之还都健在，但中原的考据和训诂之风不够强劲，并没有刮进西域。西夏文再次引起人们注意是在100年之后。19世纪70年代，英法等学者在争论居庸关下云台门洞中镌刻的六种文字中唯一无法识别的文字（其余五种已知的文字分别是汉文、梵文、藏文、八思巴文、回鹘文）到底是女真文字还是什么别的文字时，人们显然不知道西夏碑的存在，当然更不知道张澍的发现。直到1908年《蕃汉合时掌中珠》等西夏辞书在黑水城（今内蒙额济纳旗境内）重现，人们才终于获得了解开西夏文的密钥。如此，自然就没有了像破解古埃及象形文字那样来破解这"天书"之谜的惊心动魄的故事，该碑直到1961年才成为国务院公布的第一批国家重点文物。

有道是黄金有价玉无价，玉的品种太广，种类繁杂，无法用统一的标准来衡量。套用到本文，亦可说宝物有价文物无价。因为文物的种类更广，更加繁杂，并且文物概念还是不断延伸的。所谓文物，时间的长度（即历史悠久）只是一个方面，文化的走向、观念的演变和某种风尚的相互作用均决定着文物概念的内涵。前文说过，一定的知识背景和意识形态，某种语境和氛围都是文物的构成要素。这样说来，就有点神秘有些玄乎了，还是打住吧。

当然什么事情都不绝对，保险公司的一位朋友告诉我，文物是有价的，因为他们公司曾经为一些文物展品作过保单，那上面，文物分明是有保价的呀！

（载《文汇报》2013年3月25日）

今夜星光灿烂
——身披屏幕的新一代

写下这个题目时，我联想到的不是金鸡奖、百花奖的颁奖大会，或好莱坞的几十届盛典，而是想到了前些日子看的"达人秀"和央视的"星光大道"，想到千千万万做着明星梦的年轻人。

无论是大众文化最热情的歌颂者、拥抱者，还是其最严厉的批判者，在电视选秀节目产生之前，都不会料到文化工业和电子技术相结合，会有如此的创造力，能在一个娱乐节目中制造成批的明星，它不仅能满足一部分人的明星梦，还能将扮演明星作为一种持续不断的游戏，使得每星期都有明星产出，使得造星成为日常文化的一个不可缺少的组成部分。

明星一直是大众文化的焦点，光芒四射。明星在大众文化和电子文化中的作用，有点像典型在文学作品中的地位，记得当年讨论文学作品，会在人物塑造典型不典型这个问题上纠缠不休，其实，再典型的文学人物都是躺倒在纸面上的，而明星则是站立在银幕荧屏上的，有时，一部故事平平的电影，有了大明星，就有了质量的保证，或者说票房就有了保证。

英国学者理查德·戴尔在多年前写了一部学术专著《明星》，似乎就有了明星学或明星研究这档子学问。书中概括了有关电影明星的社会学和符号学的诸种研究视角，对我们颇有启示意义。当然，明星更可以归于神话学的范畴，这是大规模的文化工业、现代传媒、金融资本主义这三者合谋生产的现代神话，在这一神话中，"明星制是它们制造出来的第一批产品"。

所以，以下的说法有助于人们加深对明星现象的认识，如：明星是"无权势的精英"——"他们的制度性权力十分有限，或者说不存在，不过他们的行为和生活方式都会引起相当大、有时甚至是极大的兴趣"；明星是"虚构事件"，因为"明星看上去充满意义，但实际上空无意义"；"明星是这样一种映像，公众从中揣摩以调整自己的形象……一个国家的社会史可以用该国的电影明星书写出来"；等等。

就我本人，更感兴趣的是《明星》一书中所提及的媒介学立场，即认为是特写镜头创造了电影明星，特写不仅是"无声的独白"，还能将明星从一群演艺人中凸显出来，以亚历山大·沃克的说法："在摄影机贴近到足以摄下表演者的个人特征之前，电影明星一直不能从舞台演员群体中脱颖而出，而特写镜头正是摆脱的第一步……它把表演者同周围隔离开来，把观众的目光集中于表演者的容貌和个人特征，而且有时候几乎同他或她的表演才华毫无关系。这应该是突破舞台传统的决定性一步，是构筑艺人独创性的最有潜势的手段，也是观众和电影演员两者的情感在心理上互相交流的开始。"①

戴尔研究的是银幕上的明星，培育一位电影明星，无论从经济成本还是从时间成本看都是昂贵的，一个明星的成长有漫长的过程，还要有天赋和种种机缘。当然还有更为紧要的前提，即明星必须扮演某个角色，借角色而成名，如扮演埃及艳后、扮演安娜·卡列尼娜或特工007等。只有作为成功的角色的明星，才能成为生活中的明星。这个前提常常被人们所忽略。

自从有了电视，情形有了难以料想的变化，明星的概念也大大泛化。一方面从明星生产的角度看，周期更短，速度更快，一部电视连续剧，可以使演员每天晚上出镜，抵得上十来部电影。另一方面，即更关键的是有了电视和网络，明星不一定需要借助角色成名，明星可以扮演自身，就像电视主持人。明星主持人就是扮演自身，成为电视文化中最不可缺席的关键。再例如，一个体育健将能否成为明星，也不完全是因为夺冠（当然出色的成绩是基本保证），还取决于他或她在镜头前的表演能力，当然这也

---

① [英]理查德·戴尔：《明星》第一章，严敏译，北京大学出版社，2010年1月。

是扮演自身，姚明扮演姚明，刘翔扮演刘翔。亦即当明星不一定需要借助于外在的角色，可以直接登场，以明星自身的名义登场。由此，电视不仅生产了演艺明星，还生产体育明星、演讲明星，还有大众的明星。到了大众明星秀这一步，明星已经不是遥不可及，他（她）们早已摘下神秘的面纱，成为邻家男孩和女孩。当看电视成为日常生活的一个部分，明星就是日常生活的一个部分。既然明星不一定要扮演某一个角色，也就不必虚构一个很复杂的故事，又是脚本又是改编，再套着七曲八弯的情节。这一切统统从简，不需要编剧，也不需要导演（有时，受众分摊了这些功能），故事片意义上的"音乐"和"服化道"也免了。当这一切步骤都省却时，明星的门槛大大降低，明星的大门洞然敞开。

笔者多年前曾在文章中提及，明星是社会流行趣味的代表，这种流行趣味不是由哪一位才能卓著的人物独自创造出来的，不是由麦当娜、迈克尔·杰克逊、伊丽莎白·泰勒、玛丽莲·梦露或球星马拉多纳、迈克尔·乔丹等仅仅依靠自身的才华造成的，而是由商业文明和大众传媒合谋并通过明星自觉和不自觉的配合，共同创造的。以传统的眼光看，明星们所代表的文化是一种怪胎，没有根基、没有来历、不成系统、不成气候，一切都是组装的、拼凑的、即兴的，以随心所欲代替了精心构思，现买现卖代替了积年陈货。殊不知，这就是当代电子文化的特征。当代电子文化是以多胜少的文化（例如不断地翻拍文学名著，甚至以电视连续剧翻拍电影），当代文化的辉煌是工业文明的辉煌，是物质生产技术文明的辉煌，而这些辉煌的替身或者说集合点就是明星。

明星是流行趣味的代表，大众仰望明星，大众在此岸，而明星在彼岸。从此岸到彼岸应该有一段漫长的距离，跨越这一距离，需要付出很大的努力，还要机缘凑巧。但是陡然间，随着电子媒介技术进一步发展和电视娱乐节目的大量繁殖，大众能直接参与明星生产，自己当明星，他们参加各类选秀节目，哪怕是只当十五分钟的明星。明星秀成为一种社会风潮，不但青少年跃跃欲试，连成年人和儿童也加入到这一浪潮中，势头汹涌。一旦明星不需要以扮演什么角色为条件，那就星途坦荡，真正所谓星光大道，而且是条条大道通明星。特别是有了网络视频，人们不一定要上电视节目才能当明星，也用不着任何资格审查才能踏上明星之路，只需将自己制作的视频制品拿到网络上传播，就有成功的可能，这大大增加了当明星的概率。成为明星而不必扮演故事片中的角色，似乎也印证了那个符号化的后现代理论，这一理论认为，在后现代主义阶段，符号内在的有机逻辑被打破，符号的"能指"和"所指"相分离，语言的意义被从中剥离并"搁置在一旁"，因为在后现代主义语境中，一个能指并不指向对应的所指（可以理解为表演者不扮演特定的外在的角色），能指只表达能指自身，并形成自足的能指链。①

也难怪，当年麦克卢汉在对比电影和电视时会说："看电影时，你坐在那儿看屏幕，你就是摄影机的镜头。看电视时，你则是电视屏幕。……看电影的时候，你向外进入世界，看电视的时候，你向内进入自己。"②正是电视和网络的出现，使影像电子文化成为日常生活的最主要的组成部分，并和日常生活场景紧紧地交织在一起，深深地镶嵌在我们的情感和记忆中。就像今天的孩子在若干年后会发现，自己的童年生活早已被细心的父母记录在各类摄像和视频中，自己早就充当了家庭生活的小明星，潇洒地生活在大人们的摄像镜头和屏幕里。而所谓童年记忆不完全是在脑海深处，也存放在电脑和各类数据盘中。

半个多世纪以前，加拿大学者伊尼斯将人类的文明划分为口头传统和书面传统两大类别，他认为人类文明的进展依据媒介的材质，有空间偏向和时间偏向，如口头传播具有时间偏向，书面传播具有空间偏向。当然同样是书面传播，石刻和泥板文字因其坚固，有时间偏向，而莎草纸因其轻巧、便于运输则有空间偏向。但是，就伊尼斯本人而言，是推崇口头传统的（当然他强调的是古希腊的口头传统），他认为口头传统可以平衡这两种偏向，而书面传统则是一种歧途，割裂了文化的完整性。伊尼斯有关文明偏向的论述，既是天才的，同时也是矛盾百出的，不过，这些矛盾会引导人们进行更加深入的探讨（这里可以对比波兹曼的观点，颇为有趣。与

---

① [美] 詹明信：《晚期资本主义的文化逻辑》，第 285—286 页，生活·读书·新知三联书店，1997 年。
② [加] 埃里克·麦克卢汉：《麦克卢汉精粹》，第 441 页，何道宽译，南京大学出版社，2000 年。

伊尼斯褒扬口头传统、批评书面传统相反，身处电子时代的波茨曼褒扬的是印刷文化和书面文化，抨击电视文化，他不仅批评电视导致无所不在的娱乐化倾向，还指出了电视文化会把人们引向"一个没有连续性、没有意义的世界"，其批判精神对沉湎于当下电子文化的一代人有警示作用）。

伊尼斯没有来得及归纳影像文化，在某种程度上，影像文化似乎是口头传统的回归，或者说是口头传统和书面传统的结合。其实，无论口头传统还是书面传统远远不能涵盖电子文化，毋宁说这是开启了镜头下文化的新路径——影像叙事路径。

影像叙事文化，多个因素并存，很难归类为某种单一的语言，比如归为视觉语言，归为图像语言。因为它显然不同于单纯的视觉语言或图像语言，如绘画或摄影图片等。影像所提供的内容要庞杂得多，不可能如绘画和摄影，只经由艺术家个人的提炼加工，是单方面制作而成的。影像叙事文化是多方面互动的产物，有点像时下的演唱会，编导们只能把握大的进程，歌星和观众的现场热烈互动是无法预先设计的。

新一代人在镜头前的表演（或表达能力）显然要好于他们的父辈，这是他们从小受电视文化熏陶的缘故。他们的童年生活和电视联系在一起，主动或被动看电视，电视对他们的影响潜移默化地渗透到行为之中，由此读解镜头语言的能力超越于他们的前辈，或者说他们对于电视机或摄像机所传递的信息有更丰富、更到位的理解，因此也有相应的表现或表达能力和更容易被激起充当明星的欲望。

影像文化的雅俗不仅仅是表演者个人素质的体现，还有大量的技术因素和总体氛围在起作用，这些技术语言也是今天的时代语言，它们复合地共组在同一语境中，形成主导意蕴。与数千年深厚积累的书面文化相比，仅仅百来年建立起来的影像文化是肤浅的、直观的、表面的。然而其不可阻挡的势头不会永远停留在肤浅的层面，影像文化所传递的内容、意蕴及其波茨曼所看重的"连续性"和"意义世界"，或许需要在电子媒介环境中慢慢积累，并在各种传统的融合中逐步递进。

像伊尼斯那样将融合的文化简单划分为口头传统和书面传统是过于简单化了。在口头文化和书面文化的长期并存中，它们互相交织、互相影响,不仅口头文化对书面文化的形成有决定性的影响,而且书面文化也对口头文化有反影响。即如美国学者沃尔特·翁在其《口语文化和书面语文化》中所提出的"次生口语文化"概念,正是这种被他称为"后印刷文化"的产物,其实在印刷文化时代也大量存在,一个饱读诗书的老学究的口语和山野村夫或市井细民的口语,风味肯定有别,因为前者的口语中,有书面文化的深深烙印。长期浸淫在印刷文化之中的现代人,无法摆脱书本的缠绕,因为书本及书本知识对于他们来说其实就是现实环境,就是客观世界的一部分。

当然,沃尔特·翁之所以强调"次生口语文化",是为了将电子文化中的口语,与前印刷时代的口语加以区分。在这位学者看来,电子文化中的口语所具有的"强烈的群体感"和"敏锐的社会意识",是"原生口语文化"难以企及的。这里没有孰高孰低,倒是有不同的偏向。说偏向并不意味着有一个不偏不倚的正方向,只是表明有多少种文化类型,就有多少种偏向,如口语文化偏向、印刷文化偏向或电子文化偏向。而如今,当明星或参加明星秀就是年轻一代人的文化偏向,也是他们特有的一种生活实践。

这里自然涉及所谓的文化转型的话题。从印刷文化到电子文化就是一次文化大变局。

文化的转型,并不意味着前一种文化就此消亡,或被新兴的文化彻底取代。现实的情形是,在新媒介中人类以往的各阶段文化都会被选择性地保留下来。沃尔特·翁雄辩地说道:"时不时有人说,电子设施正在淘汰印刷书籍,但实际情况是,电子设备正在生产越来越多的书籍。电子设备录制的访谈录正在生产数以千计的'谈话'书和文章,在录音技术问世之前,这样的访谈根本不可能变成印刷品。"[1]

媒介和文化的融合毋容置疑,各种文化之间并不排斥(相互抵牾的是文化中的意识形态部分),但是新旧文化最终以怎样的模式融合是无法预设的,正如以前人们依据小说来拍电视剧,现在也可以根据电视剧来写成小说,以前将名著翻拍成电影,现在则将电影翻拍成电视剧。前一种文化

---

[1] [美]沃尔特·翁:《口语文化与书面文化》,第103页,何道宽译,北京大学出版社,2008年。

总是能润物绵绵地成为后来文化的养分。

但是，文化转型又确实在年长一辈与年轻人之间造成某些隔阂，并有偏好的差异。以往人们习惯于将赛博空间说成是虚拟世界，但对今天的孩子们来说电视和电脑屏幕就是客观世界，就是生活环境，当他们睁眼来到这个世界时，一切都已经就绪。如果说对于上一辈人，印刷文化和书本环境构筑的生活空间是现实世界，那么电脑网络的世界也同样是今天的现实生活空间。

好作惊人之语的麦克卢汉在20世纪70年代就曾说，"我们是电视屏幕，身披全人类……"若干年前，读到这段话还是很费解，但是当大众明星纷纷涌上电视，当主角或充嘉宾，参与各类谈话节目和娱乐节目的制作时，就恍然大悟了。如果说"身披全人类"太过夸张，身披电视（电脑）屏幕倒是恰如其分，那些明星主持人如崔永元、白岩松等就是身披电视屏幕，四处游走者的代表。流风所至，人们争相身披电视，甚至将男女私情、家庭纠纷、伦理困惑都摊到电视和网络上来，在摄像机和公众目光的关注中来讨论。其中不少事端，其复杂和纠结程度甚至超过电视剧。现实生活中的常人，成了电视上的男女主人公。这些男女主人公与其说是在寻求解困之道，不如说是通过电视以满足自己诉说和表达的欲望。

或许可以套用前文所提到的话来给本文作一结语：明星是这样一种映像，他是公众自身形象的表达。今天，一个国家的社会史和生活史将由电视和网络上的大众明星来书写，特别是在中国！

（载《读书》2011年第2期）

图像／图符修辞

如今在网络交流和聊天中，图像/图符语言十分流行，不仅年轻人喜欢运用，中老年人，似乎也要学两手。图像/图符语言好像是网络交流的通行证、资格证，运用得好就证明自己在这方面有造诣。显然，图像/图符表达不是因为表达者苦于不认字，而是为了追求某些效果：生动活泼的效果、时尚的效果或其他……本文将从修辞学角度来探索网络图像/图符。

一

曲艺中有一个段子，说的是一位女子传书给情郎，女子不识字，只能画画。她画了两只鸽子一只鸭子，又画了两只鸽子一只鸭子，接下来的画面是一头大象，大鼻子上卷着一把刀，砍死了一只鹅。此情书几经辗转，传递者多不解其意，据说正解是，哥哥呀哥哥呀，想煞我了（鸽鸽鸭，鸽鸽鸭，象杀鹅了）。图像表达就像是密码，只有那位情郎能解码。

当然，以上是曲艺家编的段子，其实生活中还真有这类表达。据说高玉宝的入党申请书也是一幅画，画面上有扑克上红桃的图案，有一只带睫毛的眼睛，还有一个人在敲钟，人们也许能想象钟声铛铛。党支部书记虽然看不懂这份申请书，但高玉宝自己能解释，这是"打心眼想加入共产党"。画一份入党申请书，当时是不识字的无奈之举，今天看来则充满机趣，别具一格。

在文字没有产生的漫漫岁月中，用图像来指事状物或表达思想观念是难免的，也许可以说是必然的途径，所以人类最初的文字是象形（或图形）文字。中国如此，西方或世界各地均如此，依美国学者沃尔特·翁的说法，有"公元前3500年两河流域的楔形文字、公元前3000年埃及的象形文字（或许受到楔形文字的影响）、公元前1200年弥诺斯或迈锡尼的线性文字……公元前1500年中国人创造的甲骨文、公元50年玛雅人创造的象形文字和公元1400年阿兹特克人创造的象形文字。"[1]而在之前，加拿大学者伊尼斯就认为，西方人今天所用的拼音文字是"闪米特人借用了苏美尔人的楔形文字，保留了自己的语言，又在和埃及人接触的过程中改进了文字。……他们改进了的文字把辅音从元音里分离出来。希腊人把这个字母表接过来，使之成为灵活的工具，以适应他们构词灵活的口语传统。"[2]即西方的拼音文字是由楔形文字和古埃及的象形文字结合，再到古希腊的字母表，由繁至简地演进的。不过自从有了文字之后，再也没有人费劲巴力来画图了。再说"画虎不成反类犬"的事情是经常发生的，除非有特殊的约定，否则很有可能一边是传播者挖空心思费尽心机，而另一边的接受者则满怀疑惑，甚至茫然不知。

不必列举文字表达的优长之处，相对于图像，它规范、简明、容易掌握、少歧义。另外文字所表达的观念的抽象性决定了它涵盖的丰富性，否则"窗含西岭千秋雪，门泊东吴万里船"要画多少张纸啊！

不过似乎没有多少人研究过这类课题，因为文字是语言，图像不是语言，尽管在人类源头的史前史，图像可能是语言，或者说它曾经就是语言，但是它早就被放逐了，人们不用图像来表达观念和思想。当然我们也可以假设，如果几千年的文明史不是由文字来传承，而是图像表达的历史，人们习惯于用图像来表达思想观念，则会是另一副景象。

图像虽然不是语言，但是没有人能否认它在传递信息和情感方面有独到的作用，这是文字语言难以取代的，所以只要印制技术允许，人们还是愿意阅读图文并茂的书籍。但是为了理解准确到位，对于图像最好要作文

---

[1] [美]沃尔特·翁：《口语文化与书面文化》，第65页，何道宽译，北京大学出版社，2008年8月。
[2] [加]伊尼斯：《传播的偏向》，第1章，何道宽译，中国人民大学出版社，2003年6月。

字说明。然而文字说明和被说明图像居然不是一回事情，插图本的书籍，图像和文字属于两个系统，无论是编辑，还是制作、排版，均要分别处理。如果没有电子语言的出现，很难想象有朝一日，图像/图符可以和文字进入同一个输入系统，即如我此刻所使用的"搜狗拼音输入法"，它在输入汉字的同时，也可输入某些图像/图符，无须转换输入系统，就可以达到目的。

二

电子语言使得图像/图符进入了文字输入系统，图像/图符成为一种特殊的新型语言，它像文字一般可以书写，却不是文字；它像语言一样可以表达意义，却无法朗读；它像图画，却不劳读解破译，只传达约定俗成的含义，它所传达的内容建立在已有的语言基础之上，也就是说新型的电子语言以日常语言为解码，如☼表太阳而不表齿轮，☾表月亮而不表鱼钩或镰刀，它仿佛是异体字符（或者称异体词），不能脱离已有的语言系统独立，而是必须依附在日常语言之上。由此可见，电子语言不是一套独立的表意系统，它的表意功能是单个地、偶然地建立起来的，虽然建立它并不复杂，但是，却要等待一定人群的认同，然后推广、流行，才算完成。即便到了某一天，这种异体字符达到上千万个，它还是依附性的（除非从儿童开始就只教这类字符，这里就不设想这种情景的后果了），也许正是这一依附性，使得它成为年轻一代人很时尚的修辞手段，它的功能主要不是一般地完成表达，而是要更好、更新奇、更有感染力地表达。因此这里不是诧异日新月异的电脑技术如何改变或再造人们的表达方式或语言符号，而是探讨图像/图符作为一种新型的电子语言，它产生怎样的修辞功用。

1. 拓展了表达空间

图像/图符进入输入系统，作为一种特殊的字符存在，似可以"字符修辞"来命名（姑且杜撰）。这是新的修辞途径，拓展了表达空间，因为以往修辞的种种方式和手段都是在语言和词汇的组合中完成的，正是在一次又一次新的组合中，新的句式和词汇系统在不断地扩展，但是基本字符没有什么增加，基本字符是那样的稳固和岿然不动，人们已经很难想象新的字母或新的汉字字符出现，像武则天那样生生地为自己造一个"瞾"字的可能性绝无仅有。现在，图像/图符作为新字符，打开了新的表达空间，不必有武则天的天威和专权，亦可发布新的字符。如人们最熟知的:-）（笑）或 :-（（不快），据说最初是由美国的法尔曼教授在1982年发布和使用的，现在已经成为最通用的网络语言而全球流布。当然，今天我们更加精简的表达是:），它在网络和手机上成为一个最常见的符号，全世界流行，据说2007年人们专门为它庆祝25岁生日，估计没有哪个英文单词或者汉字有这样的待遇。以至2008年11月的某一天傍晚，当人们看到一轮新月的左侧有两颗明亮的星星时，马上就联想到了微笑，来自天空的微笑，这仿佛是一个祥瑞，普天同晖，其实只是人们臆想电子文明书写在太空。

　　一般认为，通过词汇和语义组合的多样性、丰富性来增强表达效果是修辞的正途，不必说人们所熟习的各种修辞格，如比喻、象征、反讽、隐喻、夸饰、借代、转喻、寓托、举偶、拟仿、双关、排比、设问、镶嵌等等，就是体现整体立意的段落安排和标点的运用等，也无不可看作修辞手段。扩展开来说，一切有意为之的表达都是修辞，因为修辞所运用的技巧和所取得的效果都是建立在有意图的表述之上的。美国新修辞学的代表人物肯尼斯·伯克从"人是使用象征的动物"这一设定出发，顺理成章地建立起"语言是象征行动"的新修辞学理论[1]，因此毋庸置疑，在肯尼斯·伯克看来，一切语言都是修辞。他甚至还认为，人类所使用的语言和非语言符号都具有修辞意义。

　　另外，站在解构主义的立场看也是如此，即无论是从整体上，还是在具体的陈述中，人们无法将语言分成截然的两个部分——修辞的和非修辞的，因为通常是为了运用某种修辞手段，整个表述都要为此调整，由此在

---

[1] 刘亚猛：《西方修辞学史》，第9章、第10章，外语教学与研究出版社，2008年12月。

具体的话语实践中，人们难以确定修辞和非修辞的明确界限，它们理所当然都可归在修辞的名下。当然，人们还可从语用学的角度，即在互动交往中，在具体的交流语境中，而不是在有关的教科书中，深入领会修辞的实践过程和意义，修辞其实渗透在全部的语言交流和人际交往中。

但是即便如此，以上这些均无法取代字符的创意表达，因为新字符的出现增加了表达空间的维度，这是电子文化以前人们不可想象的维度。特别是这类新字符是以图像/图符的方式面世，给各种创意表达提供了无限可能性，图像/图符的变化和差异也许远比我们预料的要丰富、细微、多样，而且它们一旦被创造出来，往往是成系列地涌现（当然是以原有的动画形象为基础）：如"兔斯基"系列、"悠嘻猴"系列，或更年轻一代人所乐意使用的"小破孩"系列、"蜡笔小新"系列、"可爱包子"系列、"绿豆蛙"系列等等，我们能想见其中的喧闹和幼稚。也许在这方面，今人和原始人相差无几。相比几千年逐步成熟起来的人类语言和文字，这类创意表达只有不到十年的历史，要求自然不能太苛刻。

2. 视觉生动性

图像/图符提高了视觉的生动性，即便某些图像/图符不一定赏心悦目，但是其新异、灵动和形象性却有着难以言说的感染力，并发挥着多重效能。当然这种生动性是有条件的，那就是要有简便的输入法，使得这一切在实行过程中不那么烦琐，便于操作。

人类早期文字是有视觉生动性的，无论是象形、楔形还是线形，但是后来的发展，却朝着相反的方向演进，缩减其形态的生动性，走上实用、规范的路子。特别是拼音文字，几十个字母便解决一切问题。然而即便是拼音文字，当初也有其视觉生动的历史，古埃及的象形文字据说就是兼具表意和表拼音的两种功能，生动而有意趣（当然也给后人的破解出了大大的难题，设置了大大的障碍）。例如古埃及鸭子图形的象形符，既表鸭子，另有"……之子"语义，又可表"sa"这个音。[①]但是如此形象活泼的文字，后来却慢慢步入了拼音字母的规范，我们可以设想是为了文字传播的速度和效率，为了更加实用的目的，而牺牲了其形象的生动性。

当历史翻到新的一页，当简便有效的输入系统替我们解决了速度和效率等问题时，人们似乎在召回象形字符，也许就是为了其视觉的生动性。

或许这里应该回答视觉的生动性和语义的关系问题，即视觉的生动性对语义的理解产生什么样的影响？当然，这不是一个可以轻松回答的问题，或者说这不是单凭语言学或修辞学可以回答的问题。不过修辞学的旨归既然是运用表达技巧以获得某种特定的效果，那么从这一立场出发，人们就能发现，视觉的生动性其实就承担着修辞功能。它不是由语义的转换、移置、繁衍等来达成，而是通过形象来影响表达或接受心理，以传递感染力。自然，生动性永远是相对的，任何修辞手段的重复使用，都会产生"审美疲劳"，但是表达的新途径一旦打开，新的图像/图符即可随时插入，使得符号能指又有了难以预料的多样性。

在各种词典中，语义是给定的，这是语言规范性所要求的，也是语言制度得以确立的基础。但是在人们交往的实践中，语义是变化的和移动的，会增加或衍生新的含义，而图像/图符语言由于其形象的生动性，更容易衍生新的含义，即如最简单的图标:)，可以表微笑，高兴，亦可表满意、得意、赞许、支持等等，总之一张笑脸能表达的诸种含义尽在其中。再如囧，（或 o（╯□╰）o：）可表困窘、汗颜，亦可表无奈和惊恐等等。orz既表跪下，也表臣服、拜托、五体投地等等（据说这一图符最初起源于日本，表示一个人受挫，跪倒在地，低着头："天啊，为什么是这样？"形象生动之极，有"悔恨"和"无力回天"之意。但是传到中国的台湾和大陆时，语义就发生了上述多种变化。该图符还有了"失意体前屈"这一拗口的名谓）。许多在语言文字中已经细分的概念，在图像中又获得了综合的表现，图像/图符以能指创意的方式扩充语义，在图像/图符中，原有的能指和所指一一对应的局面被打破了，出现了更加复杂有趣的

[①] [英]莱斯利·罗伊·亚京斯：《破解古埃及》，第174页，黄中宪译，生活·读书·新知三联书店，2007年9月。

情形。人们会发现图像能指往往是开放性的，所指是待定的，且在使用过程中还将不断演变。当然在日常生活中，在人们平时的语言实践中，能指和所指也并不均衡，正是这不均衡和内在的差异，促进了语言的演进和发展，有时，在书面语表达中往往是能指丰赡，所指贫瘠，即一串能指链所表述的对象往往是同义反复，按拉康的意思，所指往往就是新能指，所以才有所谓的能指链之说。然而，在图像/图符的表达中，情况可能会相反，一个能指可以吸纳一系列所指，所指似乎比能指更加活跃。这是图像/图符语言的特质，也许更是人们的生理特质和心理习惯，即视觉比听觉更加主动，更加活泼。

3. 情感传递

网络图像/图符，主要是用于情感表达，前文所提及的各种图像/图符系列如作为修辞看，可归为情感性修辞。

成熟的语言有多种功能，叙事状物、传递情感、表达思想或理念，但是网络图像/图符目前基本囿于情感范畴，既然它无法表述复杂的观念，深邃的思想，或展示思辨过程，那么只能在情感表达方面大展身手。这有点类似于人际交流中的体态语言，起辅助性作用，这类辅助性语言适于表达情感，以加强情感的强度和表现力。一方面情感是复杂的、流动的，难以名状，不会满足于固有的表达模式。新鲜的能指就像新鲜的面孔，会带来新鲜的刺激，新鲜的刺激能滋生新的意义，使得情感表达在各个向度上更加深化，无论从细微处，还是从深度广度上均如此。另一方面，情感表达不惧重复，好比诗歌前的起兴和结尾处的回环，重重叠叠，更能增加韵味。就如常见的在感叹文字的收煞处，连续几个"！！！"，也能强化效果。若是在一段叙事或论说文章中，同样的文字重复两次，却是难以想象的。亦即只有在情感表达方面可以有如此特许。这一现象给情感性修辞提供了无限的空间，也使图像/图符在这里大有用武之地，即它可以任意挥洒，不拘泥于重复。再则，同一种情感由不同的符号能指反复传递时，在意蕴上已经有了变化。

情感传递往往凸显的是倾向性。而倾向性有利于运用图像/图符表达，或者说图像/图符在表达情感倾向方面更游刃有余。无论从视觉直觉还是视觉隐喻的角度讲，图像总是比文字更有感染力，例如面对（ ^_^ ）或（⊙_⊙?），人们总是能首先感受其表达的情绪倾向和冲击力。网络图像/图符中大量地运用脸部表情或体态行为，拟人的或拟动物的（拟动物说到底还是以人为原型），就是为了更好地满足倾向性的情感表达。有时在具体的语境中，倾向只有对立的两种，如支持或反对，赞许或厌恶……鲜明单一又生动活泼，这就是年轻人更愿意使用图像/图符来表情的缘故。

或许可以说，任何大段的客观陈述或多或少都带有感情色彩，任何话语都带有倾向性，然而作为网络用语的图像/图符，似注定只能在一块狭小的情感领域中发挥作用，仅仅是聊胜于无而已。另外，其幼稚而鲜明、活泼而喧闹的形态，似乎也阻碍了它向纵深的发展，至少目前人们还难以预见新电子文明在这方面的前景。不过如果我们认识到图像/图符不是取代已有的成熟的语言，它只是打开了直观而感悟的新领域，就应该为之感到欣慰，因为它毕竟在图像/图符和观念之间建立起另一通道，大大拓展了情感表达的空间。

三

今天的电子语言是全球性的，是在民族语言之上的。

当然，由今天电子语言的全球性，人们会联想到世界语。世界语由波兰医生柴门霍夫于1887年创立，至今已有一百多年的历史，但是由于没有固定的地域社区和使用人群，它只是一种辅助性语言。与今天的电子语言相比，世界语有它的优点，它是预先设定的，系统严密，并且以某种古老的语言为基础（如借助拉丁语字母和印欧语系的某些规则），因而是相对规范的。而电子语言不是某个先知在书房里精心研制并由权威机构发布的。它是大众即兴交流的产物，它没有系统，更谈不上什么规范，所使用的"字符"与各民族成熟的语言无关，它是在当下的网络语境中逐步发明、发布而建立起来的,并在现实的交流中得到承认和接受,逐渐流布的,这倒也符合肯尼斯·伯克的新修辞学"认同"理论,而不是那古老的修辞"说服"传统。肯尼斯·伯克认为,"只有当我们认同这个人的言谈方式时,我们才能说得动他。通过奉承进行说服虽说只不过是一般意义上的说服的一个特例,但是我们却可以完全放心地将它当作一个范式。通过有系统地扩展它的意义,我们可以窥探到它背后隐藏着的使我们得以实现认同或达致'一体'(consubstantiality)的各个条件。通过遵从受众的'意见',我们就能显露出和他们一体的'征象'(signs)。例如,演说者为了赢取受众的善意就必须显露出'为受众所认同的'性格征象。"[1]

网络上流行的图像/图符语言不仅是广泛认同的结晶,而且还是新一代使用者积极参与的产物。自然,这种新电子语言不是依照所谓的历史规律,向着越来越简约的方向演进。某种意义上,倒是返回到最古老的象形表达,尝试着以直观和感悟的方式,沟通人际,交流情感。这似在表明文化的演进永远不可能是直线的。

由图像/图符所转换而来的新字符超越了民族语言的界限,作为一种新生的语言(或只能称之为辅助语言或语言因素),它有更加广泛的使用范围和交流对象。然而,目前这只是一种浅表的语言,只能表达某些情绪、倾向和基本的欲求,无法承担更加复杂丰富,更加深刻细微的表达。这不是出于逻辑和理性的必然,而是出于历史机遇,就如古埃及的象形文字走向拼音字母,而华夏大地上的象形文字演进为表意的方块文字,各有其文明的演化路径。之所以这类语言无法达成更加深入的交流,是因为图像/图符和人们由语言文字发展起来的观念尚未建立起稳固的联系。丰富的思想也罢,深邃的观念也罢,严密的逻辑也罢,它们都是具体的文字语言运用的某种结果,亦即人类思想的深刻性、复杂性、丰富性、抽象性是在语言表达的互动过程中建立起来的,是和具体的语言的历史紧密交织在一起的,以符号的积淀为前提的。而图像/图符原始表达的历史早已中断,被文字社会和印刷文明所取代,人们已经无法再续前缘,只能在全新的语境

---

[1] 刘亚猛:《西方修辞学史》第9章、第10章,外语教学与研究出版社,2008年12月。

中，借助于新电子媒介，开辟新的功用途径，并促成人类语言朝着更具开放性的方向前行。

(载《文艺研究》2009年第10期)

论电视评委

电视评委是我们这个时代的新生事物。也许二十来岁的年轻人并不以为然，这些年来，各类与电视沾边的新鲜事情或由电子型新生事物派生的稀奇事物比比皆是，哪里就轮到电视评委了？况且在他们的印象中，电视评委似乎是与生俱来的，打有电视看以来就有电视评委，何新之有！

是的，人们对电视评委早已习以为常，他们也是这个时代的偶像，是不同于李宇春们的另类偶像，指点江山，激扬口才，气势如虹。直到杨二车娜姆现身于快男评委席上，观众才觉察其中有些变味。杨二的喧宾夺主和八卦式搞笑，很难简单用离谱两字来概括，它凸显了某些被我们忽视的东西。

在我模糊的记忆中，电视评委的存在至少有十来年的历史，印象较深的是青年歌手大奖赛，评委阵容庞大，来自各方的神圣分坐好几排，场面颇威严。那时有电视评委的节目不算多见，能当电视评委的人在十多亿人口中真是凤毛麟角，故他们在大众心目中多少有点权威和公正化身的意味，当然还因为是全国性大赛，是最高水准的象征。

不过近年来形势发展飞速，电视评委如雨后春笋般茁壮成长，笋多了，虽然呈现一派生气勃勃的景象，价位也就降了下来，电视评委在我心目中由崇高而降到亲近或滑稽或可爱的地位上，之间的落差有点像古希腊的悲剧和喜剧。然而，既然是新生事物，就不会因为这些外在的干扰而挫败，就好比有了土壤和雨露，竹子一定会节节攀升，有了电视节目，电视评委也一定会破土而出。特别是随着电视选秀节目的遍地开花，电视评委的行情看涨，它们找到了新的增长点，那就是在"超女""快男"等大赛中，在形形色色的娱乐PK节目中充当评判。

说到评判，在体育比赛中最常见，没有裁判，体育比赛就会乱套，无法持续。电视评委的功能主要也是让电视节目"可持续"发展。不过电视评委和体育裁判有区别，因为体育规则是细化的和相对稳定的，其中灰色地带或模糊空间很小，裁判只须依据规则打分即可，自由发挥的余地很小。

电视评委则不同，除了裁决，还要会表演和自由发挥，亦即评点。精彩的评点是一道可口大餐的必不可少的作料，没有它，荧屏中的比赛就显得冗长、乏味，也就难以持续。当然并非一开始就是如此情形，记得当年的各类电视大赛，评委也是只管亮分，即便对自己与众不同的判断有所解释，只是寥寥数语，就把话语权迅速交回主持人。

但是电视就是电视，电视的大众传媒特性使之有超强的生产能力，它有一种疯狂的、超乎寻常的推进作用和鼓动力量，它非要让在镜头前的每一个人都运动起来不可。运动就会产生热和光，就会产生效能。在镜头前，你可以是狂喜的、悲情的、幽默的、笑容可掬的、风度翩翩的，甚至怒发冲冠或泪雨滂沱，就是无法安宁，无法保持一张客观标准的面孔。

电视节目在其膨胀过程中，逐渐发现和发掘了电视评委，因为电视评委在延续时间长度，保证节目完成的过程中有无可替代的作用，除了和电视主持人一同将节目进行到底，往往电视评委担任了比主持人更多的功能，他既是现场观众，又是特约嘉宾，既是电视节目的参与者，又是该节目的评判者，只要调度得当，他可以撑起半边或大半边天来。不过这样一来，对电视评委就有了新的要求，即除了公正和权威，还要具备如下素质：反应敏捷、出口成章，有脱口秀功夫，有说服力、风趣、幽默，既要搞笑又会自嘲，有时还能出乖露丑，只要挽留住观众就是好评委，经济学中的猫论在这一领域更加通行。

渐渐地，情形有了变化，评委们的发言向着长篇大论、滔滔不绝的路数演化。当然长篇大论不是方向，评委应有的方向是言说的准确、深刻、尖锐，尖锐不必一定蜇人，但要到位，不拖泥带水，这样才能有活力而不致流于无聊、聒噪。某些评委也有这样的才华和能力，但是批评的深度在这类节目中很难得到展现，往往在紧要关节的地方需要进入，结果却朝着油滑的方向荡开去。

在相当长的时段，人们将文化创造和批评是分开的，创造源于直觉，批评依据理性，好的批评和坏的批评的区分只是对创造有促进作用和阻碍作用。在学术界、思想界，人们早已认识到批评即创造，批评不仅是文化建设的动力，批评本身就是创造性文化的重要内容和组成部分。但是在大众文化领域里，批评仍然被当成是创造的对立面，当成文化的异类，不太受欢迎。而电视评委的出现，将批评带入了大众文化的最中心地带，起到了文化建设的示范作用。况且深邃的思想如能获得精粹的口头表达，不仅能展示文化的生动性和丰富性，并且可以使传统文化中深邃和理性的一面在新媒体中得到承传和延续。许多人相信电视评委有可能将某种价值评判体系带给大众文化，并以此来规范异质的大众文化。

遗憾的是电视评委的出现没有使之成为契机，他们只是佐证了电视媒体的娱乐特质，还可能是对荧屏前的观众缺乏信心，他们倾向于华丽的表达，倾向于以机敏取代深邃，即兴的发挥取代缜密的叙说，或者说对眼球的重视超过头脑。

这里，有一种"歌谣文理，与世推移"的潜移默化，大众在电视选秀节目中部分地、逐渐地放弃了对公正和权威的寻求，而及时行乐是一种明智的选择。他们对评委的品位和公正性产生怀疑，这一怀疑不是基于人品，而是基于人性的局限。特别是年轻的一代，他们敏锐地察觉到代沟存在于每一个领域之中，存在于三到五年的年龄段之间。价值判断的多元不必然导致，却容易引发娱乐化倾向，当所有的，各各不同的价值观互相抵消时，娱乐往往就成为最高价值，并在社会整体的消费语境下演变成娱乐通吃原则。换句话说，如果公正和权威不能吸引眼球的话，那就应退让到次要的地位。但是电视评委的娱乐特质是不可动摇，这里包含两层含义：一是电视评委要指点观众，让他们在荧屏前不仅用欣赏的心情来娱乐，也学会用挑剔的眼光来娱乐，这样观众在这类pk中不仅得到宣泄和排遣，还借助评委的评点获取优越感和快慰；二是电视评委的出场和表演，本身要带来笑料，能出人意料地开辟新的娱乐方向和途径。所以像杨二车娜姆这样的评委在荧屏上现身可谓应运而生。

杨的出现是一个信号，而且是强烈的信号，她以自己的搞笑、好表现、我行我素，轻易地卸下了评委原本应该有的客观公正的面具。有网文可以作为一种参考："杨二如果没有'过人之处'，她也坐不到这个位置上出风头。在柯以敏与湖南人闹翻了之后，湖南卫视迫切渴望另一个柯以敏，他们不想要朱桦、丁薇这样的老好人，杨二似乎成了一种可能……"

这里之所以把杨二当成强烈的信号，是她将某些倾向一下子就挑明了，并轻轻松松就将其推向极端，尽管许多观众对她过分高调的表演有接受障碍，但是这不妨碍她牢牢地占据着万众瞩目的评委位置，这又一次提醒我们电视媒体在当代文化中的超级强势作用，它说要有杨二，杨二就会出现。杨二车娜姆曾在博客中自嘲："感觉自己这半年来就像一块肉，被人扔在油锅里炒来炒去，什么人都可以拿一把铲子来炒我一把。电视台炒我，收视率上去了。我的油榨干了，再把我扔回去给媒体炒。……"①用一句"咎由自取"或"愿打愿挨"是很难概括她的处境的，背后的魔术师是作为综合体的媒介经济社会，它能将杨二变成电视评委，或反过来将电视评委变成杨二模样。

不必担心今后的电视评委全都发展成杨二那一种类型，随着电视节目的扩大再生产，电视评委有越来越多的自由发挥空间，还会开发和创造出新的评委模式和评委特质，还会有不同于杨二的张二、王二、李二、赵二、刘二等纷纷涌现，就像二十世纪五六十年代的劳模涌现。无论欢喜还是忧虑，疑惑还是警惕，我们必须面对电视评委或各种电子文化及其派生物，这就是我们的文化环境和当下处境。我们所有的文化创造活动只有在这样的环境中间完成，正如我们浩瀚的历史文化中有那么一部分已经在《百家讲坛》中换了面孔。

西方的一些传播学者将电视比作"元媒介"，由于电视媒体拥有最广泛的受众，其他大众媒体如报纸、杂志、广播电台等所关注的话题必得由电视的转载或参与，才热闹得起来，才容易被大众所认可，以致出现了这

---

① 见《新京报》2007年8月22日，c02版。

样一种悖谬的情形，某些倡导抵制看电视运动的组织和民间团体，居然也希望自己的活动由电视台来加以报道，以扩大其影响。这种荒诞的情形其实就是当代文化人的宿命，他们必须面对摄像机的挑战。当电视文化的巨大阴影投射到所有的社会角落时，除了简单回避或积极迎合，人们还有没有其他策略？

　　话头还是回到电视评委上，这是一个相当业余的"职业"，不固定，临时聘请，没有人靠它领工薪，但却是一个相当火爆的岗位，虽然没有上岗资格证（好像也没有考这类资格证的机构），但门槛颇高，到场者有各种头衔的专家、大牌明星、高校教授、业内资深人士或专业人士，还有有关单位或部门的领导等等，他们都乐于在其中占有一席之地。或许有人会问，这些有头有脸的人员甘于受电视的调遣，积极配合，有时还可免费驱使，图的是什么呢？图的是露脸，这里姑且称之为"出镜的荣耀"！出镜就是在场，这不仅是哲学意义上的在场，还是现实和实践意义上的在场，像施瓦辛格所演的《威龙猛将》所隐喻，当代社会生活的重大事件不是发生在别处，而是发生在电视演播大厅，发生在摄像机和监视器前。亦可说在摄像机镜头前，无处不成为演播厅！尽管电视每天都播出大量无聊的节目，只有这样才能填满一天24小时，但是电视有点铁成金的功效，当代生活中的琐细事件，在电视的演播或转播下，有升格为重大事件的可能，因此出镜就意味着不被时代所淘汰，积极投入当代社会生活，参与电视节目就意味着创造新的历史。

　　当然，细究起来，情况有点复杂。在创造历史方面，电视评委这个角色还有点暧昧，有许多不确定因素。因为他们活动的效能是建立在他人——即被评判者的基础之上的。电视脱口秀可以独立存在，电视评委却无法单独出场，需要别人为其建造语境，需要《超级女声》《快乐男声》《红楼梦中人》《我形我秀》等一个又一个的电视节目。所以有人认为电视评委的历史虽然很短，却可以追溯到此前各种电视节目的嘉宾。嘉宾有身份，能说会道，还要善于捧场，但是嘉宾毕竟是宾客，电视主持人才是主人。不过这一主一客二元对立的划分在今天有点可疑，在娱乐通吃的情形下或许没有永久的主客之分，只讲收视率，收视率主宰一切。

将来是否会出现一种专业，电视评委专业？在一切都强调专业精神的现代社会，广播电视学科已经有了许多专业和方向，如电视编导、主持人、栏目策划、电视编辑等等，再加一个评委专业不为过，既然市场有这种需求。也许有人会质疑这一想法，评委是某一特殊领域的评判者，就像足球裁判不能评价围棋，否则一切都会乱套。

然而，电视评委为电视而存在，不为某一个评判标准而存在，遵循的是万金油原则，既然电视主持人可以是万金油，什么节目都能主持，为什么电视评委不可以是万金油，只要节目需要评委，就应该有评委。只是当电视评委作为某种价值评价体系维系者的地位被消解，成为娱乐节目的必要组成部分后，人们必须在电视之外来寻找和重建评判、评价体系，就好比不能依据广告语所提供的有关信息来判断商品的质量，往往要从别的渠道来了解商品的优劣一般。

这里有一个令人困惑的问题！在电视时代，人们如何来确立评价系统，如何来发展有深度的文化，是否必须绕过无处不在的电视，另辟途径？面对浩瀚的媒体大众文化和电视文化，许多观众需要支撑点，文化的规训力量来自有深度的批评。而这似乎就是支撑点。其实，这一支撑点并不牢固，它常常被汹涌的浪潮掀翻，亦即在电视中，某些价值评判体系和娱乐功能常常结合或者说混淆在一起，甚至后来者居上，后一种功能淹没了前者，这类现象在当代文化演变的过程中非同小可。如何解答它，涉及对当代传媒文化走向的预测，涉及对消费文化的吞噬能量的判断，它最终能否主宰所有的流行符号体系？对看电视成长的一代而言，当电视评委成为娱乐工具时，可能产生某种误导，使他们以为在娱乐之外别无价值。但愿电视评委模式和娱乐化倾向仅仅局限于选秀这一领域。

文化的评判体系不被强势的电视媒体所俘虏是一个大课题，连带的问题是该评判体系如何与无处不在的市场运作机制保持距离，认清这一问题相对容易，解决这个问题却是任重而道远。

（载《读书》2008年第2期）

一切新文化都是青年亚文化

一

题目起得有点极端，是有感于苏州大学出版的《新媒介与青年亚文化丛书》。丛书一套七种，每一种都介绍了一种新文化现象，而每一种新文化现象都源于一种新媒介或者说是一种新路径：如黑客、拍客、御宅、恶搞、网游、粉丝、cosplay等。说是新文化，但是对于许多年轻人来说，是老相识了，他们似乎生来就浸染在这一环境中，如鱼得水。

若干年前，提到互联网，人们还常用"虚拟"这一概念来描述。但是今天互联网已经成为真实生活的重要组成部分，笔者两年前写的一篇文章就是《互联网现实》，换作年轻人，也许10年前就用上这样的标题了。问题不在于是否虚拟，而在于它在当前社会生活中发挥着日益重要的实实在在的作用。其实又有哪一种文化不是虚拟的？我们在文字虚拟的世界中生活了几千年，慢慢地，书本就成了人类进步的阶梯，一说阶梯，它就成了实体。其实在这一阶梯上，踩空失足的人很多（或许用走火入魔更加确切）。

一切新文化是青年亚文化，是因为今天新文化中新媒介技术的含量所致。每一种文化都有新媒介作为平台，并且与我们以往所理解的文化不同。新媒介文化没有底蕴，没有传统，没有承传，没有内在的逻辑，自然也没有深度。它突如其来，生生地楔入到人们日常生活之中。它依托的是年轻人的欲望和活力，就像前两年网上流行的"偷菜"，风靡一时，一旦欲望转移，转瞬之间就会销声匿迹。

依往常的理解，新文化是由新观念和新立场孕育的，新旧文化交替或融合是观念的更新和思想的演进，如五四新文化运动、西方的宗教改革运动等，在这些文化运动的背后，其巨大的技术或经济动因是隐性的，慢慢发酵，积蓄力量，然后有所突破。但是今天，我们称之为青年亚文化的那些现象，其技术和媒介特征十分鲜明，电脑手机的每一次更新换代，互联网的每一次提速，每一款新的软件面世，都会有相应的新的文化品种产生，而文化观念的形成远没有技术的步伐那么雄健和迅速，因此至少在青年亚文化领域中，观念的文化已让位于技术的文化。技术的文化比观念的文化更青睐于年轻的一代，因为观念的文化以长期的积累为底蕴，技术的文化以方便快捷为旨归；观念的文化其丰富性和歧义性相辅相成，把握起来有相当的难度，而技术的文化以统一性和标准性便于大众接受；观念的文化因深邃而博大，技术的文化以精确而明了。然而，技术的文化在取代观念的文化过程中比较简单粗暴，新技术登场，立马踢走旧技术，犹如电脑的更新换代。改革开放以来，我们耳熟能详"发展是硬道理"，现在，新媒介新技术是硬道理。不过新媒介文化总是显得有技术而没品位，说到底还是由于它没有历史，没有传统，没有深度的缘故。但是，品位本身也在变化，品位说起来蛮深奥，仿佛是有其漫长的历史渊源，似乎那些有修养的人才配有品位，其实它是表层化的、感受性的和追随时尚的。

二

青年亚文化的提法，显然是相对于主流文化而言，如果在主流文化前面也加一个年龄修饰词，应该是中年或中老年主流文化，这里涉及两个方面的因素，一个是权力，另一个是传统。掌握社会资源和社会权力的是中年以上的人群，主流文化作为统治意识形态的组成部分，必然反映这一人群或团体的思想和文化。另外，社会主流文化往往要借助传统文化资源，相对于年轻人，年长一辈的优势就是对于传统文化的熟习。

文化的边界从来是不确定的，主流文化也从来不是凝固不变的对象，它是在吸收、协调和融合各种社会文化的基础上达成的，葛兰西文化霸权或文化领导权的理论就是建立在这一立场上的。如果我们赞同这一立场，那么应该承认，所谓主流文化不仅是时代的产物，是意识形态运作的结果，它还与一定的社区人群、阶级、文化习惯和传统相应合，在葛兰西的理论中，一种主导文化的形成有不同社会阶层的意志、权力和意识形态的博弈，它不是单边主义的产物。葛兰西对市民社会和市民文化既有分析，也有所警惕，倒还没有技术的阴影笼罩。然而到20世纪90年代，文化的格局有了基因突变，技术因素在文化中的作用，突然膨胀起来，横行天下，为此波兹曼写了《技术垄断》一书，描述了文化一步一步向技术投降的可怕历程。虽然文化进展从来就与物质技术密切相关，这从人们对文化的命名如石器时代文化、青铜器文化、铁器文化等等上就可以见出，但是那时人们没有波兹曼式的恐惧，通常新技术和新媒介的出现和运用是相对缓慢的，似乎在等待社会的消化和接受。但是到了20世纪后期，新媒介技术突然没有了往常的耐心，一下子就撑破了所罗门的瓶子，蔓延开来，有掌控一切的势头。

　　新媒介技术和互联网的产生不依赖于人们已有的文化习惯和传统，而是要改变人们的文化习惯，即新媒介技术的使用者必须适应新的规范，而不是在原有的规范中逐步改进，这里有某种逼迫就范和限制的意味。新媒介文化会给人们带来压力，但是，这既不是社会道德的压力，更不是法律的压力，对于某一年龄层以上的人来说是唯恐落伍的压力。这种压力不是从来就有的，它是新时代和新媒介技术的产物。以往，每一种新的文化形态产生，都带来堕落的可能性，例如20世纪20年代，人们讨论的是电影对青少年的害处，60年代，关心的是电视会否教坏孩子，但是，最近我知道家长们最大的担忧是怕电视会看坏孩子的眼睛，而不再是道德担忧。这种情形只有最近一二十年才逐渐显现，在互联网出现以前，基本是青年人受到来自传统的压力。文化规训是年轻人进入社会的前提，然而，新媒介文化似乎将这一情形颠覆了，使得中年以上的人群担心被新媒介技术所淘汰。他们并不担心被流行歌曲所淘汰，不担心在服饰穿戴方面落伍，但是却担心被某种技术形态所淘汰，这或许就是技术垄断的真正含义。

也因此文化的分层出现了新的现象，以往精英文化与大众文化，精英文化与通俗文化的区分转换成传统文化和新媒介文化的区分（当然这里的传统文化和新文化是相对意义上的区分，不是某些教科书中的概念区分）。

这真是所谓几千年未有之变局，掌握政治权力和文化话语权的是中年以上的人群，而开拓新文化形态的主导权却落在青年人手中，这种文化和政治的二元人群对立，使得今天的文化格局呈现复杂的权力关系。即传统的权力、意志的权力与新技术的权力（如果新技术也可以看成权力的话），有点分道扬镳的意思。在往昔，它们之间的配合也并非严丝合缝，马克思的生产力决定生产关系的观点，其实正是看到了权力与技术之间的缝隙，生产力发展到一定阶段，会迫使生产关系作出相应的改变。生产力的发展依仗于新兴技术，而生产关系是基于传统和某种权力之上的，它们之间的矛盾是社会演进的助推器。但是这一回，形势更加严峻，即新媒介文化形态不是从以往的文化中脱胎出来，不是从旧文化的内部生长出来的，它既不和以往的文化呈正相关关系，也不是呈反相关关系，既不是类似于康德和新康德主义，或马克思主义和法兰克福学派的关系，也不类似于存在主义和结构主义或现代主义和后现代的关系。新媒介文化提示人们，在历史长河中，文化除了有传承的一面，相互联系、相互依存的一面，还有更多断裂的、并置的、突变的现象，这一切，在新媒介介入的情形下都凸显出来了。

三

青年亚文化往往表现为反规训的娱乐文化，由此带来的文化娱乐化潮流，许多学者在20世纪80年代以来就有分析，然而，它们在当今日常生活中所起的作用并没有得到充分的揭示，即新媒介技术对日常生活的改造，在日常生活中注入了互动性文化。这里，日常生活的互动性，不是仅仅指以往的人际交往人际应酬，而是说原本个人生活空间的阅读、思考、游戏都渗透着人际互动，这在新电子媒介出现以前是难以想象的。可以说，今天流行的电子青年亚文化基本上都是互动文化，无论是手机、微博还是粉丝文化、拍客文化等等。

在社会学领域，人际互动作为一个课题，早就得到学者们的关注，例如米德和布鲁默的符号互动论、戈夫曼的社会角色扮演理论等等都讨论了人际互动主题，按符号互动论的看法，人们所赋予事物的意义，是社会互动的结果。然而，当互联网将纯粹的私人生活拉进了互动空间，私人生活就成为了社会生活。私人生活内容的社会化，打穿了私人生活和社会生活之间的坚固屏障，它在延展了私人生活范围的同时，也扩大了社会生活领域。互动改变生活，互动再生意义。一方面他人生活的神秘性逐渐消退，另一方面生活神秘性的消散所带来的焦虑，使年轻人更加依赖于新技术和新媒介。

20世纪70年代末，梅洛维茨在《消失的地域》（*No sense of Place*）一书中已经了窥见了此种情形，对于这种私生活和社会生活互动所带来的几种后果作了描述，大致是：男性气质与女性气质的融合；成年和童年界限的模糊；政治精英在普通百姓面前神秘面纱的剥落；等等。但梅洛维茨还是从社会层面来看待这些问题的，他没有也无法预料互联网开启之后，琐碎日常生活中的人际互动过程，以及与互联网一起成长的年轻人的欲求，他们在赛博空间中寻找新的彼岸世界，难怪当今"穿越"盛行。

苏州大学出版的这套青年亚文化丛书，虽然是以媒介方式和路径来分类，但是揭示了日常生活中的互动类型和方式。例如：情绪的宣泄和互动（参见《迷族：被神召唤的尘粒》《恶搞：反叛与颠覆》）；时尚的参与和互动（参见《cosplay：戏剧化的青春》）；信息和资源的分享和互动（参见《黑客：比特世界的幽灵》），所谓黑客，不仅是指计算机技术高手，黑客群体之间有"以分享、沟通、奉献、无保留等"反商业利益为旨归的互动。互动和分享所带来的娱乐，既是个体的，又是特定小群体的。

当然，这是通过人机互动来实现的人际互动，不同于纯粹的人际互动，不仅是因为其间插入了机器，还因为人际交往的场合发生了变化，或者说面对机器时，原本应有的人际交往场合统统被屏蔽了，由此赛博空间成为一种新社会空间。在这新社会空间中，一些社会常识必须改写，社会学的分类标准应该重新划定。有媒介文化研究者将年轻人中的特殊人群称为"御宅"一族，这是指迷恋于ACG（Animation、Comic、Game）的人群（参见《御宅：二次元世界的迷狂》），如果放大来看，新一代人群都有御宅倾向，因为在他们的成长过程中，荧屏上的动漫世界似乎就是现实世界的重要组成部分，人机互动就是人际互动。

在这人机互动的方式中，重要的一面是由机器决定的，即由媒介技术决定。然而这新媒介技术的方向是由什么力量所决定？投资人，技术精英还是处于终端的消费者？为什么在文化和技术的较量中，最后总是新的技术力量占上风？技术是总体社会文化的一部分，为何这一部分在今天分外耀眼，成为社会文化的推动力量？

说到新技术文化的推动者，最容易想到的是商业利益。商业利益总是将寻求新的市场空间作为自己的目标，历史上一种新技术的出现，往往遭到拒斥，然后是一个漫长的拉锯过程，直到某个契机的出现才得到大面积的运用，这某个契机可能就是商业利益（如出版业之于印刷机）。问题的关键是除了商业利益，还有没有其他社会条件？例如，新的社会环境和年轻一代人的心理和欲求？

或许我们还应该关注互动过程中的互为媒介现象。新技术往往与青年人互为媒介，青年人通过学习和掌握新技术，逐渐成为社会的主导力量，而新技术又通常是借助年轻人得到传播和推广的。即便是商业利益，它也不会被某一个固定阶层独享，特定的时代总有特定的幸运儿。

（载《读书》2012年第10期）

作为新现实的互联网

尽管有观赏卡通动画的经历，当第一次看到有演员扮演的角色和一群卡通动物共处同一个镜头时，还是有点惊愕：现在的电影怎么如此大胆、如此前卫，将真实的和虚拟的拼凑在一起？

转念一想，既然整个电影故事都是虚构的，在虚构的范围内，还有什么样的场景不可以出现？当然，这是习惯、传统或者说某种逻辑在起作用。即看卡通动画时，所有的角色应该一律卡通，人物是卡通人物，动物是卡通动物，植物是卡通植物，这样保持着虚构的一致性。而看通常意义的电影时，角色一律是由演员扮演，无论是天神、仙女、鬼怪还是精灵都是常人的面目。这种虚构的一致性，有时就转化为某种现实，当一些新的现象猝不及防地出现在我们面前时，以往建立起来的那种现实感就在起排斥和抵触作用，并应对种种挑战。当然，这种挑战并非只是来自卡通电影，或者卡通和真人混合秀，自从有了互联网，我们的现实感不断受到冲击和挑战，或者说有了互联网，我们的现实感总是在不断的调整、扩张和重新整合之中。

互联网打破分类界限

当年，施拉姆在电视普及的美国作过问卷调查，看看电视挤占了人们日常生活中多少时间，例如以往看报读书的时间减少了几许、体育运动的时间减少了几许，吃饭、睡觉的时间减少了几许，甚至上厕所的时间也被挪用了。不过以美国人的实证劲头也很难弄清楚，现在的年轻人上网而挤占了多少本来可以用于别的活动的时间。因为年轻的一代从看电视转为上网，或者干脆泡在网上，已分不清什么时间被挤占了，即便是在卫生间或躺在浴缸里，也不耽误用平板电脑和手机上网。

互联网在我们生活中改变了许多，我们习以为常的分类界限濒临瓦解。

以阅读为例，在以往的阅读中，虚构的和纪实的、实用类的和专业类的书籍是分开的，相应地在图书出版的选题、编辑和上架的过程中也是分类的，但是在互联网上，这一切似乎统统混杂在一起，指引互联网阅读的往往是标题和关键词，在关键词和标题的指向中，读者直奔"主题"，然后进入一系列的链接（所以在互联网中最不道德的是标题党），这些链接与通常的知识分类无关。当然在互联网上，许多页面也有功能或内容的分类，但是这种分类是脆弱的、不牢靠的，只要手指轻轻点击，或者是不经意间的一触，就换了页面，分类的界限就此被打破。

由此可见，虚构和非虚构、实用的和基础的等等领域分类是有条件的，或者说这种分类是由印刷文化逐渐建立起来的，是印刷文化和理性思维共同建构了人类知识和经验的分类模式。其中虚构和非虚构是比较核心的概念，因为虚构和非虚构意味着主观和客观的分野，它涉及真实和虚假、真理和谬误等一系列相关范畴，当这一对核心概念动摇时，由此基础上建立起来的许多话语和说法，也为此受到质疑。

曾经，虚构和非虚构还将生活分成了两个截然不同的领域，日常生活往往在现实和非虚构领域这一侧，精神生活容易成为对立的一面。这虽然不是绝对的，但也习以为常。由于日常生活的物质性，据此，人们常常把互联网上的活动如交友、聊天和游戏说成虚拟的行为，将互联网社区说成是虚拟社区，因为互联网是在日常生活之外新成长的那部分，离物质生活有一定的距离。然而，我们渐渐发现，互联网生活使得日常物质生活和精神生活的界限逐渐泯灭，就像风靡一时的网上"偷菜"运动，人们在其中获得的精神满足是以物质占有心理为基础的。互联网游戏和日常生活的游戏实际上没有虚拟和非虚拟的区别。互联网不是对现实的模拟，它是现实的延伸，它就是今天的现实和现实环境，也是今天日常生活的重要内容。网上聊天、网上购物、网上阅读、网上游戏，不仅在年轻一代那里习以为常，在中年甚至老年人群中也多有仿效。因为他们知道另一种不同于传统的现实已经在生活中蔓延，它实实在在地占据了生活中的时间，尽管离物质生活还有距离，但是已经从各个方面影响到我们的物质生活，或者说已经让人难以区分什么是日常生活的物质方面，什么是日常生活的精神方面。

人类一旦用上了电，停电就成为一大事故。现在用上了网络，网络中断也是现实生活中的重大故障。笔者有一次在医院挂号，该医院挂号网络系统故障，停止挂号看病，尽管医生护士和各色工作人员都在现场，各种看病的仪器和医疗设施照常运转，但是就是无法展开工作，在医院方面将挂号网络故障和其他医疗器械的故障等量齐观，因为不能网络挂号，相应的就不能就医。网络早就不是虚拟世界，它已经和现实世界混为一体，或者说，它已经牢牢地镶嵌在现实生活之中。

蒙太奇现实

社会现实是一个复杂的表征系统。有时候现实是指日常生活，即柴米油盐，文艺作品能够表现这些日常生活就具有现实感；有时候现实是指时代潮流和社会风尚，文艺作品能够贴近时代、紧跟潮流也就是反映了现实。如果说爱情是文艺作品永恒的主题的话，那么现实题材的作品还应有一个时代主题与之相配，例如：大革命时代，应该是革命加爱情，这样才有现实意味；在某些暧昧和阴暗的时代，则是阴谋与爱情；如今房地产成了拉动经济的火车头，那么房地产加爱情，或者房奴加爱情就是当下的现实，也因此电视连续剧《蜗居》获得了广大观众的青睐。

当我们说现实是复杂的表征系统，通常是指这一表征系统必须有逻辑的一致性和相应的深度。尽管现实事物和种种现象可能是无序的和散乱的，但是人们从以往的书面阅读中养成了习惯，这一习惯不倾向于将现实看成是无序的、散乱的或是事物的平面堆积，因为这样的现实无法把握，且不能给人们带来安全感。人们习惯于将现实作为有序的并有深度感的对象来看待和描述，因为只有这样，现实才是可靠的，并且渐次展开的现实也比较容易为人们所把握。当然怎么样使得现实呈现出深度，是有一套叙事手法保证的，无论是文本叙事，还是影像叙事，抑或两者兼有。

在互联网时代，人们所体会到的现实有了变化，即现实不仅是被描述为线性的、不断递进的、有深度的对象，同时现实也演变为蒙太奇的拼贴，亦即蒙太奇现实。

比格尔在其《先锋派理论》一书中曾将蒙太奇现象作为先锋的艺术作品的特征来加以论述，与此同时他还讨论了新异、偶然、本雅明的讽喻等范畴。他认为"蒙太奇以现实的碎片为条件，并描述了作品的构成阶段"。他分析了蒙太奇首先出现在毕加索等立体主义绘画中的原因，将其归结为先锋派们"最为有意识地摧毁自文艺复兴以来流行的再现体系"。当然，比格尔清醒地看到，在不同的媒介中蒙太奇有各自的意义，因为"它并不是一种专门的艺术技巧，而是由媒介所决定的特点"。[1]

自然，蒙太奇不是先锋派的专利，后现代理论家们在反对现代性的同质化、规范化方面，在提倡小叙事、个人叙事，以对抗元叙事和宏大叙事方面，对蒙太奇拼贴也有所青睐，因为平面化的拼贴能起到解构宏大叙事的深度模式的作用。既然现代性是由印刷文化和线性逻辑思维建构而来，现代性的不断深化必得由叙事深度模式来保证，那么解构现代性就必然要冲破线性叙事模式，以空间的、多元的组合和拼贴来表现现实。因此在后现代主义那里，蒙太奇似充满着富有个性的浪漫主义精神，它是挑战冷酷的现代理性的利器。

不过，本文强调蒙太奇现实是想指出：除了先锋派和后现代理论的浪漫主义倡导，它的产生还有第三个原因，那就是今天信息泛滥的局面。由于互联网的信息过多、过于庞杂，当个人面对超量信息难以梳理时，借助蒙太奇拼贴是处理过量信息的无奈的选择，也是应对这种局面的相对有效的方法。由于蒙太奇现实是呈现为散点透视的现实，因此不必聚焦，不

---

[1] [德]彼得·比格尔：《先锋派理论》，第149—150页，高建平译，商务印书馆，2002年7月。

需要通过复杂的编排和精心的设计,将所有的材料串联在统一的轴心上,因此,在处理信息和材料方面就便利了许多。立体的、多角度的和多方位的视点相结合,使得不同的信息在不同的空间均可以得到应有的安置和编排,便于不同的受众各取所需。

这里还应该看到,以往的电影蒙太奇和现今的互联网蒙太奇的区别。电影蒙太奇是电影叙事的手段之一,是在叙事深度模式的支配下的镜头的组合,因此以往的电影蒙太奇已经被整合为线性叙事的重要手段,即是在精心的叙事编织中蒙太奇技法获得自己在电影中的地位。如爱森斯坦的电影《战舰波将金号》,其中的蒙太奇镜头的使用,为电影叙事翻开了全新的一页,从此影像叙事的深度必得有蒙太奇技法的参与。

互联网蒙太奇与电影蒙太奇显然有别,由于互联网信息几乎是未经筛选的,不像电影镜头那样经过精心剪裁,所以无法被整合到精密的叙事安排之中。这里还需要关注两个方面:一是互联网信息是异质的、多元的,难以被规范到统一的线性叙事轴上;二是互联网信息的产生速度远远超出信息的整合速度。因此互联网时代的人们不仅所面对的是一个多元的、无序的现实,而且更主要的是这一现实的表征系统也是多元的、异质的、去中心化的,因而这一表征系统只能被呈现为蒙太奇方式。一百年前,当毕加索和布拉克等创作立体主义作品时,很引起人们的疑惑、困顿和惊讶,面对如此艺术怪胎,人们手足无措。然而今天几乎所有的艺术家都会这一手,无论是架上画、装置、摄影,还是观念艺术,拼贴和蒙太奇手法可谓司空见惯。这不仅仅是因为今天的人们早已学会娴熟地运用此手法,更因为今天的现实就是这么展开的。

由此,似可说作为新现实的互联网,某种意义上说就是蒙太奇现实。不同的逻辑和规范、不同的视角和焦点、不同的信息和材料经由不同的组合和拼贴,以达成多元共存的状态,这就是互联网现实的表征系统,这就是今天的互联网新现实。

(载《文艺争鸣》2010年第3期)

文学体制与网络写作

这是一个涉及写作自由度的话题,网络文学的研究者早就看到由于没有"把关人",网络写作有相当大的自由空间。与传统的纸媒文学相比,网络文学没有严格的编辑程序和审稿机制,如对稿件的语言、情节、人物或其他方面提出修改或否决的意见,因此网络文学显得更加开放和活泼,更能接纳创造和新的表达。而这里所说的"文学体制"可以看成是范围更广的"把关"现象。

当然,不少研究者关注的是网络文本的技术特征,如它们的多媒体性和超文本链接,网络写作的去中心化,等等,这些表层的、可见的方面也与网络文学表达的自由度相关,但是体制似乎更有力量,它们有时是显明的,有时是隐蔽的,但规范上却十分有效。

一

很长时期以来,文学和体制的关系十分牢固,这可以从三个方面来讨论:作家、发表机构和文本。

首先,作家方面。这里不仅是指已加入作家协会的作家,还指有丰富写作经验和有一定写作名望的人。我们已有的体制是将前者和青年作者区分的,比如一些文学刊物栏目的设置上就有区分,如"新人新作""习作园地""萌芽"等等是专门为初登文坛者而设立;在作品评论的配置上也有讲究，新作点评或勉励式的表扬是针对年轻作者的，这和对著名作家作品隆重推出的长篇评论是有着霄壤之别的。这里既有文学方面的原因，也有待遇方面的原因，或者说，起初由文学原因而生发，一旦成为某种文学待遇，就转化为体制的结果，它有很强的制约力。

其次，发表机构。这是指作协文联或出版社等相应的部门或机构办的杂志、刊物和其他正规的出版物。如果没有正规的或者体制认可的出版机构出版，那么虽然作品质量上乘，也较难得到认可（即发表的认可），这就是说作品不登载在正规的刊物上就不认为已发表。另外，即便同样是正规出版物，也有着级别的高低。虽然在理论上不能说发表在所谓级别高的刊物上的作品就一定比级别低的质量高，但是显然，人们习惯地以为那是判断标准的分野，或者说这样来判断，就比较简洁明了，便于把握。由此在文学和相关学术期刊中选拔出一些核心期刊，筑起了颇为森严的壁垒。

第三，文本。这是文学体制更重要的一环，指由那些具备创作才能的作家通过想象和虚构的方式，写出的叙事文本（也包括抒情文本）。对这些叙事文本，我们在阅读的时候不能当真，即对叙事的内容不能当真，要将叙事者和作者分开，要对其风格、文体、修辞、叙事技法等等进行深入的探讨，而不必关注作者其人，特别是与作品表述无关的方面。文学体制和文学研究规定了什么是文学，什么不是文学，并将文学和历史、新闻作了区分，将内部规律和外部规律作了区分，因此有了文学体制。这里为什么不说这些区分是文学观念或文学意识形态，而称之为文学体制？是因为这些区分已经演化为划一的行动，并有了一些相对固定的规则，如一本文学刊物大致包括这几部分：小说、诗歌、散文，然后是其他种类（当然这里少不了文学评论，文学评论是文学体制的重要支柱）。再比如说文学评奖，对文本的分类和篇幅的长短有一些相对硬性的规则，而作品优秀与否，强调的是诸如文学的题材、结构、人物和表现手法上的创新性等等，这些"创新"其实已经在预设的认可的范围之内，如真有超出预设的、过分出格的创新写作，就会引起大的争议和讨论。

文学体制不是一成不变的，所谓"歌谣文理，与世推移"。叙事文学的发展和市场机制的结合，使得小说的地位在诗歌之上。本来文学的头排交椅是诗歌,在文学传统中是诗歌为王,但是诗歌的衰落和小说的崛起改变了这个次序。小说地位的提高,既与市场的销量有关,也跟小说的信息容量和对小说的社会学批评有关,还有一些其他因素等等,不过在此前,必然有观念的变化作为铺垫。

二

网络文学的出现打破了原有的文学体制。网络是电子技术发展的产物,所以网络文学的显现有外在性,即它不是从原有文学规律中延伸出来的。

电子网络,作为一种技术,原本与文学体制无关,但是文学体制要管辖电子网络上的文本,一些文学网站有小说、诗歌、散文和评论区的设置,这就是一种规范,所以有人提出"文学上网"这个说法来质疑网络文学,即纸媒的文学文本粘贴在网上,是否就算是网络文学?这一讨论难有明确的结果,难点在于对"网络文学"这一写作行为设置硬性的标准,这是比较难界定或者说无法确定的,因为这里没有其他硬性的界限,只有网络和非网络作为绝对界限。幸好也有反规范的,比如文学网站肯定会设立自由发言区(讨论区和灌水区),后一种设置显然打破了传统的文学体制,特别是灌水区,真正做到了嬉笑怒骂皆成文章,并且涌现了大量无名氏的创作,这些创作有两大特点:一、短小精练;二、经过民间的(网络间的)许多次传播,并在传播中日益完善,某种意义上像两千多年前的《诗经》。《诗经》创作的年代是文学体制尚未建立的年代,所以是十分自由的创作,还因为是口耳相传,所以韵律特别重要,反复起兴也特别重要,它原本不是书面创作规范,后来就成为规范了。网络文学的短小精悍回归到自由的状态,又没有合辙押韵的要求,所以更加有生气和活力。

网络上即兴的、化名的或经过反复转贴的无名氏的创作打破了传统的文学体制。首先,大量的写作者不是文学精英,写作不是他们的职业,在没有成为网络写手之前,也并非是擅长写作或以写作谋生的人。其次,许多作品不是以虚构和非虚构来加以划分的,也没有必要一定将叙述者和作者看成不同的对象，当然也就没有了文学、新闻和历史、哲学的区分，没有了现实和想象的区分，没有了内部规律和外部规律的区分。接下来，篇幅也不是以长为优先（考虑到今天长篇小说的地位，一种说法是比功力只有看长篇），自然而然，修辞手段也发生了变化，如同音借代、谐音、外语中用等等在网络文本中用得频繁、花哨、出人意料又有效果。这也提出一个问题，即可否将这种现象作为口语性或电子语言的修辞来研究，并将电子语言、口语修辞和书面语修辞加以区分？

应该说，规范修辞手段是当今文学体制的最最重要的支柱，特别是在新批评阶段，文学精英们对文学的修辞规范作了专门的深入的论述，如"反讽"（见布鲁克斯：《反讽——一种结构原则》）、"张力"（见艾伦退特：《论诗的张力》）、"象征和隐喻"（见维姆萨特的同名论文）等等，均有极其细密的，甚至十分烦琐的阐释。并且随着文学研究的深入，有关修辞的研究日益引起重视，文学精英们、众多的批评家们试图在文学文本中发现那些"内在而又超越句子单位的语法结构"，并作出准确的描写和分类。[1]

这些规范到了网络文学阶段从各个方面被打破，没有受过规训的年轻写作者不考虑修辞的规范性，只要有表达的欲望即可。有表达欲望就会产生表达的内容，相对于强烈的表达欲望来说，修辞，小道矣！真所谓"气盛则声之高下、言之长短皆宜"。有欲望就有内容，有内容就有一定的阅读吸引力，强烈的表达欲望还会生发出奇思妙想，修辞似乎是功到自然成的必然结果。

或许，对于修辞的看法，在网络时代也会逐渐有所改变。例如，一段网络文字中突然夹杂一个或数个图像图示甚至外语词汇，也可以作为修辞来看待，因为这些图像图示的形象性可能比几行文字更有表现力，使得文章的整体表述更加鲜明、生动。再或者一段文字之后，紧跟一个或数个链接，不仅图文并茂，还音容兼备、活色生香。那些链接、网络图标图示或其他手段等等，实际上就是发挥了修辞的功能。由此，似可开辟一门新学

---

[1] [美]保尔·德·曼：《阅读的寓言》，第一章，天津人民出版社，沈勇译，2008年1月。

科——网络修辞学。

据说当初尼采的看法超前，他认为："修辞学是在理性的明亮之光照耀下埋置于语言中的一些手段的扩展。不存在可以作为参照点的非修辞的、'自然的'语言。语言本身就是纯粹修辞游戏和手段的产物……语言之所以是修辞学，是因为它只打算传达一个见解，而不打算传达一种真实……""各种修辞手段不是某种可以被随心所欲地从语言中增加和减去的东西；它们是语言的最真实的性质。根本就不存在仅仅在一定的特殊情况下才能被传达的本义。"①

从这个意义上讲，层出不穷的网络用语、五花八门的图示图标，还有东西南北的种种链接，就是今后修辞研究的对象，有关修辞格的种类和范围也要大大扩充：从文字表达到图像、声音，再到各种多媒体链接，几乎无所不包。再进一步说，无处不在的修辞实际上在消解文学精英们的修辞学研究，既然所有的表达都与修辞学相关，设置修辞和非修辞的界限是徒劳的和无意义的。

有些研究者讨论了后现代文本的一些特征，其实后现代文本的所有特征在网络文学中都表现得最为典型：如拼贴、去中心化、众声喧哗、无厘头等等。可以这样认为，有了网络，"后现代"起来就更加充分！

三

网络文学的精彩不光是无名氏创作，署名的文学依然红火。例如，博客基本是个人署名的文本或创作的文学，自写自编自导自演。自从有了博客，网络写作或文学的范围就扩大了许多倍，博客中严肃的思考写作与随笔杂感、即兴的表达、插科打诨混杂在一起，几乎无法用文章体裁来加以分类。区分博客的是博主，而不是文章体裁，看某人的博客意味着按时间顺序或话题的分类来阅读某人，或者以博主自己喜欢的分类来阅读这些作

---

① [美] 保尔·德·曼：《阅读的寓言》，第112页，天津人民出版社，沈勇译，2008年1月。

品（如果博客可以称之为作品），而不是以体制的或常规的分类方法。博主（博客的作者）可以是文学精英，也可以是其他专业人士，他（她）们可以是大众明星，也可以是普通人，只要其博客在某一方面能吸引大众的注意力，就能迅速成为网络世界的新星，其他的社会头衔和体制所赋予的身份就不那么重要了。

或许将来的文学史将列入博客写作，至于博客是一种新的文学体裁呢，还是特殊的文章种类，要留待后人解决。

当年罗兰·巴特以"写作"概念取代了文学、哲学、历史等概念，他的第一部专著《写作的零度》或许就是一种预告，预示他以后的所有文章和著作都是难以明确分类的。他的《s/z》很难说是文学批评还是符号学、语义学著作；他的《恋人絮语》是小说戏仿还是文学评论？他的《符号帝国》难道是学术游记？他的《神话学》更像是大众文化批评和杂感。但是有一点是肯定的，它们统统是书面表达行为，是写作！写作是一种大的行为，是运用书面语言的总体行为。为此，罗兰·巴特强调："语言结构是一种行为的场所，是一种可能性的确定和期待。它不是一种社会性承诺的场所，而只是一种无选择余地的反射，是人类的而非作家的共同性质，它存在于文学礼俗之外……"[①]而文学创作虽然也是运用书面语言的行为，但它特指一种由某些观念如审美、虚构、修辞等等转化而来的写作，即被规范于创作体制之内的表达。

应该说罗兰·巴特是打破文学体制的最著名的先行者之一，按克里斯蒂娃的说法，巴特所提出的"写作的概念既改变了文学实践的概念，又改变了对这一实践的可能的知识，'文学'变成了写作；'知识'或'科学'变成了写作欲望的客观表述……"[②]

其实，强调"写作"实际上是一种超越或回归，超越到文学体制之外，又回归到最朴素意义上的书写行为和表达行为。罗兰·巴特也许正是为了那份信马由缰的自在，而高扬"写作"。尽管他清醒地认识到当代人

[①] 罗兰·巴特：《写作的零度》，转自《符号学原理》，第67页，李幼蒸译，生活·读书·新知三联书店，1988年11月。
[②] 《符号学原理》第210页。

的写作处于历史的压力和束缚之下,写作实际"是一种历时性的协同行为","写作中仍然充满着对先前惯用法的记忆,语言从来也不是纯净的"①,但是他亮出"写作"的旗号就是为了消解神话,解放表达。

网络写作在某种意义上也是一种超越,相对于传统的纸媒文学来说,网络写作使作者从各种名堂的束缚中解脱出来,不必瞻前顾后,不必考虑体裁的规范,不必顾忌编辑大人的口味,不必考虑能不能被发表。它使写作成为一种相对自由的活动,只要对得起自己的感受即可。感受、冲动、表达欲望对决规范和体制,网络写作从文学体制中解脱的过程就是网络文学成长和进展的历程。

（载《西北师范大学学报》2009年第6期）

---

①以上参见《符号学原理》70—71页。

电子时代的民俗

电子时代的民俗是指互联网上风行的某些礼仪、习俗和风尚，如：电子贺卡、手机拜年、网上灵堂、电子算命，甚至还有电子社区婚礼，等等。

也许它们不能算是真正的民俗，因为有关民俗的定义虽然有多种不同的说法，如"民间的风俗习惯""民间文化""群体传统"等等，有的教科书还将其定义为"在人们的日常生活中靠口头和行为传承的文化模式"。[1]但是它们均强调民俗的地域性、民间性和历史传承。电子民俗有点兼收并蓄、互通有无的意味，各地的风俗杂糅在一起，因此其地域性特征已消退，至于历史传承，网上的民俗保留的只是某些传统理念，而具体做法则大相径庭。

电子民俗是当今的时尚，是传统人际关系在互联网上的延伸。由于现代技术的发展，多重媒体交叉，缩短了人际交往的距离和时间，加快了人际的交往频率，然而交际频率的加速，需要某些支撑，交际是需要欲望和心理理由的，传统民俗则为交往提供了平台和充分的理由。这就是为什么电子时代的到来，传统的风俗不仅起死回生，大的节庆统统复活（如清明、端午、中秋），而且更有扩展之势，像寒食、七夕、重阳等节日也得到相当的重视。这种情形单单以复古的名义是无法涵盖的，对传统的态度是以现实为背景的，并且人们总是根据现实的情形应对传统，或者抛弃，或者拥抱，并加入许多新东西（例如，在祭拜中，以前是烧纸钱，现在则

---

[1] 陶立璠：《民俗学》，第3页，学苑出版社，2003年9月。

是烧纸扎别墅、汽车、电视、电脑、手机或一些时髦的现代产品；在婚礼中更是中西结合、古今结合，大量使用现代科技手段，以增加时髦而喜庆的效果）。

在当今电子时代，洋风俗或者洋民俗进入也获得了充分的理由，例如西方的圣诞节、情人节、感恩节等近十来年在大都市极为风行，既可理解为西方强势文化无处不在的渗透力，也应看到新的传媒时代，电子媒体在开掘人际交往方面的巨大功能，它会利用一切可利用的资源，即除了传统民俗，洋风俗当然也不会错过。中国这一百年来的发展是受西方世界冲击并在和西方世界纠缠和互动中过来的，国人对西洋风俗有不同程度的了解。当然，关键不是人们对西洋风俗有多少理解，而是作为一种交际方式，它必然会成为日常交际的特殊补充。特别是当它们和市场经济运作结合在一起时，简直有点呼风唤雨的态势，即洋风俗进入中国后，立即有了娱乐性质和新的交往功能，并且成了全球性商业文化的重要推手。如果说本土风俗是国人之间情感交流最丰厚的一块资源，淳厚、悠久，有社会心理做基础，那么洋风俗则为年轻人拓展外部社交或娱乐自身提供了新的平台。因此在社会功能上似可这么来区分：与传统民俗有关的节庆，如春节、中秋等等是国人和亲族团聚和交往的最佳时刻，而外来的洋风俗洋节日如圣诞节、情人节等等则是年轻人交友、狂欢和加强沟通的好时机。

或许我们可以从另一个角度来描述民俗，即民俗是人们日常生活交往方式的结晶，民俗虽然通过习惯、仪礼和节庆等方式来体现，但它的内在精神是相互沟通和认同。宗教的或婚丧嫁娶的诸多仪式、仪礼是为人际交往或者为人和神灵、灵魂沟通而建立的，因此任何一种习俗和仪式，要由群体来完成（也因此有的学者将民俗学的研究对象界定为"群体的传统"），参与的人越多，意味着越成功。人们通常说的排场是以参加人数的多寡来界定的。豪华的排场除了规模、声势、仪仗等，主要就是人群，而且人群不能是乌合之众，还需要有头有脸的人物来代表。因此在民俗中，也会将与社会经济的或政治的等级观念引入其中（如婚礼或葬礼的排场和规格等等）。不过，在民俗活动中，血缘或亲缘关系是重要的，在交往的深度上，人数的庞大可能不起什么作用。弗雷泽认为民俗是"在别的事情已经升到较高的平面的民族那里所见到的较原始的观念和举动的遗留物"。亲缘关系就是从原始观念中延续而来的，现代都市化生活虽然在瓦解原始观念方面有极强的作用，但是由民俗和血缘纽带而来的联系不仅不会轻易解体，有时反而还会加强，例如同乡会或亲友团这类组织的存在，就是这一纽带在现代社会中的体现。然而，加强亲缘关系交往的过程中也会带来许多束缚和不便，长幼尊卑、亲疏远近有时会给这类交往设置许多障碍，因此往往变得沉闷和乏味，年轻人亟需别的方式来补充这一不足，电子媒介的出现正逢其时。

电子民俗的重要功能就是一方面为人际交往提供巨大的参与平台，另一方面免去了参与过程中可能会引起的不便、尴尬和可能产生的沉闷状态。在电子民俗中，亲缘关系不起太大作用，或者说电子民俗的长处正是免除了亲缘关系的束缚，使得参与者有广泛的自由度。由此，某些民俗特别容易在网络上流行，这里仅以电子拜年和网络算命为例，稍作阐释，揭示其流行的某些原因，并解析其发挥的社会或心理方面的功能。

电子贺卡——拓展拜年空间并去中心化

在电子民俗中最普遍的是网上拜年，拜年过程是制作电子贺卡或下载现成的电子贺卡，既简便，又创意迭出。电子贺卡的丰富性、多样性、特殊的视觉效果就不在本文讨论了，总之电子技术的突飞猛进可以变幻出无数意料之中和难以预料的图像并伴有特殊的音响效果。

电子贺卡拜年，有百利而无一害，既联络了感情，保全了礼节，又简化了烦琐的仪程。另外，除了环保，节约纸张和成本等益处外，最主要的是它将拜年的空间顿然拓展了许多，既可以用于亲人和知交，也能用于一般的朋友、同事之间，既可用于公务的礼节性往来，也可用于商务的相互沟通性往来。平时比较疏远的甚至陌生的朋友亦可以此为沟通。特别是面对较陌生的人，它可免去许多寒暄和尴尬，同时你可以将许多吉利话积攒在一起，不必现场立即作出反应和对答。应该说正是以上种种便利，促使了电子贺卡的流行。

网上拜年的奇特或不同寻常之处还在于你可以不断重复，不仅是大年初一拜年，初二、初三一直到正月十五都可延续，当然亦可提前，年三十、小年等等，甚至提前半个月。只要你发出的电子贺卡的内容不重复，整个电子拜年的过程可以延续很长的时段，当然电子贺卡不断翻出的新花样和视觉图像也使得这一过程可以在增设的新的情景中得到延续。在传统的拜年过程中，重复拜年是无法想象的，除非得了健忘症。但是网上拜年不影响你别的拜年方式。当面的、电话的、手机的可以并行，它们既是正式的，又是非正式的。如果你向某君拜年，只发一张电子贺卡，可以认为你是拜年了，但是如果你又当面拜年或电话拜年，电子贺卡的地位就似乎降低了，就不怎么正式和郑重了，也就是说电子贺卡在拜年过程中地位是待定的，如果因为和某人亲近，前前后后一连发了10张电子贺卡，很难认为哪张贺卡是最正式的，可以说它们每一张都是正式的或非正式的，这应了叶芝的一句诗"一切都四散了，再也保不住中心"。

手机拜年和电子贺卡在这方面发挥的功能基本相同，但它是比电子贺卡更加普及的另一种电子拜年方式。手机拜年在使得该活动去中心化的同时，又大大扩展了其空间，更加自由多样，因此，手机拜年比电子贺卡更加频繁，更受欢迎。除了方便和及时，拜年讲究口彩，手机拜年能比较好地体现这一特点，即能汇集最讨巧最吉利的话语并加以剪裁和组织，既表达了节庆的祝贺，还有语言游戏的快乐。总之，和电子贺卡一样，手机拜年不仅免除了许多面对面交流可能会产生的困扰，而且也简化和多样化了拜年的方式。

网络算命——心理治疗和娱乐并存

这是最有心理治疗和娱乐意味的现代民俗，换一个谐谑一点的说法，可以称之为网络预测学。传统民俗中的占卦和算命有着丰富的社会文化和心理内容，在古代，占卜往往是国之大事，如登基、出征、狩猎、收成等等。占卜由国之大事转为个人前程的预测是自然而然的事情，当然这里需要重要的媒介——算命先生。

算命先生的存在，即以此为谋生职业的专业人员的出现，使得算命这一古老的行为不但能够流传下来，而且还成为一种特殊的民俗。算命先生是一个对民俗民风予以最多关注的人士，他的职业要求他熟练地运用民间习俗来对相关的生命现象和日常社会现象予以阐释，这些现象在某种意义上来说，都可以看作是命相，算命就是在对命相的阐释过程中对未知世界作出判断、预测或暗示等等。因此对民俗的了解和人情世故的熟稔，成为必不可少的条件，算命过程同时是一个心理探测过程，算命先生的直觉和把握对象心理的能力一般来说要优于常人，自然，这一切都体现在其随机应变的对答之中，算命过程基本是算命先生独自表演的舞台，演好或演砸取决于这位独角戏演员的各种能力。可以说，算命先生的算命还是一种生活经验和个人机智应变的表现，算命先生有见人说人话，见鬼说鬼话的本领，基本上没有复制的，而电子算命则把算命和被算都程式化了。

网络算命缺少了传统算命中核心的一环——算命先生，这样算命中最主要的过程——命相的阐释过程就由网络和算命者自己来担当和完成，这一转变有点像500年前西方宗教改革中新教的产生，个人可以直接向上帝赎罪，不必通过神父来担任中介。

网络提供算命的一切资源，各种算命的话语和方式，如麻衣相术、八字、骨重、求签、求子、星座（又一种洋风俗）等等，又将各种命途和可能的结果罗列出来，在鼠标轻点之后即可获取，有点像商品陈列在货架上，供人们选取，算命者可以任选其中一种或多种。多种算命话语并存，这种情形在传统的算命中难以想象，因为无论是走街串巷的算命先生，还是大隐隐于市的绝世高人，均不可能同时掌握如此多方面的算命话语。另外，不同的算命方式遵循不同的话语逻辑，不能相混淆，否则乱成一锅粥了：如麻衣相术基本是看面相，讲究眉相、目相、鼻相，还有上中下三停、天庭地阁之说，后来人们发展出手相、坐姿站相等等，增加了许多说法；八字算命主要是以出生年月日时辰的八字为解析对象，伴之以阴阳五行之理；骨重也是依据生辰日期，但与八字不同，它规定了年、月、日、时辰的每一项的重量,四项加在一起的总重量决定了人一生的命运,但从命理上说要简单得多。

  网络算命别开生面之处是汇集了上述所有的算命话语,即不同的算命方式呈现在同一个界面上,有时还交叉杂陈在同一个主题下。即无论是测算爱情、婚姻还是财运、年寿等,均可以同时套用各种话语,转换只在瞬息之间。

  网络算命虽然包罗万象,但人生的几个基本面无非是爱情、生活、事业、祸福和运程等等,因此算命的未知似乎已经包含在已知之中,即所有的可能性在网络搜索的范围内已经设定,而网络算命过程可以看成是算命者在各个网站间游走,寻找适合自己心情和感觉的旅程,其间也没有中心点,同电子拜年一般,即网络算命提供了广阔的空间,却没有固定的舞台,或者说处处是舞台,每一个舞台提供似乎相似又略有不同的风景。算命过程是游戏过程,是一个有点像对号入座般的过程,至于入哪个座,命运又掌握在自己手里,因为,算命人可以略略修正某些数据,如把阴历的出生日故意同阳历的相混淆,就能获得不同的命相。另外,同一个人在不同的算命话语中可能有截然相反的命运,特别是洋算命话语(如星座等等)的引入,使得某些反差更加清晰,因此不同的算命话语之间如果相对照,有时会产生互相消解的作用。尽管如此,网络算命还是有其意义的,它大致设定的几种可能命途,能看作是命运之神在冥冥之中的指示,当然最终决定命运的,仿佛是算命者自己掌中的鼠标。这是自己掌握自己命运的一种娱乐,也是算命者对自己的心理所作的暗示,也许有心理治疗的功用。

  网上还可以随手预测一下别人的命运,比如星座速配之类的。其实这也是一种特殊的交际和娱乐方式,进而扩展到看风水的领域,将人和环境包罗一体,则更增加了神秘感和万物通灵的气氛。

  如前文所述,电子民俗的种类很多,并且还会不断有新花样产生,除了网上灵堂要作另案讨论,其余的都可以看作大众文化在电子时代的延伸。电子大众文化凭借其媒介的强势,利用各种传统资源,拓展娱乐空间,因此对今天的传统文化应该有新的解读思路。

(载《文艺争鸣》2009年第3期)

观念的艺术与技术的艺术

我今天将"文艺与传媒"这个讨论话题转换成眼下这个题目。

观念的艺术就是文艺,而技术的艺术就是传媒,这种搭配是很时髦的,我们今天开会所在的地点就是北京师范大学艺术与传媒学院。这个学院是5年前成立的,但是我们再往前5年,比如说10年以前,很少有人会把艺术与传媒联系起来,为什么呢?因为在传统的见解中,艺术与技术是对立的。技术与工具、手段和效率相关;艺术则与我们的心灵相关。技术虽然实用,但是没有形而上的超越的力量;艺术有形而上的特质,即如一幅画、一曲音乐,我们会以它们是否有艺术性来加以划分,艺术价值的高低,除了真伪,就是由内含的艺术性来决定,这艺术性既不是体积和规模,也不是所用材料的昂贵,往往是由某种观念来决定的,例如美的观念、艺术真实的观念、人类理想的观念等等。

因此,观念的艺术主要是指我们对艺术的认识有时需要从某种统一的观念入手来解读,并认为艺术应该体现真理和某种有价值的观念。观念的艺术,不是不讲技术,技术是手段,没有技术,艺术的效果就出不来,但是光有技术,没有某种观念引导,或者说缺乏深邃的内涵,其艺术价值就不会得到提升。

观念因其概括力和凝聚力,往往强调观念对象的一致性和共同性。例如,古代中国和西方都有诗画一致的类似说法,"画是无声的诗,诗是有声的画""诗中有画,画中有诗"等等是这类说法中最有代表性的陈述。人们试图在这两者之间寻找共通性,并在精神层面画上等号,为此莱辛在

《拉奥孔》一书中专门论证了诗歌与绘画的区别，即从题材、媒介、心理功能和艺术理想等四个方面来加以分析，应该说，莱辛可能是最早关注艺术与媒介关系的批评家，虽然媒介只是四个因素中的一个，但是与其他三个因素相比，只有它属于硬件，有物质的规定性和硬度。但是几乎就在莱辛的那个时代，产生了一门学问，这就是"美学"，美学讨论的问题虽然有点复杂，但是在美学那里不仅诗和画，甚至连雕塑、音乐等等都有了某种共通性，其根本点是落在什么是美，美的本质是什么等问题上。在承认日常生活中的美、艺术作品中的美，或各色具体的对象的美的基础上，人们试图从观念上来彻底把握它，于是就有了康德的美学思想，提出了关于美的判断的一整套思想和法则（如美不涉及利害计较、不凭借概念而普遍地使人愉快、无和目的性等等）。而在康德之后，黑格尔提出"美是理念的感性显现"就顺理成章了，因为美的理念已经有前人如鲍姆嘉通、博克和康德等人奠定，或者说在哲学家思想家那里，美已经成为一个无须依傍具体物像的观念对象，它超越时空，也超越于艺术门类，亦即无论何种艺术，它的本质应该是美的，或者说是为了表现美而存在的。渐渐地人们将可以命名为艺术的所有领域统统划归美来统制，无论是诗歌、小说、绘画、舞蹈、音乐、戏剧，还是电影、电视等等都被认为是依据美而存在的，所有产生影响响的、有震撼力的杰作都是很好地遵循了美的法则的缘故，无论是梵高的《向日葵》，还是罗丹的《欧米哀尔》。一些美学家还化腐朽为神奇，将丑纳入美的范畴，谓之审丑。他们所作的精密解析和雄辩论述丝丝入扣，并向人们表明，思想观念的力量一旦膨胀，可以吸纳和控制一切对象，甚至化丑为美。不过，无论作为艺术本质的美是怎样的，它毕竟是一个极其抽象的观念，它和人们日常生活中所说的美是两回事，在日常生活中美是感性的、具体的、与一定的场景和主体的心情相关的。就美在主观还是美在客观来说，在日常生活中，甚至在艺术鉴赏中，美在主观，因人而异；但是从学术上、观念上来讨论，美在客观，需要有一个共同认同的观念对象，这一观念的生命和活力在很大程度上取决于思想的概括力和系统性。

例如米兰·昆德拉在讨论小说的价值时也将其抽象化、观念化，他认为，小说的功用是揭示某种"存在"，因为"小说家既非历史学家，又非预言家，他是存在的探究者"。在吸收海德格尔的基础上，他批评巴尔扎克小说中对历史的全景式处理，认为自己在写作中"不光历史背景必须为一个小说人物创造出新的存在处境，而且历史本身必须作为存在处境来理解，来分析"。在这里"存在"比"美"这个观念更加隐蔽，因此也更有诱惑力。

技术的艺术

　　大众文化的兴起，或者按照阿多诺的说法是文化工业的兴起，对观念的艺术构成了巨大冲击。阿多诺以文化工业来替换大众文化是为了强调资本主义的强力集团操纵大众、控制大众的本性，而我这里则着重其大规模地运用现代技术的一面，特别是现代传媒技术对传统文化和艺术的改造和重构。

　　以经典歌剧《阿伊达》为例，20世纪末《阿伊达》在上海万人体育场上演，盛况空前，豪华的场面、精湛的布景、剧情中的异域风情，构成了十足的西洋景，有人发明了一个词，称之为景观歌剧；从音乐效果讲，在露天的体育场不如封闭的歌剧院有质量，但是在那一刻，景观似乎压倒了歌剧，宽广的体育场压倒了精致的歌剧院。其实在这之前在北京劳动人民文化宫上演的《图兰多》已经可以称之为景观歌剧，总导演张艺谋在太庙广场所作的努力，从服饰布景到舞台调度再到总体安排，使西洋景和中国传统文化在当今传媒工业中得到了外科手术式的结合，这一尝试满足了西方人对中国公主图兰多的奢华和诡异的想象。

　　张艺谋最近拍的几部电影基本是景观电影，如《英雄》《十面埋伏》《满城尽带黄金甲》等都是在展示电影工业的强大诱惑力、广阔的市场前景和最时尚的拍摄制作技巧。所以坊间有一种说法，张导的大片是技术不是艺术，是摄影不是电影。现在的情形是这几乎成为趋势，如《夜宴》《无极》等等几乎都是这一路子，观众为欣赏现代摄影技术和音响技术而走进影院，许多期待看精彩故事的观众对这方面的失望也已习惯（如看到网上有这样的消息，《满城尽带黄金甲》"被京城媒体归入十大烂片"，一点也不会感到惊讶，虽然你还没看这部电影，但已经可以判断大致情形）。只是陈凯歌还不够彻底，他试图完成一个有哲理的故事，最终落下一场馒头引发的血案的结果。在这类景观电影中，文学脚本精湛与否，人物形象、故事是否引人入胜都不是最主要的，这些传统编剧原则的完美运用远没有制作的精良、媒体新技术的炫耀性展示来得重要。应该说电影从其诞生那一刻起，就预示着这一局面的到来，电影技术的出现不是为了拍戏，正像当初发明录音技术不是为了听音乐，但是当人们用它来拍戏时，剧情的紧凑、故事的完整就显得无比重要。然而文化工业的继续推进，突出的是技术制作精良的这一倾向，而不是观念缜密、逻辑清晰无漏洞这一面（当然也不排斥后者），这也是功夫片，或者说新武侠电影在短短几年间陡然蹿红，《卧虎藏龙》《十面埋伏》《功夫》等大片一部接一部诞生的原因所在，观众不是怀旧，也不是对老套的江湖奇侠故事情有独钟，而是传媒工业造就的武侠奇观和江湖奇观对人们的眼球有吸引力。

当然，现代传媒技术的发达不是只为电影而准备的，也是为美术、音乐和其他一切创造而准备的。例如当代美术已经无法用绘画来涵盖，在现今的各类美术展览中，装置、录像、投影、音响、多媒体抢占了架上画的空间，绘画的技巧在某种意义上已让位于各种新媒体技术的运用能力，作品的种种创意同新媒体新技术带来的灵感紧密相关，最走红的艺术家如徐冰、蔡国强、黄永砯等所作的一系列装置和作品都是各种媒体技术的综合运用。当然作为个人的作品，它们不如生产流水线上的产品那般精致、完美无瑕，但这恰恰是其人性化的部分，是使其被称之为艺术的缘由。

同样的情形也表现在部分音乐发烧友对音响器材的关注，这种关注到了极端的程度，如对音响、功放、线材的苛刻要求到了不惜工本，从材质到制作工艺的每一个环节都不轻易放过。这种极端是拜技术发展所赐，不能简单认为是发烧友独特的个性所致，毋宁说发烧友的"高烧"是现代传媒技术所催生的。

有的学者称"技术是无形的形而上学"。所谓无形，是指技术带来的观念变化是隐形的，就因为它们是手段、是媒介、是形式，不是内容。在人们看来，技术只是内容的容器而已，技术的高低只涉及效率，不影响内容本身或者说不能改变内容的本质，然而实际的情形并非如此，即便媒介是容器，那么容器的形状也会导致内容在形态上的改变，更何况媒介不是容器，摄影机不是容器，音响设备不是容器，画布、颜料、画笔也不是容器，它们已经和当今的艺术融为一体。

艺术是人造的自然，尽管其巧夺天工；技术也是人造的自然，尽管有时作为某种环境，它并不起眼。艺术是作品，技术是手段，当技术发展缓慢时，人们几乎感受不到它的存在，以为世界从来如此。技术的发展速度一旦加速，世界就变化了，手段也就由形式变成了内容，就如今天的论坛发言，会议的组织者要求做好PPT文件，这似乎成了发言的一个组成部分，即与会者不仅听发言，还要同步看发言，被看的发言要投射在屏幕上，造成众目共视的凝聚气氛，如果大家都各自低头看手中的文本，这一气氛就出不来。也就是说假如把召开论坛和研讨会这样的组织活动作为一门艺术来看的话，那么娴熟地运用各种最现代化的视听设备是必不可少的一环。

今天，观念的丰富性、多样性在许多方面被传媒技术手段的多样性和丰富性所取代，由观念的演进所生产的思想深刻性也被技术的复杂性所抑止，这使得许多有识之士担心人类在技术、仿真的图像世界里逐渐失去思考的能力，一如尼尔·波兹曼在《娱乐之死》一书中所表现出来的担忧。技术艺术的发展，特别是图像技术、视觉传媒技术的突进也许最终会导致精英艺术的溃败，然而在这一天到来之前，我们所能做的是遏制传媒技术的发展，还是采取别的补救措施？又有哪些措施可供人们选择？

当然，波兹曼所表达的阿多诺式的担忧也可能是杞人忧天，自古以来，技术的复杂性就包括在思想的深刻性之内，只不过人们没有察觉罢了，起码工业技术革命进展两百多年来的历史并没有削平人类的观念深度。技术艺术的眼花缭乱可能会使某些人产生错觉，以为今后的艺术就是《满城尽带黄金甲》这类大片，以豪华来取代思考，然而只要有胡戈这类网络恶搞在，我们就不至于太悲观，毕竟对技术的思考和利用技术来赚钱是两回事！

（载《传媒与文艺》，人民大学出版社，2007年）
（此文系北京文联于2006年12月召开的"传媒与文艺"论坛的发言稿。）

当代艺术中的"中国经验"

这两年在北京、上海等地举办的一些当代艺术展中反复强调中国经验，这是一件颇可疑的事情，因为对绝大多数中国当代艺术家来说他们只具备中国经验，虽然他们中有不少人有短期出国或留洋的经验，但是若不是特别或刻意为之，一般来说，他们的作品中表现的基本上是中国经验，所以中国经验这类展览主题的提出，有点多此一举的感觉。当然在实际的操作过程中情形不是那么简单，策展人的战略目标是面对西方或国外的媒体和批评家的，尽管展览的大多数观看者是中国人，但是展览的主题意义只有在前者的眼中才有真正的价值，因为他们到中国来可能就是为了寻找和发现当代艺术中的中国经验，现在真巧，一切都准备齐全，只需按自己的意愿撷取即可。

为西方或国外的媒体和批评家准备"中国经验"的套餐也无不可，但是纯粹的中国经验是什么形态呢？作为一个理论问题来探讨是十分冒险的，是张艺谋式的，徐冰式的，还是蔡国强式的？个人经验是十分具体的和感性的，它与艺术家的家世背景、个人气质、文化修养和成长环境有着密切而牢固的联系，而中国经验则是抽象的，具有形式化意味的对象。如果说我们把徐冰的《析世鉴》或蔡国强的一系列爆炸装置由个人经验上升为中国经验的典范有着相对充分的理由，同时还应该考虑到他们恰恰是中国当代艺术家中对西方艺术的情形了解得比较多的一群，与在国内的一大批当代艺术家相比，是对西方艺术的相对熟悉救了他们，而不是所谓的中国经验成全了他们。

另外，艺术的表现形式本身也是某种经验，即艺术表现的经验，在中国当代艺术所采纳的表现形式（即表现的经验）中，多少有着对世界当下艺术的吸收、借鉴、挪用和拼凑运用，当一位中国艺术家自觉或半自觉地进行创作时，是无法区分生活中的经验和艺术表现的经验的。

在今天这样一个信息时代，艺术家不可能在一个封闭的环境中长大，相反他们是在多种文化和艺术观念的调教下成熟起来的。如果他是艺术院校毕业的，那么他可能接受过系统的西方艺术史的教育，还可能受过专门的油画或版画的技法训练；倘若他是自学成才，也许表明他在学习西方艺术和艺术观念的道路上走得更远，更大胆。强调艺术中的中国经验只有心理上的和展览策略上的意义，而不可能指导创作。

同样还有人在中国经验的基础上提出了中国语境，其实在今天的信息环境和媒介环境中，当代艺术界已经不可能指望有什么中国语境。所谓语境是由交流的双方或多方共同构成的，是表述互动关系的一种状态，是什么样的互动关系就表明了处于什么样的语境之中。中国的当代艺术是在与西方甚至全球范围内的艺术潮流的不断交流、碰撞和影响下产生的，这就是中国当代艺术的生长语境，实际上就是全球语境，从20世纪"五四"以来，特别是从20世纪70年代末中国实行改革开放的国策以来，我们已经进入全球语境，改革开放就是这一语境的产物。而所谓"中国经验"更是在全球语境和西方语境下产生的概念，没有全球语境就没有中国经验，这里所谓中国经验只有思辨逻辑上的意义，而不是艺术创作中可以运用作价值判断的原则。

中国经验或中国语境说到底是一种虚构，是一个艺术神话，它们的存在与艺术品的功能相仿，是人们的精神需要。尽管在对当下艺术细致的谱系学分析中找不到纯粹的中国经验，或者说所有的文化经验和历史经验基本上是多种因子的融合，相互交织，你中有我，我中有你，但是有关中国经验的神话是有着鼓舞意义的，它暗示着艺术家的成功的可能和发展的方向。在"中国经验"神话的激励下，艺术家们会眼睛向下，会走向民间，会寻找和开掘来自基层的新的资源，例如眼下一群艺术家正在开展的"长征——一个行走中的视觉展示"活动，与这一神话就有着某种程度的关联。虽然他们所取得的成果还有待检验，但是这一事件本身是激动人心的。不过事情总是存在着几个方面的可能性，当年的红军长征是在苏维埃的旗帜之下进行的，沿途宣传的是共产主义的世界大同的道理，而且长征开始阶段接受的是共产国际的领导（尽管是错误的领导），这样一个有关世界大同的神话同样不妨碍他们与中国基层劳苦大众的联系。今天远离了血与火的战场，我们的当代艺术家或许也可以将当年的红军长征看成是一群接受了世界先进思潮的年轻人的艺术活动。

艺术家个人或小集体的创造力的来源是由多种成分和因素构成的，艺术家的经验是庞杂的，这不影响其被各种各样的意识形态和理论体系整合，只是当理论的讨论将某种对象凝固起来时，艺术家应该警惕。虽然，艺术家的创作引起人们关注的是激起他人共鸣的那一部分经验和情感，但是真正支撑他坚持到底的可能是相对个人化的一些理由和情绪。因此当我们提及中国经验时千万不要将其神话功能和现实作用混淆起来。

（载《艺术当代》2002年第5期）

华西一景

听朋友说，华西村有一景，所以利用春节前的假期到江阴华西参观。参观也是瞻仰，三四十尊塑像，虽然制作的工艺说不上是一流的，倒是有我一直以来崇敬的人物。

所塑的群像分别矗立在相邻的几块草坪的周边，分明是一个雕塑园，然而华西人称它为"信仰大观园"。事关信仰，肃然起敬，但是接下来的场景让人惊讶、忍俊不禁。最先看到一组塑像：依草坪边缘而立，依次是袁崇焕、萧何、商鞅、林则徐、海瑞、包公、岳飞、薛仁贵、穆桂英。正中央……抬眼一看，呵！是毛、刘、周、朱、邓。感觉是历史上的文臣武将都被召唤来拱卫五位无产阶级革命领袖。对于一个从小深受某种意识形态教育熏染的人来说，这一安置和组合不伦不类是显而易见的。常年读报看电视的习惯，政治局常委下来应该是政治局委员啊，即使按革命功劳的大小论，有地位的无产阶级革命先驱也成百上千，怎么就排上了海瑞、包公、穆桂英呢？正琢磨，另一组塑像映入眼帘，有一半是老熟人了：焦裕禄、雷锋、刘胡兰、黄继光和董存瑞，几十年来一直是学习的榜样。另一半也不陌生，即一说到中华古老文明必然要提及的盘古、女娲、黄帝、炎帝、大禹，不过英模人物和三皇五帝等距离排列，是头一遭碰见。

我知道国人从来就有海纳百川、兼收并蓄、和谐包容的胸怀，但是还是感到突兀，起码应该将焦裕禄、雷锋、刘胡兰这一组和袁崇焕、萧何、商鞅等调换一下，时空穿越也不是这么玩法呀。当然立即意识到自己的迂腐，观念被时空束缚的缘故，怎么摆放不是摆放？那些作古的人物既然已经获得永生，时空啦、身份啦、位置啦都不重要。不少旅游景点有蜡像馆，蜡像馆里面的人物也是五花八门，各色人等，自己从来没有对其中的人物关系提出过异议。

缘由还是在"华西幸福园，信仰大观园"这一规定情景的导入，信仰应该有信仰的严肃性，有共产主义信仰的人应该归在一起，才显示出信仰的力量。

在信仰大观园的入口处有一个告示性的说明，意思是除了邪教不能信，什么都能信。这才明白这是一个包罗范围博大的信仰系统，是信仰的大杂烩。邪教不能信，是为了表示政治正确！什么都能信，则表示开放气象，以显示华西人的博大胸怀！这一胸怀是超越史学的、阶级的或意识形态的分类原则，单靠学理逻辑解释不了的。随意性的摆放正是民间信仰的一种特质，以功能代替系谱。换了现在时髦的说法是后现代性，当然是本能的后现代，不是那种书本定义中强调小叙事的后现代。本能的后现代拼贴，使得有深度的历史趋于平面化和大杂烩化（其实这更体现时代特征，即讲究实用，讲究大团结，讲究谁也不得罪。以当下的政治判断取代以往的价值判断，也是实用的一种）。

当然说是后现代拼贴，其实也有逻辑和深度。比如中央和边缘还是有区分的，而且中央的领袖们雕像的材质也明显好于其他雕像，并且领袖一律是坐姿，其他的人物统统站立，任你是炎帝、黄帝还是大禹，这里的逻辑不仅是厚今薄古，还是将当国的领袖人物放在核心地位。和核心地位遥遥相对，隔着两块草坪的另一组革命人物虽然还没有标上名字，看形象和造型应该是江姐、鲁迅、李大钊，还有一位书生模样的，大概是瞿秋白。

说到信仰，总觉得还缺了些什么人物，原来答案就在不远处：在中轴线的一侧，找到了老子、孔子、墨子、如来佛、弥勒佛、送子观音，他们和释迦摩尼、耶稣、圣母玛利亚一字排开，儒释道的教宗一个不少，还有洋教主。不过他们统统不入主流，似有明日黄花的感觉。他们的存在是以示包容，当年大批封资修，多少落下了些许阴影。好在这里的基本原则是多多益善，各路神仙只要政治上不犯忌，统统网罗在其间。国家领袖、英模人物、帝王、清官、忠臣、古代圣贤、思想家、宗教教主，或杂处或并列，济济一堂，相安无事。

也就在我参观华西的前半个多月，天安门广场国家博物馆一侧立了九米多高的孔子像，为此，反孔一方和拥趸一方争论不休，在互联网上大动干戈，当然打的是笔仗。全国的孔子像不计其数，不怎么有人计较，还有为了孔子而排斥基督的，但是，天安门广场是意识形态禁地，摆放谁，不能摆放谁，这是意识形态之战，估计无论哪一方说服另一方均不是容易的事情。像华西人这般百无禁忌，照单全收，那就什么争论都不会发生！什么时候天安门不再是意识形态禁区（如广场上空仍旧可以放风筝，或者小商贩可以在那儿卖冰棍），不再承载过多的政治内容，不再如此空旷超大，让一些空间给绿荫草坪，既可举行某些典礼仪式，也可休闲娱乐，或者一边厢仪仗森森，国宾往来，另一边厢则嬉戏如常，那么和谐社会就基本到来了。

华西人的百无禁忌是有来历的，他们在构建信仰的"和谐社会"，这不仅符合当下语境，也不违背历史文化传统。这里所说的传统是指道教文化的传统，鲁迅曾说过，中国的根底在道教。这么说不是要强调道教是本土宗教，这无须再言，我想鲁迅老人家的意思是道教的精神内核和我们的国民性相通，既海纳百川又藏污纳垢（关于国民性，是一个巨大的无穷无尽的话题，此处不表）。

作为多神教的道教，其谱系很多，很庞杂，从来没有好好清理过，清理是需要花大气力的，需要知识界的鼎力相助。大概是"子不语"的缘故，中国的知识阶层和佛教的亲近程度超过道教，所以道教的系统理论在后期没有得到深入的发展，在实践层面也走入怪力乱神、巫觋咒符一路。之所以中国的知识阶层整体而言与本土宗教疏远一些，可能是与道教一开始不太靠谱，很讲究实用有关。信仰也有层次之分，纯精神性的层次和实用性的层次。在实用的层次上往往会把对金钱和权力的崇拜也误当成信仰，或者说这就是一种信仰，所以有拜物教一说。道教的实用性很强，小到祛病救灾，求财祈福，延年益寿，大到升仙得道，呼风唤雨，或逍遥快活或长生不老，按一些研究者的说法，将现世的人生看作是乐还是苦，是道教和佛教的最大差别之一，道教将人生看作是乐的，所以追求长生不老，羽化登仙。

佛教虽然是舶来品，却比道教要"有谱"得多，精神性层面的内容要丰富得多。当然这和佛教的"谱"（即其基本理论和系统）在传到东土前已经完成有关。中国尽管一直有儒释道三教合流的说法，翻翻思想史，提出三教合流的，基本是道教立场，没有哪位儒家著名思想家倡导过三教合一。佛教传到中国后开始也有三教合流的说法（见牟子《理惑论》），希望通过这一方式，让佛教在华夏有所传播，但是一旦站稳脚跟，就无所谓合流不合流了，倒是发展出禅宗、净土宗、天台宗、华严宗等教派。尽管在漫长的历史过程中，佛教兴兴灭灭，声势最为显赫时，闹到皇帝要出家当和尚的地步，也没有要和道教分享其"光荣和梦想"的意思。道教提倡三教合流，是符合其精神内核的，因为道教在其产生之初就是出于实用目的，并不是意识形态十分严格的教派。有研究者认为道教的一些经典（如《道藏》）也是模仿佛教典籍的架构而来，难怪明代有所谓"三一教"产生，是儒释道三教合一的意思。

不过什么都不能一概而论，在早期，道教和佛教之间的思想斗争是十分激烈的，就是所谓争夺话语权和宗教领导权的斗争，刘宋时期的顾欢就有《夷夏论》面世，他不仅信奉道教，而且要将道教和佛教分出一个正邪是非来。夷夏论就是夷夏之辩，意思是要搞中国特色的宗教，不搞西方的那一套，因为佛教不适合中国的国情和礼教。道教正是滋生于本土，符合"国情"，故一度十分兴旺。在李唐开国后的一段时期道教达到巅峰，成为国教。但是道教得势后，在实用性层面得到了拓展，炼丹喝药，消灾度厄，精神性层面却没相应地完善，又参与到上层政治斗争之中，所以当武则天改朝换代时，武周革命弃道教而借助于佛教，这里除了政治和权力的原因，还因为在佛教和道教的论辩和义理之争中，道教败北。后世学者总结认为，道教在理论体系和组织制度等方面均不及佛教来得严密和完善，在论辩中失败是难免的。另外后期道教似乎从来不搞清理门户的事情（这里是指思想和理论上的谱系而言），而总是在扩展，有点像股份公司，不断收购中小企业，将民间信仰的一干神祇纳入自己的体系，到明代以后更是加速扩容，先后将文昌帝君、妈祖、关帝、八仙、土地、城隍和蚕神收编到自家门下，据说，正是无限扩容，导致面目模糊，使得道教江河日下。

和道教的照单全收不同，佛教相对而言比较有原则，佛教各宗派之间常展开辩经和论争，佛和外道之间也经常论辩，以证明自身的正确性，一辩十天半月，唇枪舌剑，很是尖锐刺激。钱文忠先生的《玄奘西游记》就生动地描述了这类辩论的大场面，相信他所据有本，来自相关文献典籍。不过有"文革"经历的人自有深切体验，那时红卫兵和红卫兵之间，造反派和保守派之间，造反派和造反派之间经常展开大辩论，是所谓无产阶级革命路线和资产阶级反革命路线之辩。在我模糊的记忆里，双方都是捍卫无产阶级革命路线，都指责对方是资产阶级反动路线。当然辩论的最后获胜者不一定是道理讲得透彻或理论逻辑严密，获胜者常常动用的是两种武器，情感煽动和高音喇叭，有时后者更加重要，控制音量比说理动情更加有效。那时的红卫兵已经从实践层面知道"媒介即信息"的道理，很会利用现代传媒科技先声夺人。

佛教成为中国本土宗教后，这种大辩论似乎不怎么兴，禅宗的公案里倒是保留了一些体悟方面的论辩，越往后越少辩论，如今的架势有点像道教，也很讲实用，理论似乎只是点缀。所以一干信众讲求财祈福，保安康、保延年益寿，三教九流混杂在一起，在庙里也供奉关老爷，也供奉孔子，很有和平共处的精神。然而实践的层面和精神理论层面错开了，金钱和权力的能量就得到发挥，一来二去就与当年的教义相悖离。据说现在和尚也分处、局级，并将功德化为捐款箱，殊不知功德二字原本不是金钱。当年，那位舍道归佛的梁武帝曾问达摩，朕一生造寺度僧，布施设斋，有何功德？达摩说，实无功德。六祖坛经中解释说"造寺度僧，布施设斋，名为求福，不可将福便为功德"。那么什么是功德？"见性是功，平等是德。""内心谦下是功，外行于礼是德。""念念无间是功，心行平直是德。"而"心常轻人，吾我不断，即自无功，自性虚妄不实，即自无德"。自然，功德在各个方面的具体表现难以道尽，但是强调自身修行，不以福报为目的，是其核心理念。

对于信众来说，将功德转化为捐钱，简化了修行的方式，省却了精神方面的功课，但是对于自身境界的提高并无益处（捐钱和舍财有很大区别，前者是有计算的，有心理平衡点，后者是一种信仰或世界观）。类似将功德解为捐钱的情形，在当下较为普遍，就因为捐钱简便易行，这种简便易行将人们引导到另一个方向上，即精神方面的委顿和马虎。

其实精神追求层面的顶真、"认死理"和社会实践层面的包容是相辅相成的，没有前者的认真拓展就没有后者的包容。眼下人们看到更多的是相反的情形，信仰方面什么均可纳入，什么都信，实际上是无信仰，而在社会实践层面则无包容，不能利益共享，不能接纳不同的意见，造成的结果是社会整体在原地踏步。即便不拿精神层面说事，单说GDP，去岁欣闻中国GDP超出日本，只高兴了片刻。其实从盘古开天辟地到20世纪初，中国一直领先日本。两千年前尽管无资料记载，但中国物产丰富，日本是比不了的。估计那时日本在国际贸易中主要出口长生不老药，秦始皇派徐福去东瀛购买，还没有到手，可以想见他们的国民生产总值不会太高。

还是回到精神层面来说，有所追求和有所宽容是一个民族心智成熟的表现。纪念和瞻仰优秀历史人物再多也应该，如果只是灵机一动，将雕塑园奉为"信仰大观园"则不妥，这有点像春晚的小品，只要不犯政治，什么都是搞笑的材料。当然只是华西村上演小品也罢，然而今天这种灵机一动的小品精神似乎已成为时代特征，从心脏弥漫到毛细血管。

信仰不是旅游资源，精神层面追求的严格性和社会实践层面的包容性既不能偏废，也不能混淆。从这一理念出发，天安门广场安置优秀历史人物的塑像可以尺度放宽，从孔夫子到孙中山，可选择的对象不少。但是这些优秀历史人物对中华民族所作的贡献和究竟是哪一种贡献，倒是应该辨别清楚的。好在今天的互联网为我们提供了论辩的公共空间（在互联网上，点击率高、转发次数多的，从来不是胡搅蛮缠或靠谩骂取胜的帖子），也有相对全面的信息，容易取得相对的共识。当然，华西村里的那三四十位人物可以也应该移一些到广场上来的，毕竟中华文明漫长的历史不是从1840年之后才开始的。历史的步伐不单是正确与谬误的争斗，也是泥沙俱下的过程，那些大的泥块和沙粒只是比较容易被发现而已。

（载《读书》2011年第7期）

第二辑
媒介神话解析

媒体价值观

当一位后起的歌手通过"模仿"的捷径走红，模仿刘德华、模仿张学友或王菲，由于模仿得惟妙惟肖而引起某家唱片公司或某位投资人的青睐，这意味着什么呢？

当然精明的投资人并不是为了再制造一个刘德华或张学友，他们只不过是从这些追星族身上窥见了可资包装，并打入市场的潜质，他们的眼光、经验和市场运作的手腕使他们相信自己的决策大致能够获得成功。按理推出一颗新星首先是发现和挖掘其不同以往的特质，以此来吸引大众的眼球，引起轰动进而获利。然而有时候危险的也正是这种特质，这是难以琢磨的对象，这里不仅包括歌手自身的各种素质，更加紧要的是观赏者的心理，而观赏者的心理从来就不是稳定的因素（观众是一个极其特殊的集合体，除非加以严密的组织，否则几近乌合之众），今是昨非，大起大落，相当难揣度。不过这并不表明无路可走，如果从已经在大众媒体上获得声誉的明星入手，成功的几率要高一些，这既是为以往经验所证明，也有心理学上的依据。"模仿"则是一个契合点，是联系已有的成功和未来发展的一座桥梁，自然这座桥梁通往的与其说是声乐艺术和表演艺术未来发展的方向，不如说体现的是一种特殊的价值取向。这一价值取向同市场经济环境相适应，更同大众媒体自身的运作和媒体文化的大背景相关联，由此本文在这里杜撰一个概念曰"媒体价值"。

由于媒体文化的话题是向当代社会生活开放的，人们必然要把生活中的价值观带入到媒体文化之中，这是不言而喻的。然而媒体文化所宣扬的价值观并不等于人们日常生活的价值观。如果说日常生活中的价值观同社会道德有着密切的联系，并且很大部分来自对传统的继承，有其一定的稳定性，那么媒体文化中的价值观，则偏向于时尚，"与时俱进"，当然在另一方面也容易时过境迁。

提出"媒体价值观"是为了强调其外在性，以区别于生活中的价值观。一般来说，日常生活中的价值观是内在于人们的思想和行为的，人们的言语行动或处理问题的方法、态度都受其影响。且价值观既然来自传统或社会伦理，它是在较长的时间中逐渐形成的，它慢慢地渗透到人的思想深处，成为方向仪，决定着人们的日常思想的决策、行为的选择和其他诸种表现。

媒体价值观则不然，它不是在长期的形成过程中对人们施以潜移默化的影响，而更可能是一种突变的力量在某一时刻左右着人们的行为抉择。如某天早晨当人们打开收音机、电视机或报纸，或走上街头突然发现周围的世界变了，这种变化也许发生在某一个方面，也许是好几个方面，重要的还不是这些变化，而是这些变化在大众媒体的集体显示中带有一种胁迫的力量，暗示人们不要背时，不要落伍，不要被时代所淘汰。人们往往对这种变化背后的动因还无法做出准确的判断时，就已经屈从了这一变化。这里还可以举一个真实而生动的例子，一位诗人兼批评家从媒体获悉池莉的《来来往往》颇有看头，销量达到3万册，于是买了一本来读，对语言的诗性要求使他觉得这部作品的叙事语言太粗糙，无法卒读，就放下了。后来报纸上说销量超出11万，重新又找来阅读，居然一读到底。其实这类例子还相当普遍，感觉跟着媒体的说法走，但是与此同时，在心灵深处还保留着抵触，自觉的与不自觉的。因为这一切来得太快，人们常常缺少应有的心理准备，这也就不难理解为什么在今天这个时代，青年人更加合乎时宜，比起年长的一辈，他们更少内心的保留，与传统价值观的联系也十分薄弱，反过来，对于突变的力量他们更能顺应，有时还会急切地伸出双臂来热情拥抱。

媒体价值观主要是由媒体文化来体现的，在一系列有关的时尚话题中可以窥见它的时隐时现的身影。当然，媒体价值观是在动态的传播过程中建立并不断更替的，在这一过程中，它既与传统保持一定的距离，也与理性的审视相暌隔，它是由时势造就的。

所谓时势，某种意义上就是指社会群体的压力，这种压力同社会伦理和个人的内心的道德律令没有什么直接的联系，或可说这一压力总是同传统的道德呈相反的态势，它是以强势的劲头扫荡一切，压倒背时的对手。这里十分关键的一点是，社会群体的压力是怎样形成的？它的形成同现代媒体的宣传或造势呈什么关系？

20世纪70年代德国社会学家伊丽莎白·诺尔·诺依曼提出的"沉默的螺旋"理论或许可以部分帮助我们回答这一问题。诺依曼的理论虽然是就社会舆论是如何产生和形成而言的，但是，对我们认识"媒体价值观"有借鉴作用。诺依曼认为，人们在表明自己的意见和看法时，必然会对周围"意见环境"进行观察和了解，当发现自己的意见属于优势或多数意见时，他们便积极坦然地表达自己的意见和看法，当发现自己的意见和看法属于少数和弱势意见时，就会屈从于周围的压力而保持"沉默"和附和，这是因为人的"社会天性"是害怕孤立而受到社会的惩罚。这样一来，一方"沉默"更造成另一方意见的增势，使得优势意见比原来更加强大，这强大的优势意见反过来又迫使弱势意见更加保持沉默，如此往返循环，便形成"一方越来越大声疾呼，另一方越来越沉默下去的螺旋式过程"。而由优势意见组成的所谓社会舆论就是这么产生的。

那么，构成所谓社会舆论"意见环境"的主要因素到底是什么？

说到底，在现代社会中"意见环境"往往是由大众媒体来营造的，它并不植根于我们的生活之中，所以这里把它称之为"媒体价值"。若没有大众媒体的推波助澜，可能情况会完全两样，正如诺依曼的"沉默的螺旋"理论是从德国的议会选举中出现"雪崩"现象中生发出来的，而这种大选中的雪崩和一面倒现象往往是在大众媒体的强大攻势下出现的，大选一过，原来支持谁的还是支持谁，没有根本上的改变。

可见媒体价值观是表面的和临时的，也是非理性的，因为它没有恒定的标准，习惯性地趋从时势，这有点像各类歌曲、ＣＤ或畅销书的排行榜，能占据排行榜前列，是各种因素决定的（包括经销商的市场运作），但是媒体价值观并不深入其间,分析其中的是非曲折,它只尊重排行榜,其他的因素都服从这个主要的指标。亦即在大众媒体上的受欢迎程度是媒体价值观的唯一参照系,其他的参照系暂时都要靠后。在媒体价值观面前理性是无力的,前者是排斥后者的。传统也是失效的,它往往受到破坏。

由此可以说媒体文化中的价值观是认同当代社会生活的,它遵循着"存在的即合理的"原则,附和社会上的流行观念或现存的价值观,基本上不对它们提出批评或质疑,这样它在其推行过程中阻力最小,也最容易获得大众支持。它维持着表面的其乐融融,也不对背时的价值观进行理论上的清算,它似乎深谙"三十年风水轮流"的道理(在当今社会,实际情形往往是三五天风水轮流转),只是以今天之是来排挤昨天之非,它总是能为现行的价值观找到合理的依据,哪怕它昨天还是被排斥的对象。

法兰克福学派之所以激烈地批判大众文化,称之为巩固现存制度的"社会水泥",是因为大众文化同时也传播流行的价值观,传播和维护这种价值观就意味着维护资本主义的腐朽统治。早期法兰克福学派把这一情形看成是统治阶级的阴谋,而本文更愿意将之归于媒体价值观本身的特性。

媒体价值观并不是意识形态的产物,而是媒体文化的派生物。尽管我们在媒体文化中能找到意识形态的种种痕迹,或者说我们可以从媒体文化当中归结出某一意识形态的运作状况,但那也是与以往意识形态在意义上完全不同的意识形态,它不是马克思主义所说的那种意识形态,即建立在一定的经济基础之上的人们对世界的系统看法,也不是阿尔图塞所说的"个人对其实际的生存状况的想象性关系的再现"的意识形态,因为这两者都是相对封闭的,而媒体价值观则是开放的、流动的和趋时的,并不固执一端。

这里仔细分析一下近几年的电视频道上清宫戏的泛滥,或许多少能发现媒体价值观的运作轨迹。

如果不借助于具体的统计资料,可能没有人能说全这几年总共上演了多少部清宫戏,从《宰相刘罗锅》算起,《雍正王朝》《康熙微服私访记》《还珠格格》《康熙王朝》《铁嘴铜牙纪晓岚》《李卫当官》《梦断紫禁城》《天下粮仓》《雍正·小蝶·年羹尧》等等可谓举不胜举。每年上万集的电视剧中演绎的清宫戏占了多大的比重？有时在几十个播放电视剧的频道中，清宫戏竟占了一半还多。问题来了，到底是什么样的力量在发力，吸引如此大量的人、财、物在这样的一个狭窄的领域里，以专制独裁的帝王和残酷的宫廷争斗为描写对象，以帝王将相的野史和种种传闻为素材演绎出如此庞大的媒体景观？

据说在一片红顶子、大辫子中间偶尔播出了几部当代题材的故事剧如《让爱做主》《危险真情》《牵手》等等，由于内容上涉及婚外恋，受到有关人士的质疑和管理部门的批评，理由是与刚出台的《婚姻法》相抵牾，台湾的《流星花园》也因其可能对青少年产生不良影响而被禁。然而，大量的清宫戏宣扬封建主义、专制主义、好皇帝主义，充斥着愚昧和野蛮的思想，不仅与中华人民共和国的宪法精神相违背，与国家的主流意识形态相抵触，与目前的社会经济制度不相容，也与当下的潮流格格不入，却没有受到太多的指责和非难，虽然在一些报刊上（如《南方周末》等）对清宫戏的泛滥提出十分严肃尖锐的批评，但是远没有引起社会普遍的警惕，分析其原因是多方面的，以下的描述仅仅是其中的一条分析路径。

可能是《宰相刘罗锅》或《雍正王朝》之类电视剧的票房成功引来大批模仿者，与此同时，现存的影视审查制度对写当代题材的审批相对严格，从防范投资风险角度出发，一些制片人也更愿意将大笔资金投放古装戏这一领域；由于许多人力财力集中在这一领域，所以其中有些剧集能做到制作精良，表演精湛，有较高的收视率，这些统计数据反馈回来，会以为观众们就是喜爱看清宫戏，这里有大市场，值得投入（此处或许又会涉及有关国民性的讨论，中国的小民们是否就生来奴性，适合由好皇帝和清官来统治？）；另外制片人觉得在这一领域里轻车熟路，演员、本子、道具、场景都是现成的，最小的投资能获取最大的利益，何乐而不为（当然大家一哄而上，是否都能有所斩获，是另外一回事）；至于在许多清宫剧中宣扬了封建主义、专制主义、蒙昧主义思想，传授了卑劣的治人之道和驭人之术，则很难引起人们的警觉，从制片到编剧再到演员都觉得只不过是娱乐一把，何必大惊小怪，毕竟对此天生抱有生理上反感的人还是少数，而媒体上的批评文章推波助澜的居多（类似于软广告），深刻批判的寥寥（容易流于老调重弹，或又归于顽固的无处不在的传统和国民的低下的素质等等）。

以上的分析和推演虽然缺乏细节上的保证，但是用来描述媒体价值观或许是恰当的。如果不引进媒体价值观，实在难以解释为什么在20世纪末，在中国推翻了帝制90年之后，在倡导科学与民主，开启民智的"五四"运动80年之后，在结束"文革"十年浩劫并深刻检讨之后，在一片改革开放"与国际接轨"的呼声中，在整个社会向市场经济的过渡和转轨中，中国的电视媒体竟有如此声势浩大的封建专制主义"大复辟"。

媒体价值观与社会的意识形态是分离的，有时保持着相当的距离。社会意识形态在一个时期内是相当稳定的系统，它由社会的占统治地位的思想、传统和教育来保证，当然这一切是根植于社会的经济和政治制度之上的；而媒体价值观则没有恒定的标准，它是随时势而变化的，其中许多偶然的因素在起作用（某种社会心理或某一社会事件都会使之改变），然而它必然是追随受众口味的，追随时尚的，追随票房和收视率的，可以说媒体价值观就是时尚的一个部分，它向着时尚开放，向着社会的潮流开放。

相对于社会意识形态的系统、完整、稳定，媒体价值观是浅薄的、流动的、盲目的和无根底的，它追随时尚却从不深究时尚是否有品位，有底蕴，它应顺社会潮流却从不质疑潮流的方向。它是随机应变的，有时附和社会的意识形态，但是不扳着严肃的面孔；有时背离社会意识形态又不敢正面挑战。它有着易风俗移人性的力量，但不是立竿见影的，在它的嬉笑怒骂中既有正义的呼喊，也有邪恶的诱惑。媒体价值观的存在似乎时时处处在印证着人性中的浅薄、易变和愚昧的善良，也时时表明着人心不古，世风难久。

如果要找媒体价值观的人格代表，媒体大王默多克或许最为典型。这位用庸俗的快餐文化来喂饱大众，并擅长于利用各种桃色新闻、政治丑闻、皇室绯闻来诱惑读者以攫取市场的传媒巨头，用马克思主义意识形态的眼光看来是地地道道的资产阶级腐朽文化的魔王，必须给予严厉的批判。但是另一方面，在世界上最老牌的资本主义国家英国的一些卫道士的眼中，他也是一个不折不扣的"政治道德堕落"分子，据说1994年在伦敦举办的一个有关传媒的高层研讨会上，默多克受到了来自方方面面的指责。这些指责首先来自意识形态方面，因为他见利忘义，为了赚钱，全然没有意识形态上的禁忌，一点也不维护资产阶级的意识形态，想怎么干就怎么干。当然，这一切指责并不妨碍他的事业，相反他的事业蒸蒸日上，在五大洲遍地开花。从意识形态上说，他似乎哪边都不靠，既不站在资本主义一边，也不站在社会主义一边，但是从媒体价值观上说，他好像是其化身，因为他总能领大众文化的潮流，占市场之先机。例如他敢拍板在《泰坦尼克号》上投巨资，要知道这是一个世纪以前的陈旧浪漫爱情故事，闺中淑女为爱情而冲破门第观念，投入心上人的怀抱，这类故事已经出现在不计其数的文艺作品中，现在无非是将其放在一场著名的海难背景上，而那场海难也已被各种文字作品描述过，被各种规格的胶片多次拍摄展示过。现在的问题是将这类爱情故事和历史背景结合起来还有没有价值？这当然不是指其他方面的价值，如伦理的价值或审美价值，而是媒体价值，它能否成为一道对大众来说可口的文化快餐？许多人的答案可能是否定的，但是默多克的回答却是肯定的，不但肯定，而且端出的居然是一道连环套餐，电影—录像—电视—唱片—书籍，还有其他事先无法预料的附带产品，如《泰坦尼克号》片中的道具，女主角的红色睡衣、救生艇和茶杯等等拍卖品，结果是赚了个盆满钵满。由此《纽约时报》称"默多克是世纪末最具游戏精神的人，他的新闻公司所谋划的人类情感游戏引导着他的传媒帝国攻占了人们空虚的心灵"。

说默多克最具游戏精神未必（严格说，他与真正的游戏精神完全背道而驰，他的快乐是建立在攫取大笔利润基础之上的），倒是应该说他通晓媒体价值观的运作规律，否则他不会那么容易就攻占世纪末人们"空虚的心灵"。

这里，我们还不想给媒体价值观下确切的定义，但是可以肯定一点，即媒体价值观隐藏在各种媒介文化话题背后，潜移默化地操纵着大众的行为。当《哈佛女孩刘亦婷》牵连出《耶鲁男孩……》或《剑桥男孩……》等系列图书时，当读者就冲着《谁动了我的奶酪》的畅销而掏腰包购买《谁动了我的……》时，当准伪球迷们为追赶时尚而谈论足球和足球比赛时，当青少年唯恐被同伴歧视或被当"老土"而热烈地追星时，当"哈日"或"哈韩"一族以某种穿着来标识自己时，当大学生们争先恐后以《大话西游》的无厘头语言在网上聊天时，再或者都市的白领依照着各种眼花缭乱的时尚杂志所推荐的款式来打理自己的服装时，媒体价值观就在不知不觉地发挥其无处不在的影响。

将默多克作为媒体价值观的人格代表，似乎媒体价值观是一种邪恶的力量的表征，其实不然，默多克对媒体利润的追逐是一回事，媒体价值观所反映的大众心理是另一回事。它表明在当今的信息社会中，人们的价值尺度是受多种因素影响的，传统文化和具体生活环境对每个人的价值观影响和制约是一个重要的方面，大众媒体的影响则是另一个方面，虽然后者是外在的、短暂的或者是临时的，但是久而久之，它会转化为心理上"内在"动因，因为在很大程度上，大众媒体已经成为人们与周围世界联系的最主要通道，它取代了人群中"意见领袖"的地位，甚至还取代了父母和朋友的忠告，上升为影响人们决策和判断的主要依据。由此媒体价值观似应该进入社会心理学的研究范畴。

说到底，在媒体价值观上体现出来的是人们的从众心理，但是这"沉默的螺旋"理论中所分析的人们对舆论的趋从有很大差别。当年人们趋从社会舆论是害怕成为社会的边缘而被排斥，成为政治上的异端遭受打击，背后有着怕受迫害的恐惧；与这种消极的态度相比，今天尊奉媒体价值观有相当积极的成分，他们更多地将与媒体价值观认同看成是保持青春活力和不被时代淘汰的一种标志。大众媒体上所宣扬的对象是多元的，也是易变的，甚至是速朽的，但是它似乎就是当代社会生活的写照，显示着当代生活的流动性、多样性和鲜活性。媒体价值观就是一种隐喻，它表明人们对当代社会生活的参与程度的深浅，显示其追逐潮流的活力和能力。相反若有人在社会活动中完全不以大众媒体为参照，抱着"以不变应万变"的态度来应付世事，或者继续生活在传统的文化经典之中，则表明他在某种程度上与当代社会生活相隔绝。

自然，在概念上媒体文化并不等同于当代社会文化，媒体价值观也并不等同于人们日常生活的价值观，另一方面在实际生活中媒体文化就是当代社会文化的最主要的组成部分,因此媒体价值观多少反映了当今信息时代人们的某种文化生态和价值取向。再说人们的价值观从来不是一成不变的,它是在一定的语境中产生和形成的,并且处于不断的渐变过程中,媒体价值观会慢慢侵蚀日常生活的价值观,特别是当大众媒体在人们的生活中产生越来越大的影响时,这一变化和侵蚀也会日渐显明,不引入媒体价值观就无法解释当代人的许多行为选择,正如离开了大众媒体和媒体文化的作用,就无法理解当代社会的文化语境和大众心理。

或许在我们的想象中,经典文化与媒体文化构成了一对鲜明的矛盾,但是,实际情形要复杂得多。经典文化以其相对的稳固性和传统的力量排斥着媒体文化的流动性和即时性,然而当代媒体文化却大包大揽地吸收经典文化的营养,媒体文化似乎是无界限的,百无禁忌的,并有着化腐朽为神奇的法力,至于究竟吸纳哪些经典文化或者经典文化哪一部分,既不取决于经典的所谓质量,也不取决于文化行家的指点,而取决于当下的社会语境。抑或说在媒体文化中根本没有经典和大众之分,只要同当前大众的需求吻合,只要有市场,就是媒体文化所应该包容的对象。

如果说媒体文化与市场有着天然的同盟关系,那么媒体价值观是这一同盟的内核,媒体价值观是在市场的消费中发挥其影响的,它引导文化消费的走向。至于媒体价值观与文化市场的关系的进一步探讨,则是另一个话题的内容了。

(载《花城》2002年第6期)

聊天的媒介学意义

医学研究表明，聊天有益于身心健康，它能帮助人排遣郁闷的情绪，还有益于脑部的血液循环。只是尚没有研究表明，如果患了某种病，是否能通过聊天来康复。即便如此，这也是我听到的对于聊天的最正面的评价。

聊天一般是指三两个人之间的交谈，这种交谈并没有明确的方向，既不是想就某一问题达成共识，也不是交谈的一方要取得某种结果，只是交谈的双方或多方随机地交谈，可以家长里短，也可以海阔天空。但是都没有实用目的，所以聊天也被称作闲谈或闲话，至于聊天的聊是否含有无聊的意思，聊天的"天"，是不是同"今天天气哈哈哈……"相关，打由言不及义而来，还需要仔细考查。不过既然聊的是"天"（这里暂且把它看成是动宾结构），所聊的内容当然不会十分急迫和严肃，近年来人们也把聊天称作侃大山，山虽然比天离我们要近一些，但是同人们的日常生活仍然没有密切关系，当然侃大山更可能是平原地区或城里人的说法，山民们或许是不侃山的。有的地方也把聊天叫作"吹牛"，这吹牛不是说大话的意思，而是指说空话说闲话，说了也白说的意思，可见其道德方面的评价不怎么肯定。

在电话产生之前，聊天是面对面的交谈活动，追溯聊天的历史一直可以到人类的起源，肯定比当年那句著名的语录"凡有人群的地方就有左、中、右"的历史还要早。可惜在人类的漫长的历史中，我们几乎找不到这类聊天的记录。原始人之间的聊天当然不可能有什么记录（我们推想他们当初比比画画，一定是留下一些痕迹的，只是雪泥鸿爪经不起时间的磨砺）。就是有了文字之后，仍然没有这方面的文献和资料，想想，那时记录一些东西多不容易，又是龟甲，又是青铜，刀刻火攻，还要具备一定的专业技术，即便是摆弄竹简，也挺费事的，要劈竹子，要找编竹子的皮绳，又要磨快刀具什么的，等到这些东西全备齐了，哪还有聊天的兴致。再说，天人人都聊，字可不是人人都能认，那时没有希望工程，受得起教育的只是极少的一部分人，即贵族或富家子弟。而孔子的伟大之处就在于有教无类，平民百姓的子弟稍许交些束脩就能上学认字。不过即便他老人家弟子三千，广施教化，社会上文盲还是大多数，这大多数人聊的无论是家长里短，还是怪力乱神，都不可能留下任何相关记录，因此人类日常生活中的很重要的一部分内容注定会湮没无闻。

孔子也聊天

不过说到孔子的有教无类，就会想起他的那部《论语》。《论语》或许可以看成是一部聊天性质的著作，这是孔子的徒子徒孙们记录的老师的或祖师爷的言论，这些言论可能是独白，可能是课堂讲义的一部分，但是更多的是亲切的交谈和对答，这种师徒间的交谈、对答，当然也是聊天，也是侃大山。但是深究起来，这和一般的闲聊不同，《论语》中的许多言论是教诲之言，虽然也是日常的聊天形式，如，子贡曰："贫而无谄，富而无骄，何如？"子曰："可也；未若贫而乐，富而好礼者也。"又如，鲁人为长府。闵子骞曰："仍旧贯，如之何？何必改作？"子曰："夫人不言，言必有中。"

当然，我们也可以说孔子和弟子不是一般意义上的闲聊，否则学生们为什么费劲巴力地把它记载下来？我们可以设想孔子是以各种灵活的方式，包括通过随意的聊天来教授弟子，要不为什么把孔子尊为杰出的教育家呢？不过，由此我们很难将聊天从其他的谈话中严格地区分出来，虽然可以从谈话的内容是否严肃或者有无深刻意义来区分，但是像孔子这样的圣人或一些伟大的思想家、哲人即便是闲聊也包含着微言大义，该怎么来分辨？难道圣人或伟人就不能像寻常百姓那般聊聊天，非得像柏拉图似的，拟出一大堆深刻的对话来才罢休？

不过有时事情就是这样，一旦成为圣人，就没有了聊天的权利，不是说圣人不能聊天或不可以聊天，而是他的聊天也会被神化为至理名言或洞察先见的预言，他随便一句话，都可能包含着极其深刻的意义，必须慢慢消化和理解，经历过"文化大革命"的一代都知道，那时毛泽东的任何一句话都是"最高指示"，最最厉害的时候"一句顶一万句"。

也就是说，聊天往往难以在身份不平等的人群之间展开，如孔子，他的地位比学生高，学识比学生要丰富，人生经验也比学生深厚，所以聊着聊着就成了教诲。如果他和老子交谈，又没有记录下来，那就是聊天了。据说孔子曾经问礼于老子，如果真有那么档子事儿，我想除了切磋学问，他们一定会聊得挺开心的，你想古时候这样的机会多么难得啊，没有现在这样便利的通讯和交通工具，可以说千载难逢。假如正巧有秘书或记者在场，又作了详细的笔录，也就成为今天在各类杂志上发表的名人"对话"，那就又变味了。

所以聊天得分对象，如果是同类人、同学、同事等，同气相求，同声相应，那就聊得起来，否则父子之间、师生之间或上下级之间，即便聊，也是比较勉强的。当然身份的界限不是绝对的，是因时、因地、因具体的环境变化而变化的，昨天在公司办公室、在会议桌上是老板，今天在旅途、度假村里是同伴，但是身份意识会影响到聊天的质量。另外场合也非常有讲究，在客厅、在酒吧、在旅途、在山林和田野是各自不同的，只要无拘无束，就聊得起来，聊得入神。

倘若三两人聊天，一旁有人笔记，有人录音，有人摄像，还要面向一大堆观众，那就是在做谈话节目，虽然仍是聊天的架势。

聊天无定义

当然，本书并不想给聊天下一个本质论式的定义，例如聊天是交谈双方或各方的无功利、平等的对话，或聊天是专指言不及义的和无聊的交谈，再或者聊天是人类情感宣泄的主要渠道什么的，因为一个简单的定义无法界说人类复杂多变的情感和心理活动，特别是这些活动又是以言谈的方式——人类交往的最最基本也是最最原始的方式来进行的。

不过有一点可以肯定，聊天是最被忽视的日常活动，这是同它的无效性和无意义性相关联的。聊天不产生任何效益，也没有严肃的意义，或者说任何有效益的交谈、有意义的话题都不被划入聊天的范围。无论是会谈、晤面、磋商、讨论、交流、商榷、促膝谈心……都比聊天有价值，讲政治、谈生意、切磋学问等等更是意义重大。另外，所有严肃的、有意义的交谈也都不归聊天管。所以尽管聊天的内容范围最广，上至天文地理，下至鸡毛蒜皮，可是认真落实起来，没有自己独立的领域，因此一旦某人表示自己所谈的话无啥大意义时，就自谦为"随便聊聊"，也就是说，只有聊聊是无足轻重的，可以被忽略的。

聊天的被忽略还可以从电话传播研究的不被关注得到印证。按照美国著名传播学家罗杰斯的说法，从1945年到1982年，世界范围内电话用户的数量从4100万增加到4.94亿（增加了1200%），"而这一媒体的效果却被忽略了"。也就是说聊天或者说通过电话聊天，不在传播学研究的范围之中，当初传播学学者所概括的传播模式是单向的，由一方向另一方传播，如拉斯韦尔的5W（即谁、说什么、通过什么渠道、对谁说、产生了何种效果），在传播学界几乎家喻户晓，人们想到了各种传播手段和方式，广播、报纸、电影、广告、演讲、舆论、标语和传单等等，然而对于电话这样一个交互性的媒体，居然没有给予必要的重视。罗杰斯给出的解释是：在传播学开始之前，电话已在美国家庭中广泛地普及，所以有关电话的研究就被忽略了。由于司空见惯的缘故，再或者电话只涉及两个人之间的私密性谈话，和"传播学的效果模式是不相吻合"的，电话传播就被研究者遗忘了。

在美国学者洛厄里和德弗勒1995年出版的《大众传播学研究的里程碑》一书中，共树立了14座里程碑：分别有20年代的电影对少年儿童影响的研究；30年代的"火星人入侵地球"广播造成美国人恐慌的社会心理研究；40年代的政治选举中大众媒体的影响以及意见领袖作用的研究，对日间广播连续剧听众的调查研究，社会学家对杂交玉米种子推广过程的考察所反映的"创新—采纳"的传播过程研究，二次世界大战中用电影来鼓舞盟军士气的研究；40—60年代的各种说服效果的系统的心理实验研究；50年代的对传单和标语的传播效果方面的研究；50—60年代的电视对儿童生活影响的研究；70年代的大众媒体（如报刊等）的"议程设置功能"研究；60—70年代的媒介中暴力内容与社会犯罪率的关系研究；70—80年代的电视社会化功能及其对各种社会行为影响的效果研究；等等。这14个里程碑设及了大众媒体的方方面面，就是对电话媒体视而不见。电话太普通了，传播方式基本上是一对一的，难有大作为，它只是使得人们交谈方便而已，而日常的交谈和闲聊显然没有什么重要的研究价值。

聊天史上的里程碑

电话研究不入大众传播学之主流，但是，电话的出现无疑是聊天史上的重大里程碑，自从贝尔发明了电话，人们的聊天空间有了很大的拓展，电话使人不受空间条件的限制，跨越距离的障碍，既能隔山相聊越海而谈，也能地对空、空对地或空对空地神侃（当然是借助无线电话）。

电话的发明不是为了聊天的便利，正像留声机的发明当初不是为了听音乐，据说是为了雇员们能更加准确地记录老板的指示而制造。但是有了电话，首先带来的是聊天的机会，增加了聊天的频率。除了前面提及的跨越空间障碍，在时间上也自由了许多，交谈双方不必一定腾出一段专门的时间来聊天，可零敲碎打地聊，见缝插针地聊，断断续续地聊，边处理手头的事情边聊，黑夜当白天地聊（由于这，广播电台也就有了"午夜热线"这类节目），等等。当然这一自由，还会扩展时间以外的方面，如姿态、穿戴等等。姿态是没有任何讲究的，也是最丰富多彩的，可以坐着聊，可以站着聊，也可以躺着聊，歪着聊，跪着聊、半跪半坐地聊，还有趴着聊和蹲着聊等，如果同时在练什么功，金鸡独立或拿着大顶，只要功夫到，单手或两指夹话筒，仍可照聊不误。

既然姿态无所谓，连带着穿戴也没什么讲究了，从西装革履长袍马褂到背心内裤随便怎样就怎样，说得不雅一点，一丝不挂躺在浴缸里也不妨碍聊严肃的或无聊的话题，一些外国电影的惊险或凶杀情节往往从洗手间和浴缸里聊天的女性开始。

其实电话在传播各种消息上，特别是小道消息方面有神奇的不可小觑的威力，只是其私密性使之不便进入传媒研究的大雅之堂，而它的日常聊天功能又将其他功能掩盖了（至于电话的其他社会功能，如交换信息和解决各种事务的功能，也很有研究价值，特别是在政治或经济决策及其密谋中的重大作用，军事政变中的关键效能等应该另案研究，如果把这方面的可以搜集到的材料加以排比归类整理，一定很有价值，更有巨大的意义）。但是无论如何，就聊天领域而言，电话媒体的巨大作用是史无前例的，喜欢喝粥又喜欢闲聊的南方老广们为此专门发明了一个词——"煲电话粥"，用来形容这一情形。煲粥需要时间、温度、火候还有作料等，这些在聊天中也是不可或缺的。在日常生活中，每个人在情感上多大程度上依赖电话，可以从喜欢不喜欢聊天上找到答案。

里程碑当然不会只有孤零零的一块，电话之后，网络聊天是人类聊天史上的又一里程碑，无论是QQ，还是MSN，它们开辟了人类聊天的新天地。网络聊天有两大特点，一是书面聊天，聊天的内容记录在案，有点像供堂的证词。书面是相对于口头而言的，其实网络聊天的书写相当口语化、随意、跳跃、颠三倒四，句子不一定完整，逻辑也不严谨，一切看当时的语境而定。当然口语化又绝对不是口语，说得夸张一些，网络聊天创造了一种特殊的用语，它混杂了英语、数字、字母、图像标志，频繁使用同音借代、谐音、无厘头的表述方式，这在平时的书面语和口语会话中是比较罕见的。与这种用语相关联的是网络聊天的第二大特点，即陌生人之间的聊天。

网络聊天某种意义上是为交友的聊天。电话聊天基本上发生在熟人之间，而网络聊天往往在陌生人之间风行，它是年轻的陌生人之间的最佳联络方式。年轻人热衷于网络聊天是出于交友的渴求，网络提供的无限可能性落实下来，最便利的就是聊天，网聊为他或她开辟了一个新世界，在这个世界中，人们用的是某种通行语言，先在最表层的用语层面上有某种沟通，然后才有进一步的交谈，最后成为网友（更上一层楼的交往也由此前进）。

聊天能够在原先看来是八竿子打不着的陌生人之间展开，是一种奇迹。不需中间人介绍，不需寒暄，不作其他方面的铺垫，没有高高低低的门槛，连音容笑貌都无缘一瞥，居然聊得十分投机，这种近乎天方夜谭的事情就发生在今天的网络上，难怪习惯煲电话粥的大人们警惕同样喜欢聊天的孩子，怕他们失足，身陷其中，被网络上的坏人带入歧途。他们知道网络自有它的魔力，魔力附在聊天这等寻常小事上，也能兴风作浪。

说网络聊天翻开聊天史新的一页，是聊天吸引眼球的缘故。这里不是想说网络聊天需要盯着屏幕，而是说聊天真正为人们所关注，甚至成为投资的对象，挣钱的工具。尽管人类的历史有多长，聊天的历史就有多久，但是以往人们从来没有关注过这码子事，聊天几与无聊等同。现在人们渐渐发现了聊天中"有聊"的成分，聊天中潜藏着的商机。日常的、分散的、异质的聊天集中在某些聊天软件上，结成庞大的社会现象，令人不得不刮目相看。曾经，大众媒体上五花八门的话题是人们聊天的一个主要的内容（例如18世纪初的英国绅士办了一份《闲话报》，内容包括新闻报道，文学艺术，社交娱乐、小品随感等等，就是为当时伦敦上千家咖啡馆和俱乐部的常客们提供谈资的），现在反过来，聊天本身成为报刊杂志广播电视的报道对象，直接嵌入"聊天"字样的新闻标题在各大报刊和网站上比比皆是，如：

《舞蹈家周洁做客新浪嘉宾聊天室》（新浪娱乐，2004.7.6）
《刘德凯、牛青峰、王菁华聊天：惧内是一种美德》（新浪娱乐，2004.7.5）
《侯耀华今日来聊天》（生活报，2004.7.3）
《与高考状元聊聊天》（华商报，华商网，2004.6.29）
《多国朋友和你聊天，双休日中山公园免费开放说外语》（青岛新闻网，2004.6.25）

《聊天聊出一段"网恋"——花甲老人陷入"两难网恋"》（东方网，2004.6.29）

《环卫女工路边聊天遇车祸》（大众网，生活日报，2004.7.3）

《年轻男女网络相遇聊天，亲密相处两小时被控强暴》（东方网，上海青年报，2004.6.30）

《网上泄家事被骗9000元，警方提醒上网聊天要设防》（大众网，2004.6.22）

《新员工原是"聊天狂"，聊掉千元话费开溜》（齐鲁晚报，2004.7.7）

《夏令热线邀你聊天》（新闻晚报，2004.7.2）

《司机一路聊天，车子一路抢客》（深圳晚报，2004.6.29）

《幻灵游侠 聊天"心"感受》（新浪游戏，2004.6.29）

……

这里的"聊天"大多是指网络聊天和电话热线。以往的聊天，即面对面聊天或电话聊天似乎不是新闻的对象，只有网络聊天和名人热线是一件新鲜事儿，有点"人咬狗"的意思。所以，如果平时你恋爱上当、传销受骗、购物挨宰，那是你自己马虎的缘故，本来社会就是复杂的，什么人都有，什么情况都存在，应当处处小心。现在的罪魁则是网络，这是一个深不见底的大陷阱，大家千万要警惕，社会和媒体有责任大声呼吁。在相当长的一段时期内，网络聊天既充当新闻对象，又成为罪恶渊薮，直到新的替罪羊——又一种媒介手段——出现。

衣食住行聊

今天，在衣食住行之外，还应加上一个"聊"字。

早在几年前，年轻的一代见面时的寒暄已经不是父辈的"你吃了吗？"而改成"你聊了吗？"聊是新一代人的标志，是他们学习生活，理解社会的重要途径。这里，尽管还是一个聊字，从前面的新闻标题中，人们能察觉到事情有点潜移默化，聊天的含义也在发生变化。如前文的《舞蹈家周洁做客新浪嘉宾聊天室》一类，基本是采访或访谈；《与高考状元聊聊天》有访谈兼交流学习经验的意思；《夏令热线邀你聊天》是市民向政府有关部门反映情况；《多国朋友和你聊天》是指练习口语的机会。总之，在聊天的能指下，掩盖着一连串所指链。

经验告诉我们，在日常的聊天中，聊着聊着也会聊到严肃的话题，一场聊天可能演变成生意经或者学术讨论，反过来，认真的交谈也会演变成松懈的、愉快的闲聊。所以聊天同有意义、有功利目的的交谈之间没有明确的界限（其实在一干精神分析医师那里，聊天就已经不是言不及义的无聊谈话，而是治疗病人的一种积极手段，想当初，它是弗洛伊德等心理医生们开创的一门技术活儿。这一技术在当今的社会生活中更是有用武之地，因为今天的心理问题更加严重，不过这个话题放到后面一点再谈）。

当然界限是由人设立的，模糊的可以变清晰。现在的问题是随着聊天软件的推广和运用，任何一次严肃的采访、访谈或学术交流都可能归在聊天的名目之下，所以给聊天下定义的做法简直是胶柱鼓瑟。聊天软件的功能覆盖了人们平常关于聊天含义的各种理解，特别是一些网站聊天室的开通，使得私密的聊天成为一种公众行为。现在网上聚会和网上追星都属于聊天行为，进而成为社会生活和私人生活的颇重要的组成部分。

于是类似《你聊出新花样了吗？》（见《文汇报》，2004年2月23日）这样的专栏文章应运而生，专门介绍聊天软件的某些新功能或者有关聊天趣闻。而文中所提及的"新花样"包括表情图像的运用，字体的更换、聊天头像的选择、隐身聊天的方法等等，很有一番讲究。虽然这些花哨的功能只是起辅助的作用，有点像用餐时的作料，但是在开拓聊天的疆域时功不可没。

聊天在日常生活中不可或缺，它不是像衣食住行那样与我们的物质生活息息相关，而是同人们的心理和精神生活相关。虽然，人们知道后者十分重要，但是在一般人的设想中，精神生活是指那些规范的领域：如宗教、哲学、艺术、学术交流、科学探索等等，聊天是被排斥在这些领域之外的。没有人能规范庞大的、杂乱的聊天活动，换句话说，所有聊天中无法归类的对象，就被归入聊天。就像文学中的散文，本来散文的领域无限宽广，只要不是韵文就是散文。慢慢地，寓言从中跑了出来，因为它是寓言，言近旨远。小说也要独门独户，它是虚构的、讲故事的，况且很有市场，财大气粗。自然，专门讲道理的理论文章更应该分家过日子，虽然穷酸。再后来，笔记、杂文、新闻等等，也自成一家，统统都独立出来了。散文的领域日渐缩小，但是，它倒并不枯竭，仍然有着无限的生命力，因为所有面目不清的文字都先投奔它，不到时机成熟是不会揭竿起义的，再说，不管有多少种文体举旗独立，分疆裂土，都无损散文一根毫毛。

聊天似乎有着相似命运，在言不及义的领域中扩展着自身，并且充满着活力。尽管任何有意义的交谈都不在聊天之列，并且眼看着弗洛伊德一干人把最正宗的聊（家长里短）变成了治疗手段，依然故我，只要生活在变化和发展，就永远有可聊的对象，只要无聊就会有"聊"。更厉害的是只等聊天软件一到，立马大片收复失地，几乎将所有的言谈活动统统收归聊天名下。

网络延伸了聊天

这里不能不谈谈网络聊天的技术手段。聊天在短短几年工夫成为年轻人的乐园，就是因为网络技术带来的便利。

聊天是心理需要，但是，心理和精神生活并不是完全独立于物质生活和技术手段的，心理活动的复杂程度是与社会生活的各种条件相依存的，是同社会的教育、意识形态、信息获得方式互动的。当初心理学家们将心理活动同人类的其他活动区分开来，作为独立的领域来研究时，未必会注意信息获得方式，心理活动似与媒介手段无关。把他们联系起来的是一个加拿大人，叫麦克卢汉，他提出"媒介即信息"的理论，在20世纪的60年代有点石破天惊。他认为，各种媒介都是感觉器官的延伸，例如拼音文字是眼睛的延伸，广播是耳朵的延伸，车轮是腿脚的延伸，衣服是皮肤的延伸（这似乎有点牵强），等等，因此不同的媒介方式的产生和发展在重塑着人们的感官的比例，并将新的尺度引入到人类的事务之中，从而在根本上改变着人们的社会生活的结构和内容。当然依据这些，心理学专家们还可以分得更细，如视觉心理、听觉心理、味觉心理等等，生理器官的不同功能肯定会对心理产生不同的影响。然而媒介方式的变化，不是仅仅依从某一感觉器官特点的，技术发展的可能性与信息获得方式的变化是由多种因素决定的，因此产生的感觉变化也是多方面的。就以车轮媒介为例，由缓慢的手推的木轮发展到飞速的钢铁轮子是由运载便利、增进效率的欲求和技术进步来推动的，结果它不仅改变了我们腿脚的速度，缩短了距离和时间，也使得人们的视觉和其他的感知发生了相应的变化，有关时空的心理也随之改变。由此，可以说所谓心理活动是在一定的媒介环境中产生的。难怪麦克卢汉在解读俄国神经生理学家巴甫洛夫的反射学说时特地强调了这一说法，认为不是具体的刺激信号产生了条件反射，而是有效的环境控制产生了预定的实验效果，如果把动物从没有声音的，并且温度和其他条件都适宜的实验室移到普通的环境中，这一实验就行不通，这里"真正的调节器实际上是环境，而不是刺激和环境的内容"。

网络技术的出现带来了新的媒介环境，这一媒介环境改变了当代人的许多生活内容，包括刺激了人们的聊天需求，增加了人们的聊天时间，扩大了聊天的人际圈子。这扩大的人际圈子不一定是，或者一定不是周围朝夕相处的亲人和朋友，而是相知的陌生人，这些人全都隐身在屏幕背后，既神秘又寻常。神秘是他（她）的性别？来自何方？年龄几许？他自己所提供的一切资料可靠吗？仿佛是参加盛大的假面舞会，期待着在假面底下的奇迹：白马王子、窈窕淑女或天外来客。寻常，是凭交谈的直觉，能感觉到对方大致是同类人。

网络技术的发明就其初衷是用于军事目的，但是一旦它带来了新的媒介环境，就由不得最初的发明者来规定其用途。

聊天功能是网络媒体的短短的历史中相对晚近才开发出来的功能，几年工夫就如火如荼，这是它开拓了新的人生空间的缘故，它不仅符合年轻人的心理和交友的欲求，而且有几分神奇，手指所触，密码所解，一扇无形的大门豁然开启，仿佛走进一千零一夜的神话故事，既灿烂无比，又充满奇异的憧憬。

当然聊天者最关心的不是聊天工具，而是聊天过程的快感和躲在荧屏背后的那个对话人，但是要延续这样的快感和荧屏背后的神奇，就得利用和发展网络技术，否则，一切就会凝固，就会老套和乏味。正是这内在的动力，促使社会开发出更加便捷的聊天软件，于是聊天手段花样百出，语言更加丰富，表述方式更加多样化，辅助聊天的符号、图像、色彩，乃至音频和视频一齐出动，增添了无限的乐趣。也许可以设想一个网络聊天的高手，混迹在各个聊天室之间如鱼得水，左右逢源，在电话聊天或日常聊天中则显得讷言，或腼腆，似换了一个人，不是性格变异，因为媒介环境变了。

聊天游戏

聊天是一种游戏。这首先是指心灵的自由而言。游戏就是把人从案牍劳形中解脱出来，将七七八八的世俗关系统统抛到一边。德国的席勒在两百多年前说过："只有当人充分是人的时候，他才游戏；只有当人游戏的时候，他才完全是人。"这好像就是对今天小青年的网络聊天的嘉许。

游戏有智力游戏和体力游戏之分，最上乘的是两者的结合。网络聊天属于智力游戏，特别有助于训练以下的心理和品质：警惕、机敏、幽默、调侃能力……这些也是游戏可能给予游戏者的品行。

网络聊天中没有多少束缚，轻轻松松，充分的表达自由（话不投机另当别论）是其诱人的魅力所在。自由的表达至少包含着两层意思，一是说些在其他场合没有机会说的话（包括宣泄），二是模仿聊天者所假扮的身份说话，以取得某种效果或获取特定的快感。在后一种自由表达中游戏的成分更多一些，或可称之为网络假面舞会。

当然，无论是哪一种自由表达，都与其登录时可能戴的面具构成特定的关系，聊天者的自由往往是以面具的保护为前提的，裸露着上阵恐怕不行，当年猛张飞赤膊上阵与马超大战三百回合，勇气可嘉，到底是莽撞了一些。自由表达居然要戴上面具，似乎是一种悖论，其实祛除内心的焦虑和束缚，情绪要得到宣泄，正需要一副假面。往往，一定的社会角色和身份下意识地阻碍着人们的自由表达，"说话要注意分寸"等日常生活训戒也起着"把关"作用，倘若有了假面，一切就完全不同了，有形的面具解除了无形的束缚，内心的隐秘和唯恐不登大雅之堂的表现欲望会涌动蹿升，往往表现欲望会诱导人说出某些平时意想不到的话来，装疯卖傻乃至于扮各种角色，拟定不同的身份，纯粹是为了表达的自由和游戏的快感。

聊天的对象无论是老朋友还是陌生人，幽默、调侃、诙谐、双关等等是常用的腔调，这简直是上网的通行证。当今电话普及，通讯手段发达，如果是严肃的交谈和事情的交代，完全不必进入聊天室。网络聊天既然是自由表达的游戏，必然是语言能指的游戏，讲究修辞的快感。调侃、幽默、诙谐等的运用是扩展语言能指功能的最有效途径，也是聊天得以进行的条件。没有生动的语言，没有哗众取宠，甚至没有装疯卖傻，两个素未谋面的人是难以交流的。首先是语言上的默契，使得能指游戏能够开展起来，至于建立相互间的信任是第二步的事情。

网恋是网络聊天的产物，某种意义上网恋也是游戏，它不同于恋人在网上聊天。在网恋中，双方所获得的信息与以往的自由恋爱有很大区别。在以往的恋爱中，无论是由中间人介绍，还是一见钟情，"见"是双方恋爱得以谈下去的前提，各种信息在见面的过程中慢慢汇聚在一起，并且在一次又一次"见"面时得到考察、检验和核准。在网恋中，聊是一切的前提，在聊的过程中，获取信息或判别信息的真伪。这是一项有点复杂的游戏，没有其他中介，背景也虚虚实实，有虚与委蛇也有直截了当，有机智的辩驳，也有坦诚的告白，一切都相机行事，包括游戏规则也在游戏中摸索和制定。

法国著名批评家罗兰·巴特的大作《一个解构主义的文本》（又译作《恋人絮语》），发表时尚未有网络聊天这码事，1977年面世时风靡西方文坛，成为"罕见的畅销书"，据说是因为其"文体独特"，因为其"发散性"的"零度写作"。换了今天，或许罗兰巴特会羞于出版此书的，网络聊天的各种文体和游戏之词无所不有，无奇不有，批评家的薄薄的解构主义文本比起网恋聊天的大文本来，简直是小巫见大巫啊！

当然网恋得再投机，总有意犹未尽之感，关键是不识庐山真面目。网恋之所以有"见光死"一说，是指最后的见面破坏了在网络聊天过程中积累起来的好印象，"见"成了游戏的终点，这也表明聊天游戏一旦走向实用目的，就玩完！

（载《媒介批评》2005年第1辑）

网络聊天的语用和文化

网络聊天是今天年轻人的社交工具，也是他们娱乐和消遣的方式。每个时代的年轻人都有自己的、不同于前辈的生活方式，但是网络聊天不仅在一些具体的行为上改变着年轻人的交际和处世方式，它还以惊人的速度，在许多方面改变着我们的传统和文化，就因为网络是一种新媒体，新媒体生成新的文化。

一、口头传统与书面传统

有的学者认为人类的文化可以划分为两种传统，即口头传统和书面传统。例如加拿大的伊尼斯，他原本是一个经济史学家，后来对历史过程中各种媒介的作用感兴趣，他的著作《传播的偏向》探讨的就是文明发展过程与特定媒介形态之间的关系。他认为，传播媒介的性质往往导致文明进程的某种偏向，有的媒介适合知识在时间上的纵向传播（如石刻文字和苏美尔文明的泥版，有时间上的持续性），它们产生时间偏向；有的媒介适合文明在空间中横向传播（如埃及的莎草纸，便于远距离运输），有空间偏向。文明的走向是受媒介性质限制的。提到文明，人们首先想到的是各民族的语言和文字。伊尼斯也是拿它来说事的，但是他提出了一个新概念"偏向"，试图来说明文明的演进是与具体的传播媒介特质相关联的，是媒介的某些特性导致了一种文明朝着某一个方向发展。具体说来，口头语言的传播是在流动的人群中扩散,有空间偏向;而文字的传播,在书卷中延续,有时间偏向。并且它们各自会形成口头传统或书面传统。

　　提及这两种传统,有必要简单了解伊尼斯的某些基本观念,如他的根据传播媒介的特征,将世界文明划分为若干个时期:1)从两河流域苏美尔文明开始的泥版、硬笔和楔形文字时期;2)从埃及的莎草纸、软笔、象形文字和僧侣阶级到希腊——罗马时期;3)从苇管笔和字母表到帝国在西方退却的时期;4)从羊皮纸和羽毛笔到10世纪或中世纪的时期,在这个时期,羽毛笔和纸的使用相互交叠,随着印刷术的发明,纸的应用更为重要;5)印刷术发明之前中国使用纸、毛笔和欧洲使用纸、羽毛笔的时期;6)从手工方法使用纸和印刷术到19世纪初这个时期,也就是宗教改革到法国启蒙运动的时期;7)从19世纪初的机制纸和动力印刷机到19世纪后半叶木浆造纸的时期;8)电影发展的赛璐珞时期;9)最后是20世纪三四十年代到现在的电台广播时期。[①](必须说明,伊尼斯的时代,电视还没有普及,否则一定不会被疏忽。)

　　尽管不同时期的媒介有不同的特征,伊尼斯认为取口头传统/书面传统的两分模式来概括,足以说明历史进程中的某些问题。虽说这两种传统各有特点,也各有自身的偏向,但是,口头传统是伊尼斯最为关注的对象,并认为古希腊文化在这一传统中达到了时间观念和空间观念的平衡。

　　两分模式往往有效,人们也经常使用它来对对象作知性分析。国人也特别认同这种划分方式,因为汉语的口语和文字之间的差别比西方拼音文字的言文差别更大。所以在20世纪50年代的大规模扫盲运动中,有人提出用拼音来取代汉字,有利于大众学习文化。[②]再往前,五四时期,钱玄同等有激进的废除汉字的言论,这里且按下不表。

　　不过即便是象形文字,口头传统和书面传统是否能截然分开,也是大有疑问的。另外,在拼音文字中,古希腊传统难道就只是归于口头传统?再说书面语传统,如果没有口语作为营养,是会逐渐萎缩的。

　　当然,尽管不能截然分开,最终还是分开了,就像大罗马帝国的官方

---

① [加]伊尼斯:《传播的偏向》第一章,何道宽译,中国人民大学出版社,2003年6月。
② 吴玉章:《关于汉字简化问题》,《人民日报》,1955年4月7日。

语言拉丁文，后来成了知识精英的身份象征，现在没有一个民族和地区在日常生活中使用它。

但是，电子网络的出现改变了这一两分的划分方式，至少网络聊天无法简单归为书面传统或口头传统。

伊尼斯的时代是没有网络聊天的，无法想象他会如何面对这一新兴媒介。被誉为"电子时代的预言家"的麦克卢汉，也没有料到网络聊天的出现，并会如此火爆，包举宇内，席卷全球。在那本20世纪60年代写就的大作《理解媒介》中，他继承伊尼斯的方式，将口语词和书面词分别讨论。他在"口语词——邪恶之花？"一节中认为，口语词使人的一切感官深深地卷入其间，人们的语气、手势、音调等等都在发挥作用。书面词则分离并延伸词语的视觉功能，它使有文化的人或社会都培养出了一种能力，就是做任何事情都抱相当疏离超脱的态度。他还说书面词使"读书识字者的幻想生活、情感生活和感觉生活，经历了很大的分离"。并引用柏格森的观点，认为人类语言的产生损害并削弱了原始的"集体无意识的价值观念"。[①]

如果这位媒介学大师活到今天，恐怕会就网络聊天单写一章。

二、网络催生新语体

口头语更多倚仗语境，片言只语就能交流，往往传神。书面语则逻辑严整，用词规范，讲究修辞手法，历久弥新。不同的场合和条件下的不同的表达语体会自然形成不同的规范，进入某种规范就要受规范的制约，有时踏入越深，钳制就越大。理想的境界是口语的生动和书面语的严谨合二而一，但是兼容并包并不是一件容易的事情。或许在一个文体写作高手和演讲大师那里，两种语体的转换，会产生出神入化的效果，一般情况下，两种规范相互排斥，调和起来颇费周折。

[①] [加]麦克卢汉：《理解媒介》，何道宽译，第115页，商务印书馆，2000年10月。

网络聊天介于电话聊天（或语音聊天）和文字书信的交往之间。网络聊天既不是口头传统，也无法归为书面传统。在网络聊天中没有电话聊天那般啰唆，也不像书面交谈那般规范。在书面表达中，即便是一张便条，也略需斟酌；反过来，在口头聊天中，音调的变化和语速的快慢会不经意间传达出某些信息。但是网络聊天也兼有两者的共同点，即它既是书写的，又是口语的，有书面语的规范，也有口头语的随意。

在网络聊天中，原有的语体规范限制被消解，日常口语和书面语的交替、掺杂使用，形成新的语体。新的语体并不是要建立新的规范，它不需要聊天者服从什么准则，即便有，也是极短暂的。如果说有，就是每隔一段时期会产生一批新的网络流行语，铺天盖地。

例如"大话西游"式的或"痞子蔡"式的语体一度流行，很难给"大话西游"式语体归类，特别是从口语和书面语的两分上划界。

例如从排比的使用上看，这样的句式似乎相当书面化："我们拍一部电影出来，能有观众看完我们的电影还没睡觉，我们已经是很安慰了。如果看完电影，大家还笑了，那我们已经很高兴很高兴了。如果看完电影，大家还笑了，还跑过来跟你握手，说恭喜你啊，那我们就很高兴很高兴很高兴很高兴了。如果观众把我的电影里的台词都念出来，那你说我会有多高兴？"[1]

书面化不等于书面语，书面的表达不会如此饶舌，书面的饶舌有奇特的口语特征。饶舌是口语的权利，书面语应该是相对简洁的，貌似书面语的饶舌作为另类表达，在某些场合会偶然照面。但是像以下的饶舌经典，只会在网络聊天中衍生，可以看成网络耍贫嘴：

> 爱情是零度的冰，
> 友情是零度的水，
> 也许我们是最好的冰水混合物吧。
> 走到一起后，

---

[1] 北大在线提供，《同学们，周星星来了——周星驰与北大学子》，《南方周末》2001年5月10日，第21版。

升温，会束缚，化为友情的水；
降温，会想念，生成爱情的冰。
不冷不热间，
就是爱情与友情的暧昧

上网了吧，网恋了吧，幼稚思想受骗了吧？
网恋了吧，投入了吧，感情走上绝路了吧？
投入了吧，见面了吧，没有以前来电了吧？
见面了吧，后悔了吧，美眉变成恐龙了吧？
后悔了吧，倒霉了吧，感情投资浪费了吧？
倒霉了吧，想死了吧，以后不敢上网了吧？

　　当然，书面方式的口语化表达，并不是网络聊天的专利，不必四处寻觅，在正宗的中国文学史上就不乏先例，远的如《诗经》中的国风，即采自民间口头文学，只不过古今殊异，今天念起来佶屈聱牙，成了考据的对象，没有专业学问是无法搞定的。但是在其一唱三叹，反复环绕中，仍能领略到口语的神韵。宋代的话本，也是说书人的口语表述，再近一点，如清末吴语写成的《海上花列传》，按照台湾著名教授作家张大春的说法，这种纯苏白的写法，不是让"读者看到太多、太细、太具体的海上之花，而是为了他心目中的理想读者得以听到那花丛间轻轻的开落之声"。由此"韩子云所示范的是另一个路子——他让书面语脱卸了标准化（官话化、主体化、大众化、通行化）的要求，而使书写下来的文字可以在特定的对象（通晓吴语苏白的读者）面前还原成只有这'一隅之地'的人能听且懂的'乐曲'"。[①]

　　这类纯方言的文学，由于"听"者寥寥，难能远播，不管是胡适的倡导，称之为"吴语文学的第一部杰作"也好，张爱玲刻意的国语化翻译也罢，最终没能使这部以"绝好笔墨"著称的小说火爆起来。

[①] 张大春：《小说稗类》，第218页，广西师范大学出版社，2003年。

这里不是要作什么类比，显然在网络媒体中，情况有所不同，不仅仅是口语的书面化，也不是方言的大众化，更多的是各种语体的融合，凡是适合网络媒体的用语和表达方式就得到发扬，反之就会被冷落。人们现在已经无法简单地用口头传统和书面传统的两分法来看待网络媒体的语言，必须寻找新的认识视角。

三、网络聊天的语用特点

网络聊天不同于面谈，也不同于电话聊天，就心理而言，网络聊天最自由，最不需要应酬和敷衍，所以语境的制约最小。面谈时，谈话当事人相互制约，除了谈话内容，音容笑貌也成为语境的一部分，而音容笑貌受具体的环境氛围影响，在餐馆，在客厅，在野外等都会有不同的干扰。即便在客厅，也有自家客厅和人家客厅之分。

电话聊天，环境的影响相对减弱，对话人的音容笑貌必须通过话筒传递，聊天人相对轻松自在，所要关注的只是对方的心理——是由话筒也只能是由话筒所传递的言语中反映出来的心理。

网络聊天不仅"音容笑貌"无须关照，连时间上的连续性也可以不顾及。相比前两者，其即时性最差。这是延宕的聊天，聊天者心理的瞬间变化并不一定反映到聊天之中。如果聊天双方是老朋友、老熟人，或许还能揣摩个八九分，否则无法知晓另一方到底是专心致志还是三心二意（看着电视又处理着手中的活计），甚至心猿意马（边打电话，同时还和三两个人在线狂聊）。

由于网络聊天的语境约束最小，在语用上规范性也就很弱，全凭聊天当事人的心情而定，亦即网络聊天的语境，除了谈话的逻辑和上下文，主要是双方的心境。心境不能契合，聊天随时可以借故中断，如果双方投缘，语用上百无禁忌：口头语、书面语、网络流行语、行话、同音借代、谐音、字母、各种指代符号和图示等可以统统混杂在一起。

谁也不必担心因语体的混杂而受指责，网络聊天造就了这样一种情势,即你不会因为表述上不够规范而受到挑剔,相反,用语上过于规范和拘谨则表明你是网络聊天的"菜鸟"。由此,网络聊天在语用上充满创造性和反叛性。

这与网络聊天者基本上是年轻人相关,他们正处于心理逆反的年龄段,在这一阶段,就是日常走路都不愿循规蹈矩,网络给他们提供了一个安全的反叛场所。在这一空间中他们无论表达什么观念都不会受到社会的排斥,亦可避过父辈的呵责,在这一过程中,语用上的别出心裁是第一步,比起独特的思想和精辟的见解,制造出新的甚至怪异的表达方式是相对容易的,并且形式上的新鲜感最令人瞩目。这里同音借代是第一步,也是最容易实施的。同音借代在书面表达中可能是别字,在网络聊天中则是相当普遍的事情,因为在口语聊天中人们辨别的就是语音,所以在网聊中为了速度也为了语感,"版主"不如"斑竹"通用,"祝你生日快乐"不如"猪你生日快乐"来得时髦。"果酱"代替"过奖"、"大虾"代替"大侠"是水到渠成的事情。稍稍前进一步,同音借代轻易就延伸到了数字中,除了常见的88(再见),555(呜呜呜——哭泣状),7456(气死我了),还有521(我爱你)等等。

当然这里的关键是拼音码的运用,没有拼音码,也无所谓同音借代,因为拼音码会"主动"提供各种选择。倘若你录入"没有"一词,可能得到的是"煤油",想要"榆木"就可能获得"鱼目",像这种缘木求鱼的事情在这里是经常发生的。如果在网络聊天中,双方用的都是五笔字型输入码,那么同音借代反而是极其麻烦的事情,或许打死你也不会想到在一段好端端的议论文字中故意把"王侯将相宁有种乎",写成"王后讲香拧油众呼"。

由于是语音表达,口语中的尖团现象出现在聊天文字中,如"不要走""不要这样"相通于"表走""表这样";"这样子"通于"酱紫"。这种简约既是为了方便,也是某种调皮的童心的反映,而儿童化方式一旦风行,也就有了"这是什么东东(东西)?""我稀饭(喜欢)你"这类表达。

汉语中语音和文字的分离给网络聊天者创造了可以别出心裁的空

间，所以像"海碧牛也"（happy new year）、"古的那爱特"（good night）、"爱老虎油"（I love you）、"粉丝"（fans）这类新式音译就显得很"酷"；反过来洋泾浜英语，如"good good study day day up" "let me see see"等让人忍俊不禁；中英复合语，如"I服了you" "最in" "最out" "感觉很high"，等等也同样有效，活泼和机敏之中似乎有着一份世界大同的宽容。当然，汉语拼音的声母搭配的表达方式，如"很Bt"（变态）、"rpwt"（人品问题）也很风行，至于像mm、gg或gf、bf等等称谓已经是很古典的了。

总之，网络聊天的语用特征一是混杂，二是时尚，三是易变，是混杂、时尚和易变的结合。混杂是各种同音借代方式的混杂，口语和书面语的混杂，书面语中还有古代汉语和现代汉语的混杂，除此之外更有中西合璧、文字和图示，文字和数字的合璧，等等。易变是指同一概念和语义的表达有多种能指，可以随时变换、取代，且能指之间互相覆盖、重叠，使意义有新的生长缝隙。时尚是指这种语体的混杂和能指的选择是有风向的，趋时的，任何流行的观念和表达方式都会被吸收到其中，构成当下最风行的色调。当然，语体混杂的腔调本身就是时尚的标记，在混杂之中冒出一些新近流行的语汇则更显得地道。这有点像文学创作，作家总想寻求新的表达方式。所不同的是作家追求的是独一无二，网络聊天者则渴望通过标新立异来获得认同。可以说，网络用语是赛博空间的通行证和身份证。网络聊天中，能辨别阶级成分的有效方法就是用语方式和腔调，比起登录的和自报家门的身份来，它更能反映出一个人的年龄、修养和知识背景。

四、网络聊天：时尚的生产者

一般认为，只有在大的社会变迁中，社会文化才有大的转变，在这转变中，新的文化对已有文化造成巨大冲击，当下和传统会有大的错位或断裂……在这之前和之后，社会行进在平稳的河道中，前后连贯，绵绵延伸。

其实电子媒体和电子网络的产生就是大的社会变迁，并不只有外族入侵腥风血雨、政治革命改朝换代才是大的社会变迁。电子网络移风易俗的力量在某种程度上大于前者，因为不同的社会就是不同的人际交往和人群组合方式，无论从政治组织还是从经济生产方式入手解析社会，最后总是落实到人与人的交往和关系组合上。电子网络媒体的出现，表面上看只是提供了新的人际交往渠道，加快了交往的频率和速度，并没有对人们的思想观念、文化习俗产生多少影响。实际上新渠道的开通，频率和速度的增加就是文化的演变。

文化不仅仅是观念、文字，不仅仅是器物，它更应该包括人际交往方式。由于人际交往方式因时因地而变，器物、文字、观念会留存下来（即使其间发生转换也要缓慢得多），所以，后者构成了一代又一代人关于文化的概念和研究的对象，而对文化中最鲜活的部分——人的交往活动，研究者往往视而不见（如前文提及的电话交谈，在当今生活中作用无边巨大，且不说它在私人情感交往中的作用，即便在重大的社会性事件中，其作用也是难以估量的。许多秘密协议是在电话中达成，许多重大决策也是在电话中作出，但是由于它的私密性，不宜公开，研究起来困难，所以就容易被忽略和淡忘），但是社会的变化往往从这里生发。

现今，网络聊天把日常的人际交往的作用凸显出来，整整一代人生活在网络中，娱乐在网络中，网络聊天是年轻一代人相互沟通的主要方式之一。

作为社交工具，网络聊天在许多方面改变了日常社交的规则。以往，个人日常社交的圈子是由周围的亲友和社会关系决定的，通过相对熟悉的人群进入到相对陌生的人群中。社交作为个人寻求社会认同的一种方式，以对已有的文化和习俗承认为前提，因此社交是一种文化规训，在其间传统通过人际关系发挥作用，得到承传。

网络聊天则完全跨越了亲友和社会关系这一中介，直接面对交往对象。不仅省却了各种繁文缛节，也使聊天者从各种社会关系网络中解脱出来，可以单刀直入。跨越社会关系中介就是跨越传统，跨越已有的文化和习俗。在网络聊天中，反规训的欲望强烈，传统的规范无以施展其约束力。因为，网络中结成的人际关系是临时的，不确定的，并且任何一方都无法将自己的观念和想法强加给另一方，即使是老朋友老熟人，也可以不回应或断线来应对，所以在聊天过程中，既成的社会规则难以发挥作用，一切均服从于现实的应对策略和新的游戏规则，这里随机应变是一大特色。随机应变的过程是消解传统的过程，这也是一个不断地对当下现实做出反应的过程。

当下和传统是一对矛盾，它们之间互相吸收和排斥。当下是传统中的当下，传统在对当下发生作用时才是传统，否则是化石。既然已有的规范不能约束网络社交，聊天的内容也不会拘于一格，它既不遵循书面传统，也不来自口头传统，更多的是在情绪的宣泄中表达个人对当下生活的即时反应。

这里，网络聊天中的"时尚"话题显出了其重要性。由于聊天的对象往往是陌生人，聊天过程具有探索意味，探索屏幕背后的神秘交谈者——一个可能戴着假面的人，所以网络聊天不同于一般意义的聊天，不是朋友间敞开心扉的交流，它可以看成是进入未知世界的通路。在流行的网络用语和寒暄之后，进一步的交流有赖你来我往的"过招"。真诚也好，机敏也罢，有趣味或者有修养，统统要由网络交谈来体现。

交谈需要话题，合适的话题是寻求网络认同的最佳途径。家长里短、事业成败、情场失意、个人苦恼，这些在老朋友老熟人之间的话题往往不是网络聊天的最佳题材，最佳题材是有关时尚的话题，它们常常是青年人寻求认同的第一选择。时尚基本上是属于年轻人的，在他们眼里，时尚就等同于社会，等同于现实生活。时尚的内容无所不包，不仅是看进口大片、唱流行歌曲、穿当令的服装、喝新时兴的饮料、使用最新款式的电子产品……它还包括对所有的"新鲜事儿"作出迅速的反应，例如对"木子美"、对"芙蓉姐姐"、对"超级女声"最大的反响来自网络。所谓"木子美现象""芙蓉姐姐现象"更主要的是指网络现象、网络事件，而非仅仅指观念现象或个人事件。

原本在对文化的理解中，时尚是与经典相对举的，时尚是用来衬托经典的。时尚的不稳定、庞杂、缺乏系统与经典的稳定、严整、系统构成了文化的正反两极。时尚不登大雅之堂，时尚中的精华只有经受时间的考验，千锤百炼，才能慢慢地进入文化传统，最终修成正果，成为经典的一部分。然而，在网络媒体时代，社会生活发生了剧变，当网络生活成为日常生活的重要组成部分时，人们对文化的理解也有所转变。时尚作为重要的社会现象得到热切的关注，时尚本身就是文化，是当下的文化，而且无系统、非稳定的时尚还构成了当今文化的常态。

当然，时尚从来就是大众媒体的宠儿，大众媒体以传播时尚为生存策略，然而没有一种大众媒体像网络媒体那样使得时尚更像时尚，网络媒体以前的大众媒体基本上都有"把关人"控制，作为把关人的权力精英、知识精英有机会操控时尚的走向。网络聊天中的时尚则无把关人，或者说聊天者本人就是把关人，因此网络聊天中的时尚具有相对普遍的意义，显得更加原生态，更加真实。当网络时尚的这些特质吸引了人们的目光时，网络会以更快的频率生产时尚，只有网络媒体具备生产时尚的速度和上规模的人群。似可说网络聊天和时尚互为语境，构成了当代大众文化的生力军，当然这是一支大可质疑的生力军，或许仅是昙花一现的生力军。

（载《北京师范大学学报》2006年第2期）

大众媒介与现代神话

"现代"与"神话"是两个对立的概念,神话是以虚构的方式来制造梦幻和辉煌的叙事,现代性文化则是祛魅的文化,然而它们在当下的媒介文化中有了结盟的机缘。

当年,罗兰·巴特将其在《新文学》杂志上发表的专栏文章结集出版,以《神话集》名之。这些专栏文章是这位批评家对当时的各种社会现状和"时事为主题的感言",如对"报纸专栏、周刊上的某帧照片、一部电影、一场表演、一次展览"等等发表个人意见。这些个人意见表面上虽然是就事论事,但是相互之间又有着内在的联系,即对广告和大众传媒等制造的现代神话进行剖析和批判,所以当初《新文学》杂志上的专栏按罗兰·巴特的意思就是以《当月小神话》来命名的。

据说神话至少可以从两个意义上来理解:首先如它的希腊词源所示,它是一种传说,一种关于人类状况的象征故事;其次它是一种"言谈",一种谎言,或一种"欺骗"。在罗兰·巴特这里,当然取的是第二种含义。这位大批评家就是想指出"我们的报纸、艺术和常识领域"怎样将当前时髦的日常生活进行一番包装,使之成为"自然法则"的。他在《神话集》的初版序言中说道:"我讨厌目睹自然和历史在每一个环节中混淆视听,我要一路追踪,在每一件想当然的情节之中,'锁定意识形态的滥用'……"[①]

[①] [法]罗兰·巴特:《神话——大众文化诠释》初版序,许蔷蔷、许绮玲译,上海人民出版社,1999年3月。

然而在接下来的"追踪"中,作为批评家的巴特被作为学者的巴特所掩盖,因为在《神话集》最后的那一篇总结性的长文《今日神话》中,罗兰·巴特不是从意识形态的无处不在的渗透出发,来消解现代神话,而是试图超越自己以往的种种具体见解,将索绪尔的语言学理论运用到现代神话的研究之中,发展出一整套解读神话的系统语法来。

难道存在着一套独特的神话语言机制和叙事法则?在德里达的解构主义彰明的今天,已经没有必要再来探讨这一话题,因为在他那里,文学、哲学和历史之间的叙事分界统统被消解(或许还波及到新闻叙事)。

但是即便如此,罗兰·巴特当年对时尚和中产阶级的日常生活细节所表现出来的深刻洞见,在对"嘉宝的脸蛋""葡萄酒与牛奶""布尔乔亚的声乐艺术"等等话题上开辟出来的关于媒体文化的神话功能方面的研究,仍然功不可没。

一、现代神话的构成

谁是现代神话的制造者?当然是大众传媒!

不是大众传媒的创办者掌握了什么统一的神话语法,而是媒体只有不断地制造神话才有其存在的根据。大众传媒在销售神话的同时,才能推销自身,否则无法在让人目迷五色的环境中吸引大众的注意力。

说起神话,人们会想到宗教和信仰,在古代,神话和信仰有着某种天然的联系,神话是信仰的一个组成部分,或者说是经过叙事艺术加工的信仰,是在信仰的基础之上发展出来的一片独立的天地。而在当今的社会中,古老的信仰已渐渐退让,让位于商品拜物教或金钱拜物教。然而,赤裸裸的物欲终究让现代人难堪,所以生活在消费社会的人们需要现代神话,它们需要现代神话的安慰、现代神话的诱导,现代神话中有着信仰的成分,或者说它就是信仰的替代品。

古代神话是关于神和英雄的神话,是以神祇和英雄为其叙事对象的;现代神话是关于凡夫俗子的神话,是关于中产阶级和想要进入中产阶级的每一个人的神话。现代神话的叙事对象是普通人和物,相比之下现代神话的叙事对象和题材范围要广泛得多。

当然将普通人作为现代神话叙事对象有其历史和观念的基础。经过18世纪资产阶级人文主义思潮的洗礼,社会已经陷入到物的包围圈中不能自拔,"大写的人"被物的结构所控制,但是失去信仰的人必然要寻找精神上的救命稻草,而现代神话就是这根救命稻草。

1. 现代神话的生长环境

由于现代神话是在"上帝已死亡"的环境中逐渐生长起来的,与此同时鲍德里亚所说的消费社会已悄然现形,所以它必然要制造"顾客是上帝""消费者是上帝"等等类似的或大同小异的神话。这类神话有时编撰得巧妙,有时编撰得拙劣,它们都是在为一个大的主题效力,在大主题的每一个细小的方面发展出叙事空间。不管是巧妙还是拙劣,它们也都必须充满热情,必须在叙述和言说的过程中突出人的欲求,而这些欲求不是来自人的本能,而是现代神话在创造自身时一步一步地发展出来的,现代神话的题材和叙事逻辑统统指向这一焦点。

创造现代神话的任务之所以责无旁贷地落到大众传媒的头上,是因为只有大众传媒才能调动多种手段,全方位地为现代神话服务。大众媒体能把历史上所有的神话叙事方式或其他形式的表述手段汇拢起来,作为现代神话的创作资源加以利用。另外,大众传媒能抓住任何一个细小的环节来大肆铺叙,并且能够一视同仁地对待所有的题材和对象。古代神话关注的是重大的题材,比如盘古开天、女娲补天,比如特洛伊战争,等等;现代神话产生在平庸的商业社会,生来就缺少重大题材,所以需要通过大众媒体,尽量利用每一个机会每一类题材来扩大叙事空间,使其呈现出丰富多彩的景象。

例如它会利用汽车、西服、领带、香水甚至洗衣粉和清洁剂等题材大做文章,它告诉人们:系上某种款式的领带,会使您气度非凡,身价直逼贵族;使用了某种洗衣粉可以让你过上清洁健康幸福美满的生活,甚至在洗衣粉的泡沫里都渗透着奇异的快感——"它丰沛、亲切、几乎无限地膨胀，令人以为其中有什么物质会孳生一种活泼的细菌，一种健康而有力的物质……最后，它使消费者快乐，隐约刺激他想象高耸入云的美妙物体，它所孳生的触感既轻柔又上下纵贯，这和我们在味觉方面的追求颇为类似（鹅肝酱、甜食、葡萄酒等）……泡沫甚至可以成为某种灵性方面的表征，只要这个灵性可以无中生有，以小化大。"①

大众媒体是一架便捷的造神和造梦机器，它不仅可以在每一个细小的题材上大做文章或做大文章，还能在短短的言说的过程中，迅速编制和演绎神话，当然这往往是在与广大的受众共谋的情况下达成的。例如在两个小时或更短的时间内，现代灰姑娘的神话、百万富翁的神话、丑小鸭的神话、阿甘的神话（傻小子神话）便在影院和电视机屏幕前完成，神话的种子或许早就埋在人们的心底，然而媒介文化的声情并茂和灿烂斑驳使得现代神话分外饱满和光彩夺目。古代神话的魅力来自神或英雄的神武英勇的品格，现代神话依靠的是光怪陆离的媒介手段，它并不需要观众在走出影院或离开屏幕之后仍然相信神话，只要能在当时当刻吸引住观众，就是成功。而媒介文化这架机器在这方面又是最有效的！它诱惑人的方式最多，色彩、光线、音乐，煽情的语言，真实的镜头，拼接的画面，还有电脑特技，等等，一句话，他们构成了一个时空包围圈逼近观众。当代的大众不太需要口耳相传而又节奏缓慢的、线性叙事的神话，这是当初老奶奶用来催眠小孙儿的。他们希望的是满足感官需要的，或者全部的感官沉浸于其间的神话。当代大众欣赏的是题材各异、丰富多样且与生活同步的神话，而缺乏耐心来倾听绵绵不绝、永无尽头的长篇神话。

大众的心理、大众的需要决定了现代神话的长度和容量，即它们通常是短暂的和小容量的。在抽取了神话的叙事要素后，在广告这类载体中，神话缩短到一分钟、半分钟，或15秒、10秒，甚至5秒！一个5秒的神话具备的最简明的手段是隐喻的，如："曲美身材，美好生活"（减肥药）、"美的品质，全球青睐"（电器品牌），再如："无限世界由我合一，

---

① [法]罗兰·巴特：《神话——大众文化诠释》，第34页，许蔷蔷、许绮玲译，上海人民出版社，1999年3月。

无边，无界，无拘，无束，随时，随地，随心，随意……"（多普达手机），等等。

媒介文化的逻辑是隐喻的逻辑，是象征和联想的逻辑，这不仅是指在同一符号体系之中，它还体现在其他方面。因为媒介文化的符号系统是混成的，语言符号、视觉符号、听觉符号之间，不同的语言符号或不同的视觉符号或听觉符号之间的关系会相互转喻或切换，这种转喻和切换也是以联想或隐喻为基础的，如"鹤舞白沙，我心飞翔"（白沙集团），还有"妹（魅）力四射"（张惠妹），"众里寻他千百度，想要几度就几度"（自动控温冰箱），等等，这里谐音的联想横跨着好几个领域。

人们从飞驰的豪华轿车，联想到飞黄腾达的人生；由香醇浓郁的美酒暗喻甜蜜的爱情；由手机和大海联系到亲情；由领带联系到风度；或者倒过来由家乡的小溪联系到母爱，再到洗衣机；由球王贝利的一脚好球踢到厨房或厕所里的"冠军瓷砖"；由孩子和后妈的关系婉转跨到雕牌牙膏……无论最初怎样生硬，怎样拙劣，及至后来就一切水到渠成。这一切也只有在媒介文化时代才能做到，因为当今的大众已经在与媒介文化的互动中学会了充分调动隐喻思维的能力，他们渐渐养成了解读媒介文化的超强本领，只需一丁点暗示或启迪，就能默契地配合，与大众媒体共同将神话演绎成功。

2. 收视率与众生平等

现代神话的特点是普度众生。现代神话是在商品和市场经济的环境中产生的，对于每一个掏钱购买商品的顾客，待遇是平等的。虽然每一个社会人先天的或现实的条件、机遇是不等的，但是在市场交换的环境中，他们有着暂时的平等，现代神话就是对着这一暂时的平等而去的。换一句话说，即便是面对种种社会的不平等，现代神话也会视而不见，不平等的情形是发生在现实生活中的，而在神话中这统统是不存在的，神话就是神话，在它那里一切都是美好的和合理的。神话中当然也有缺憾，也有矛盾，不过这些缺憾和矛盾都是能即刻被弥补和解决的。

前文说过，现代神话的制造者是媒介文化，因此在现代神话的语境里，众生是平等的，尽管这一语境是虚拟的，却是必不可少的，这是现代神话成立的前提。现代神话既然是由媒介文化构成，即它已经融入媒介文化的特征，那么即它必须面对大众，而且必须讨好大众。它知道大众不是铁板一块，他们是分阶层的，不但有着经济地位的差异，而且还有着经济条件以外的种种区别，但是不管他们之间有多少分歧，他们肯定都需要神话的安慰和鼓舞。而神话也需要大众，尽管大众是匿名的，面目模糊的，怀揣着各种动机的，但是他们在收视率上是同等重要的，这就是大众（或观众）的意义。收视率对于媒介文化的意义转化到现代神话中，就由收视率民主构成了众生平等的神话语境。

当然，就这一语境而言，我们也可以追溯到18世纪的资产阶级革命，因为从那时起，自由、平等、博爱的观念，人道主义的观念，而后是人权的观念逐渐深入人心。但是这一切不但不能取代收视率这一硬性的指标，反而为了提高收视率，媒介文化借助了所有有利于其传播的观念和手段，来演绎现代神话。由于在收视率前人人平等，所以现代神话必须营造相应的氛围和语境。

3. 现代神话发展的两个阶段

现代神话并不是一成不变的，它至少有两个发展阶段。这两个发展阶段也许可以叙事对象来划分，第一阶段的叙事对象主要是人，第二阶段的对象主要是物。

一开始，现代神话的叙事对象是人，因为那时的人还没有受到物的全面包围，还没有进入鲍德里亚所说的"丰盛"的消费社会，另外，几千年的叙事传统中还没有离开过以人为中心的历程。现代神话的叙事对象瞄准普通人，是想让每个普通人都有机会得到解脱或提升，也就是说经过奋斗和努力，大家都能过上好日子。当然神话的展开过程是复杂的或多变的，它不像"人人都能过上好日子"和"前途是光明的"这类基调那么简单，社会现象的丰富性和复杂性构成了现代神话的全部内容，也使其能借助各

观念的艺术与技术的艺术

种素材和时机来充分展示自身的魅力。例如在一部描写社会底层人民与命运作斗争的电影故事片与一篇有关球迷在世界杯期间的奇妙的陈述之间,再或者加上年轻的追星一族与他们家长间矛盾的纪录片,粗看完全是风马牛不相及,但是从某一个视角看,或许都可以归入现代神话的系统之中,也因此罗兰·巴特在其《神话集》中所揭示的对象是五花八门的。他写到的各色人物和现象有:摔跤手、哈古尔的演员、银幕上的罗马人、一名亲切的工人,等等,还有嘉宝的脸蛋和脱衣舞女。

在《一名亲切的工人》中,这位大批评家的笔调我们或许熟悉。这是一部关于码头工人的影片,巴特称之为"神话运作的佳例",影片"叙述一名俊美的码头工人(马龙·白兰度饰演),散漫而有点粗鲁,他的良心幸有爱情与教会而慢慢苏醒",这个觉醒过程正好与"码头工人们反抗某些剥削他们的人"的过程重合。巴特在揭示这一神话时这样写道:"(资本主义)国家与代表绝对公正者相混淆,成了反犯罪、反剥削唯一可能求助的对象;如果工人得到了国家,得到了警察局和侦查小组的帮助,他就得救了。至于教会,在自炫的现代主义的外表下,只不过是工人固有的悲惨与国家/老板控制权之间的仲裁力量。而且到最后,对公正与良知的一切微小期望都会很快地平息,在有益的大安定秩序中化解,在安定中,工人做工,老板交叉着手臂,神父为各在其位的双方祝福。"[1]

这是(资本主义)国家作为真理化身的神话,这类神话或许我们已见多不怪。而另一类神话,即同杂耍、角斗和表演相联系的神话和神话批评,我们可能比较陌生,所以对罗兰·巴特在《摔跤世界》中的分析或许会感到新鲜。他认为,摔跤只是一场表演,"摔跤手的功能并不是取胜,而是依照外界期待的动作、姿态来表现"而已。在摔跤表演中,展示的是"苦难、挫败与正义的伟大景象"。他还说:"摔跤最终要呈现的,是一种完全道德的概念:正义。'偿还'的观念对摔跤而言是很重要的,群众的'给他好看'其实就是意味着'要他付出代价'。不消说,这是一种内涵的正义。'混蛋'的行动越卑劣,观众越会因他受到报复、痛击而开

---

[1] [法] 罗兰·巴特:《神话——大众文化诠释》,第 59 页,许蔷蔷、许绮玲译,上海人民出版社,1999 年 3 月。

心。"①

一旦转化为道德评判的神话、伸张正义的神话，我们又似曾相识。然而这位大批评家的剖析还要继续进行下去。他说："在美国，有一件已经广受注意的事，摔跤代表一种善恶两方间神话学般的打斗（属于准政治性质，坏摔跤手总被视为'赤色分子'）。而法国摔跤里制造英雄的过程则大不相同，它是以道德为基础而非政治。群众所期待的，是以渐进的方式建立起高度的道德形象：完美的逆子形象。"②

在以上的分析中，我们能发觉，神话的意义功能是可以自动转换的，关键是看处在什么语境之中。我们还能发现现代神话的主角虽然是行动着的人，但是他们是被动的，他们的行为往往是被规定和预设，并被融化在背景中，而构成神话的背景是某种意识形态。是意识形态的整合作用或隐喻功能将现代社会中芸芸众生的种种欲求和期待编织成希望的花环。神话叙事与这些花环的编织在许多方面是相通的，当然一般来说前者比后者更丰富圆满，因为我们经常将神话作为一个完整的叙事系统来看待。

现代神话发展的第二阶段是由被动的人到"物"，现代神话的这一转变不是由神话自身的叙事逻辑所决定的，而是由外部因素所规定，这就是社会因素。是消费社会决定着现代神话的这一走向，因为消费社会从根本上改变了人们的社会境遇。按照鲍德里亚的描述："今天，在我们的周围，存在着一种由不断增长的物、服务和物质财富所构成的惊人的消费和丰盛现象。它构成了人类自然环境中的一种根本变化。恰当地说，就是富裕的人们不再像过去那样受到人的包围，而是受到物的包围"。③

物对人的包围意味着物的主动性，物不是被动地被人们所使用，而是积极主动地服务，满足人们的各种要求。物是那样的功能齐全，高贵而又典雅，使得每一个使用者也顷刻之间改变了自己的身份成为高贵而典雅的成功者。

---

① [法]罗兰·巴特：《神话——大众文化诠释》，第10页，许蔷蔷、许绮玲译，上海人民出版社，1999年3月。
② 同上，第12页。
③ [法]鲍德里亚：《消费社会》，第1页，刘成富、全志钢译，南京大学出版社，2000年10月。

那么无生命的物是如何取得主动性的，这其实就是现代神话的主旨，让物成为某种中心，成为辐射的灯塔或高耸的标志性建筑，并对周围环境产生影响。现代神话只能建立在对物的信仰上，它们以物的世界来替换神祇的世界。

物的主动性其实是一种隐喻，或是某种指代，指代某种常常被文明掩盖的东西。当然说到底，物的主动性是建立在人的欲望基础之上的，在物的背后是欲望的冲动，现代神话无非是将欲望转换为物的语言，让物来喻示或告诉人们那内心深处的、可能是尚未苏醒的欲求。人的内心欲求是一片广袤的沃土，在很长的历史时期中是荒芜在那里的，可以大规模地开垦，但是开垦的方式不是坚硬的犁和锋利的刀，而是要用言语和叙事来诱导，因此神话叙事是特别合适的方式。当然更重要的是现代神话在对物的称颂中已经将某种价值尺度和倾向渗透其中了。当然这不是什么总体价值观，不是与意识形态和社会伦理紧密联系在一起的价值观，而是与具体的物联系在一起的价值趋向，是鼓动人们攫取或占有消费对象的价值观，因此对现代神话的要求是它必须充满诱惑力。它的任务是千方百计将人们的消费欲求开发出来，化欲望为叙事，化欲望为对象，并在此空间中编织有关物的种种故事和传奇。正是在消费欲求的背景下，静止的物才会焕发出神话般迷人的光芒。

现代神话的叙事对象主要是物而不是人，这符合媒介文化的化腐朽为神奇的特点。原本物在人的目光中是呆板的、静止的，被动地固定在某一空间之中，即便是光彩夺目的珠宝，当它陈列在柜台中，在丝绒的包裹之中，顾客也只能一睹其有限的容颜。但是在媒介文化营造的环境中一切就不同了，不用说是熠熠闪光的珍宝，就是一粒普通的治感冒的或治胃病的药丸，也会焕发出无限的光彩。药丸会旋转，会翩翩起舞，在药丸的鼓舞下，服药者顿然由萎靡到精神抖擞，笑逐颜开。虽然现代神话的主旨是化被动为主动，倘若没有具体的媒介手段也是白搭，媒介文化的发展使得其自身像魔术师手中那根点铁成金的魔棒，任何东西只要一触魔棒，就会焕发出金子般的光芒，任何物一经其点化，就会获得青春的生命力。冰箱会自动奉献出美味佳肴，高保真音箱会主动搜索最美妙的乐曲，高雅的西服和美丽的衣裙会在任何一个角度上向你昭示它的魅力,香水和香波能改变人的容颜,使人返老还童。总之借助媒介文化的迷人的手段,关于物的种种叙事既神奇又宏伟,物在历史上还从来没有像在今天、在媒介文化兴起的时代这样取得如此重要的地位。而这一切都是为你——一个不知名的神话倾听者而存在,当然,它更是为千千万万的大众而存在,否则就是神话。

媒介文化的无处不在能使现代神话镶嵌到任何一个生活的角落,商店、饭馆、车站、广场、路边,甚至通过电视、广播和报刊侵入到你的家庭、你的饭桌、你的床头,在这里现代神话和媒介文化是一而二、二而一的事情。它们使你恍恍惚惚,它们使你云里雾里,用鲍德里亚的颇有讽刺性的说法是:"我们每个人都被一种美妙的热心服务包围着,被奉献和善意的组合包围着。即使小到一块香皂,那也是一群专家为使您皮肤光滑而进行了几个月的研究思前索后的成果。"[1]更有甚者,民航客机上的区区一把座椅也是由艾尔波恩航空公司让其整个智囊团来为您的'臀部'服务的结果:"因为一切尽是此处。它是我们首要研究领域……我们的职责就是要让您坐好。我们从人体解剖学、社会学甚至哲学角度进行了研究。我们所有的座椅都是出自对您身体的细致观察……扶手椅外壳之所以用聚酯塑成,那是为了更好地配合您优雅的曲线,等等。"[2]自然,"这个座椅再不只是座椅了,而完全是为您的利益着想的一种社会供给"[3]。

由于在物的叙述中我们处处能感受到人的存在,或者说有关物的神话的潜在操控者总会在不知不觉中露出其最终的着眼点,所以鲍德里亚将现代神话同时视为"关切的神话",所谓关切的神话就是物对人无微不至的关怀,物对人竭尽全力的服务。鲍德里亚认为消费社会不仅仅意味着财富的丰富,更重要的还意味着一切都是服务,被用来消费的东西绝不是作为单纯的产品,而是作为个性服务、作为额外的赠品被提供的。因此当代消费者们是沐浴在"关切"的阳光中,而不是单纯的物欲的满足。[4]

---

[1] [法]鲍德里亚:《消费社会》第178页,刘成富、全志钢译,南京大学出版社,2000年10月。
[2] 同上。
[3] 同上。
[4] 同上,第178—179页。

这就是说一个好的有关物的神话，至少应该有两层内容或含义：第一层是有关物的陈述，这一陈述的宗旨是充分展现物的方方面面的功能和可用性，尽管其功能是一目了然的，但是还是有必要申明，以增加可信程度。例如某某牙膏使您的牙齿洁白、坚固，某某沐浴露不仅能祛除身上的污垢，还能使之光泽而芳香，等等。而第二层含义是超出物欲之上的，有着心理的或精神上的作用。当然有的神话中往往只有第二层含义的叙述，省却了第一层的功能陈述，因为现代神话之所以成为现代神话就是"神"在第二层含义的叙述上。在这一层面上，必须体现出物对人的关怀和热诚，必须将物的形而上的意义揭示，或者更准确地说是虚构出来。

应该说虚构各种物的独特的形而上学的意义本应是现代神话的一个难点，许多不同的商品，同种商品的各种不同的品牌，虽然在形态上很容易加以区分，但是很难对其意义空间作出恰如其分的区分。然而，现代神话的特点是其总体语境的共通性，在这一语境中叙事，导致的效果也基本相似，因此神话制造者无须独出机杼、别出心裁。除了具体叙述言词的不同和言说的方式的差异（如叙事的、抒情的、戏剧的、论辩的、口号的、卡通的等等），它们的叙事氛围是共通的，叙事发展的方向是预定的，内在的逻辑基本上是一致的。神话制造者和神话的聆听者又往往是共谋的，因此即便某些神话编撰得不够完善，缺少一些叙事功能，有的甚至破绽百出，也能达到大致相近的效果。

现代神话从根本上说是大同小异的，所以用结构主义叙事学的方法来剖析现代神话的叙事或许是最讨巧的事情。例如正是利用这一分析方法，罗兰·巴特曾经将牛排和葡萄酒归类为"欢乐的神话"，并且揭示出它们的共同语境，正是在这一语境中，葡萄酒有了别的酒精饮料所没有的意义和价值：现代葡萄酒是"社会的一部分，因为它不仅为道德提供了基础，也为环境提供基础；它是法国日常生活中最轻微的仪式行为的装饰，从零食（葡萄酒和松软干酪）到盛宴，从地方餐厅的闲谈到晚宴的正式演讲。它提升了所有的地位，任何一种天气：在寒天里，它和所有由寒转暖的神话相关；在盛夏时，又和阴影相关，和所有凉爽和冒气泡的东西相关。没有一种情境涉及生理的制约（温度、饥饿、烦闷、冲动和失去方向感），这些限制不能引起葡萄酒的梦境。它被组合成一种基本的本质，附有其他的营养数字，它可以涵盖法国人空间和时间的所有方面"。①

在另一篇有关《牛排与油炸马铃薯》的神话分析中，这位批评家将同样的逻辑运用在牛排上面，他说："和葡萄酒一样，牛排在法国是一种基本要素，它的国家化的程度比社会化还深，它在营养生活的所有环境中崭露头角：在廉价餐厅，它平板、周边呈黄，像鞋底一样；在小型酒馆的特色是厚而多汁，立体形，中间核心部位至底部潮湿而有些焦酥；在高级餐厅的特色则是，它是整个旋律中的一部分，也就是安适的布尔乔亚中产阶级的餐饮，以及波希米亚光棍的点心。它是一种急速而又紧密的食物，它影响了经济和功效之间、神话和五花八门的消耗方法之间的最好比例。"②

所谓有关物的形而上的意义其实只存在于神话叙事的相关句法中，我们自然不可能在此之外寻找到别的产生意义的土壤。有时意义会直接走上前台，即它不是在物的消费过程中逐渐呈现的，而是早就生产好了的，若要实现意义那只有一途，就是直接占有此物。说到底，物的神话就是煽动起对物的欲望，对物的占有欲，而这种欲望在叙事过程中是暗示的，但是有时却被媒介文化赤裸裸地暴露出来。因一切都变得诱惑力十足，而所谓意义不过是一种习惯性的包装、观念上的包装而已。

4．现代神话功效的短暂性

现代神话虽然享有共通的语境，但是每一个具体的叙述都是简短的，这不只是时间上的短暂，还有着意义和观念上的临时性。现代神话由于其面向当代大众，便时时追踪大众的口味。然而大众的口味或者时尚，是产生于变化之中的，它们不是固定的、永恒的对象。因此现代神话必然在叙事过程中时时处处关注世道变迁，更替其内容，制造新的意义，或者变换叙事视角以吸引大众。

---

① [法] 罗兰·巴特：《神话——大众文化诠释》，第69页，许蔷蔷、许绮玲译，上海人民出版社，1999年3月。
② 同上，第73页。

现代神话的迷人之处就在于它的"与时俱进"，它有很强的喜新厌旧的倾向，对新事物宠爱和崇拜几乎构成了它的叙事基调，这和它对于大众口味或时尚的敏感是相一致的，或可说对新事物的崇拜和对于时尚的敏感是互为前提的，并且是基于这一敏感作出的反应，有时比某些时尚的弄潮儿（如影视明星、模特大腕等）还要迅捷，所以现代神话又是引领时尚的。它的引领时尚并非通过对社会和时势的周密分析来达到，而是出于直觉，出于感悟，凡是尚未开垦的处女地、凡是方兴未艾的新领域都是现代神话施展身手的场所。

当然不管是引领时尚还是追随时尚，现代神话与时尚难解难分的亲密关系成为它自身的最主要的特质，这种特质又是以短暂性为代价的。现代神话是地地道道的海市蜃楼，它在兴起和幻灭之间交替，它在对时尚和物的追逐中展开自身，而后又物色下一轮的目标。它永不疲倦，因为它拥有取之不尽用之不竭的题材，它无须历史素材作其后盾，也不将希望寄托在将来之上，虽然它在叙事过程中时时编造历史传统，也能轻而易举地开辟出希望之路，然而大众在现代神话中获取的是关于当下的信息，所有的历史和将来只不过是一种铺垫。现代神话的制造者和读者达成的默契就是在当下信息（适时性）这一块。离开了这一块，现代神话就会被遗忘。

说到底，现代神话的适时性是与大众的欲望相关联的。在消费社会中，欲望是被建构的而不是本能的，所以欲望既是亢奋的又是短暂的。现代神话的功能就是在某种语境中随时随地地激活或激起某种欲望，而当某种语境一旦消失，神话的功能告退，欲望也就平息。由于被建构的欲望是短暂的和盲目的，所以一旦有了新的目标，神话之间的更替也是极其迅速的。

对于同一叙述对象，现代神话有时会强调其某方面的品质，有时则会渲染另一种品质，在追随时尚的过程中，它只有不断变换其叙事策略和视角才能吸引读解者的眼球。当然这里也有窥探的意味，现代神话既然是在制造者与读解者双方默契的前提下产生，那么时时变换其方向，试探读解者的口味，揣摩读解者的心理，并推陈出新，这是现代神话取悦大众、永不衰败的根本原因。

二、媒介文化与现代神话同构

现代神话不仅是由大众传媒制造的，它还是大众传媒的宠儿，因此它自然而然成为媒介文化的一个极其重要的组成部分。当罗兰·巴特在描述现代神话时，当鲍德里亚在剖析消费社会的种种神话时，我们联想到的就是媒介文化，而当批评家们分析媒介文化的个案时，其对象往往是现代神话。这种现象毫不奇怪，因为现代神话的兴起与媒介文化的发展几乎是同步的，媒介文化的灿烂斑驳本身就带有神话的成分。不能说媒介文化是为现代神话而存在，因为在其发展过程中传播技术和手段的多样化、便捷化起着决定性的作用。但是媒介文化在内在逻辑上与现代神话相差无几，它们都试图为大众炮制一个适时的、充斥着各种意义的梦幻世界。

如果我们大致认可前述英国学者尼克·史蒂文森关于媒介文化的出现从根本上改变了人们的"现代生活经验，以及社会权力的网络系统"的说法的话，那么，这改变之中首要的就是有关阅读、接受或应对现代神话的经验。作为消费社会的一员，人人都要与现代神话打交道，作为消费社会的一员，许多人还要参与制造现代神话。而正是在编制现代神话的过程中，媒介文化的种种表述方式得到了充分发展；反过来，媒介文化的丰富性和各类符号交替的庞杂性，使得现代神话更有感染力迷惑力。

如果归纳现代神话的总体特征，那么在某种意义上就是归纳媒介文化的特征，如现代神话的梦幻色彩，现代神话向当代生活开放，现代神话趋从时尚，等等，无不与媒介文化的特征一一对应。然而在这一对互动关系中，两者并不是半斤对八两，这里媒介文化更具主动性和进攻性。是媒介文化的发展使得现代神话逐渐泛化，扩散到所有的叙事对象之上。

神话本身可以看作是一种意识形态，这一意识形态反映的是早期人类对于周围世界的想象关系，因此神话凝固在历史之中，凝固在人类起源的种种假说之中，这一切使得神话成为一种特殊的言说，言说的对象是前文明时代的故事。这一特殊的言说在叙事研究领域中演变为题材，人们很容易将神话题材和现实生活的题材加以区分，这一区分自觉或不自觉地沿用了上千年，作为一种惯例，进而作为一种法则被社会所遵奉。

突然间媒介文化兴起，在短短的数十年内，迅速打破了种种叙事藩篱，将神话的言说扩展到了所有的题材领域，扩展到了消费社会所有的对象之上，即不仅从带有传奇色彩的人（即各色社会明星），扩展到形形色色的物上，还扩展到人们所关心的各类社会话题上，无论是吃的、用的、穿的或想的，只要是人们注意力凝聚之处，就有神话产生的可能。于是我们就有了足球神话和高尔夫神话，有了健康神话和"关切的神话"（鲍德里亚所言），有了汽车神话和计算机神话，当然更会有成功人士的神话，等等。只要媒介文化的触角所到，往往能点铁成金。

媒介文化点铁成金的魔幻之术不是来自某种神灵，而是来自突飞猛进的传播技术。在大众传媒的近二百年的历史过程中，只是到了最近的四五十年人们才感受到其质的飞跃，大众媒体对人的包围几乎完全合拢，所以今天的文化环境也就成了媒介文化环境，而这一改变有着文化生态学上的意义。

媒介文化的产生从根本上改变了人们的生活方式、思维方式、与周围世界打交道的方式，即人们很难做到真正自发地、不受媒介文化影响和媒体描述方式所干预地来观察和认识世界，反而是企图借助媒体之手来更加"深入"地观察社会，了解世界。甚至大自然也是媒介文化所包装的大自然，或者说是有媒介文化所诱导的观察方式下的大自然。现在即便有人想重返大自然，那也是借助于种种科技和传媒手段从外部来亲近自然界。

这里不光有一个主观意愿的问题，还有一个"文明"的问题，即人们是受什么样的文明所规训、所制约来了解和接近周围的世界？

农业文明是地方性、区域性的文明，这一文明注重的是直觉和感受，在直觉和感受的范围之外是古老的传统和习惯势力的地盘。当然，人们常常会用传统的习惯来否定自己的直觉和感受，这就是巫术、宗教和古老的思想传统等发挥自己影响力的时机。

工业文明注重的是科技，人们常常用科技的方式来检察和矫正自己的直觉和感受，在某种意义上工业和科技文明是一端，而个人的直觉和感受是相对立的另一端。理性的力量借助于科技而显得强大，但是它并不足以完全吞噬人们的直觉和感性世界。

在后工业时代,个人的直觉和感受不仅被文化工业的产品所包围,而且所谓直觉和感受本身也是文明的一个部分。因为无论在都市还是在乡村,无论在旅途还是在住地,无论在居所还是在大街上,我们都被各种媒体所包围,我们的直觉首先是对传媒世界的直觉。我们早已习惯于透过各种媒体来观察和理解世界甚至理解自身。我们甚至无法离开大众媒体,它们几乎就是社会生活的空气,远离它们就会感到窒息。媒介文化深刻地影响了我们的直观感受,我们永远失去了纯朴的、原始人般的眼光,已经无法返璞归真到混沌初开的世界。

1. 媒介文化创造人间奇观

现代人生活在媒介文化构成的空间中,媒介文化就是他们的神话世界。在这个世界中,人们和周围事物的比例关系都发生了奇异的变化,人的肉眼通过精密的摄像镜头观看对象,而摄像镜头可能被安装在飞机和卫星上。当然摄像机更可以将拍摄的和制作的混合在一起,创造出前所未有的效果。同样,人的耳朵听到的声音也是精心制作的(模拟的或由数码控制的),真实世界的声音反而成为噪音。

由此在媒介文化这个神话世界内,神话的含义首先表现为人间奇观。人间奇观不是仅仅指在太空之中遥看蓝色而又神秘的地球,或者借助火星探测器来窥测这颗有着传奇色彩的行星的庐山真面目,更多地是指在媒介文化的表述中日常事物的登场。

或许可以夸张地说,由于媒介文化的总体作用,所有的日常事物都是以不同寻常的面目在人们的目光中登场的。这里人们首先会想到的是广告媒介文化,在广告媒介文化中所有的日常事物都被笼罩在神奇的光环下,小到药丸和护肤品,大到汽车、别墅都在这一光环下变形,大小、比例、颜色、视角也有不同程度的改观,对于大众来说,这才是真正的刮目相看,因为在日常生活中人们从来没有这样来看待过它们,而且不借助现代传播技术也没有可能这样来观看。另外,随着以上的变化,眼前的对象变得那样美观、亲切、可爱,似乎其实用功能不再是主要的。这就是媒介文化所创造的人间奇观，这类人间奇观在今天是那样地普遍，以至于我们习以为常，以至于我们认为事物本来就如此，认为从古至今我们就是这么来看事物的，殊不知早已人是物非，或人非物亦非。前文所说现代神话中对物的叙事，基本上是由广告媒介文化来承担的。

自然，就创造人间奇观而言，这一特质在足球媒介文化、服饰媒介文化和影视媒介文化中更加彰明。以服饰媒介文化为例，这一媒介文化在很大程度上与广告媒介文化相重合，但是它毕竟有相当独特的一面。广告神话再高雅奇特，它最后的归宿依然无奈地落在叫卖和市场的营销策略上。而在服饰媒介文化中，特别是在T型舞台上，一切就大不同，在这里奇观就是奇观，人们创造奇观就是为了与日常生活保持距离，就是为了观看，为了满足腾飞于现实之上的心理要求。T型舞台上有奇装异服的争奇斗艳，有风格与风格的比拼，有款式与款式的较量，有梦幻与梦幻的角逐，还有个性的展示和显扬，这一切都是为人间奇观而存在的。

应该说T型舞台是颇特殊的媒体，它的功能似乎只有一种，就是传播服饰文化。它长长的走台既向人群中伸展，又因其凸显高度，而与大众拉开一定的距离。就像其所展示的服装那样，与大众保持若即若离的关系。在这一舞台上演出的是一幕又一幕自成格局的景象，它们不像戏剧舞台那样上演的是充满矛盾斗争的故事，这类故事交织的是常人的喜怒哀乐，而在T型舞台上，日常生活中戏剧化的内容退隐在一边，观众见到的是某种景观，这一景观在日常生活中往往是静态的，但是在T型舞台上却分外生动。虽然服饰是套在美丽的模特身上的，然而在这里，服饰是主角，而模特只是配角，是活动的衣架。当然这配角倒是常常僭越主角的地位而登场，这就是所谓的名模，这就是辛迪·克劳馥，这就是吉赛拉，这就是王海珍。有的观众就是为了观看名模，才争先恐后地挤在T型舞台的两侧，不过时至今日，名模依旧未能撼动服饰的主导地位，名模的搔首弄姿，名模的"杨柳小蛮腰"和她们的款款猫步依然要由它们来体现。

T型舞台尽管有完全独立的价值，但是它能与摄像机构成最完美的组合，使得服饰的每一个侧面，每一种微妙的细节展示无遗。即观众不仅能欣赏到各种款式新颖、色泽艳丽的套装，春夏秋冬的四季流行服装，情韵奇异的长短裙裾，时尚的吊带露肩衫或飞行夹克衫等，而且在镜头的逼视下还能细品衣料的质地和图纹：是棉的、麻的、丝的、毛的、化纤的，还是混纺的？是人字纹、环形纹或者是不规则纹理？当然镜头还能引导人们关注搭扣的明暗处理、腰带的特殊含义、衣纹的高低位置、口袋的隐蔽与显在，还有其他一些精心设置的"小花招"，等等，并将服饰每一个部位的突发奇想的构思和总体之间的匀称关系或剧烈的反差带来的紧张关系揭示出来。这里的关键是在日常生活中人们不可能取得这样的观看视角、背景和特殊的氛围。在这种时候往往还有音乐和灯光来帮忙，音乐的旋律和节奏有时令人迷惑其间，而冷暖灯光的投射，不同角度、不同色泽的交叉，也有至幻的魔力。尽管灯光、音乐和整体背景之间恰如其分的对应关系是逐渐建构的，但是它们往往一开始就是有效的，在奇观中的人们是放松警惕的，他们大度地接受一切新鲜的尝试，并很快就做出认同的姿态。此时人们似乎完全忘却了服饰在日常生活中的功用，他们以欣赏和观看的态度来对待眼前的景观。这是一个呈现在人为的空间之中的景观，是地地道道的人间奇观。

这奇观的各个组成部分没有叙事逻辑之间的关联，没有悬念和类似的包袱。某些搭配是偶然的，另一些组合是临时的，但是由于它们毕竟有日常生活为背景，因此它们之间就有了必然性。某些色彩明丽的衣服可以归之为春装（尽管秋季也能穿），另一些宽松飘逸的服装可以称之为休闲服（上班未必不能穿），还有一些线条简洁明朗、外观大方的服装可以命名为工作装（穿上它们休假绝对无妨）。这种划分在开始或许是勉强的，一厢情愿的，但是久而久之，在日常生活实践中取得了地位，于是就在T型舞台和相关的服饰媒体上取得了其合法性。自然有关的种种划分不是为了限制奇观，而是为了使它们显得更加辉煌，更加彻底。人间奇观不只是炫人眼目，它还应该是复杂的和完美的，并且越是复杂就越是完美，它会事无巨细地表现在每一个方面。就是说任何细琐庸常的事物都不是无可救药的，在一定的条件下，它们都会升格为人间奇观。而这所谓的一定的条件就是非同寻常的视角，超出常规的距离或节奏，奇异的拼接和组合，另外再伴之以其他辅助手段，等等，总之只要社会或市场需要，当今日新月异

观念的艺术与技术的艺术

的媒体技术似乎能创造出任何人间奇观来。

2. 梦幻中的快乐

人间奇观是由十分具体的视象来展现的，而梦幻则是虚空的，它或许由某种语境所生发，或许由某种情绪所激起，也或许是各种因素的综合集成。

当罗兰·巴特将现代神话看成是快乐神话时，或许已经认清媒介文化的享乐特质，因为媒介文化的产生是以媒体受众的娱乐需求为动力的。自然，巴特对快乐神话是持批判态度的，所以他条分缕析，对诸如"牛排和葡萄酒"神话的形成作了比较具体的描述，并最后挑明这类神话的破绽，让人们保持警惕。应该说这一警惕最初来自法兰克福学派，如霍克海默等就认为大众文化是以虚幻和假象来满足观众的欲求的，因此这一快乐是建立在人们"受到他自己本质的欺骗这一事实"之上的。

如果霍克海默等理论成立，那么受欺骗或受蒙蔽的快乐是怎样一种快乐呢？这是一种暂时的心理满足，以不知情为前提。观众一旦觉悟或知情，那么这一快乐往往会转变成痛苦或愤怒。

自从法兰克福学派指出大众文化的欺骗以来，今天的媒介文化提供的仍旧是短暂的心理满足，而大众也基本明了自己在媒介文化中获得的快乐的缘由，在这一点上，双方是共谋的，即将受蒙蔽的快乐转换成梦幻的快乐或象征性的快乐。

这里提出梦幻的快乐是相对于感官的快乐而言的，前文已经说过，媒介文化是偏重于声色犬马的文化，绚烂夺目的色彩和悦耳迷人的音乐有着强大的感官诱惑力，然而光有感官刺激而无梦幻成分，同样会对大众失去吸引力。媒介文化虽然基本上是消遣性的，但是它必须含有梦幻成分，梦幻在这里是理想的替代品，在梦幻中有着高于感官刺激的精神或心理内容。

梦幻的心理大多是补偿性心理，年幼时的理想没有实现，或青年时代的志向未酬，会留下遗憾的阴影，而这些均可在媒介文化的消费中得到补偿排遣，媒介文化是满足人们梦幻的最佳场所。人们曾经将好莱坞称作梦幻工厂,但是与媒介文化的大系统比较起来简直是小巫见大巫,因为好莱坞的梦幻(无论是爱情神话、财富神话、灰姑娘神话,还是阿甘的神话),都是被某种身份所规定,并且通过一系列的机遇和巧合达成,其中复杂的叙事机制在起作用,最终是让男主角或女主角一环扣一环地经历了预设的全过程之后,才走向辉煌。而当代的许多媒介文化则简化了这个过程,在好莱坞往往要用两个小时才达成的梦幻现在只运用一两个场景或片断的叙事就搞定,将梦幻迅速推向高潮。例如在广告媒介文化中,这一倾向发展到了极致,据说当年(1979年1月)上海电视台播出中国电视史上的第一条商业广告——"参桂补酒"广告,足足用了一分半钟的时间,而现在人们很难想象怎样来填满这漫长的90秒。在今天这样一个高速运转的社会,似乎一切都可精炼地压缩在15秒甚至短短的5秒之内,这正应了另一家酒企业的广告词:"精心锤炼的、梦幻般的王朝,酒的王朝,酒的经典……"

媒介文化的梦幻大多是心理补偿的梦幻,所以也是享乐主义的梦幻,也就是说由媒介文化所激起的梦幻,其精神力量是微薄的。在媒体所制造的大大小小的神话背后,既不是古老的宗教在起作用,也不是悠长的思想传统在发酵,它只是将关于物的占有和占有者的快乐用某种概念的外衣包装起来而已,以物的占有和物的享用所带来的心理满足来替代精神层面的追求,例如在美酒和温柔醇美的女人之间,或在靓丽的服装、化妆品与拥有者的内在的气质之间建立某种联系,将豪华住宅、海滨度假村与居住者的精明能干和事业有成画上等号,这些都是媒介文化的拿手好戏。而后者,如美丽的女性、内在气质或是事业有成等某种意义已转换为精神指针,就像一家护肤品的广告所谓"今年20,明年18",已经不是单纯地指代年龄或健康问题,而是一种虚幻的精神性满足,而这种虚幻的精神性满足由于有了物的占有或享受,似乎有了某种保障。在媒介文化中,物质从来就是精神和心理的保障,梦幻的制造者同接受者在这里达成了很好的默契,这种默契没有任何其他的依据,唯一的依据是人们都有模模糊糊的心理需要和那种能和这一心理需要建立起联系的关于物的享用。

尽管媒介文化所制造的梦幻比较浅薄,经不起推敲,但是人们还是欢迎它，大众需要梦幻，需要补偿性的心理安慰，现代社会的紧张的节律需要梦幻来调节，否则社会的正常运作就难以维持。当然，媒介文化所制造的梦幻与工业社会以前的梦幻是不同的，在媒体大众文化产生以前，人们的梦幻差异是比较大的，在内容上也相对朦胧，且个性色彩也比较强。而在媒介大众文化所制造的梦幻中，梦幻带有相当统一的色彩，梦幻的内容也比较具体，梦幻中有视觉形象和听觉形象，梦幻中还可能有具体的模式，虽然这样来看，梦幻的表象丰富了，实际上梦幻的界限受到了一定的限制，亦即在一定程度上媒介文化操纵了大众的梦幻，并规定着梦幻发展的方向。

尽管追求梦幻和追求感官刺激从表面看是相互对立的，但是在媒介文化的运作中它们往往是统一的，媒介文化制造的梦幻中内含着感官的享受，或者说暗示着感官享受的进一步满足。感官享受中也有梦幻，感官享受中的快乐有人生"幸福""美满"的含义，并且暗示着人生的成功和自我价值的实现。总之，当梦幻和感官享乐在媒介文化的运作中获得了相互转换的自由，当物质的力量和精神性代码能够如此结合，虚构出美丽的世界，其他的一切似乎都无足轻重。媒介文化本身就是当代社会的巨大神话，而不是罗兰·巴特所指认的，由大众传媒所一个一个制造的，具体的现代神话。

（载《新亚论丛》2003年第1期）

多媒介的当代艺术与阐释性批评
——兼论当代艺术评价体系

网络曾有传言,说王小丫的国画习作拍得4800万,叫人将信将疑,说与几位朋友听,他们也是目瞪口呆,但是居然没有人敢肯定这是讹传。不必说"将疑"之点,声名卓著的国画大师中有几个人的画作能拍到4800万?张大千、齐白石、徐悲鸿等,也不过在近几年间才攀上千万元的价码。单说"将信"的部分:信的当然不是王小丫的画技,信的也不是王小丫的名气(她的名气是在电视主持领域中确立的),信的是金钱的力量和金钱的嚣张,在今天人们充分领教了金钱呼风唤雨的能量,对于它的到处兴风作浪,可谓司空见惯,难不成它选中王小丫的画作,又有什么出其不意的诡异动作?

当然后来事情表明,这只不过又是一条赚取眼球的假新闻。但是,这类假新闻的出笼和流传,自有其背后的道理,这讹传多少是一种预告,似乎预告着艺术自律的时代的终结。

笔者曾在一文中论及,大众文化是他律的文化,即当代大众文化既不是在传统的精英文化的基础之上,也不是在通俗文化的基础上生长的,而是在高科技、电子媒体、商业运作及社会情景的互动过程中应运而生的。[①]同样,当代中国艺术也是他律的艺术,它不是在阿多诺等十分强调的"艺术自律"的氛围中演化或蜕变而来,而是在房地产业和金融业的突起和令

[①] 见拙作《大众文化的多重性》,载《探索与争鸣》,2010年第10期。

人目眩的商业化运作中迅速膨胀。这里不涉及当代艺术家个人的修养和艺术水准，也不讨论当代艺术可以不可以或应该不应该委身于某些暴利产业和当今的暴发户，只是想探析当代艺术评价机制的某些成因和背景。

中国新一代艺术家在20世纪90年代中期还是聚集在都市边缘的画家村里身无分文的寻梦人，尽管他们十分努力。但是短短10年工夫，其中不少人靠着同样的努力（有的将精力依旧放在作品上，有的则放在运作和经营上），已成为大富翁，而这10年工夫，正是房地产业和金融业飞黄腾达的时期，这不仅仅是某种巧合，应该说正是后者的发达提供了当代艺术生长的肥沃土壤。特别是房地产商，他们就是当今时代的超人，生生地在神州大地造起了成百上千座水泥森林。他们想拆就拆，想建就建，劈山填水，摧枯拉朽，楼想几多层就几多层，价想拉几多高就几多高，地心引力对他们几乎不起作用。几十年前的"大跃进"民歌，有对工人阶级伟大力量的形容："叫高山低头，河水让路""喝令三山五岳开道，我来了！"，这些浪漫主义的颂词，今天正可以现实主义地移用到房地产商头上，十分贴切。

现在他们觑中了当代艺术，正所谓风云际会，当然更有内在的理由：一、当代艺术的起点低，有很大的发展空间；二、房地产业给当代艺术以展示的空间；三、最关键的是，有多大的发展空间就有多大的利润空间。

指出当代艺术和房地产业的同存共荣关系，并不含有褒贬的意味。作为商品的艺术作品，从来就和市场及利润有着密切的关系，当然就和有钱人，如企业家、金融家等（有品位的或无品位的）有着密切关系，特别是价值连城的艺术品，某种意义上就是金融的衍生品。

不过，今天的情形还是与以往有所区别。以往艺术品价位的高低虽然由市场来决定，但是背后有着一套复杂的机制在起作用，并非像股票那样可以由某些投资集团联手随意拉高或压低。这里涉及近几百年来发展起来的艺术自律的观念和力量，如精湛的艺术品的"灵韵"，独特的艺术价值……这些在漫长的历史过程中形成的传统和力量及由此建立起来的艺术评价体系，渗透到艺术市场中，左右着艺术品的价位，有时还掩盖了影响艺术品价位的其他的因素，掩盖实际上是一种平衡，平衡着金钱、权力、情感、经验、个人偏好和艺术规范等诸方面，看起来像是作品的艺术价值决定着它的市场价位。这也是艺术自律能够确立,并与资产阶级文明一同发展的缘由。①

然而,当代艺术的迅猛突起,作为一种异己的力量,打破了原有的平衡,使之容易向现实情景倾斜,向金钱和权力方面倾斜。

说当代艺术是一股异己的力量并不是指艺术家而言的——艺术家们更愿意在艺术自律的氛围中生活,因为只有这样,他们才更有话语权和自主性,这里所说异己力量是指当代艺术领域的涉及面、广泛性和媒介的多元性而言的,这种领域的广泛性和媒介多元性,使得原有的艺术规范无所适从,艺术的评价体系难以建立和统一,所以那些被掩盖和平衡的力量,如金钱和权力等就显露出来了,这情形有点像某些影视作品的操作模式,投资人要求导演必须用自己指定的人选当主角。这种局面在20年前是难以设想的,或者是被掩盖的较为严密,不那么赤裸裸,大致维持着艺术尊严的面纱。

当代艺术是一个多媒体的复合品,内容极为庞杂,装置、行为、摄像、雕塑、建筑、观念、景观等等无所不包,虽然从理论上讲,当代艺术不排斥传统的架上画,但是,传统的架上画在许多当代艺术展中不仅没有独尊的地位,有时还被挤到边缘,甚至往往被挤没了踪影。架上画地位的变化,其原因是多方面的,不过说到"艺术自律",还得从传统的经典艺术作品说起,因为艺术的内在规律,就是在这类传统和经典作品中演绎出来的,并且是在几百年甚至更长的时间中逐步建立起来的。例如在西洋画中,今天习以为常的透视法则,也是经过几代画家的努力,才逐步确立的。按照流行的看法,"透视法的发明是在15世纪初,大概1415年到1450年之间,地点是佛罗伦萨"。法国艺术史家阿拉斯在认可这一看法的前提下,引用了另一位前辈研究者的说法,认为首先使用纯粹的"中央单焦透

---

①这里我们可以看看哈贝马斯的权威说法:"自律的艺术只是随着资产阶级社会的发展而得到确立,经济、政治的制度与文化制度分离,以及为公平交换的基本意识形态所破坏了的传统主义世界图景使艺术从对它们的仪式化的使用中解放出来。"转自[德]比格尔:《先锋派理论》,第90页,高建平译,商务印书馆。

视法"绘制的作品是安布罗焦洛伦泽蒂在1344年创作的《天神报喜》。①这样算来,也有百把年的光景了。

当然,这类探索艺术表现新路径的例子,在艺术史上比比皆是,且越到晚近就越频繁:印象主义、象征主义、立体主义、超现实主义等等几乎是接踵而至,有些还是互相交叉的。如果说这些主义有什么共同点的话,那就是独出心裁。如果一个艺术家绘画不仅仅是为稻粱谋,而是试图解决艺术表达中的难题,且有余力独出心裁,那么他就已经踏上了艺术自律的路途。

再细分一些,印象主义和后来的象征主义、立体主义、超现实主义出发点是不同的。印象主义的探索还在自然主义和写实主义的范畴中,只不过印象派反感某种"公共"的写实套路,认为真正的写实是源于个人的观察。用印象派批评家的话来说,画家们是"给自己再造了一双自然的眼睛,自然地观看,并且仅仅照着他所看到的作画"。②

印象派画家的努力还只是将"客观主观化",而象征主义等后来者就走得更远,他们不是以再现自然为结果,而是以自然为出发点,向更高的目标迈进。高更的说法具有代表性:"不要过分地模仿自然,艺术是一种抽象;在自然的面前做梦的同时,从自然中得出这种抽象,多想想能有结果的创造,而不是自然。"③因此巴黎的一位诗人由此总结道:"我们的艺术的基本目标是将主观客观化。"④将"主观客观化"就是企求在画布上创造一个带有自己印记的新世界。难怪贡布里奇在其《艺术的故事·导言》中这样开篇:"实际上没有艺术这种东西,只有艺术家而已。"⑤有了艺术家就必然有艺术。艺术家的主观意念、感受、灵感等等就是艺术存在和艺术真谛,至此艺术自律精神浸透到现代主义艺术运动的骨髓。

有关艺术自律的学理性阐释,相关的介绍和讨论文章已经很多,不复赘述,不过这里还须简要点到,即:艺术自律是指艺术从其他实用功能中

---

① [法]阿拉斯:《绘画史事》,第40页,孙凯译,北京大学出版社,2007年7月版。
② [美]罗伯特·威廉姆斯:《艺术理论》,第139页,许春阳等译,北京大学出版社,2009年10月。
③ 同上,第152页。
④ 同上,第148页。
⑤ [英]贡布里奇:《艺术的故事》,第15页,范景中译,生活·读书·新知三联书店,1999年11月。

解放出来，为其自身谋发展而言的。参考阿多诺、哈贝马斯或比格尔等学人的界定，人们大致能获得基本要义。阿多诺认为，自律的艺术是一种自为的存在，它与日常经验保持着一定的距离，"正由于艺术作品脱离了经验现实，从而能成为一种高级的存在，并可依自身的需要来调整其总体与部分之间的关系"。自律的艺术还可以向人们提供其在外部世界中得不到的东西。而在此过程中，"艺术作品摒弃了压抑性的、外在经验的体察世界的模式"。[1]不过，阿多诺还特别强调："艺术将自身从早期祭礼功能及其派生物中解脱出来后所获得的自律性，取决于富有人道的思想……"[2]亦即，艺术的自律性程度与艺术家的人性的自由相关。哈贝马斯则用更加简明的语言来表述这一观念：艺术自律就是"艺术作品针对它们用于艺术之外的要求而保持独立性"。[3]比格尔对艺术自律的看法由作品层面上升到与社会整体保持相对距离的某种艺术体制，他的阐述有其新意："我感到有必要在艺术作为一个体制（它按照自律的原理在起作用）与单个作品的内容之间做出区分，只有这种区分才能够使我们理解，在资产阶级社会中（包括资产阶级在像法国大革命那样取得政治权力之前），艺术占有一个特殊的地位，用最简单的话说，这就是自律。"[4]

当艺术从仪式和宗教的辅助功能中独立出来，从政治的歌功颂德的枷锁中解脱出来之时，从理论上说，艺术自律的历程就开始了。但是实际上，还需要等待某种思想和理论的产生，才能成为一种自觉的行为，如康德和席勒等的无功利的美学思想的阐发，从戈蒂耶、佩特到王尔德等"为艺术而艺术"观念的提出，唯美主义思潮的崛起和畅行，等等，只有到了这一步，人们才能收获艺术自律的成果。

不过，光有理论和观念还比较浮泛，在具体的批评和鉴赏过程中，则有一整套艺术评价机制和评价体系在发挥作用，这一评价体系虽然和系统

---

[1] [德]阿多诺：《美学理论》，第7页，王柯平译，四川人民出版社，1998年10月。
[2] 同上，第2页。
[3] 转自《先锋派理论》，第198页，商务印书馆。
[4] 同上，第90页。

的理论阐述互为表里，实际上在进入具体的艺术领域和艺术作品时，那细微品评就和理论形态保持着一定的距离，且常常不能对应。而更具体的评判准则是在艺术圈内的某种规范、鉴赏经验、权威说法和时代潮流等氛围中产生的。即作品的水准和艺术价值往往是由艺术家、批评家、鉴赏家和艺术收藏人等共同认可的，艺术评价机制或艺术评价体系就是在这样一个互动的过程中逐步建立起来的。

这里可以见出艺术评价体系，不仅是一个理论层面、认识层面、判断层面的，还有具体操作层面的问题，即评价体系是在艺术圈内部建立起来，然后再推向社会的。因为艺术家、批评家、鉴赏人和画廊、博物馆已经结成了某种同盟，在这一同盟内，惯例、经验和圈内的风尚在发挥作用。说到底，艺术作品的命运大都为艺术圈内的各种因素所左右，而不是由理论上的艺术规律来掌控。这似乎就是"艺术自律"的真正精义，亦即，评价一部艺术作品水准的高低，是艺术界内部的事情，内行有决定权，"外行不能领导内行"。当然，"决定"这个词不能被误解为判决，一旦宣示，无可更改。艺术的风向和潮流不断地冲刷着旧有的堤防，改变着艺术河道的走向，没有什么决定是永恒不变的。

自然，作为商品的艺术作品还要接受另一种评判，即市场的评判，市场将自己的评判毫不含糊地写在艺术品的价位上。不过艺术品在市场上的价位走势虽然千变万化，但是基本上和艺术评价体系相挂钩，大艺术家和一般艺术家之间，一流艺术家和二流艺术家之间，其市场价位上的差异，总体上是艺术圈内评价高低的反映。

艺术评价机制或评价体系虽然是艺术家、批评家和收藏人（博物馆）等几个方面共同协调（现在流行"博弈"这个说法）的产物，然而在艺术自律的语境下，艺术家，特别是大艺术家有着主导权，这就是为什么艺术大师不在乎外界的评价，我行我素。无论是一心一意要将对象压缩或并置在二维平面中的立体派画家塞尚、勃拉克，还是在清醒的状态中试图画出梦境和潜意识的达利，其自信和执着既来自对艺术的信仰，即相信是真金总会发光，也来自艺术界和社会对其的百般宠爱，艺术评价体系的标准似乎只是对他们创作的补充说明。有时艺术家几乎就是上帝和造物主，他们造出了世界，还连带着设定了评判这一切的标准。

在当代艺术领域中，情形发生了根本的变化，艺术家的上帝地位摇摇欲坠，艺术评价机制在向批评家、收藏人、策展人倾斜（当代艺术活动中无所不在的策展人，似乎是批评家和市场的综合代言人，应该单独讨论）。这一切都来得太突然，让人猝不及防。特别是在中国，装置、行为、摄像、雕塑、建筑、观念、景观艺术等，仿佛一夜之间到来。通往艺术殿堂的路径是如此众多，让艺术的朝圣者如坠五里雾中，一种媒介就是一种路径，一种新媒介就是一条新的艺术道路。条条大路通罗马，不仅道路不计其数，罗马的范围也在无限地扩大。

当代艺术生产的规模迅速膨胀，使得原有艺术规范和艺术评价机制无法消化。正如法国著名艺术史家阿拉斯所言："形形式式的艺术实践、艺术载体都错综复杂地搅在一起，而且因为'美术'体系正在不可避免地日渐脆弱，其结果就是绘画正在失去往日的权威。……今天在法国，绘画已经不吃香了。在别的地方，绘画有的还很吃香，有的继续吃香或重新开始吃香……不过，绘画再也不是从前意义上的最伟大的艺术了。"[1]

显然，随着架上画地位的衰落，艺术自律的氛围被打破，面对当代艺术，面对艺术媒介的多样性，早先的评价标准无所适从，出现了艺术批评的真空，需要马上来填补。当代艺术不是传统意义上的艺术，原本，艺术含有技巧和手法的意思，讲究活儿细。掌握这些技巧和手法不是一朝一夕的事情，需要若干年的培训，再加若干年的闭门苦修，才能进入艺术的门槛。而"炉火纯青"似乎是专门用来形容这类情形的。然而，在当代艺术中，技巧和手法被忽略，表现技巧表现手法的难点被转移了。在当代艺术中，创意更加重要。所谓创意，既包括构思、意念和想象力，也包括多种媒介的使用和拼贴，各种媒介方式的大胆融合等方面，这既使得艺术的疆域得到新的拓展，也使对其作出准确的评价和判断进入困境。

当代艺术的领域如此宽广，无法找到衡量艺术品质高低的万能标尺，

---

[1] [法]阿拉斯：《绘画史事》，第218页，孙凯译，北京大学出版社，2007年。

也没有上帝一般的艺术大师（如毕加索、达利等）指点和定夺。故此，当代艺术批评开辟了一条新的、阐释性批评的道路。鉴赏性判断、价值判断需要相对统一和稳定一些的标准，阐释性批评则不必，阐释性批评没有标尺，或者说另有标尺。阐释批评有自己的广阔的天地。阐释性批评遵循的是充足理由律，而不是排中律。

与此相应，新型的阐释型批评家取代了资深的鉴赏家，新型批评家比经验型鉴赏家更适合应付当代艺术。这类批评家须谙熟多种阐释话语，通晓各种意识形态理论和分析技巧，他们可以在任何一件当代艺术作品中发现艺术学、文化学、社会学、心理学、精神分析学、政治学、经济学、媒介学的相关话题。媒介手段的多样性决定了阐释的多样性和批评话语的多样性。

一切都来得太快，金钱的速度更快。阐释型批评家还有历史的包袱，知识的积累和储备。金钱没有历史，只有现实。当现实需要一个当代艺术的评价机制时，金钱就来模拟这样一个机制。这个评价机制中的每一个方面如策展人、艺术家、评论家、画廊和博物馆都不能少，只是"艺术至上"的法则在渐渐隐退。当代艺术的展示和运作有点像资本在选股，在众多的对象中遴选黑马，在黑马中期待更有潜力和后劲的超级黑马。这里，背后发动的力量来自资本，来自金融，（在中国）来自在这个节骨眼上正巧赚得钵满盆满的房地产商和金融运作的高手，也来自因汇率一比八、一比十所吸引的西方艺术投资人（从时间上说，他们是捷足先登者，他们是以原始股的低价，进入中国当代艺术市场的）。

所以像前面提及的阿拉斯这样声望卓著的艺术史家，对古典艺术如数家珍的评论家，会被一再邀请，就他不怎么熟悉的当代艺术发表意见。因为在当代艺术评价体系中，像他或他这样有资历和清誉的批评家是一个重要的标记、一个符号。也因此，这位有良知的学者型批评家要诚恳地一再反思："我总想，为什么大家要找一位专攻15世纪的历史学家来写当代艺术呢？在接受之前，我总会判断一下：这会不会是个'托儿'呢？古典文化史学家习惯了'high art'（即'高雅艺术'），不会成为文化的托儿吧？——也就是说，在历史的科学构建中为'当代艺术'估价，使其扬名,目的却是'促销'当代艺术家。"[1]或许相对于背后的商业运作,仓促搭建的当代艺术评价体系,整个全是"托儿",这不在于批评家本人的诚恳和学识,而在于当代艺术的评价体系所发挥的功能和其背后的动因。正是在这个意义上,可以说当代艺术是他律的艺术。

也许,从来就没有真正自律的艺术,他律和自律是在一个有限的范围内相对而言,当许多因素被掩盖时,人们有了艺术自律的错觉,而当这些掩盖物被挪开时,错觉也就弥散而逝。掩盖物不仅仅是指思想认识和某些固有的观念,也有媒介的因素在其间。当代艺术由于在多媒介环境中蓬勃兴起,没有一种理论可以涵盖或包容。故当代艺术不仅对阿拉斯等古典艺术史家,对谁而言都是新课题。

这一新课题有两大难点:首先因为当代艺术没有确定的边界,"很难定义";另外"当代艺术本身已与古典理论决裂了",[2]在理论批评上必须另起炉灶。这两大难点其实都和当代艺术的媒介多样性相关。这里,媒介既指材料的多样性,也指路径的广阔性。当代艺术从架上画、从画布上走出来,就无所约束,什么材料都可以试试。刚开始,某些中国艺术家也还有所顾忌,尽量和国际接轨,人家用现成品我们也用现成品,人家用拼贴我们也用拼贴,人家用易拉罐我们也用易拉罐,人家用胶片我们也用胶片,甚至人家用尸体我们也用尸体。然而,再向前行,就百无禁忌。某种魔咒一旦打破,就没有什么可以阻挡艺术家的勇敢的步伐。一种媒介即一条路径,材料的多样性意味着题材的多样性,路径的广阔性,即表明艺术征途有无限多的可能性,可能性转化为现实性只需要勇气和持久的耐力,艺术家个个能练成点铁成金的好身手。

一位当代著名艺术家说过,"艺术是可以乱搞的",但是这里还需要加一个条件,批评也是可以乱搞的。批评承担着给乱搞的当代艺术寻找合法性的依据。这也决定了当代艺术的理论必定与当代艺术同步产生,当代艺术造成的困惑必须由当代批评来解答,故当代艺术和批评是孪生兄弟。

---

[1] [法]阿拉斯:《绘画史事》,第220页,孙凯译,北京大学出版社,2007年。
[2] 同上,第221页。

观念的艺术与技术的艺术

它们又都是开放领域，什么都可以容纳。由于在当代艺术中打破了艺术和现成品的界限，艺术品和非艺术品的分界模糊，夸张一点说，是否成为艺术品的决定因素是进入还是没进入展馆，进入展馆的就是艺术，展馆或场域就是一种路径，一种特殊的媒介。

当代艺术评价体系中，既要有新型的阐释批评，为其寻找合法性根据，又要有老牌的艺术史家（他们可在艺术自律的语境中为当代艺术作品定位），并找出历史根据，还要有大众媒体上的狂热宣传，以博取社会影响。在这三种力量中，阐释性批评举足轻重，因为该批评承担着为形形色色的当代艺术作品寻找合法性或合理性的任务，似每一部作品，每一种涂鸦都有社会情境的必然性、媒介技术的偏向性、艺术家个体心理的独特性，有时还需要为其构造特殊的谱系，以证明其历史渊源。

在一般的情形下（我们只能假设有某种自然状态），三股力量的合成需要一个相当的时段，且后置于艺术作品。然而今天，在商业和营销的强大动力作用下，艺术评价机制的各个方面往往先于艺术作品而合成，有时艺术作品还在襁褓之中，评价体系已经操作完备，且先声夺人。因为只要有了相应的阐释性批评，什么样的艺术作品均有其存在的价值和合理性。在当代艺术活动中，无论是在两头猪身上写字，还是在人体上捆绳索，无论是在交通繁忙的大街上砸玻璃镜子，还是给穷乡僻壤的山石涂油彩，无论是以破棉絮旧报纸作材料，还是以易拉罐赛璐璐充作品，都不能难倒阐释型批评家，正应合了那句名言，凡存在的就是合理的。阐释不仅仅是对作品的意义进行阐释，还能对其无意义作出合理的解释。且阐释不仅面向作品，还可面向艺术家，面向社会环境。因为阐释批评的目的不是为了达成某种规范和统一，而是为了使批评更加丰富，更有内涵和包容性。

当然，阐释批评首先是面向文本的阐释，解读其中的含义，但是文本的意义不是自足的，不是自身的产物，它往往是在与其他同类文本的比较中产生的。当代艺术的文本由于乖离传统和规范，它的参照系不完全是在传统的文本之中，或者说基本不在其中。因此，阐释批评必须为作品建构语境，甚至单独打造谱系。由于当代艺术是向生活开放的，进入艺术作品的路径是多向度的，它的文本参照系几乎无所不包，也给批评家提供了无限发挥的空间。如果说艺术作品是创造了一个不同于现实的新世界,那么阐释批评在于找到最佳的切入角度和路径,或者说创造出这样一条阐释路径来。当年福柯在其《词与物》中对委拉斯凯兹的《宫娥》所作的上万字的阐释,就是这样一种路径,福柯只是以《宫娥》为起点,他所走向的终点是解构,即解构"词与物"之间牢固的再现关系。受其影响,之后三十多年来,据说"难以计数的学者相继投入到对该作品的阐释中去",使得这幅17世纪的名画在20世纪中叶后大放异彩。[①]但是每位阐释者的终点是不同的,各有去处。一幅有"定评"的古典画尚且如此众说纷纭,遑论当代艺术作品,其中包含着多少机会啊!

当然阐释的机会也是金钱运作的机会,金钱也是一种阐释,物质力量的阐释,在传统和规范越薄弱的场所,它越容易发挥作用。

尽管当代艺术家们的主观愿望是在其创造中追求独特的艺术价值,但是这种独特性在没有经过时间的检验之前,先要受到金钱的检验。所以模拟的艺术评价体系就大胆发挥其造势功能,有时似乎作品的生命力取决于造势的持久性。应该说,当阐释批评本身成为当代艺术的先决条件和组成部分时,所有跟艺术创造相关的条件都相应发生了变化,而其中最值得警惕的变化是金钱的介入,它既改变了艺术作品的命运,也左右了批评的方向。

(载《文艺研究》2010年第12期)

---

① [法]达尼埃尔·阿拉斯:《我们什么也没看见》,第130页,何蒨译,北京大学出版社,2007年6月。

媒介批评的功能和范畴

提出媒介批评的概念是因为当代文化环境发生了巨大的变化，具体的批评对象也有了更多的门类和细分。今天我们面对大众文化的强势崛起，必须作出应有的反应和判断，这种反应和判断本身就是当代文化，而媒介批评是其核心部分，因为它充分体现了文化的自省能力。

尽管许多批评家试图打破批评的细分，不断努力返回到整体直观和感悟的状态中，以求圆满地把握作品和各类文化现象，但是理性认识的脚步却一往无前，理性巨大的、尖锐的切割力量和制造概念、创造范畴的智慧总是将人们推向直觉创造的彼岸，将批判的对象切割成观念的碎片。然而人们不必担心就此远离直观把握能力，只有观念的介入和积累，人类整体的直觉能力才有所演进，媒介批评在某种意义上就是这一能力的体现。

大众文化的兴盛有许多因素，有市场经济的因素、有消费主义思潮的因素、有即时的社会氛围原因，而其中最主要的一个因素是电子媒介技术的迅猛发展，与此相关联产生了许多新兴媒体和文化形态，这些媒体和文化形态构成了当今文化生活的最鲜活的部分。因此关注当代文化必然同时关注媒介和文化形态之间的复杂关系。如果说以往的文艺批评是和印刷文本，如小说、诗歌、戏剧等相联系，那么今天的媒介批评则是与电子媒体的兴起以及大众文化相联系。媒介批评更多地关注大众文化和新兴的媒体形态，以区别学院批评对精英文化和经典文本的具体入微的细读式解析。当然媒介批评并非横空出世，它也从传统批评和学院批评中吸收养分，媒介批评和以往批评的共同点都是运用理论模式并通过具体阐释、说理和比较的方法来解析各类文艺作品和文化现象，并将批评的洞见放在一个相对坚实的基础上。

一

追溯媒介批评的思想谱系并不遥远，加拿大学者伊尼斯和麦克卢汉是媒介理论的创始人（也有人上溯到芒福德）。在他们的理论中既有细密的解析，更有直观的洞见，麦克卢汉本人就曾经是新批评的实践者，当他转向媒介研究时，往往以格言和令人眼花缭乱的比喻来著述，因此有人批评他是"高级祭师""江湖术士"，而他本人则希望自己作一个重新组合后的"部落人"，以超越线性的和机械的方式思维。他在给伊尼斯的《传播的偏向》作序时说道，伊尼斯的研究是从"观点"出发的方法转到"界面"的方法，以生成洞见。[①]这里所说的"界面"就是指整体的直观把握，这也可以看作是媒介批评的一个传统。较近的榜样是美国已故学者波兹曼，我将他的《娱乐至死》看成是比较地道的媒介批评范本。他花较多的篇幅，讨论了媒介和真理的关系，强调认识论语境中的真理是一种"文化偏见"，真理不是超文本、超时空，放之四海而皆准的永恒性存在，真理的建构和媒介形态的变迁有着互为因果的紧密关系。基于这一立场，在这本20世纪80年代中期写就的著述中，他以揶揄的口吻把电视称之为"元媒介"就顺理成章了。书中有关电视媒介导致了政治、宗教、新闻、教育的娱乐化的论述，绵密坚实，使人叹服。

相当长的一段时期以来，人们心目中的文化是观念形态的文化，这观念形态的文化似乎与媒介无关，它与具体的媒介手段的联系是内容与形式的联系，是内容寻找适合自己的外衣。当年福斯特在《小说面面观》中讨论故事和情节的区别时认为，故事与情节不同，它是高于具体的表现形式的，同一个故事可以写成小说，也可以改编成戏剧、电影、歌剧甚至芭蕾

---

① 伊尼斯：《传播的偏向》，第2页，中国人民大学出版社，2003年6月。

舞等等。今天从媒介批评的立场来看，或许并不存在这样一个故事。这高度抽象意义上的故事其实是以语言文本为前提的。特别是有了伊尼斯和麦克卢汉，人们再也无法将两者简单地作内容和形式的划分。媒介与文化是不可分的，没有无媒介的文化，媒介是文化的一个组成部分，是某种文化形态最重要的部分和标记。媒介批评就是要在现象的解析中揭示出媒介的作用，就像伊尼斯当年敏锐地察觉到历史演进中口头媒介和文字媒介各自可能产生的偏向。

媒介不是只有大众媒介，如报刊、杂志、广播电视、网络等等，还包括我们常说的路径，路径有时是惯例，有时是偶然的机遇，有时就是某种体制。例如当代的大学体制是最容易产生文本细读和文本批评的温润的土壤。图书馆和资料档案的充实，为莘莘学子作文本批评准备了极其充分的条件，他们足不出户即可饱览群书，汗牛充栋的文本是他们批评的固定的靶子，由学院传统培育的精湛的文本解析技巧在这里大有用武之地，当然条件是靶子不能随便移动。

另外，某种政策导向也是一种路径，也能看成是媒介，如"五个一"工程，会催生专为获"五个一"奖而制作的文艺作品。因此，媒介批评的对象显然要比学院批评复杂得多，因为面对当下的文化，它的标靶是移动的和多变的，没有固定的文本界限。

二

媒介批评的功能起码包含两个方面：一是揭示某一大众文化现象的成因和路径；二是拓展"趣味"的范围，以净化文化大环境。

与大众文化相比，精英文化虽然相对高深，但它的传播依靠传统和规训，来龙去脉清晰，对精英文化的批评也有较规范的途径。大众文化尽管通俗，但是它的成因和背景却相当复杂，传播路径也五花八门，对它的批评没有惯例可循。这是媒介批评的难题，它必须时时面对"未完成"的当下文化，并作出令人信服的阐释。

大众文化有各种成分在，其中有欲望的表达，情感的宣泄，有文化习俗的惯性，更有利润作为直接动力。大众文化在表达上也比较张扬，不像精英文化那般含蓄和隐蔽，没有精英文化几百年来修炼成的曲径通幽的功夫，因此就有所谓的"恶俗"的内容。对于这些内容，我们的一些管理部门，有时会以行政干预的方式加以禁止。这种"堵"的方法不是理想的方法，有时还显得十分荒诞，如规定节目主持人不得在节目中表达私人情感、好恶等等，有时，这既无法区分也难以实际操作。

　　媒介批评就是以疏导的方式来揭示内容的种种构成，它不仅要分析文本，更应该对某一文化现象的传播和流行作出合理的阐释。即如"超女现象"，它的火爆，除了青年人的群体心理，80后一代人的社会参与方式，超女策划者的造势策略，文化工业的巨大能量，等等，还应该看到三大电子媒体的联袂出击，即电视、手机和网络所造成的文化共振。特别是手机和网络的出现，使得即时的互动成为可能。说得绝对一些，"超女现象"就是电子文化现象，没有手机和网络就没有所谓的"超女"。与此相感应的是新一代的"电视人"和"容器人"，没有他们也同样没有"超女"。至于报纸和杂志的加盟，则是扩大了文化共振的范围，将一批中老年观众裹挟到其中，这里又涉及当今的文化生态。电子化的流行文化在突破年龄和身份的界限上有特殊的功效，这类文化生态现象是电子媒体时代所特有的，在批评过程中必须作审慎的研究。早在20世纪70年代，尼尔·波兹曼就于纽约大学设立了"媒介生态"系，体现了他作为优秀的学者、教授和批评家对当代文化的洞见和所作出的即时反应。

　　站在精英文化立场，大众文化在趣味上是很成问题的。阿多诺是个最典型的例子，他不仅批判资本主义文化工业对大众的操纵和欺骗，也反感流行音乐，认为流行音乐的泛滥不仅导致艺术的标准化和伪个性化，而且还会引起受众心神涣散并导致听觉退化。阿多诺对古典音乐如数家珍，古典音乐的法则已经内化为一种圭臬，他也必然以此来对爵士乐和摇滚乐等下判断。

　　批评免不了就要下判断，判断关涉趣味，按当年俄罗斯一干诗人或批评家的说法，批评就是要"传播高尚的趣味"。但是今天说到趣味，无论如何不能仅仅把它当成一个美学范畴来对待,这样太过狭隘。以往人们将此与个人的文学或艺术修养和相关的心理能力联系在一起,认为趣味是指一种把握美的对象的能力,如:博克认为趣味涉及处理、合宜、一致的问题,在那里是理解力在起作用;杰拉德把趣味看成是"新奇、崇高、模仿、美、和谐、机趣和揶揄、德行等简单审美感的合并";康德则相信趣味是感性和理性诸种心理功能的协同性产物;英国批评家休谟对此问题作了专门的论述,其对趣味的要求也最为苛刻,在《论趣味的标准》一文中,他认为真正完善的趣味应该包括丰富的想象力、高超卓越的智力、渊博的学识和专门的训练等等。[1]

然而,在一个文化多元、媒体多元的环境中,趣味的形成不再只是个体内部的事情,所谓完善的心理能力和审美能力的提高也不是独自修炼的过程,它同时涉及社会、心理、经济、媒介环境等方方面面的问题。大众不只是人群规模的扩大,大众文化的概念也不再是传统社会中的通俗文化,更不是以上两者的相加和组合,它是现代文化工业和电子媒体的产儿,它构成了人们所处的媒介环境,对于复杂的媒介环境和相关因素的洞悉,其实也是一种趣味。趣味不是只能面向过去,不只是眼睛和耳朵规训的结果,也面向当下和未来,在参与和游戏中保有一份理智的判断。如此则媒介批评扩大了趣味范围,即便大众文化是浅薄的和低俗的,媒介批评也要对其作出合乎实际的诊断而不是简单拒斥。

打一个比方,媒介批评或大众文化批评就是要对当代文化作即时的精神分析,以缓解和消除社会心理的焦虑和狂躁,净化文化的大环境。

三

当代大众文化不是传统文化在新世纪的延伸,也不是相对于精英文化,取代了通俗文化的地位,它是现代文化工业和新兴电子媒介技术的产

---

[1] 以上均参见[美]韦勒克:《近代文学批评史》第一卷,杨岂深、杨自伍译,上海译文出版社,1987年。

儿。故媒介批评的范畴就不能局限在美学的和文艺批评之中，也不能用日常生活的审美化来概括，它必须从当下的文化现状出发，建立起相应的批评模式和范畴。亦即必须突破文本所设立的边界，揭示其背后的诸多动因。许多文化现象的产生不能从该现象本身得到阐释，各类现象之间是一种连锁关系，文艺创作的内部规律和外部规律的界限不仅是相对的，也是脆弱的。

　　当然，媒介批评并不排斥其他的批评立场和批评模式，如历史的和社会学的批评、美学的批评，再或者结构主义的批评，尽管可以发现以上各类批评与特定的媒介（人群）变迁之间的关系。文化现象的复杂性必然带来批评的复杂性，媒介批评不是仅仅只采用一种立场一种模式，以此来简化以往的各种文化解析，而是使得我们的批评手段更加丰富。关键是当我们把大众文化作为批评对象时，一定要联系具体的媒介技术和整体的社会环境，除了运用传统的批评范畴，还要从更广更宽的视野出发来揭示和评价各种文艺现象和文化现象。而媒介批评的任务就是开辟新的批评范畴，并应该意识到即便是"趣味"或"格调"等等概念也远远超出了美学的范畴。这一点在当代艺术中表现得尤其突出。

　　由于大量资金的渗透，市场机制的运作，当代艺术是大众文化的另一副面孔，这副面孔基本上是由新的媒介手段铸就，无论是绘画、影像、音响、装置还是行为艺术，艺术家大都在技术手段和材质上下工夫，简直做到了百无禁忌，无论水泥、钢铁、罐头、牙膏皮，还是杂物、废品、垃圾，在当代艺术展厅（往往是老厂房旧仓库）中都是司空见惯的。几乎没有什么材质是不能进入艺术品的，然而你独独看不到精湛的绘画技法。对于晚近的一些艺术家来说，传统的技能技法难以满足他们的表达欲望，似乎这类技巧技法越是娴熟越是精湛就越有一种压迫感，也就越难以滋生新感觉和新观念，新感受和新观念必须寻找新的媒介和材质来表现和担当。当然，这里也有路径的难易问题，媒介技术的丰富性和差异性，超出了传统艺术手法的差异性，因此，以各种新媒介手段来打开感受空间和观念空间也相对可行一些。如果说传统印刷术和架上画因其长久不变的形态使人遗忘了其内容之外的存在，从而使得技术成为"无形的形而上学"，那么，今天推陈出新的种种媒介手段和电子技术方式则时时在提醒当代的艺术家必须重视新媒介技术所带来的馈赠。也许当代艺术的使命就是不断地寻找新媒介、拓展新领域，不管其最终会带来什么，总会有所收获。技术背后必然会有形而上学，无形的或有形的。

　　文学是平面的，印刷文本是平面的，传统艺术的架上画是平面的，批评相应是平面的，一切均圆满。但是当电子传媒和各种新媒介技术大规模介入，情形就改变了。当下的许多文化行为是立体的，甚至包括文学作品的出版（起码《哈里·波特》的出版是一个案例，人民文学出版社出版该书时，还配送哈里·波特玩具，当年王蒙先生所讥刺的读《红楼梦》搭配一座模拟大观园，居然成为现实）。批评如果还是拘泥于以往的范式，那就会南辕北辙，至多仅是隔靴搔痒的效果。

　　面对当下社会文化，媒介批评应该将社会学、心理学、传播学或者经济学的一些范畴包括在内，其中对文化市场化运作尤其要予以足够的关注，这是媒介批评无法忽略的一个重要方面。这里经济的因素和心理的因素是交织在一起的，不是物质的精神的截然二分。这在传统的文艺批评中简直不可想象。传统的批评善于揭示艺术背后的政治和意识形态动因，也善于勾勒各种文化思潮的多副面孔，但是往往有意无意掩盖艺术和经济之间的关系，难道仅仅因为美是无功利的？

　　美可以是无功利的，但批评必须保持清醒，面对当下的社会文化完全不同于在闲暇时间里面对一朵玫瑰花，这种假设的纯净环境是千年一遇的。复杂的社会文化语境不能用简单的批评模式来应对。文化的经济化和经济的文化化改变了传统语境，各种新媒介新电子技术的崛起，打破了原有的文化形态和文化格局，拓展了艺术—欲望的表现领域，使得资本有了呼风唤雨的空间。自然，钞票本身就是媒介，可以通往彼岸。在当代艺术领域，特别是影视领域，大资金的介入和运作有时是赤裸裸的，更多的时候是模拟或再造文化和艺术评价体系（如专家评论、学术研讨会、权威媒体的采访和专访等等），通过艺术评价体系来改变媒介环境，从而楔入社会心理。在当代文艺界，经常的情形不是先有创作，后有批评，往往是艺术行为和艺术评价由共同策划而来，有时艺术评价还能前置。这里不仅仅是指广告（与新书预告不同），也指大资本精心谋划下的大型文化活动和文化事件。即便是对文化资本的运作保持警惕，我们也需要媒介批评。

媒介批评不是包罗万象的批评，它对当下文化的阐释，更多从新兴媒体功能和路径分析着手。它并不取代以往的一切批评，只是提醒人们，在观念的艺术向技术的艺术演变过程中必须开拓新的批评范畴。[①]

（载《文艺研究》2008年第2期）

[①] 关于观念的艺术和技术的艺术的阐释，参见拙作，载《传媒与文艺》第205—211页，人民文学出版社，2007年11月。

挑战"景观电影"
——论胡戈的意义

据说当代先进的电子媒体和影视技术已经为一种新的电影类型作了充分的技术准备，于是超出日常的审美经验，提供磅礴气势和强烈视觉震撼的"景观电影"便应运而生。

凡是电影皆有景观，许多电影表现的是日常生活题材，取景尽量与日常生活贴近，制造逼真感，以至我们感觉不到电影中的场景与世俗生活有什么明显的距离。景观电影则不然，它强调的是新鲜而强烈的视觉效果，它就是要拉开电影与日常生活的距离，让观众在镜头前有所震撼和惊悚，并获得新的视觉经验和超凡脱俗的享受。因此，其所展现的不是沉闷凡俗的日常生活场景，而是电影特技和现代新媒体技术制造的视觉空间和奇特幻景，并在幻景中展现丰富的视觉创造力和宏大场景的想象力，拓展电影艺术的表现空间。

电影景观效果的优劣虽然不以规模的大小来论定，但是在实践过程中，由于以高技术高成本为条件，"景观电影"的称谓，却是排除了小打小闹、精美玲珑的小制作的，它以场面巨大、气势恢弘、超出一般人想象的新奇景观为旨归。

好莱坞造梦工厂是这类电影的发源地，《星球大战》《骇客帝国》《魔戒》等等均是大制作、大手笔。好莱坞电影人运用媒介新技术，展现影像奇观，还将景观扩展到三界之外，真所谓惊天地、泣鬼神，这类视觉盛宴既取悦了观众，也让制片人赚得盆满钵满。如此这般，一种新的美学追求成为当今时尚，而中国的电影导演们也很快搭上了景观电影的快车。前有张艺谋执导的《英雄》《十面埋伏》领先，后有《无极》《满城尽带黄金甲》《夜宴》等交相辉映，一时间十分热闹。在此前此后，这一景观美学的理念也连带将地盘扩展到其他许多领域，如景观歌剧（在劳动人民文化宫上演的《图兰多》、上海体育馆的《阿伊达》）的风靡一时，还有一系列景观主题公园等拔地而起，真可谓洋洋大观。

电影是视觉艺术，景观当然重要，而且几乎所有的当代媒介新技术都为视觉景观效果的提升作了铺垫。特别20世纪90年代以来，大片的制作技术突飞猛进，到了让观众眼花缭乱、喘气都紧迫的地步。但是如果导演们费尽心力，只在景观这一方面下工夫，忽略了电影故事片最重要的一环，即影像叙事方面的追求和提高，顾此失彼，那就值得商榷了。尽管有人据此发明了景观电影的新理论，认为这类电影的特点就是以宏大的景观取胜，以对景象奇观的欣赏取代传统电影的影像叙事，并断言"叙事电影的模式"要向着"景观电影"的模式转变等等。还有一种与此相应的说法颇有理论色彩，即"电影的数字化"导致了"电影的叙事性淡化"。虽然这一理论并未曾就两者之间的必然逻辑联系作出令人信服的揭示，某些中国电影大片却急匆匆上路，朝着这一方向转变。

但是这一转变竟以影像叙事的支离破碎为代价，那就有点本末倒置了。再扩展一步，如果景观电影成为那类投资亿万、场面浩大、内容空洞的电影的代称，那问题就更大了。幸好，观众中还有胡戈这样的顽童，他们对这类景观电影的"恶搞"，可谓切中肯綮。

知道胡戈是因为《一个馒头引发的血案》，这部网络短片是在对陈凯歌的大片《无极》的戏仿式改编中登场的，在网上引起一片喝彩声，周围的人大都叫好，笔者也为其尖锐、机敏、幽默和四两拨千斤式的一击而鼓掌，并为网络批评开了一条新路子而兴奋。

网络上的批评文字本来就多，有中规中矩的讨论，有尖酸刻薄的批判，也有调侃的、宣泄的、骂娘的、打棍子的、拍板砖的，只是很少见到《一个馒头引发的血案》这类批评。所以到现在，人们还没找到一个合适的称谓来命名这样一种网络批评类型，统称之为"网络恶搞"。也有个别人认为胡戈的东西在网络上比比皆是，不值得大惊小怪。然而笔者以为即便都是网络恶搞，恶搞和恶搞是有区别的，水准也有高下之分。人身攻击、胡搅蛮缠、趣味低俗是一种搞法，抓住破绽，给予致命一击也是一种搞法。胡戈的恶搞显然属于后一种，有理有节，言之有据。这类恶搞起码要对《无极》的故事逻辑和细节作一番推敲，才能下手。在此基础上，它以影像叙事对影像叙事，以机敏对庞大，以顽皮对盛气凌人。当然，这里的关键是影像叙事运用上的机智和夸张，虽然胡戈借用了《无极》的大量镜头，但是那档法治节目做得合度入理，在事理逻辑上绝无胡搞瞎搞之嫌。

上亿的大制作就被这小子这么毁了，情急之下陈凯歌大光其火，要起诉胡戈（不过，据说这么一闹腾，票房又长了一些，备不住也是一种策略），就是不明白有些法律界人士怎么会以侵权的罪名加于其上？胡戈主观上无企图，客观上也没有以此获利，不过就是想恶心恶心这类大片，捣捣蛋而已结果却背上这么严重的罪名。就像杜尚替蒙娜丽莎画两撇胡须，除了加上去的那两撇，没有一笔不是达芬奇的原著，你可以说他恶作剧、哗众取宠，也可以夸他先锋——挑战资产阶级观众的庸常的审美趣味，独独不能指责他侵权。朗朗乾坤，达芬奇的创作权岂是那两撇小胡子可以侵犯的？

胡戈的小制作正是击中了这类大片的软肋，所以博得一片欢呼，替广大观众出了一口气（为看这部大片白花了时间白花了钱），这不是国骂，也不是一味糟蹋，而是以子之矛攻子之盾。从《无极》的细节中挑出漏洞，重新进行夸张式编排，这比长篇大论式的批判在趣味上要强多了。没有坚硬的学术概念，也没有艰深的大道理，更没有发明新的美学理论，一档通俗的法治节目，义正词严中有嘻笑怒骂，或者说嘻笑怒骂中有严肃的思考。可以说胡戈的意义不仅是批评了《无极》，也是对一味追求大制作的一种反制，是对所谓景观电影的挑战。

景观电影是庞然大物，靠的是最现代的技术手段。某种意义上，技术也是艺术，善于运用新技术手段，本身就是艺术。在这一点上我们应该向勇于作这类尝试的导演们致敬，向张艺谋、陈凯歌和他们的同道致敬。但是舍得在技术上下工夫、投巨资，肯费尽心力在广告上招数迭出，也应该在叙事内容上下下工夫。你可以说，视象就是一切，形式就是内容，形式背后没有另外的所谓内容。但是人类的天性就是在视象背后寻找内容，发掘意义。更何况景观电影也是故事片，不是特技摄影集锦，更不是电子媒体技术的展示会。

自然，好电影的含义是多方面的，不仅仅是指故事，也指景观展示和其他种种影像表现方式。但是作为故事片，在电影叙事的逻辑上搞周密一些，细节上扎实一些，应是电影人的分内之事。虽然现在的电影奖项包括了许多单项奖，从摄影到音乐，从特技到服化道，可是毕竟大奖是留给最佳故事片的。正是以影像叙事为主干，才能将所有的其他要素黏合在一起。如果以为大景观、高技术就能把观众唬住，有票房就是艺术上的成功，其他都可以草率从事，甚至在景观中透出某股邪性，那么对待这类空洞的景观大片，就需要有那么一批胡戈。

也许陈凯歌是认真的，只不过是产生了一种错觉而已，以为有了大场面、大名星，一切就此搞定。观众们懂什么呀，内行看门道、外行看热闹呗。这里是否透出了大导演的傲慢？当然真有水平，傲慢也就傲慢了，舍我其谁！人们至多是批评其傲慢，而承认其水平。然而眼下一些景观大片背后的傲慢，是装腔作势、以势压人的傲慢，是吃老本式的傲慢，其实这傲慢里也透着不自信，即放弃自己一贯注重的人文追求。

这边厢是大投资、大制作、大导演、大明星，加上市场大运作，气势非凡，不由分说，所有的"大"都试图对观众构成巨大的压力——谁要是对影片怀疑，谁就是不懂电影，就是鸡蛋里挑骨头。那边厢是小青年、小制作、小投资（个人精力的付出），就是要表达个人的意见和不满，发出批评的声音。这一批评虽然是攻其一点，不及其余，有失厚道，虽然在力量的对比上似乎完全无法抗衡，但是，奇妙的效果产生了，就像是细小的铅丝轻轻地扎在硕大的气球上，顿然间，那色彩斑斓的庞然大物一下子就瘪了下去。

情形的陡转似乎谁也意想不到，但是一切又都在情理之中，气球吹得再大也抗不住尖锐的一戳。这就是胡戈的意义，渺小而尖锐，用来对付那唬人的庞然大物，即由金元堆砌起来，又有明星漂亮的脸蛋来诱惑观众

观念的艺术与技术的艺术

的，并用铺天盖地的广告包装起来的所谓景观大片。前面说过，有人提出了有关景观电影的新的理论和新的美学要求，这一理论尚待检验。但若以"新"而论，那么胡戈（或者说胡戈们）开创网络批评的新品种，倒是值得大大关注，套一句时髦的说法，这是与时俱进的网络影像批评，也是媒介批评的新路子。

自从有了电影之后，影像叙事就是用来讲故事的，或者对真实事件或场景作记录，即纪录片，还没有人熟练地用它来做批评的武器。所以作为一种新的媒介批评方式，起步虽然容易，一哄而上，进一步提高却相当艰难。另外其特殊的表达方式，即利用现成品（即原有的影像叙事）加以剪辑、改造和夸张的处理，使得人们只关注其逗笑和恶作剧的效果，其他方面的意义就往往被人们忽略了。不像在文学领域，如"以诗论诗"等批评方式，有较长的传统，前有钟嵘，后有杜甫，所以到了元好问，其绝句《论诗三十首》才更加精湛和成气候。我曾把这类"以诗论诗"的批评称为隐喻批评，隐说理于形象之中，如元好问论秦观的绝句"有情芍药含春泪，无力蔷薇卧晚枝。拈出退之山石句，始知渠是女郎诗"就是颇典型的隐喻批评。而本文所讨论的这类网络批评某种意义上也是隐喻批评，考验的是制作人运用影像叙事来表达某种难以说尽的、有丰富意蕴的想法。只是这类批评的发展和成熟需要假以时日，不可能一蹴而就。

即如今天，"恶搞"的短片虽然在网络上传播得很广，但是精湛的很少，胡戈的另外几件作品如《鸟笼山剿匪记》《满城尽是加班族》等就不算成功。这表明这类网络批评要成气候，还要有一个相当长的历练过程。这里除了制作方面的原因，技术方面的原因，主要是以影像叙事来表达意见，需要某种转换，即影像叙事作为批评语言的转换。这类批评应该做到犀利而有节制，并且影像叙事中要有隐喻逻辑的力量。如果一味滥用叙事，缺少缜密的理念和合度的表述，那就真正成为恶搞了。

影像的魅力和观念的魅力融合，隐喻中凸显理念的力量，这是网络影像批评的前景，也是日后对付唬人的、以铺张繁缛为炫耀的"景观大片"的有力反制。因此一方面，今天无论怎样来估价胡戈的意义都不为过。另一方面，胡戈的意义不是由他一个人可以完成的，这不仅是说这类网络影像批评在数量和质量上的提高要有一批网络短片的制作人共同努力,还要有观念和理念上的进步,这一进步不是几个制作人的事情,也不是年轻一代人在若干年间就能达成的,当人们不加区分地将所有的这类网络意见表达和网络短片说成是"恶搞"时,就表明离优秀的、成熟而有一定规模的网络批评的产生,还有一段遥远的路程要走。

  文化上的丰富和完善除了其本身的日积月累和推陈出新,是需要大环境的,好的批评为人倾听也需要环境。正如今日的一些景观电影演变为电子媒体技术的一味炫耀和以明星招徕眼球的大片,是某种只求票房和以一时轰动为目标的欲求所致,某些网络批评处于同样的语境之中。急功近利的文化环境既能诱发空洞的景观大片出笼,也会刺激网络恶搞一哄而上,因此完善网络批评,使其成为文化建设的生力军,也是批评界共同的任务。

(载《读书》2007年第9期)

新媒介环境与舆论研究

互联网作为新的公共领域的崛起，引起了舆论研究者们极大的兴趣和关注。显然，互联网出现的短短十来年就改变了舆论的走向，人们无法视而不见。本文强调新媒介环境不仅仅是指互联网，同时也指互联网和电视、广播、传统纸媒所构成的新的传播环境和舆论生态。

以往的传播学研究表明，舆论作为公众意见的集合体，不是个人意见的简单相加，它或者是由新闻媒体的议程设置所诱导，或者是由意见领袖所引领的，并由二级传播（甚至多级传播）的机制在其中发挥作用而产生的，因此舆论的自发性是有条件的，即在某种意义上，舆论的形成和流布是与传播方式和传播渠道有着密切联系的。

今天新媒介环境极大地，或者说是根本上改变了舆论（意见）的形成模式、传播方式和扩散的速度。因此研究当下的舆论状况，必须先解析今天的媒介环境。本文就电子传媒和网络环境中舆论的生成机制和走向，作一些粗浅的探索。

首先要认清网络作为公共领域的特殊性和两重性，因为它既是公共领域，似乎又是舆论载体和舆论本身。作为公共领域，网络上有讨论，有争辩，有意见的交换、交流和汇集，也有意见的排斥、批驳和冲突。亦即网络有着最大的公共性、包容性和未经加工的原生态性（相对于传统纸媒而言），在网络上，各种意见都能有表达的权利，进入网络的门槛如此之低，使得人人都有同样的机会。如果说"真理面前人人平等"的说法有些夸张的话，"网络面前人人平等"并不是一种多大的奢望。另外网络的匿名性，加大了网络表达的勇气（这里不是指谩骂、诬陷等不良和违法行为），可以帮助某些人克服"人微言轻"的卑微心理。网络同时又是一种舆论媒体，人们上网搜索、浏览，就如同阅读报刊，网络上的意见和议论似乎直接构成了舆论或舆论的组成部分。包括许多问卷调查，不再是通过调查人员的挨个访问，整理和统计等制作而成，而是直接在网上获得，它本身就是舆论或者舆论的补充。网络既作为公共领域，又作为舆论阵地的双重特性，使得舆论的范围扩展到以前难以涉及的领域。

哈贝马斯在其《公共领域的结构转型》一书中，曾有专章讨论了"公众舆论概念"，他认为，公众舆论可以区分出两种不同的政治交往领域：一个是非正式的、个人的、非公共的意见系统，另一个是正式的、机制化的权威意见系统。哈贝马斯的这种两分法也许适用于传统纸媒，他的这一划分也容易为那个时代的读者所认可。但是，在互联网时代，这一正式和非正式的区分的界限很快就被冲破。我们倒是能从另一个角度——媒介偏向的角度来探讨舆论。

网络舆论或网络意见，是有媒介偏向的，即偏向于经常使用网络的人群。这类人群，我们一般理解是年轻的网民，其实，今天的四亿网民中，什么年龄、什么阶层的人都有，媒介偏向是指善于使用网络发表意见的人群。这里有个人的习性和偏好，也有文化和技术素养在起作用。当然媒介偏向还有更紧要一层的含义，即表现在内容的传播或扩散上的偏向。

舆论研究最初发端于新闻学，新闻报道的议程设置所涉及的"要闻"和"事件"，往往会成为舆论的中心"议题"。所谓"要闻"原本是指重大的政治事件、经济事件或灾难报道等等，然而，在网络时代，关于重大议题的设置，不仅有作为把关人的新闻机构，同时也有不同身份的网民，他们从自身的感受出发，部分地，甚至深刻地左右着网络舆论，在此种情形下，往往娱乐报道和媒介文化会成为每天的要闻和议题，这些传统视野中的花边新闻、明星轶事、娱乐事件等，在电子传媒环境中成长起来的新生代眼里就是大事件，就是重要议题。另外，以往只能在报纸的副刊上出现的娱乐性、消遣性内容，从排序上讲，是在要闻和各类新闻之后的，有某种等级次序在。而网络排序则与纸媒不同，往往由点击率决定，这也使要闻的概念发生了改变，即在报道的排序上，某些固定的秩序被打破。要闻的内容是视具体情形和社会影响力而定，视对眼球的吸引力而定，原有的报道板块被重构了。

传统意义上的重大事件不是天天都有的，然而"要闻"是天天应该要有的，如果没有，也必须使其有。当媒介文化摆上了议事日程，要闻就有了媒介文化的偏向，舆论也就有了媒介文化的偏向。也就是说，社会舆论的关注点更多地偏向于媒介热门事件。这是社会价值偏向所致，这一现象我曾称之为"媒介价值观"，即这一价值观与日常生活的价值观不同，更多是受社会趋同心理影响，受制于媒体报道，认为媒体报道的事件就是大家关心的事件，而大家关注的事件就是自己值得关注的。这一心理，反过来又推进了媒体对这一事件的报道深度和频率。而某些舆论就在这种氛围中诞生。

当然这里的氛围也就是舆论环境，各种媒体之间的相互关注、相互转载和相互竞争，就是一种舆论环境。就是这样的环境，缩短了舆论的酝酿期，使"起于青萍之末"的网络个人意见，仅几天工夫就成为呈燎原之势的社会舆论，更遑论某些社会性事件。如三年前的周老虎事件、最近的唐骏门等，就是在网络、纸媒和电视的相互引用和转述中成为重大"要闻"的，尽管在报纸的要闻版，在电视报道中，这类事件很少占有显赫的版面，但是它们是真正的要闻，是舆论中心。

这里还可以足球运动为例。足球比赛风靡世界与电视录播技术的发展直接相关，多机位的电视录播和日臻完善的剪切、编辑技术，使得电视在足球转播方面占尽优势。然而，网络和纸媒并不甘落后，尽管它们没有动感的画面和绚丽的色彩（如纸媒），没有高质量的视屏（如网络转播），但就是不能缺席。缺席意味着无视公众，缺席意味着罔顾民意。特别是世界杯赛期间，足球占据了第一要闻的位置，是人们言谈的重要话题，也是舆论的中心。几乎所有的大众媒体统统上阵，形成了合围之势，其结果是促使人们凌晨两点半起床，看一场冗长乏味的零比零的小组赛，就因为它是世界杯。正如八年前媒体人说的："世界杯来了！从明天起，做一个幸福的人；从明天起，耽误一点别的事，连上帝都会原谅！"真够煽情的！

但如果不看世界杯呢？就不幸福吗？……且慢，问题是怎么能不看呢？所有的媒体都在报道世界杯，似乎所有的人都在议论世界杯。世界杯不只是奖杯，还是巨大的漩涡，它将所有的一切统统吸附到其中。当然，真正的漩涡来自大众传媒，来自形成合围之势的新媒介环境。

由此，对舆论的关注和研究，必须从新闻学视角进入到社会心理学的视角、文化传播学的视角或媒介学的视角，即我们不仅要关注舆论本身，更要关注电子社区、网络议题、社会心理、新生代媒介素养、媒介文化等等发展变化的情形，因为这些都是新的舆论环境的组成部分，舆论的形成、扩散、变化甚至逆转，是与以上各种构成要素息息相关的。

（载《中国社会科学报》2010年8月10日）

大众文化研究的系谱

写下这个题目，使我想起了几年前由《文艺研究》等机构在武汉大学召开的流行文化研讨会，会上，学人们在交流中笼统地交替使用大众文化、时尚文化、消费文化、流行文化等等概念术语，这些概念术语有时是指同一个对象，有时又指互相包含交叉又不完全重叠的现象，众说纷纭，各有表述，相互间既有默契也有抵牾。所以进行相关概念的梳理，厘清思想谱系的脉络，有助于学术交流和研究工作的进一步拓展。

"大众文化"在我这个年龄以上的人来看，绝对是个好词，在五四新文化传统和马克思主义的意识形态里，它是正面的、积极的，有着十分肯定的意义。

可以简单地回顾陈独秀和胡适等当年有关著述，如陈独秀的《文学革命论》提出的三大主义——推倒雕琢的阿谀的贵族文学，建设平易的抒情的国民文学；推倒陈腐铺张的古典文学，建设新鲜的立诚的写实文学；推倒晦涩的山林文学，建设明了的通俗的社会文学——就有着大众文学或大众文化的含义。胡适的《文学改良刍议》中不用典、不讲对仗、不避俗字俗语等与陈独秀异曲同工，从"五四"一代革命者的观念往前追溯，可以到列宁的"两种民族文化"的理论，即每个民族的文化里面，既有一些为劳动群众和被剥削群众所欢迎的"哪怕是还不大发达的民主主义和社会主义的文化成分"，也有资产阶级的文化，当然后者是占统治地位的文化①。向后延伸，通过当年的左翼文艺运动和毛泽东的文艺思想（这是由《新民主主义论》《在延安文艺座谈会上的讲话》《论联合政府》等一系列著作共同构成的），一直可以到20世纪80年代，提起大众文化，人们想起的仍然是革命的、代表历史前进方向的、鼓舞劳动大众斗志的文艺作品，如《放下你的鞭子》《兄妹开荒》等街头剧、歌舞剧，赵树理的小说，或者是王朝闻先生在其《喜闻乐见》一书中关注和研究的民间曲艺和通俗文艺，等等。

大众文化在革命年代，虽然有强烈的意识形态背景，但是其最主要的形式特点是通俗易懂和大众的"喜闻乐见"②，在这一点上，人们关于大众文化的概念没有太多的歧见和争议。

20世纪90年代，随着大众文化研究的兴起，情形发生了变化。关于大众文化的研究是在法兰克福学派的有关著作的翻译出版影响下发动的，因此大众文化有了与以往不同的含义，虽然在80年代，已有徐崇温、江天骥等人在译介西方马克思主义的思想和理论时，将大众文化的批判理论引入国内，指出了资本主义商业利益在推动文化和艺术向与人的个性解放相反的方向发展，但是国人还不能从现实社会生活的感受中来认识这一问题，有关论及大众文化的文章，基本上是从大众文化的审美功能，大众文化与精英文化高雅文化之间的关系，大众文化作为精神文明建设来论述的，只有少数批评家开始在批判意义上使用大众文化这个概念，如吴亮的《城市的大众文化与小众文化》（1987年），韩忠敏的《商品化倾向与大众文化的沦落》（1989年），包亚明的《消费中的沉沦与救赎》（1991年），高小康的《大众的梦》等。1993年文学界关于人文主义精神失落的大讨论，关键词是"人文精神"和"文学危机"，但实质上是中国的文学精英感受到市场操控的大众文化的威胁所发出的一次强烈的呼喊。这一由现实处境触发，同时又受西马启发的大讨论，多少证实了大洋彼岸思想家的"先

---

① 列宁：《关于民族问题的批评意见》，《列宁全集》第20卷，第6页。
② 王朝闻的《喜闻乐见》一书所收"喜闻乐见"一文是为纪念毛泽东《在延安文艺座谈会上的讲话》发表20周年而作，文中强调了毛泽东的革命文艺是为工农大众所喜闻乐见的文艺的观点。作家出版社，1963年。

见之明",李彬、张汝伦、周宪、金元浦等学者、批评家于1994年纷纷撰文,介绍法兰克福学派的批判立场或引用法兰克福学派的观点来观照中国的大众文化,到1996年徐贲的《走向后现代与后殖民》和陈刚的《大众文化和当代乌托邦》等论著的出版,有关大众文化的研究渐渐成了学术界和批评界的热门话题,以至于有一段时间,法兰克福学派似乎成了大众文化批判的代名词。所以,20世纪90年代以来中国大众文化研究系谱首先要从法兰克福学派说起。

阿多诺的批判理论

霍克海默和阿多诺等法兰克福学派的大众文化观如果概括成一句话,那就是"现存制度的社会水泥",大众文化的社会政治功能就是维护资本主义社会的现有秩序,所以在他们的词典里,大众文化不能理解成大众的文化,而是理解成大众被操纵和被规训的文化,

杨小滨1989年发表在《中外文学》杂志的文章《阿多尔诺论大众文化:欺骗、物化和施虐》是国内较早就大众文化研究专题来介绍阿多诺的相关理论的。与霍克海默和马尔库塞相比,阿多诺对大众文化问题的思考和关注更加持久,其批判态度的坚决,前后立场的比较一贯,足以作为大众文化的批判学派的代表人物,特别是他晚年所写的《文化工业再思考》,上承《启蒙辩证法》的立场,对资本主义的文化工业进行了更加透彻的剖析。

国内的大众文化研究者,凡是持批判立场的,大多吸收的是霍克海默和阿多诺的思想资源。特别是阿多诺,从理论阐释到具体的个案分析(如论流行音乐等),留下了丰富的批判性资源,供人们享用。因此,对阿多诺的批判理论作系统的梳理,可以基本把握大众文化批判者(确切地说,是对文化工业持激烈的否定态度的研究者)的思想脉络和学说渊源。晚近

杨道圣的《阿多诺：当代社会中的艺术作品》[1]对阿多诺有关文化工业的思想概括得更加紧凑和清晰，可以作为我们进入的路径，其大致有以下几个方面：1）文化工业是当代技术、经济和行政力量集中的一个机制，其中文化产品是特地为大众的消费而生产的。文化工业是自上而下强加给大众的，而不是自下而上建立的。2）文化工业的最终目的是商业利益，而不是满足消费者的真正需求；消费者的需求不是出自自身，而是被社会所规定，消费者是被规定需求的消费者。3）文化工业说服消费者相信它的欺骗就是对消费者需求的满足，文化工业通过不断地向消费者许诺来欺骗消费者，它不断改变享乐的活动和装潢，但这种许诺并没有得到兑现，仅仅是让顾客画饼充饥而已。4）文化工业的每一个举措都不可避免地把人们再现为整个社会所需要塑造出来的样子，总之，文化工业通过其深入到人的心理结构的效果，帮助和巩固发达的资本主义称为一个整体的体系。5）文化工业所制造的产品不仅仅不是真正意义上的文化，而且还造成了大众文化品位的退化，购票进入音乐厅的人不再是为欣赏音乐，而是欣赏崇拜他为买票所付的金币。6）由于文化工业有强大的复制能力，大众对艺术的需求确实被满足，但是这是剥夺了人们权力的虚假的满足。[2]

阿多诺等关于文化工业提供的是"虚假的满足"的说法，以及欺骗与被欺骗的理论，在日后尽管受到较多的质疑，但是他们所坚持的批判立场，所揭示的大众文化产品背后的文化工业"赤裸裸的赢利动机"，[3]使得人们能对各种名目的、形形色色的文化始终保持一分警惕。此外他所一言道破的，被"规定需求"的消费，即"一个人只要有了闲暇的时间就不得不接受文化制造商提供给他的产品"，并且文化工业"将消费者图式化"，"用统一的需求来满足统一的产品"，"在文化商品中，所谓的使用价值已经为交换价值所替代"，以及"技术合理性已经变成了支配合理性本身"等等极其深刻的洞见，[4]最早使人们认识到所谓的需求，不一定是

---

[1] "世纪中国网"，2003年。
[2] 杨道圣：《阿多诺：当代社会中的艺术作品》，载"世纪中国网"2003年3月21日。
[3] [德]阿多诺：《文化工业再思考》，载《文化研究》第一辑，199页，天津社会科学出版社，2000年。
[4] [德]霍克海默·阿多诺：《启蒙辩证法》，第135—139页，渠敬东、曹卫东译，上海人民出版社，2003年。

来自某种短缺，它也可以是不断地被生产出来的。

这些思想启发了日后的众多学者，鲍德里亚有关消费社会的学说中，消费者企图占有"社会意义的欲望"所激发出来的需求的理论，多少是受其影响的。

鲍德里亚的结构主义消费文化观

如果说对于法兰克福学派的批判理论，学人们是先有理论知晓，后有切身感受的话，对于鲍德里亚的消费社会理论和在此基础之上派生的消费文化观，学界的接受要快得多，也敏感得多，在某些方面是无师自通，因为既有现实生活的氛围，又有社会语境的提示。

20世纪90年代后期，人们开始在各种意义上使用消费文化，它可以是"消费性的文化"又可以是"文化的消费"等等，直到鲍德里亚的《消费社会》、费瑟斯通的《消费文化与后现代主义》、莫特的《消费文化》等著述接二连三地译介进来，才有了相对统一的理解，与此同时，学人周小仪的《比尔兹利、海派颓废文学与上海三十年代的消费文化》（2000年）、《日常生活的审美化与消费文化》（2002年），陶东风的《日常生活的审美化与文艺学的学科反思》（2001年）等文章已经从审美的物化、艺术和生活界限的模糊和消失等方面来探讨消费文化的相关问题。

关于消费文化，费瑟斯通曾经这么写道："使用'消费文化'这个词是为了强调，商品世界及其结构化原则对理解当代社会来说具有核心地位，这里有双层含义：首先，就经济的文化维度而言，符号化过程与物质产品的使用，体现的不仅是实用价值，而且还扮演着'沟通者'的角色；其次，在文化产品的经济方面，文化产品与商品的供给、需求资本积累、竞争垄断市场等原则一起，运作于生活方式领域之中。"[①]这就是说"消费文化"概念的提出，主要不是因为研究的对象发生了变化，而是研究的

[①] [英]费瑟斯通：《消费文化与后现代主义》，第123页，刘精明译，译林出版社，2000年。

视角和立场有了不同。消费文化的研究对象往往就是我们平常所说的大众文化、媒体文化、时尚文化，或者说视觉文化，等等，可能是它们的一部分，也可能是全部，这些都无关紧要。要紧的是这里突出了商品世界的结构主义原则和符号化使用。因此，消费文化概念的出现，代表了一种鲍德里亚式的认识逻辑。

这里不能不谈谈鲍德里亚有关消费社会的学说。他于1970年出版的《消费社会》具有开创性标志性意义。他是从现代社会中人与物的关系，从特殊的需求理论（即消费者实际上是对商品所赋予的意义及意义构成的差异有所需求）而不是对具体的物的功用或使用价值的需求出发来界定这一社会形态的。由此，他认为："必须明确指出消费是一种积极的关系方式，是一种系统的行为和总体反应方式，我们的整个文化体系就是建立在这个基础之上的。"[①]消费社会有自己的逻辑，这就是生产和驾驭社会符号的逻辑，而不是那种把财富和服务的使用价值占为己有的逻辑。因此，人们的消费行为就是一种符号消费，消费系统则是一个置于编码之下的差异系统。

既然鲍德里亚将商品世界作为差异系统来看，并且从物的符号意义和消费者意义需求的差异出发来讨论消费社会，由此而来的消费文化，就不是如有的人想当然地将文化划分为两个部分，即高雅的严肃的文化和通俗的快餐的文化，而后者就是供消费的文化，消费文化是特指同消费社会中生产机制本身相结合和融合的文化，亦即日常生活用品在消费社会中如何具有了文化和艺术的含义。

鲍德里亚的结构主义消费文化观至少包含下列内容：1）消费文化是一种新的规训文化，即当几乎所有的商品消费都转化为符号消费时，当"消费社会也是进行消费培训，进行面向消费的社会驯化的社会"时，消费文化就是"一种与生产力高度发达的经济体系的垄断性调整相适应"的，对消费者进行调教的社会文化[②]；2）消费逻辑取消了艺术表现的传统崇高地位，平凡与日常的消费品与奢侈、奇异、美、浪漫日益联系在一起，而它们原来的用途和功能则越来越难以解码出来；3）身体成为"最美的消

---

① [法]鲍德里亚：《消费社会》，第1页，刘成富、全志钢译，南京大学出版社，2000年。
② 同上，第73页。

费品",鲍德里亚认为,身体的地位是一种文化事实,无论在何种文化中,身体关系的组织模式都反映了事物关系的组织模式及社会关系的组织模式;4)身体将不断地被重新编码和重新发现,并逐渐神话化,其主题是"色情"和"美丽";5)渴望美丽的冲动转化为占有物品的冲动,因为"希望重新发现自己的身体"而献身于香水、按摩、疗养的女人越来越多,她们只能通过"买入"来达到自己的目的,她们只能通过堆积物品来显示自身,否则找不到更好的、让整个社会都认可的途径。①

当然,消费文化的研究视角不可能被某一种逻辑所统摄,因此费瑟斯通尽管沿用了鲍德里亚的立场和方法,他还是将一般的研究者作了三种划分:"第一种视角认为,消费文化以资本主义商品生产的扩张为前提预设资本主义商品生产的扩张,引起了消费商品,为购买及消费而设的场所等物质文化的大量积累。其结果便是当代西方社会中闲暇及消费活动的显著增长。对此,尽管有人振臂欢呼,认为它带来了更大程度的平等与个人自由,但是,另有一些人却认为它导致了意识形态的操纵能力的增长,把人们从一系列可选择的'良好'的社会环境中'引诱'了出来。第二种视角是一种更为严格的社会学观点。我们知道,通货膨胀条件下的零和博弈,是人们通过对社会差异的表现和维持来实现自己对商品的满足,并取得某种社会地位的。与此相关,消费文化中人们对商品的满足程度,同样取决于他们获取商品的社会性结构途径。其中的核心便是,人们为了建立社会联系和社会区别,会以不同的方式去消费商品。第三种视角关心的是消费时的情感快乐及梦想与欲望等问题。在消费文化的影像中,以及在独特的直接产生广泛的身体刺激与审美快感的消费场所中,情感快乐与梦想、欲望都是大受欢迎的。"②

这里,费瑟斯通将有关消费文化研究的最基本轮廓勾勒出来了,但是他多多少少有点混淆了研究的谱系。其实他所说的第一种视角就是法兰克福学派的视角,在这一视角中无所谓消费文化,这一视角是从资本主义的工业扩张,商品拜物教对文化生产的影响和交换价值的支配出发的,在这

①以上均参见《消费社会》"最美的消费品:身体"一节。
②费瑟斯通:《消费文化与后现代主义》,第18页。

一视角中，大众对文化的需求是由文化工业操纵的，文化产品既是资本主义大生产标准化的结果，同时又反映了大众虚假的个性要求，这是不同于消费的社会逻辑所揭示的商品的符号消费。

他所说的第二种视角是比较地道的结构主义视角，就是从上文——鲍德里亚的消费社会的逻辑派中生出来的。至于他所说的第三种视角则是从大众的日常生活实践，从他们的使用和满足，以及他们自身的感受和欲望需求出发的，这就是下文所要说的后结构主义立场。

后结构主义（或者是反规训的）大众文化观

这方面的代表人物是约翰·费斯克，他的思想来源是多方面的，有斯图亚特·霍尔的、德赛都的，也有鲍德里亚和布尔迪厄的。他吸收了他们的思想，将大众文化看成是日常生活实践中发生（产生）意义的实践活动，而不是像传统文化所显示的那种受支配性阅读和接受。

在中国，一笔写不出两个大众文化，但是在英文或德文里，是有mass和popular的区别的，这一区别在很大程度上决定了大众文化研究上的分野。

约翰·费斯克的后结构主义大众文化理论就是建立在这一区分上的，国内的译本《理解大众文化》，将mass culture译成"群众文化"以区别popular culture的"大众文化"。[①]

约翰·费斯克大众文化概念中的大众是popular，这是承英国文化研究者的大众文化概念而来，而不是 mass culture，因为在费斯克看来，mass culture（即"群众文化"），表示的是一种同质性的外部生成的文化，这种文化是强加在大众头上的。"文化不是这么来运作的"，而真正的文化是一个活生生的积极的过程，不能无中生有，从上面强加。费斯克认为，"并没有所谓的群众文化，而只存在着杞人忧天，悲观主义的有关群众文

[①] [美]约翰·费斯克：《理解大众文化》，王晓珏、宋伟杰译，中央编译出版社，2001年。

化的理论",[①]这些理论是不能揭示大众文化的整个产生过程的。显然，费斯克的理论是对阿多诺等的严峻质疑。

1. 消费过程等于大众文化的生产行为

这里涉及文化的功能和生产机制的问题。文化是包含兴趣和价值观的生活方式，还是由意识形态建构的主体认同？费斯克强调，文化是一种实践过程（动态的），而不是一整套符号系统（静态的）。在他看来，大众文化的实践过程不是在别处，不是在生产流水线，而是在日常生活中发生，因为那里会产生意义。也就是说我们通常研究文化关注的是文本，费斯克在吸收前人的各种思想基础上（接受美学、读者反应批评等等），将整个支点移到了阅读过程和使用过程。所以，人们很容易理解他所说的"每一种消费行为，也都是一种文化生产行为"的说法。以这一逻辑推演，什么是大众文化不取决于文本的生产者，相反取决于接受者，也就是说某些被大众选择而成为大众文化的文本，是由大众在其接受（消费）过程中创造的，费斯克提出了"生产者式"（producerly）文本的概念，这类文本可以有许多类型，如《第一滴血》《豪门恩怨》《新婚游戏》等等。费斯克通过问卷调查及其他的搜集方式演示了这样一些"生产"状况。将问题从人们阅读什么样的文本转移到他们是如何来读解文本的，将目光从文化的制作过程挪移到日常生活实践，除了表明费斯克的后结构主义的立场，还表明他不是将大众文化视为已完成的产品，而是视为一种生产过程，在这一过程中人们能看到大众的生产力和创造力。

2. 反规训的生产力

由上文可见，费斯克所说的大众文化的生产力不是系统的、按部就班的、有规划的生产力，也不是法兰克福学派所说的文化工业的生产流水

[①]《理解大众文化》，第208页。

线，而是反规训的生产力，这是就地取材，拿来主义式的生产力。例如，他们会将"《豪门恩怨》当成一个菜单"，"从中选取某些特定意义和快感，以合成他们所消费的餐饮"，对此，德赛都使用了两个比喻：一是将读者比喻成"偷猎者"，侵入文化领地所有者（或文本所有者）的疆域偷出他或她想要的东西，而不被捉到；二是将文本看作一个"超市"，读者在里头游荡，挑挑拣拣，然后把选出的东西组合在一起，做成餐饮。①

这里引出一个重要的问题，在后结构主义这里，大众对文本的态度是实用性的和参与性的，而不像传统的艺术欣赏那样保持距离。费斯克喜欢用"相关性"这个词，意思是说大众对文本的姿态是寻找一个相关点，然后切入，如通过移情、投射和认同其中某一个角色等融入其间。这与欣赏经典艺术作品的中产阶级不同，中产阶级对文化和艺术的态度是保持距离。费斯克引用布尔迪厄的思想指出，距离是有两个方面的含义，一方面是指读者与艺术作品之间的距离，另一方面是指作品与日常生活方面的距离。"中产阶级的美学观要求艺术的评判标准依照人性与美学的普遍性，而不是此时此地的特殊性"。因此，"艺术作品与个人当下的社会语境的相关性并不是中产阶级欣赏和评价艺术的标准"，这种审美与日常生活的分离反映在艺术家与观众、文本与读者的分离上。这种距离既是"尊敬的距离"，也是"批判的欣赏的距离"。"从中产阶级的观点看来，质问艺术有什么用是'野蛮'行径，因为这样问，就等于质疑艺术的无功利性或艺术的距离"，而大众艺术或大众文化则恰恰相反，人们是"依据其'功利'的程度来评判"其价值的，也就是越与日常生活贴近，越有价值。②

中产阶级当然首先指经济地位，这里本文更愿意理解为社会阶层，正是长期接受社会文化规训的这一阶层，接受了社会规训，他们才会站在艺术自律的立场上，而不是认同和参与的立场。

---

① 《理解大众文化》，第 170 页。
② 同上，第 163—165 页。

3. 从参与中获取快感

无论是消费、反规训，还是游击战、偷猎等等，大众文化的参与者期待在实践中获取快感。快感当然不同于中产阶级的审美，在康德那里，它是低于审美的经验和体验。但是费斯克强调的是狂喜的、由身体参与式的快感。他以投角子电视游戏为例，认为"游戏者把机器作为资本主义社会的象征，所以与之游戏（或者反抗机器）就成为一种对社会关系的重新演绎"，那些游戏者明显地满足于只花一个美金，就赢得了一个晚上的娱乐，据此，费斯克阐释道，"他们知道他们正在击败体制，他们作为游击队员的技术正赢得了反抗所有者之战略的小小胜利"。[1]

费斯克的理论是过于乐观的，没有看到文化工业在总体上具有操纵消费者的力量。但是他依据实践和参与的理论，将消费者在文化活动中的被动地位提高到文化生产者的主动地位，是将问题推到了一个极端。他和之前的阿多诺等各取一端，使得大众文化研究的前行必须另辟蹊径。

（载《上海文化》2005年第3期）

---

[1] 以上均见《理解大众文化》第165页。

第三辑
空间与文化

文化理想

一、贝聿铭的启示

若干年前，笔者到厦门集美游览观光，瞻仰陈嘉庚先生的业绩。因为对陈嘉庚先生的生平有所了解，追慕已久，故心怀崇敬。不料，集美学校的那几栋饱经风霜的校舍使我大为吃惊。在多少领略过现代建筑的种种壮丽、雄伟、明朗、赏心悦目的景象后，或从电视和各类图片中观看过悉尼歌剧院、赖特设计的"流水别墅"、华盛顿国家美术馆东馆、杜勒斯国际机场空港等建筑物奇异美妙、多姿多彩的风貌之后，再来凝视集美校舍的外观，觉得它们特别古怪和不协调，甚至可以说是丑陋的。传统的中式大屋顶，夸张的大飞檐，两端高高挑起的屋脊和西式楼房的主体结合，不仅没有显现出中西兼容、珠联璧合的风采，反而有点不伦不类。这些建筑或许建于二三十年代，或许是四五十年代在战火洗劫后重新按原有的（建校初期）模样重修的，以今天的眼光看来，其落伍、背时，本不待多言。然而，想到这些校舍在建造中曾经饱含着主持者的某种宏愿和理想，期望通过建筑中的互为补充来体现中西文化的完美融合，不禁令人心碎。你不会感到古旧的建筑物，例如一座破败的庙宇，一幢凄凉的古塔丑陋，也不会觉得田间的普通农舍和这个时代有什么不协调，尽管你可能刚刚从大都市，从金碧辉煌的楼宇中走来。但是，面对那几座中西合璧的教学楼，你无法熟视无睹。当然，这类式样的建筑在北京街头也时有所见，由于在颜色和某些部位的处理上比之前略有改进，故看起来不那么刺眼。然而，易时易地，在南方水乡泽国看到它们，其不伦不类的外观显得更加突出和不协调。

陈嘉庚先生是致力于复兴中华的许多志士仁人中杰出的一位，作为华侨、实业家、教育家，他无时无刻不渴望重振中华民族之雄风，使灾难深重、遭受内忧外患的中国立于世界强国之林。集美校舍的设计反映了他和他的同人们的想法，即既吸收西方先进文化，又保存国粹。然而，建筑作为一种文化，有其自身的规律，它并不依照好心人的愿望运行。两种建筑语汇的简单拼凑不但没有体现出新气象，反而显出了其局促、拘谨和背时来。

自然，建筑物的外观是一回事，陈嘉庚先生的民族气节、爱国精神是另一回事，两者不能相混淆。但是，我们对文化问题进行思考时，这可作为一个案例。

由陈嘉庚，笔者联想起另一位海外华人——贝聿铭，这位世界著名的建筑大师所走过的道路会给我们十分有益的启示。它所设计的华盛顿国家美术馆东馆、香港中银大厦、北京香山饭店获得了建筑界相当的好评，无论是东方人，西方人，中国人，美国人，都能接受他设计的作品。它所运用的现代建筑语汇并不受某一民族风格的限制。它所恪守的原则：一、建筑与环境的结合；二、空间与形式的处理；三、为使用者着想，解决好功能问题，是建筑商的普遍原则。尽管细分起来，可以说建筑与环境的结合得自中国古代园林的传承，解决好功能问题又与西方现代建筑的宗旨相符，但是这些都作为精神渗透到他的设计当中，在建筑符号上并没有那种一望即知的中西合璧的迹象。

贝聿铭的建筑语汇是新颖的、超国界的。他所设计的每一座建筑物都因其功用和所处环境的不同而变化，并力求其在造型上有新的突破。当这些风貌不同的建筑物在摄像机和图片的召唤下汇集到一起时，它们作为贝聿铭的艺术品的风格却又是统一的，没有什么不协调之处，而人们恰恰能在这些新颖、别具一格的建筑中窥见华夏精神。

这里，不是要将贝聿铭和陈嘉庚及其同人相提并论，这两者不可比。但是，面对民族传统文化之一的建筑文化，深谙其精神者和不甚了了者在处理方式上的不同，能帮助我们理解文化，或者说理解民族的传统文化的某些本质。我们窥到了一条缝隙，捕捉到了一个契机，将作为某种文化的符号和该文化的内在精神分离开来，进行分别的讨论。集美校舍建造者所注重的是作为文化的符号，一根梁柱，一条飞檐或一方斗拱。贝聿铭则注重文化的内在精神和气韵，在建筑符号采用上，他更追随时代，变化多端的几何图形、玻璃顶棚、恢弘的钢架结构、明朗而富有朝气的外观等等；无不与工业的进步，材料质地的优良，及新兴的美学思潮和现代生活观念相关，而东西方源远流长的文化只是作为背景衬托着这些超国界的，具有当代特征的建筑文化符号。

这样的分析，希望不至于造成一种误解，以为某种文化的精神可以遗弃该文化的符号而独立，在下文中还将讨论这个问题。至于贝聿铭，虽然在设计中创造性地使用一整套现代建筑词汇，但是他对民族传统的建筑符号却敬若神明，至少他认为那些古老的建筑背后蕴含着古老的文化。他对北京城的建设和城市规划等发表过自己坚定的看法。他认为古老的北京城本身就是一件艺术品，如果在其周围随便建造一些二三十层的建筑物便会毁掉这个城市。

他在纽约向清华大学访美代表团发表演讲时，对古建筑满怀深情：

> 故宫！金碧辉煌的屋顶上面是湛蓝的天空，但是如果掉以轻心，不加慎重考虑，要不了五年、十年，在故宫的屋顶上面看到的将是一些高楼大厦。但是现在看到的是多么壮丽的天际线啊！这是无论如何都要保留下去的。

下面是他内心最真诚的呼喊："北京是世界著名的文化古都，万万不可损害它的美好形象。"

这位学贯中西的建筑大师似乎最反对简单的中西合璧和所谓的对传统文化的"现代化"处理。他说："一幢高楼被冠以一个传统的屋顶，另一幢除了更大的屋顶，还有雕梁画栋。我要在这里大声疾呼：'不要走这条路！'"

他又说："在我们面前有两条路：一是吸取中国古代建筑本来的格式，并继续发展；另一条则是像梁思成先生早在20世纪50年代就曾提倡过的大屋顶的道路。我几乎可以肯定地说,这后一条路绝对走不通,无论是在经济上还是在实践的过程中,都将不可避免地遇到许多难以克服的困难。"①

这里牵涉到两位建筑大师在某些基本问题上的不同思路和看法,作为一个外行,笔者不想涉猎过深。但是贝聿铭在北京的建筑实践富有意味,他谢绝了在北京城区内设计一幢高屋建筑物的请求,而选定香山,在那里设计了一幢低层的、据说是具有"中国风格"的通体白亮的香山饭店。

贝聿铭的这一行为完全是出于文化上的考虑,他把自己的探索和尝试放在距北京城几十里外的香山,无论这一尝试成功与否,都不会影响到北京古城的原貌。

保留北京城,哪怕是故宫周围的一小块地盘,就是保留了古老的华夏建筑文化。这种文化是先人创造的,无论我们怀有何种良好的愿望和理想,若去改变或再造它们,实际上就等于毁了它们。由于在中华民族的传统建筑中,环境也属于建筑语汇的部分,所以贝聿铭先生谢绝了在紫禁城附近设计高楼大厦的建议和请求。若要真正充分理解贝聿铭先生的这一行为,而不是表面上附和这一做法,就必须真正理解建筑文化的一些根本的问题和其中的某些关系。

贝聿铭对待古城北京的态度乍看起来与他设计香港中银大厦等摩天大楼的做法相矛盾,一方面是极端"保守",另一方面是极其"现代"。然而,我们不能不说,从文化的角度看,这两者又是统一的,即都是从完整性和系统性上来认识和处理文化问题的。

文化不是由某些个别的符号随意构成的,文化是由完整的符号系统组成的。个别的、从其系统中抽取出来的单独的符号只具有表意性和象征作用,比如在表演艺术中常使用的这种手法:脑后拖一条小辫,就算是清朝的顺民了,不必搬出当年的全副行头;再如在现代书房里摆上一套文房四宝,增添一些古色古香的情趣;等等。在表演艺术中使用某些个别的文化符号来表意,一般能得到观众的认可,因为这里本来就是一种假定情景或

---

①王天锡:《贝聿铭》第252页,中国建筑工业出版社,1990年。

规定情景，有那么点意思就行。但是，在现代书房，在电脑和文字处理机附近搁一套文房四宝就大可商榷，有人认为能增添意趣，有人则认为破坏了意趣，凡是认为破坏了意趣的人，他们自觉或不自觉地是从文化的整体性出发来对待这个问题的。他们认为个别符号离开了原来的系统，就失去了原有的意义，它们和别的符号系统拼凑在一起，不仅难以构成一种文化氛围，反而显得非驴非马。

这种分歧或类似此种分歧殊难统一。其实，在文化上，也如人类生存的基本境遇一般，存在着一些无法消除的悖论，我们至少面临一个维护文化的纯正性和如何使古老的文化获得新生并继续保持其活力的两难问题。如果一种文化没有遇到别种文化的冲击，它本身的生存尚无危机，那么也就无须捍卫它的纯正和完整。然而，从20世纪以来，有数千年历史的华夏文化正处于救亡图存的境地，所以就有了这类难以解决的矛盾。陈嘉庚先生及其同人从其愿望上看是想寻找两全之策，即挽救古老的民族文化，并使之跟上时代。但是这种美好的愿望在实践中未必行得通，与文化本身发展的规律恐怕也不合拍。

贝聿铭先生深谙建筑文化之精髓，他反对简单的中西合璧，提出"吸取中国古代建筑本来的格式并继续发展"的主张。显然，他是从世界文化的大格局着眼来维护中华民族文化的纯正性和完整性的。另外，他还身体力行设计了具有园林意味的香山饭店。然而在当今社会，人们不可能仅仅为了某种文化的完整性和纯正性而放弃使用本时代的精神——与技术文明及审美观念十分契合的建筑语汇。就在贝聿铭建香山饭店的同时，在北京古城周围，在北京市区与香山饭店之间，现代化的摩天大楼如雨后春笋般地钻出地面，高耸在自古就凝视着这片土地的苍穹之下。而为此感到触目惊心的，或许只有贝聿铭等少数人。大多数人都欢欣鼓舞，欢迎现代化的到来。某种文化对于精通该文化的人的意义远远大于在这方面一知半解的；或基本上属于门外汉的那一类人。文化对于欣赏它、鉴别它，把它作为研究对象的人的意义远远大于使用它、利用它，把它作为谋生手段的那一类人。人人在生活中都离不开文化、符号，但是其间的关系却千差万别。

二、文化界说

也许，这里应该要讨论一下几乎成为谜团的"文化"的定义，否则深一步的探索无法展开。

什么是文化？40年前就有人做过统计，据说定义有150种之多。即使在当时，这肯定也是不完全的统计。所谓定义是试图对某一概念和现象取得最终的界说权。倘若把每一种定义看成是"文化"一词的个别的含义，就比较太平！梁漱溟先生在其著名的《东西文化及其哲学》一书中对于文化下的界说如下："所谓一家文化不过是一个民族生活的种种方面。总括起来，不外三个方面：一、精神生活方面，如宗教、哲学、科学、艺术等是。宗教、文艺是偏于情感的；哲学、科学，是偏于理智的。二、社会生活方面，我们对于周围的人——家庭、朋友、社会、国家、世界——之间的生活方法都属于社会生活的一方面，如社会组织、伦理习惯、政治制度及经济关系是。三、物质生活方面，如饮食、起居种种享用，人类对于自然界求生存的各种是。"①

以上梁漱溟先生的文化概念简直是一张大网，铺天盖地笼罩下来，包罗万象。同样的意思而采取一种比较简明的说法是人类学家赫斯科维茨提出的"文化是人类环境的人造部分"之说。②

由于这类包罗万象的定义覆盖面广，使用方便，比较受欢迎，所以由中国社会科学院语言研究所编的《现代汉语词典》在"文化"词条下的第一种释义是这样表述的："人类在社会历史发展过程中所创造的物质财富和精神财富的总和，特指精神财富，如文学、艺术、教育、科学等。"

以上都是宽泛的文化的含义。而本文所谈论的文化，如上述"建筑文化"以及下文中将谈及的"传统文化""儒家文化"等等都取相对狭窄、比较确定的含义，即将文化看成是系统的符号的构成物。

说文化是符号，对于国人来说特别容易理解，以前我们说："学文化"就是学识字，就是识记汉字符号。不是识记一二个符号，而是识记一

---

① 《梁漱溟学术精华录》，第7页，北京师范学院出版社，1988年。
② [美]欧·奥尔特曼：《文化与环境》，第4页，东方出版社，1991年。

整个符号系列,花一段时间到某个专门场所(如学校)去学习掌握。

德国哲学家、符号学家恩斯特·卡西尔曾经花了很大的功夫来说明所有的文化形式其实都是符号形式,他认为:"人并不生活在一个单纯的物理宇宙之中,而是生活在一个符号宇宙之中。语言、神话、艺术和宗教则是这个符号宇宙的各部分,它们是织成符号之网的不同丝线,是人类经验的交织之网。人类在思想和经验之中取得的一切进步都使这符号之网更为精巧和牢固,人其实不再能直接地面对实在,他不可能仿佛是面对面地直观实在了。人的符号活动能力进展多少,物理实在似乎也就相应地退却多少。在某种意义上说,人是在不断地与自身(制造的符号)打交道而不是应付事物本身。他是如此地使自己被包围在语言的形式、艺术的想象、神化的符号以及宗教的仪式之中,以致除非凭借这些人为媒介物的中介,他就不可能看见或认识任何东西。"[①]由此,卡西尔判定:"符号化的思维和符号化的行为是人类生活中最富于代表性的特征,并且人类文化的全部发展都依赖于这些条件。"[②]依据卡西尔的见解,谈论文化、谈论创造文化的人之本性,就不能不首先关注人类的符号创造活动。

当然,这里采纳卡西尔等的符号文化观,不仅是因为这一见解比较充分、彻底,而且如此来界定,不至于使有关文化的讨论陷入没有边际的论辩之中。因为现在谈到文化,至少有符号系统作其形态上的保证,亦即作为精神财富的文化有了某种"物质性"外壳可供我们来把握,使我们由飘忽无着走向切实,走向具体。宽泛地谈文化,没有人没有文化,没有一个民族不生活在文化之中。但从符号构成文化的观点看,一个人或一个民族有没有文化,取决于其创造和掌握的符号系统的多寡。人与人,民族与民族之间存在着文化上的发达与落后的巨大差异。读书识字是一种文化,服饰穿戴是一种文化,婚丧嫁娶也是一种文化。目不识丁或对婚丧嫁娶的礼仪、礼节不甚了了,那么在这方面就是没有文化。前面提及我们日常口语中的"学文化"一词的含义或许更接近于这里所要讨论的题目,即学文化是指掌握一整套汉字系统,而不是认识个别汉字,认识个别汉字在阅读中

[①] [德]恩斯特·卡西尔:《人论》第33页,甘阳译,上海译文出版社,1985年。
[②] 同上,第35页。

不起作用。

中华民族之所以被称为文化遗产极其丰富的民族，是因为无论在生活的哪一方面，如在人际交往、饮食、服饰、建筑、绘画、书法、音乐、宗教、祭祀等方面都有很完整的符号系统，尤其是汉语言文字系统，它的悠久、稳固、严密、完整和独特的书写方式，使它成为中华民族文化的最典型的代表。当然，下文所谓的民族文化，不是仅仅指具有民族特征的某一符号体系，如文字符号系统或建筑符号系统，它同时也是这些符号系统的总和。

研究文化，不能不研究构成文化的要素——符号及其系统，不能不分析符号的本质、符号间的组合及其运用的规律，当然，这是一个更大的题目。这里，暂且还是回到贝聿铭及其建筑上来。

建筑是凝固的音乐，正是这种凝固的形态，可以使我们驻足、观赏、思考。就是外行，也能慢慢区分出哥特式建筑和巴洛克式建筑、中古伊斯兰建筑之间的差别。因此，观赏古今中外的建筑，识别它们的符号特征并不需要一般意义上的翻译。

建筑中的民族风格对于贝聿铭先生来说是十分具体的对象，有十分明确的符号承当者。符号系统与符号系统之间的界限也比较清晰，这些符号在一般人眼里或许是被动的、无个性的、呆板的和可随意摆布的，但是在建筑大师的眼里则是有生命力的、内涵丰富的和不可随意搬动的。因此，贝聿铭不能容忍不同体系的建筑符号的混淆，尤其不能容忍中西合璧式的那类建筑物。有人把贝聿铭设计的香山饭店看成是后现代建筑，香山饭店既具有传统色彩，又有现代意味，其中有着设计师对于某些建筑符号的精心策划，这和一般的符号混用应分而视之。有关后现代文化的符号混用，是一个特殊的课题。

对于建筑语汇的纯粹性不很敏感的人也许会惑于贝聿铭先生的这种态度，但是即便丝毫不懂建筑艺术的人也能接受和欣赏这位建筑大师在世界各地设计的风貌不同的建筑物，能感受到他所设计的造型新颖、奇特的建筑物的内在协调性。贝聿铭所运用的建筑语言既非中国传统的，也非西洋古典的，而是地道的现代建筑语汇。但是，这不妨碍他吸收中西文化的内在神韵，某些古老的原则是永恒的原则，它们完全可以脱离具体的符号系统和外在形式存在下去，但是人们若接受这些原则或精神则需要形式，需要符号的提示和启迪。

在某些人看来，那些传统的、古老的、在以往的历史年代曾经十分流行的符号已经枯萎、僵死，若要复活它们，弘扬传统文化，就必须将它们与现代的文化符号嫁接。例如，将京剧唱腔与现代音乐嫁接，取阴阳五行为本的中医理论加入以解剖学为基础的西医理论，以大型交响乐的方式演奏民乐，在二胡中加入小提琴的技巧手法，或在国画中汲取西洋画的创作手段方式等等，其成功和受欢迎的程度虽然不等，可是作为一种可尝试的方法，总有人在做着不断的努力。

但也有人以为古老的文化如同密封状态下保存着的稀世珍品，唯其原封不动时，风韵尚存，若随意搬动、挪用、嫁接，则立即风化。这些人尤其不能认可不同系统的符号的拼盘式的"结合"。

这前后两类人的分歧不是文化趣味上的分歧，也不是什么文化专业人员与一般业余爱好者的分歧，其根本的区别在于符号形式的价值和功用在他们身上会产生不同反响。真正痴迷于某一文化的人，该文化符号对于他们有一种不可抗拒的魔力，符号的意义在于符号形式本身而不是形式背后的东西。某些寓言故事中嗜财如命者对于金币本身的喜欢和爱不释手，超过金币的交换价值，这些守财奴的形象有点类似于他们。简言之，就是文化因子已经渗入他们的血液之中，他们对某种文化符号所做出的种种反应不是凭借冷静的理性思考，而是凭直觉，凭本能的冲动。诚然，文化是人类文明发展的产物，文化符号系统的精致、复杂、详密，处处表明人类理性思维昂首阔步、向前推进的光辉战绩，然而这只是整个人类的思维进程。对于每个人来说，无论是先天遗传还是后天训练，他们对某一种文化符号的感受首先是直观感受。符号的成立需要符号背后的意义世界作保证，但是意义世界是游移的、飘荡的，并且在不断地扩充，而符号的运作则相对稳定，这种稳定性构成了符号本身的魅力。这种魅力是如此独特，以至它使符号系统具备了独立的价值。所谓个人对符号的直觉性冲动，就是对这种独立化价值的深切体悟。就贝聿铭来说，其学业是在大洋彼岸的美国完成的,其建筑事业的根基也扎在大洋彼岸。有关资料表明,他自1935年离开故国,远涉他乡之后,直到1978年才重访大陆。可是他一到北京就被故宫庞大的建筑群深深打动,也许可以说在他心头涌动的就是这类冲动、这种体悟。故宫建筑的无穷魅力是多方面的,作为中华民族的游子,故国的江山、人情、草木无不动人。然而,作为一个建筑师,作为一个深受西方科学和建筑学熏陶的专家、艺术家,他对中华民族古建筑群的热切眷念之情却无法与他人共享。以故宫为代表的中华古建筑对于一个不谙建筑艺术的人,其含义绝没有它们在建筑家那儿那般丰富和多姿多彩;同样一个普通的建筑师也不可能像贝聿铭这位世界级的大师那般来读解中国古代的建筑符号。贝聿铭本人的杰出的实践经历和丰富的阅历使他对秉承不同文化传统的建筑符号的个性、特质有卓绝的领悟和深刻的认识,他把它们当成独立的生命体看待,并不去肢解它们。他深知每一种独具风格的建筑语言都是建筑师"研究光线中体积的处理,探索空间中运动的奥秘"[1]的一种方式,而不仅仅是一种象征。比如人们通常把某一类古建筑看成一个衰落王朝的象征,或者仅仅把它与某一民族的传统习俗紧密联系起来。如果对某一种古老的文化的读解只是停留在这等程度上,那么可以说这还远未识透这种文化的精髓,因为这种读解没有进入该种文化的本身,而只关注该文化的外部联系。

诚然,某一种文化的初创需要时代精神、时代气氛的呼唤与烘托,看到镌刻在青铜器和甲骨上的文字,我们或许能想象到华夏民族的先人当时生活在怎样的一片混沌的气氛之中,周围的形象世界是如何同人们的内心世界融为一体的。有关传说中称仓颉"仰观奎星圜曲之势,俯察龟文鸟迹之像,博采众美,合而为字"等等,煞是活灵活现。然而,一种文化由初创到成熟,并在这过程中流布四方,跨越时间和空间,有其本身内在的合理性和运作规律,时代的剧变、地域的变迁有时并不能对其施加多少影响。就比如说建筑文化,其内在的合理性和运作规律就是建筑物在空间中的位置、形状、光线以及它和周围环境的关系,这是建筑语言最本质的力

---

[1] 王天锡:《贝聿铭》,第257页,中国建筑工业出版社,1990年。

量。因此,著名的普利茨克国际建筑奖评委会在授予贝聿铭此大奖时,在评语中开宗明义说道:"本世纪最优美的室内空间和外部形势中的一部分是贝聿铭给予我们的。"①

站在"空间关系"这一角度来看待建筑文化,读解有关的符号,那么各种建筑语言的产生和新陈代谢就一目了然了。可以说某种建筑语言的产生,反映的就是该时代人们对空间关系的一种认识(当然,这种对空间关系的认识并非是纯观念性的,它还通过具体的建筑材料的配置呈现出来)。例如,我国封建时代的园林建筑就代表了士大夫的趣味。

中国的园林是由建筑、山水、花木等组合而成的一个综合空间,当代建筑学、园林学专家陈从周教授在其《说园》一书中称,园林建筑讲究"叠山理水",要造成"虽由人作,宛自天开"的境界。古代园林中的山水空间关系,简而言之是"范山模水,用局部之景而非缩小(网师园水池仿虎丘白莲池,极妙),处理原则悉符画本。山贵有脉,水贵有源,脉源贯通,全园生动"。②

正是从空间关系出发,陈从周教授认为园林景物有"静观、动观之分",又有"仰观、俯观之别"。

> ……何为静观,就是园中予游者多驻足的观赏点;动观就是要有较长的游览线。二者说来,小园应以静观为主,动观为辅。庭院专主静观。大园则以动观为主,静观为辅,前者如苏州"网师园",后者则苏州"拙政园"差可似之。园林景物有仰观、俯观之别,在处理上亦应区别对待。楼阁掩映,山石森严,曲水湾环,都存乎此理。"小红桥外小红亭,小红亭畔,高柳万蝉声。""绿杨影里,海棠亭畔,红杏梢头。"这些词句不但写出园景层次,有空间感和声感,同时高柳、杏梢,又都把人们视线引向仰观……至于"一丘藏曲折,缓步有跻攀",则又皆留心俯视所致。因此园林建筑物的顶、假山的脚、水

---

① 王天锡:《贝聿铭》,第257页,中国建筑工业出版社,1990年。
② 陈从周:《说园》,第3—4页,山东画报出版社,同济大学出版社,2002年。

口、树梢，都不能草率从事，要着意安排。①

王朝的更替，帝祚的移位，只要没改变人们对空间关系的认识，那么这类建筑语言仍有其生命力。当人们对空间关系有了新的认识，建造起摩天大楼并用现代雕塑来装点环境时，小家碧玉式的园林建筑的地位就改变了，它成为一种历史。人们有时需要历史，梦想到历史之中去漫游，因此人们有了摩天大楼和现代雕塑之后仍需要保留园林艺术，正好比有人突发思古之幽情，穿起全副古装来搔首弄姿并留影纪念一般，仅此而已。

三、原创性与生命力

这里，自然涉及这样一个问题，即文化的生命力的源泉问题。文化的生命力源于何处？是源于符号系统本身，还是源于符号背后的意义世界？笔者的看法是给予某一文化以生机的是该文化的符号形式本身，而不是对于该文化的种种阐释。认识一种文化，理解一种文化当然离不开了解有关该文化的种种意义阐释，但是意义阐释的多样性是基于符号系统所提供的丰富的暗示基础之上的。比如园林建筑艺术有极其丰富的意义含量，它多少表示着文人士大夫居于闹市而"萌出世之念"，"辄作山林之想"的风尚，但是这一切是以园林的疏密相间的布局和散淡、典雅的景观为基础的，舍此就难做此种阐释。

由此，我们可以说文化上的真正创新在于创造新的符号系统，以此来更替旧有的、其阐释含量逐渐枯竭的符号系统，而不是拆东墙补西墙，拼拼凑凑，在各种不同体系的符号之间嫁接、腾挪或重新组合。当然，符号嫁接的现象在今天这个时代十分普遍，无论从实际需要出发，还是从创造新的艺术品种的愿望出发，或是从改良民族文化的宏图出发，这都是一条捷径。然而，文化的改良品种绝无原创性文化符号那般有力度和振聋发

---

① 陈从周：《说园》，第3—4页，山东画报出版社，同济大学出版社，2002年。

联。埃及的金字塔，中国的故宫、长城，巴黎的埃菲尔铁塔等令全球人瞩目的伟大建筑，其超越时空的魅力和巨大的震撼力既来自其体积的雄大，亦来自其符号的原创性。不能想象如果把似曾相识的、不同系统的符号统统堆积在一起，会产生什么效果。符号之间的摩擦，符号的不同意象所造成的暧昧、模棱两可，将抵消它们所产生的原始魅力和来自懵懂未开的心底的深宏的震撼力。虽然，许多文化改良品种会被制作得很光滑，某些因嫁接产生的裂缝和断层将被掩盖得很好，可是，原创符号所有的鲜明的色泽和强烈的光芒也因此而被掩盖、遮蔽或调和起来。如果不是从使用的角度或从某种意识形态出发，而是从文化欣赏的角度来面对中西合璧的建筑、中西合璧的绘画、中西合璧的音乐（甚至中西合璧的京剧）和中西合璧的医学，那我们心中会升起怎样一种感情呢？我们会发觉自身很难沉浸于其间，陶醉于其间，忘情于其间。符号的假借、嫁接、拼凑，处处显示出组合者的技巧、实用、左右逢源和冷静的理智的力量（例如有人在古老的长城脚下，组织了一场贝多芬交响乐的演奏会，作为交融中西文化的一种努力），但就是缺乏使人迷狂的伟力。

关于原创符号的神秘的伟力，对人类来说或许永远是个谜，就如为什么人类能制造出如此复杂、细密、互相交叉的符号世界一般。然而这丝毫不妨碍人们对原创符号的崇拜和追求。也许可以这么说：要保存一种古老的文化，就该保存该文化的全部符号系统（断简残片是不能算数的，虽然也能延伸出无边的遐想）；而创造一种文化，那么就该创造出新的符号和语汇来，以其崭新的、迷人的光芒照耀我们。基于此，我们不难理解贝聿铭在某次国际建筑奖领奖仪式上的一段自述，他说："我属于那样一代美国建筑师，它们的建造活动是基于对新建筑运动的先知先觉，并对这个运动在艺术、技术和设计领域里所取得的有意义的成就坚信不移。我也痛切地感到，这些年来在新建筑运动的名义下逐渐形成的平庸状态。尽管如此，我还是相信这个传统必将继续下去，因为它绝不是过去的遗迹，而是激发现在并赋予其活力的生命力。只有以这种方式，我们才能发展和提炼一种建筑语言，与今天的价值观共鸣并能创造出风格和实质上的多种表现手法。除此之外，我们还能希望用什么来为我们的城市、村镇和邻近区域建造一种有条不紊的物质环境呢？"①

当然，这里也更不难理解为什么贝聿铭先生在大洋彼岸（甚至在一湾之隔的香港），锻造和提炼新的建筑语言，而又对故国的传统建筑语言敬若神明，不愿意在紫禁城附近建造任何建筑物，怕破坏了原先的格局。

自然，这里必须清醒认识到，原创符号往往是在一个相对封闭的环境中产生的。而在一个开放社会，在大众传媒发达、"天涯共此时"的后工业社会中，一方面是符号的泛滥（商品、广告、图像、电脑信号），另一方面是原创符号的"制作"显得越来越困难。因为这种"原创性"将受到历史的影响和剥蚀，也被相似相近的符号系统所侵袭，文化的困境将伴随着文化的繁荣和膨胀而来，所谓东西文化之争或中西文化的交锋将淹没在全球性的符号泛滥之中。而在这个时代到来之前，我们所能做的就是理清符号、话语、民族文化三者之间的关系，对符号的更替和文化的承传或变异有了然的心理准备。

四、符号和话语

民族文化——更确切地说——民族的传统文化，对于今人来说是财富，也是包袱，谁也无法完全包揽下来，或者轻易地割舍掉。20世纪以来，有关传统文化的生命力、古老华夏文明的更新和再生、中西文化孰优孰劣、中体西用还是西体中用等等，断断续续地争论了近百年，至今未有妥协的结论。环看全球，没有一个民族在此问题上纠缠如此之久而又如此惊心动魄，没有一个民族为传统文化的摒弃决绝的捣毁者和悲愤欲绝的辩护者双方提供如此慷慨陈词的宏大场面和绵绵无期的时日（当然，也没有一个民族有这般悠久而又连绵不断的历史文化）。

笔者无意投入这场旷日持久的争论，取人们熟知的这种或那种立场来搜集材料，提出论点，拥戴某一方或者贬斥另一方。如这样，无异于掉进

---

① 王天锡：《贝聿铭》，第256页，中国建筑工业出版社，1990年。

了巨大的旋涡或难见天日的深井。笔者认为，若从符号、阐释话语构成文化的角度来探讨这个问题，似可消解上述论争，并把问题引导到更加具体切实的方面上来。

事实上，关于中西文化的比较而引发的种种问题，传统文化的继承和更新等等，为与汉语言文字符号及以此为中心的其他传统符号体系打交道日深的那部分诗人、艺术家和从事这方面研究的人文学者（比如海外的新儒家）所深为关切，他们对此有着种种深邃的思索、难以排遣的情怀和深邃的忧伤。在他们看来，民族的兴旺、民族的自尊与民族的文化是一个巨大的统一体，不可分离。所谓民族传统文化的再生和现代性转换实际上是在这种思路上提出的一个完美的、一厢情愿的设计。在这个设计中，既有宏富的传统文化作馈赠，又有现代科技文化之便利。而所有的焦灼和烦躁均来自这两者的不能统一和无法如愿以偿上。

相对来说，文化上的这种矛盾并不能引起从事自然科学和现代科技文化的研究者、工作者多少焦虑和烦恼，至少在他们所从事的专业范围内没有类似的疑云笼罩。在自然科学和现代科技文化领域内，谁能取得卓越的成就，谁就能为自身，同时也为自己的民族争得一份荣誉，而不必为其所运用的语言符号的原创者的"非我族类"感到羞愧。一个斯拉夫人并不会因在某些方面曾步拉丁人的后尘而产生民族情感方面的压抑，同样，一个盎格鲁-撒克逊的后裔也不会因为师法日耳曼人而深感愧疚。现代科技文化的符号系统，在其形成过程中并不仅仅依赖某一个民族独有的智慧，声、光、化、电及百多年发展起来的各门新兴学科是全体人类智慧的结晶，各民族的精英均为此贡献了自己的心血。在这些领域内，人们不分民族、肤色、习俗、语言，都使用着同一套符号体系。研究者的家国情怀和民族偏向都无法透过其所运用的符号表现出来。现代科技文化的跨民族和世界化趋向，至少表明以下两种情形：第一，任何一种有前景的文化，其开拓与发展已无法囿于有限的民族空间，任何一个民族都难以在不受其他民族和外部世界的影响下，独立、封闭地构造出一套完备、表意丰富的现代文化符号体系（当然，交通通讯技术和大众传媒的发达起了关键的作用。）第二，人们自觉地以对待传统文化所不同的态度和方式来对待现代文化。视野宏阔、心胸开朗的现代人无意在各民族间设置文化障碍而阻塞有益的精神交流。人们相信采纳其他民族创立的符号和符号规则非但不会扼杀本民族的创造力和文化活力,反而会使本民族在精神和文化心理上益发成熟和完美。

现代科技文化是开放体系,因此,最初的开创者和纷至沓来的后继者、加盟者都在其间扮演同等重要的角色。如果说,传统文化是一个民族内部精神交流的产物的话,现代科技文化则是全球范围内人类交往的记录与产物,在此领域内的贡献取决于具体的实绩而不在乎谁先插上一块"到此一游"的标牌。恰如体育竞赛中项目的设立,源起于哪个民族无关紧要,关键是要在竞争和较量中独占鳌头,创下新纪录。

然而,尽管我们可以将传统文化和现代文化作清醒而又冷静的划分,但是,我们仍然无法摆脱所面临的尴尬:文明的进程总是打乱和超越各种人为设定的界限。特别是在一个有5000年历史文化的民族中,现代文化和传统文化之间难以划出显明的精确的界限(特别是在人文文化中),某些古老的原则,前贤先哲的遗训在今天的生活中依然发挥着相当大的影响,指引人类文明向前拓展的主导精神更是承先启后,未有穷期。

历史在1789年、1840年、1911年、1945年,甚至在某一个日期如7月14日、10月10日或7月7日会发生某种质变,出现根本的转折,但是,人类精神绝不会在某一个年份或在某一个日期上因了一种外在的机缘而猛然截断,前后迥异。精神的绵延性是传统强大之所在,而强大的传统总是通过各种渠道越过物质的障碍留存下来,对现代文化施加影响。

问题的另一个难点在于人类的情感并不与文化进展同步。从情感的角度看文化,毋宁说是"越陈越香"。传统文化是一个民族最深沉情怀之寓所,人类的早期记忆像个体的童年经验一样,在其日后的成长过程中会留下永不磨灭的痕迹。而这些痕迹的对应物就是传统的文化和礼仪,就是淳厚的民俗与古老的风尚,就是历史悠久的文化符号。这些原始符号最初虽然是偶然冲动的产物,来自倏忽的闪念、突发的奇想和冥冥之中的启示,并且在人类理性远未成熟之际就已形成某种格局。但是由于它是伴随着人类,伴随着人类理性共同发展和拓进的,其间交织着成长过程中全部复杂的文化心理和情感历程，传统文化之流是奔腾激荡又绵绵不绝的民族情感之河，童年的憧憬和向往、童年的幻想和迷惘、童年的欢乐和痛苦、童年的智慧和境界统统汇流其间，并在日后漫漫的岁月中经久不息地释放出来，对文化的进程、文化的流向施展种种有形的和无形的影响。

物质的力量，技术的力量对某一具体文化所产生的作用是可以估算的，而情感的力量，心理的力量则难以衡量。事实上，当我们将文化划分为传统的和现代的，已经在不知不觉中步入了某种窘境。因为作这一划分的缘由是时间的分野，是历史进程的序列，而文化上的传承和变异，一种文化和另一种文化的差别等等，虽然有其相关的历史背景作衬托，可是，其根本的动因在于文化本身，在于构成文化的各个因素（物质的、形态的、符号关系的，等等）的结合和异动。若离开具体的文化构成形态，按惯例粗浅地将文化划分成传统的和现代的（或自然科学的、社会科学的、人文科学的）不仅只有部分的有效性，并且在划分的同时也筑起一条无形的樊篱，会诱使人们以不同的态度来审察同一种文化，或以相同的目光来对待不同的文化。

本文从符号、话语、民族文化这一视角切入，就是为了跨越人为的鸿沟和障碍，进入文化的底里。

认识和分析文化问题最切实的途径就是从具体的物质性形态入手，有所伸展和开掘。而符号和话语就是文化的最基本形态，似可说，文化难题的全部症结都隐藏在符号和话语的关系之中。其他的因素，历史的或社会心理的因素只有通过前者才能显示出其深厚的磐石般沉重的或疾风般轻快的移风易俗的伟力。

文化的形态是由符号和话语共同显示的。

符号是文化的物质部分，是可视可触可感的部分。在语言文化中它是文字（包括书写的或发音的表示方式）；在绘画中，它是色彩、线条、图形；在某些自然科学中它是概念、术语，是X、Y等指代字母。

话语则是符号的组合，体现各符号之间的关系。所谓文化的形态更多的是由话语来呈示的。因为，符号系统是静态地展示文化，它往往使文化日趋定型、规范、凝固成具备某一特征的品种，以区别于文化的其他品种。例如，绘画归绘画，书法归书法，操琴则操琴，弈棋则弈棋。而话语是动态地展示文化，它在联络、组合符号的过程中使文化的内在层次和各个侧面都得到绰约多姿的展示。而且，最令人惊叹的是，它能使各种文化之间的差距缩小，互相沟通、融合、取长补短乃至产生出新的文化品种来。古人所说的"诗中有画，画中有诗"多少是道出了其中的奥秘。

当然，话语首先是有个性的，它是个人的创造性产物（而符号则是约定俗成的），它源于个人对文化符号的独特的体悟。理解话语功用的最佳捷径是理解诗。几千个汉字可以组成无数首诗，每一首诗可以看成是一种话语，一种以语言来表达情绪、思想和感觉的方式。许多诗歌大同小异，许多话语也大同小异。大同小异的诗歌不能简单地归并成一首诗来看，但是，大同小异的话语却可以作为同一种话语来对待（也许只有这样才最为妥当），因为话语主要关系到符号组合的模式、逻辑关系和选择的方向。就是说，在谈论诗歌或其他艺术作品时，我们探讨风格，着重研究艺术家的个性气质在作品中是如何流露的、如何表现的，那么，在看待话语时，我们则着眼于符号和符号的运用规则、轨迹等等。而话语的个人性主要就表现在符号运作的独特性，开辟出新的逻辑关系和模式等方面。在一部诗歌史上，真正优秀、卓绝的诗凤毛麟角，同样，在人类文化史上，有代表性的、领时代潮流的话语也总是百里挑一。实际上，患失语症的文化人在任何时代都不在少数。他们引用、转述、重复、模仿、抄袭那些有代表性的话语来"创作"或从事文化工作，就像许多父母在给孩子讲故事时由"很久很久以前……"来开篇一般。

不过，话语的被引用、转述、重复乃至改头换面的抄袭并非是文化史上的不幸，相反，文化的进展和演化得力于种种不同程度的借用和转述。有代表性的话语是文化史上的高峰，从远处遥望，这些高峰是孤耸的、拔地而起的；逼近看，高峰与高峰之间有慢坡相连，孕育高峰的是低矮的坡地和广袤的大地。

话语的历史表明，卓绝的、有个性的话语尽管是以独创性为标志，但是，此种创造性是相对于整个文化史而言的。一种新的话语是在以往的话语的排斥、拒绝或修正、更新中产生的，但是，新话语的生成，毕竟依赖于以往所有的话语所提供的养分。因为话语越趋成熟和完善，其符号的组合关系就越是复杂。它不可能一蹴而就，只能求助于丰厚的历史遗产。如果说，某一原创符号的产生，得力于天启和神助，是命运假借天才之手来完成的杰作，那么，体现符号特殊组合关系的卓绝的话语则是历史的馈赠，是历史借文化大师之手来造就的伟绩。

符号——话语文化观虽然与结构主义语言学的言语——语言观相应，并且大大受益于后者，可是其间有着差别。结构主义语言学强调语言系统的共时性，因为，在索绪尔看来，"所谓'语言的'，就是指共时的和表示意义的。由于任何系统都不同时跨着几个时代，所以并没有什么'历史语法'"。[①]

语言学家认为，"我们研究语言事实的时候，第一件引人注目的事情是，对说话者来说，它们在时间上的连续是不存在的。摆在他们面前的是一种状态，所以，语言学家要了解这种状态，必须把产生这种状态的一切置之度外，不管历时态。他要排除过去，才能深入到说话者的意识之中去。历史的干预只能使他的判断发生错误。要描绘阿尔卑斯山的全景，却同时从汝拉山的几个山峰上去摄取，那是荒谬绝伦的；全景只能从某一点去摄取。语言也是这样，我们要集中在某一个状态才能把它加以描写或确定使用的规范。要是语言学家老是跟着语言的演化转，那就好像一个游客从汝拉山的这一端跑到那一端去记录景致的移动"。[②]

强调"共时性"研究，是语言学家明智的选择，因为比起符号能指的形态差别所显示的功能差别，符号能指的历史性演变几可忽略不计。前者是被即时的情状所规定，后者则是偶然的和因时而变的。前者的符号能指处于同一的功能场中，后者则归属于不同的功能场。因此，提出"共时性"实际上就是为研究和描述划定可行的范围。

但是，话语作为文化的某种"语法"和"系统"，其运作不仅不受"共时性"的限制，而且它的存在价值恰恰是在历史的比较中得到体现的。

---

① [瑞士] 索绪尔：《普通语言学教程》，第186页，高名凯译，商务印书馆，1985年。
② 同上，第120页。

话语中所反映的符号组合关系往往是某些可以前后承传的基本准则。特别是在传统文化品种中，这类准则十分牢固，成为某种固定的程式和套路。至于文化的每一步拓展和前进，其衡量标准就是看在多大范围内对已有的准则进行补充、丰富、突破和改变。例如在西洋绘画中，印象派画家对古典画派准则的背离，其后，立体主义画派的另辟蹊径，其实就是绘画话语的突破和创新，这些突破和创新只有放到历史背景上去看，其面目和轮廓特征才清晰完整。亦即某种文化的历史成为认识该文化话语的基准。

　　狭隘地看，一种新话语的产生对已有的话语构成威胁，话语之间有排斥性。运用一种话语就是放逐和抵制另一种话语。人们为福楼拜而放弃巴尔扎克，为法国新小说而放弃传统小说；为洛可可式而放弃哥特式，为现代建筑而放弃古典的或浪漫时期的建筑风范。但是，实际上，没有一种真正有价值的话语会被完全遗忘或放弃。每一种有影响的话语中的某些成分都对其后的文化保持着永不消退的魔力，正像《诗经》《楚辞》《荷马史诗》对数千年的中西文化产生着深远的影响。而且，这种影响并非都囿于固定的范围，如只对同一种文化品种或同民族文化传统有渗透力。常常是这样的情形，各类话语相互交叉，互启，在文化流布中被传播、吸收，也被分割、组合和扩充，而后以诱人的新貌崭露于世。只要质询历史，只要肯花工夫在时间的长河中淘洗，我们就能在现代文化话语中窥见古代话语的蓝本和缩影，在一民族的文化中发现另一文化的精粹。或可说，正是话语承传的历史性和符号差异的共时性构成了变化万千、难以说尽的千古文化。因此，关于文化的继承和借鉴、文化的革命和创新等等，本论著均从符号和话语自身的规律及两者之间相互关系着手，来进行讨论。无可否认，文化的发展、流变或式微在很多情形下取决于大环境，取决于社会的、历史的、心理的、时代风尚等多种因素。这里所探讨的符号——话语关系，则是取一种最切近文化本身（文化的物质因素和程序安排）的描述方式来表述文化而已，只不过这种方式未为人所注重，这一种疏忽常常使人们跨入误区，以为文化问题与具体的、烦琐的符号和符号运作方式无关。

　　当然，文化本身的精神性、形而上性也往往使人们忘却文化的"肉身凡胎"，忘却灿烂的、炫人耳目的精神宝库是由具体的、一个一个的印刷字码或其他物质符号所构筑的,并始终受其限制。人们大都从观念变迁、情感陶冶、思想更迭等精神功用方面来观察、认识文化,在不受具体的物质形态条件限制的情形下来谈论人类的种种精神现象,结果跌入了一片混沌和循环论证的深远之中,难以自拔。而符号——话语文化观的提出,只是给飘忽的、抽象的文化讨论以一块坚固的实地,并警示人们:任何精神活动的起因均源于某种存在——即便是符号的存在。

符号—话语的提出,不仅是文化描述的切近之道,而且它还能解释某些令人费解的、奇特的现象。

中国新文化史上最令人瞩目的现象之一,是陈独秀、胡适等新文化运动的领袖在中、晚年后对传统中国文化的依恋和皈依。陈独秀潜心于小学,胡适热衷于考订《水经注》,还有刘半农、钱玄同等人对于国学重新燃起的热情,这与早年对旧文化的决绝判若隔世。鲁迅若不是忙于思想战斗,被迫"横站",与腹背双方的对手交战,或者天假以年,活到古稀之岁,十有八九也会将精力投射到传统文化的研究和阐释中去。他早年在绍兴会馆钩沉碑帖,而后对青年学子讲授《汉文学纲史》和《中国小说史略》,似乎都预示着这种可能性。还有一位政治伟人的文化兴趣也呈现出同样的轨迹——毛泽东是在20世纪初涌进国门的各种新思潮影响下成长起来的一代革命者,到60岁,还在孜孜不倦地学习外语,对自然科学宏观如天体物理、微观如基本粒子、漫长如生命演化等问题都充满着浓厚的兴趣。但是晚年在他书房中堆满的则是中国的古籍。他在与人随意交谈中脱口而出的是古人的诗词和古人的警语、掌故,是历史。

这些"五四"前辈晚年的文化兴趣并不能作为他们思想激进或保守的凭据(遗憾的是有不少论著恰恰以此为依据),也不能由此归结为传统文化的神秘感召力的无处不在,应该说这一代人物的文化兴趣昭示了符号—话语的根深蒂固的魅力。

博大精深,对于古今中外的文化有透彻的理解是一回事,具体到娴熟地操作和运用则又是一回事。"五四"一代人深受传统文化熏染,虽然身处大潮涌动的新世纪的门槛,虽然为每一种新思潮的产生而击节欢呼,但他们是凭借有数千年历史之久的汉语言文化和思想文化来认识、理解、思考眼前一切的。因此，随着岁月的推移，对世界和各民族文化的理解越深越透彻，在此过程中也越扩大着传统文化的内涵、认识功用和负载力，越能感悟到传统文化的完整、自成体系及深奥和难以说尽。故步入晚年，自然一洗少年时对文化的狂躁的看法和见解。

中国近代的落后与传统文化的格局和缺乏活力相关，但是并不必然。传统文化没有被赋予新的活力不是文化本身的错误，而是运作文化的人和其他多种因素使然，如政治情状、社会生态、群体素质等等。仅将中国近代的落后归于中国传统文化是既不能证实，也无法证伪的事情。只是由于文化概念模糊或人们习惯于将其作包罗万象的解释，遂成了所有问题的替罪羊：政治不民主、科技不发达、不卫生、不健康、不礼貌等都归咎于传统文化，仿佛传统文化不是具有相对稳定和客观内容的对象，而是具有主观能动意愿的幽灵，它在所有的方面都阻挡着历史前进的步伐。而另一方面，同样的思路，使另一些学人相信中国传统文化的现代性转换是能解决当今所有问题的，甚至能解决整个现代社会中价值与良知背离、道德沦丧、人性乖谬等疑难病症。因为中国灿烂的5000年文化在其源头上是有过一段欣欣向荣的时期的。"周监于二代，郁郁乎文哉！吾从周。"既然孔子这位传统文化的继往开来者也确认一个那么美好的时代是与文化的传统（夏商二代）及文化的繁荣（郁郁乎）相关联，那么在新的历史条件下促其再生，必能功到事成。

然而，文化有自身的规律，并不能事事如人愿。鄙视它，厌恶它的人未必能真正舍弃它、抛离它；欣赏它、抬举它的人未必能改造它、引导它。况且，从符号文化观着眼，传统文化其实是许多不同符号体系的一个共同称谓。认真地对待它就必须个别地研究它们，认识它们。首先，将各个符号系统所代表的文化区别开来，如将语言文化和其他功能性文化区别开来，在语言文化中还要将思想伦理文化同政治文化及诗词曲赋等审美文化区分开来。亦即当我们说要弘扬传统文化或抛弃旧文化，就意味着必须对标志着某一文化的符号系统进行处理——加固扩大或干脆废除！如果不直接面对符号系统，忽略它的存在，藐视它的功能，绕过它来空谈什么文化，那么一切努力都是徒劳的。

这里必须提到一种比较流行的说法，即面对传统文化，我们应该吸取其民主性的精华，剔除其封建性的糟粕。从愿望上讲，这无疑是对的，但实际上，它不能解决文化发展的根本问题。但这里只涉及一个层面——话语层面。例如，从孔子学说中提取出合理的成分，从儒家思想中采撷今天看来仍然有价值的部分加以运用，同时将附着其上的陈旧的价值观和某些无生命力的思想学说予以剥离等等，对文化的这种态度和处理方式只能涉及话语，而不涉及符号系统本身的结构。因为儒家学说中的精华部分和陈腐部分使用的是同一套符号能指。从现象看，只是由于它们的组合关系不同才呈现出不同的思想内容，好比同是西装，由于具体的搭配不同，颜色不同，穿在有的人身上则显得精神，穿在有的人身上则显得不伦不类。

如果由此就把话语的扬弃当作文化发展的根本问题，将优秀的话语看成是文化生命力的全部体现，那就永远不能解开文化之谜。如果这一立论成立，全世界的优秀文化互相补充，早就合为一体了，或迟早会合为一体，因为，没有任何理由任何力量可以阻止人们将东西方的优秀文化都继承下来，融会贯通。但是，实际情形是符号能指成为各民族文化合流的不可逾越的障碍。即如中西医结合——如将中医的辨证治疗和西医以解剖为基础发展起来的全部理论取长补短，合为一体，可谓十全十美，珠联璧合——其无法克服的矛盾不在于不同经验的交流，而是由符号迥异所带来的实际困惑和理论矛盾。倘若弥补矛盾，以功能性病变和器质性病变来读解"气血两亏"，那只是西医理论对中医的阐释，这种读解越成功，越有取代性，则中医文化越濒临困境，反之亦然。

应当说，文化之谜，文化问题的神秘性就在于符号—话语这统一体中的种种对立和矛盾。这就是本文中将着重阐述的以下这样的一些关系，即：

符号创造的偶然性与话语的规律性。

符号的稳定性与话语的阶层性、阶段性。

符号的民族性与话语的个人性。

符号的排他性与话语的兼容性。

对以上这些关系的清理，有助于我们认清文化的完整形态和它的特性。至少能了解一代人意欲改造文化的宏愿将受到什么样的客观条件的制约。

现在，应该来谈谈文化描述的困境，并不是想指出任何一种描述视角都存在盲点——这是毋庸置疑的——而是欲指出所有文化描述的困境：即历史的非理性和逻辑的理性之间的矛盾。文化在历史中穿行，其发展过程中随机的因素很多，虽然偶然中包含着必然，但是，那是历史的必然，不是逻辑的必然。历史存在于逻辑之外。然而，对文化的描述则遵循逻辑，因为一种描述即代表一种话语逻辑，没有逻辑就无法构成话语，亦不成其为描述。尽管在描述过程中所依据的材料统统来自历史，并且经过整理的历史会呈现出可爱的合人心意的面貌，历史也常常有逻辑化的倾向，但是，历史的进一步发展却常常以消除种种逻辑设定为前提。可以说历史发展的各种机遇越多越丰富，它和文化逻辑的冲突就越大。

以符号—话语文化观看，文化的逻辑是符号的逻辑，是符号系统化、规范化的逻辑，是符号在其运作过程中不断调整，越发精细越发严整的自组织过程，故一种文化一旦形成，就能自成体系，表达完整的意义。并且其体系性越强、意义越完整越丰富，就越表示着该文化的成熟。几乎所有的传统文化都能证明这一点。然而，20世纪中叶以来的历史对这一逻辑表示怀疑。

近半个世纪以来西方后工业社会的发展越出了以往的历史图景，有关种种未来的预测：社会发展的预测、文化前景的预测统统露出了破绽。这不仅是历史对逻辑的嘲弄，非规范非系统对规范和系统的取笑，也是高速度对低速度的一种难堪的挑战。

因为，符号能指的系统化规范化与所指的精密化清晰化均需要一定的过程，该过程以一定的时间长度作保证。在漫长的农业社会，无论是符号，还是符号意义，其产生的速度相当缓慢，所谓缓慢是指在一定的单位时间内产生的符号数量很低，人们有足够的余暇去消化它、规整它，将它们分门别类地注入各个系统，而那些未受规范的符号则在时间的长河中慢慢消退。因此几乎所有的传统文化在人们眼前都显示出和真理同一的毋庸置疑的面孔，面对传统文化就如同面对历史的缩影。

进入工业社会，符号产生的频率加快，符号的种类繁多，虽然人们整理符号的能力亦随之加强，但是，现代人文文化远比传统文化来得轻松来得松散、活泼、边缘模糊和组合性强,这是由符号能指和所指的膨胀、交叉、覆盖及由此而带来的歧义、含混所导致的局面。故现代人文文化一方面日趋精细(由于符号体系和种类的增多),另一方面则有大量的能指游离在各门文化之间,徘徊彷徨。这种情形表明文化之流已开始偏离固有的、由历史和惯例设定的河床,干流和支流、干流和干流、支流和支流之间的定位也出了问题。自然,现代文化既然由传统文化脱胎而来,其绳墨规矩大多有传统的影子在,人们在心理上也是依照过去的惯例来理解文化,看待符号的,因此,对待文化的传统的态度限制了或拘囿了人们对现代文化的认识和理解。人们面对的是现代文化,而对待和处理文化的思路和方式则是古老的、缓慢的。人们非此即彼地、分门别类地、经纬分明地将各类文化现象区别开来,分别界定,但是仍然有许多似乎是乖谬的现象在界定之外,于是乎现代文化给人们带来了众多的难题和困惑,这些难题和困惑造就了一大批现代批评家和现代文化史家。他们必须向人们解释那些没有生动形象的色彩和随心所欲的笔触(甚至胡乱涂抹)为什么也可以称之为艺术,并把它们归入某一种类;他们必须向人们解释那些无旋律的噪音或震耳欲聋的宣泄为什么也能称之为音乐,并给以音乐史上的一席地位;他们还要向人们解释某些莫名其妙的或哗众取宠的行为为什么可以作为一种文化行为来看待。

他们的解答,有的帮助人们消除了困惑,但更多的则是增添了困惑,因为建立一种新的理论规范所需要的稳定状态(如一定长度的时间、一定范围内的认同等等)总是被层出不穷的、难以归类的符号所打破。特别是那些仅仅从意识形态或某一社会功能出发的文化理论,更是在纷繁复杂的文化现象面前显得捉襟见肘。从某种意义上可以说,现代人的文化困惑倒是由种种文化理论带来的:从逻辑出发的理论无法在历史描述的基础上建立起庞大的历史理论,而面对符号的海洋,人们又不能不凭借理论之舟筋疲力尽地去渡航,故所谓困惑实际上是理论的无能和理论建构的缓慢引起的,它似乎预示着种种文化理论的行将衰落。

进入后工业社会,这种现象在加剧,高科技高信息时代几乎每时每刻都在制造大量品类相同或相异的符号,并且由商品社会和大众传媒迅捷地将它们传递开去。商品社会和大众传媒还能将原本不供交流、不具意义的对象变成符号，进入意义系统。例如，它能轻易地将私人服饰、私人轿车、私人的饮食习惯通过传媒公开，并把它变成一种象征——阶段的、阶层的、地位和素养的象征，获取一种公众的、社会的意义认同。再例如，它能将极地的纯净的冰块、原始大森林上空清新的空气装在罐头里出售，并在出售的同时使这种出售行为成为高尚的文化行为，因为，这种行为是同人类的健康、文明、发展联系在一起的，何况这里还表示着科技的进步，对自然环境认识的加深——或许还暗含着对人类所造的孽的检讨，诸如此类。

难怪罗兰·巴特一到日本就惊叹进入了符号帝国。高度发达的经济，异国的情调，东方的文明——所有这些色彩缤纷的现象构成的光怪陆离的世界，对于一个初来乍到的西方文化人来说，无异都是符号，而事物的实际功用都隐退到遥远的背景中去。巴特称："在这个国度中，能指的帝国是如此辽阔，能指是如此地超于言外，符号的交流竟成为一种华贵的奢侈，一种变幻莫测之举，一种令人心驰神往的玄妙机巧，而且置语言的遮蔽性质于不顾，有时甚至正是由于语言的这种遮蔽性质，上述诸般妙境才成为可能。"[1]

这位符号学大师在另一本扛鼎之作《符号学原理》一书中把许多意义行为符号化，将它们分别归入诸如"衣着系统""食物系统""汽车系统""家具系统"或其他新的符号系统等等。可以说，由商品社会和大众传媒所提供的每一种新事物、新现象都能作为符号来读解，这不仅取决于文化人、批评家的读解能力，从根本上说，是取决于社会的生机、活力和各种生活形态的丰富性、多样性，因为所有这些决定了该社会的制作符号的能力。

符号源于抽象表意，抽象表意受启发于环境和生活形态，关于符号的创造和形象来源，我们的祖先有过极其精辟的论述，《周易·系辞》称："古者包牺氏之王天下也，仰则观象于天，俯则观法于地，观鸟兽之文与地之宜。近取诸身，远取诸物，于是始作八卦，以通神明之德，以类万物

---

[1] [法]罗兰·巴特：《符号帝国》，第416页，韦遨宇译，中国社会科学出版社，1993年。

之情。"

如此富有诗意的一段描述，记录的与其说是八卦的创造者和产生经过，不如说是阐述了符号产生和社会生活之间的关系。八卦，或许称得上是最古老的符号系统，只是，在原始的农耕社会，在古朴淳厚的氛围和缓慢滚动的生活场景中，由我们的先人——符号制作能力尚未得到充分开展的先人，来完成这样一项圆满的事业，这实在是很了不起的事情。虽然是"仰则观象于天，俯则观法于地"，虽然是"近取诸身，远取诸物"，但是，那时无论是"身"，还是"物"都浸润在一片混沌之中，且人们那时所面对的外部世界也远没有今天这般精彩，这般纷繁复杂，故那样一套既神秘又权威的符号体系，从形象上看竟是十分简单的也就不足为怪了。它只是阳爻"—"和阴爻"--"的反复和交叉组合，由爻组成卦，由卦组成八八六十四卦象而已。正是由于符号图像十分简单，所以它被组织得相当严密，并辅之以详尽的说明。当然，也正是由于其简单而系统、抽象而易发挥，它给人的感觉是可以演绎整个世界的。在演绎世界的同时，符号取得了某种取代地位，符号本身成为神圣的物象，引起人们的敬畏。这种敬畏同原始部落对图腾的敬畏和崇拜有相似之处。

这种敬畏在今人看来有点不可思议，因为人们早已从符号下解放出来（当然，这段解放的历史与整个人类史相比是极其短暂的）。解放的力量并不仅仅来自人类主体的成熟——不能设想在数千年，甚至更长一点的时间内一直处于朦胧状态中的人类，为何能在短短的百十来年中有如此长足的进步——同时亦来自客观的力量，物质的力量，这就是工业社会、后工业社会的高度物质文明所带来的冲击力，这就是高科技、高信息时代快速制作符号的力量。

在一个大众传媒十分活跃、商品生产格外发达、商品推销和广告无孔不入的时代，生活的丰富性似乎就等于符号的丰富性。社会的物质财富的富裕虽然还经不起社会总人口的整除，但是，其符号的富裕却达到了过剩的水平，除非身处穷乡僻壤，每个人都超负荷地享受符号的成果。尽管种种统计表明，当代人花在阅读上的时间越来越吝啬，可是这丝毫不能说明什么问题，它既不能证明当代人的浅薄，也不能证明他们和符号的交往

213

就比前人来得少，因为昼夜播放的电视、雄踞在大厦及广场上的广告、街头招贴、商品橱窗、各类上门服务和买回家的商品的包装，时时刻刻都在将各种信息和符号送入人们的脑海和送入家庭。可以说，当代人是生活在一个符号泛滥，意义相对匮乏的社会中（或者说是因符号的过剩而使意义显得贫困），人们找不到太多的意义来填充随处可见的符号，人们也不可能像生产符号那么迅捷地生产意义，于是乎，由于意义的稀薄，意义的匮乏，符号的地位在人们心目中急剧下降，它的神圣性、权威性遭到严重的打击，随之而来的结果是人们没有兴趣和精力来对符号进行规整。符号的系统化、规范化、自组织过程本身也因为跟不上符号生产的节奏而日渐滞后。应当说，符号系统化规范化的滞后和权威性的削弱还是互为因果的，因为个别的、零乱的、散落的、不经组织的符号是不足道的，没有体系就难以构成完整的意义，就难以施展影响，就难以树立起权威。同样，没有权威的统一，符号的体系化规范化进程就大大减慢。作为体系而发挥作用的符号的功效也就失落了。

所谓人们从符号下解放出来，并不是指人能从符号的包围中轻易抽身出来，而是指符号的权威一旦消失，就不必战战兢兢地使用符号，生怕出错。人们也不必为使用某些符号而花很长时间去把该符号所属的符号体系整个弄懂弄通，实用主义的态度、急用先学的态度、六经注我的态度、我行我素的态度是当代人对待文化和符号的典型心态。是当代人生造了"卡拉OK"这个非汉非英非日语的、让国际语言学界吃惊的国际流行词。是当代人提出了"印度英语""新加坡英语""尼日利亚英语"的概念，比起真正的英语来，它们不仅不正宗，而且从其符号系统内部来看也不成熟、不完整、不规范。但是，这种不正宗、不系统不仅不会遭淘汰，恐怕还会有所蔓延和扩展。

若干年前，著名作家米兰·昆德拉被巧妙地镶嵌在广告音乐中的古典名曲片断所惊动、所催醒，为此大发感慨。今天，面对这种司空见惯的现象，眼看着各种文化经典被切割、被绞断，辉煌的画、优美的诗被搓碎后糅在各种广告中，掺和在商品包装中，或成为附庸风雅者的标志，谁还能大惊小怪？谁还能少见多怪？

如果说在现代社会的开端，文化和符号还有些许权威，还有些许灵性，现代的文化精英们主要是通过对传统话语的反叛，重新组织符号话语来表明自己的存在的话，那么在后现代社会，它在人们心目中不再是神明，不再具形而上的威严，也不再有灵性。在后工业社会中，它只是具有实用功能的工具而已，人们为了需要可以随时取用它、肢解它，把它从原有的系统中拆下来，组装在新的系统中。也许文化的发展将从此走向自己的反面，它将成为形而下的感官的直接对象。全部的图像、全部的色彩、全部的人际交往都衍化成为符号，而其符号能指庶几就等同于所指，能指和所指的二元对立几近泯灭，而文化话语的历史含义也就荡然无存。这或许就是后现代主义者所津津乐道的削平深度，走向平面。

也许文化的发展将呈现出两峰对峙、双水分流的局面。人们一方面小心翼翼地、恭恭敬敬地保护传统文化，像保护和修补古建筑、保护和修补达·芬奇的《最后的晚餐》那般谨慎从事；另一方面，又放纵地、不拘章法地创造或滥造现代文化，肆无忌惮、随心所欲地挥洒符号，标新立异地构建新话语，以求得精神的新的平衡。特别是在后工业社会中，人文社会或将不受以往的文化逻辑的影响，与传统文化和科技文化呈现出一种悖反的局面。人文文化的地域、民族界限也将因符号运作法则的改变而出现新的、难以预料的格局。我们对文化前途的设想应该留有供想象力充分发挥的空间。当然，这一想象力的空间并非无垠，它受制于高科技高信息时代的符号生产和符号消费的速度、数量、种类和种种方式，故逐步认识和理解后现代社会符号生产和符号消费的方式，是认识和理解后现代文化的前提，也是我们发挥想象力的基本条件。

（载《今日先锋》第5辑，生活·读书·新知三联书店，1997年）

新都市文化
——后海文化研究

　　20世纪的头十年,后海一带的热闹足以使人们将它看成特殊的文化现象,后海的吸引力似乎是在短短的两三年间喷发出来,继而光芒四射,许多外地的小青年来北京,不是惦记着参观故宫,而是想到后海来扎堆。在这狭小的天地里,举首四望,不仅有湖光山色、烟桥柳巷,有酒吧餐馆,还有诗酒泛舟,宛若当年的秦淮风光。

　　2001年深秋,当我和几位好友在银锭桥附近唯一开张的茶馆聊天,周围一片黑暗,几家灯火在远处闪烁,虽然没有客船钟声,但有枫桥夜泊的意境。我们讨论的话题是人文期刊和大众文化消费文化的关系,座中没有人会料到短短数年间,周围的宁静为喧哗取代,夜色为彩灯所驱逐。某种意义上,后海一带的热闹与农贸市场和一般集市的热闹没有多大区别,只是换了人群,年轻人和都市白领成了这里的消费主体。在农贸市场,人们购买的是日常生活用品和食品,在这里人们购买的是某种感觉,夜生活感或都市生活感。至于美酒和咖啡只是一种媒介,人们以高出数倍或十倍的价格来支付酒水饮料,不是为了啜饮酒水混合的"红粉佳人",或冲着远远不够地道的蓝山咖啡、卡布奇诺等等而来,而是为了品尝这里的氛围,就像前几年人们在三里屯酒吧街观赏"西洋镜"一样。

　　后海的热闹表面上得自于偶然的契机。2003年春夏之际,"非典"肆虐,北京三里屯的酒吧一片萧条,什刹海沿岸却一派兴旺景象,感觉是挨家挨户地大兴土木,所有的门面房都成了商机捕捉的对象,所有的商机都简化为一种模式，那就是开设餐饮业，酒吧、咖啡吧或餐馆。连西海那几条仿古的船舫，也是为船菜的名目而存在，待到秋来十月，宛然已成规模。感觉多年的沉寂是为一朝蓄势而发作了铺垫。

其实没有"非典"，后海一带也早晚会被消费文化所占领，这一大片地域，为新都市消费文化的发展准备了极好的空间，满北京找不到这么一块风水宝地（以商业用语来说，这叫黄金地段），地处市中心，既有历史遗迹又有自然风光，远山近水加之清风明月，可谓得天独厚。当然在北京市的规划中，没有将其交给开发商来盖楼也是明智之举，城市的管理者规划者原本是想让市民有个休闲的好去处，还是作为旅游景点别有留用？是早有打算，还是狐疑不决？不管是哪种情形，只要留下了就好。

1990年，什刹海地区被确定为北京历史文化保护街区，这里的"历史文化"就是指明清以来的空间格局和建筑样式，而所谓的保护也就是大致的空间格局和自然环境没有遭到太大的更动或破坏。然而颇有意味的是，当人们修缮湖畔的名园故宅、寺庙、道路、拱桥时，周边悄悄滋长出新的文化氛围，休闲的、现代化的、西洋风情的，特别是当沿湖的两岸亮出一排排咖啡吧和酒吧时，所谓的历史文化就呈现出光怪陆离的形态。

如果历史文化仅仅留存在化石、文物和各种史料记载中，则是静态的对象，如果历史文化处于某种开放的空间中，那么情形就要复杂得多，因为开放的空间是动态的和混杂的，同时又是不断演变的，它不会凝固在某种单一的形态之中。不过，就在笔者撰写此文的同时，据说西城区有关管理部门对后海一带的酒吧建筑风格提出统一"着装"的要求，就是要把鳞次栉比的门脸重新装修成明清风格式样，如：古色古香的屋檐和瓦当，雕花镂空的窗户，仿旧的装潢等等。那些有着大玻璃开间和落地飘窗式样的建筑，现代风格的酒吧，据说要推倒重来，尽管它们已经在过去短短的几年中形成了后海一带新的"历史文化"，但是为了更早的历史文化，它们必须让路，因为它们不符合某种"历史文化"的定义。

然而，在一个开放的空间中，无论复古到哪一阶段，无论在表面上作什么文章，都不能重构"以往的"历史，①也无法抗衡时代的侵蚀，因为大的社会语境有着强烈的感染作用，改变着符号的意义和功能。后海一带的仿古建筑在今天的社会语境中虽然仍然有着中国历史文化的意味，但是从根本上说，它们只是历史文化的某种痕迹或遗迹，它们更多的是提供有关历史文化的想象性功能，或者是作为全球化的旅游文化的组成部分获取其意义，再或者是多元文化中（而不是以前中西文化孰优孰劣相比较中）的民族文化象征。而本文更愿意将它们作为"新都市文化"来加以论述。"后海文化"是在消费社会背景下产生的新都市文化，也就是说本文中的"后海文化"着重讨论的是2003年以来的新都市文化。由于新都市文化是动态性、生产性的概念，它是在与大众媒体的互动中演化和建构的，其必然会滋长出一种历史文化无法涵盖的新内容，所以我们的研究工作是发现性和描述性的，以此来展示新都市文化。这里不是要界定什么是新都市文化，它有哪些特点，在若干年以后来看今天的后海文化，也许会更加清晰一些。

新都市文化不是定型的类型文化，而是指正在建构中的、对当下的市民生活作出迅速反应的文化。今天的后海文化，是比较典型的个案。尽管后海有丰厚的文物和历史遗产，占据有利地形的是王公贵族的宅园，周边有市井文化，但是现在这一切都成了某种象征，成了新都市文化的韵味的一部分，或者说成为一幅风味浓郁的背景图，而在舞台前方正上演着最时尚的活报剧。

一、空间意义

把后海当作都市文化的舞台是因为它拥有一片自然空间，还有宜人的风光。自然风光本无价，自然空间的功能也是难以规划的，只要向人们敞开，就会不断地产生出新的功能和意义。

说得极端一些，后海的最大意义，就是一片敞开的空间，没有高楼大

---

① 之所以加"以往的"三字，是为了对应克罗齐"一切历史都是当代史"的说法。

厦，没有压得人喘不过气来的水泥森林。

现代都市的最显著形态特征就是楼宇，四处耸立的高楼使得生活在其间的市民成为蝼蚁，无论目光扫射到哪个角落，都为坚硬的水泥楼板所阻断，由此产生的被困守的焦虑，只有在一片相对开阔的空间里才能有所释放。自然，在都市的中心保留大的空间会付出较大的代价，例如城市建设效率方面的代价，都市交通方面的代价，但是这一付出所带来的心理和精神方面的益处，是难以估量的。经济效益的计算法在这一领域中并不适用。这就是为什么荷兰阿姆斯特丹市民反对市政当局关于填平若干河道改成行车道的设想，这也是韩国的首尔当局将由清溪川覆盖而建成的马路重新开膛破肚，恢复为河道的缘故。那条马路位于市中心，承担着繁忙的运输任务，现在由车水马龙恢复到碧波粼粼，虽然必然带来经济上的损失，然而首尔当局的这一举措获得了市民们的极大好评。这里，与其说首尔市政当局有健全的现代城市建设理念，还不如说他们就是投市民所好而为，他们理解当代都市人的心理需求和空间焦虑。

应该说这种空间需求和空间焦虑是大都市人所特有的。如果在一片矮房中，偶尔有高楼矗立，人们往往会表示欢迎，因为它们的存在增加了空间的生动感。人们甚至会用"巍峨""拔地而起"这样的形容词来表达自己的惊奇感受，就像杜牧当年写《阿房宫赋》，极尽夸张之能事，该宫殿居然"覆压三百余里，隔离天日"，"骊山北构而西折，直走咸阳。二川溶溶，流入宫墙。五步一楼，十步一阁。廊腰缦回，檐牙高啄。各抱地势，钩心斗角。盘盘焉，囷囷焉，蜂房水涡，矗不知乎几千万落"……不仅杜牧，那个年代的人根本不会去考虑，也想不到这座三百里方圆的超巨型建筑可能带来的生态和心理方面的危机。

以现实生活为例，巴黎的埃菲尔铁塔是典型的个案。当初施工时，颇遭市民的非议，但是当其落成，巴黎市容因此而改变，它之所以超越卢浮宫、凯旋门、协和广场等成为巴黎的标志，不在于它的文化和历史内涵，而在于其高度和空间优势。埃菲尔铁塔的存在不仅使俯瞰巴黎全城有了制高点，还因为巴黎城的空间在其衬托下，显得丰富而多姿，俯仰之间有了更多的意趣。

然而，随着现代都市的扩展，摩天大楼的崛起，都市人的空间焦虑也日益加深。可以说这种焦虑几乎是与钢筋水泥建筑的历史同步增长的，钢筋水泥的历史也就一百多年。有人把钢筋水泥和柯布西耶的建筑理念联系起来，声称他发明的"多米诺式住宅"和钢筋混凝土框架模式改变了城市的面貌，他将建筑看成是"居住的机器"，这在某种意义上确立了现代都市建筑的新型空间关系和秩序。如果以上这类说法成立，那么现代城市的历史就更短，不到百年的工夫。然而，都市人惊恐地发现，短短几十年间，自己已经被包围在一片水泥森林之中，难以自拔。人们寻找各种解脱的方法，寻觅自由的空间，以减缓空间焦虑和紧张的工作节奏带来的心理压力。曾几何时，摩天大楼被看成是使都市人摆脱喧闹困境的一帖良方，例如德赛都就在一篇有关的文章中说："上升到世界贸易中心的最高处即摆脱了城市的控制。人的身体不再被街道挤压，它们依照某种不知名的法规来回驱使着你的身体：无论是作为游戏者还是被游戏者，它都不会被诸多差异的喧嚣和纽约交通的紧张所占据。"[1]然而，今天登上摩天大楼，不再有"一览众山小"的感觉，因为周围同样是摩天大楼或小摩天楼，尽管它们参差不齐，但是拥挤和被包围的感受是不免的。很难想象交通和被挤压的紧张不被另一种紧张——楼群包围的紧张——所取代。

地处大都市中心的后海是人们缓解心理压力的首选或可选之地。因为这是相对宽敞和自由的都市空间，平静的湖面和四周的绿荫让人有回归自然的感觉，湖岸的林荫道和周边的胡同小巷，鸡犬之声相闻而亲切怡人。尽管今天后海的自然风光中已经有许多人造的成分（陆陆续续的人造景点不断地浮现，例如东缘的金锭桥，南岸的野鸭岛以及船码头等等），但是比起外围那气宇轩昂的大楼和各种新款轿车飞驰的马路来，它仍呈现出一副古旧、安详的面孔。连近两年来变得十分夸张的灯红酒绿、摇橹轻舟、如豆船灯也仿佛昭示着某种历史曾有的景象，不免使人产生古老的联想……

如果后海像杭州西湖那样早早被规定为旅游风景区，其意义空间就不一样，就像北京的各大公园，作为旅游景区，是老人们晨练的场所，观光

---

[1] 转自约翰·费斯克：《解读大众文化》，第217页，南京大学出版社，2001年版。

客白日旅游的景点，恋人们黄昏后幽会的去处，时段和功能似有着对应的关系，约定俗成。当然，具体到每个人，可以不受约束。然而实际上人们往往受习惯支配，连公园的制度，包括那些公园的门票，也成为自由的某种障碍，尽管这类障碍很微小，但是有时心理上的作用大于物质的阻隔。

后海一带当然也担任着以上这些功能，既可以休闲也可以游览，但同时它还有特殊的功能，那就是想象的功能，想象的可能来自其未被规划的部分。笼统地说，后海的自然空间为市民的休闲提供了方便，然而休闲的多样性是难以预设的，特别在信息时代，传媒的发达为后海打开了巨大的象征性空间。在这方圆三五里的地界里交叉重叠着多层空间含义：它既有都市气象，又有小桥流水；既有西洋式的酒吧餐馆，又有民俗购物的斜街；既有当下的市井风俗，又有前朝的四合院，还有古老寺院；既人文又自然，既传统又前卫，既现实又梦幻。所有这些相对立的因素，我们居然都能在这里找到它们的象征符号。而当这些因素结合在一起时，又会产生奇特的共鸣效应，使其想象性空间得到无限的伸展。

这里不能不说到北京的年轻消费群体和他们的空间需求，他们是相对有点儿特殊的群体。按理年轻的白领阶层似乎各大城市都一样，他们是最容易走向全球化的社会阶层，但是北京的年轻人和别处不太一样，他们是最有梦想的一群，亦可说是各地年轻人中的寻梦者和最不安分者选择了北京，聚集在北京（自然，还有北京的开放性和包容性吸引了他们，北京话不像上海话和广东话那样有排斥性，也增加了这个城市的亲和力）。

这么说是取决于以下的一些原因：一是北京的大学生群体的人数庞大，他们作为白领的后备军，不仅为这一阶层带来了蓬勃的生气，也注入了新的梦想成分，可以说他们本身就是各种梦想滋长的温床；二是北京特殊的社会阶层结构及历史方面的乃至户口制度方面的原因，使得北京市民与外来人群体保持着一定的距离，并不像上海和广州等地，那里市民的世俗心态或实用精神渗透到社会的各个角落，似乎杜绝了浪漫主义理想和追求的各种可能。北京则不然，市民们的实用精神、过太平日子的心态对外来的年轻人群体没有深刻的影响。特别是20世纪90年代以来，从各地进入北京的年轻人那跃跃欲试的心态和不甘寂寞的劲头与一般的小市民心理格格不入。受消费文化影响，他们的理想不仅五彩缤纷，而且充满物欲，对空间消费也有自己的要求。似乎那光怪陆离的酒吧名称正是应对他们的梦幻而来。

自然，说到北京的梦幻的青年人，只是提"年轻的白领"，这一称谓过于粗疏，它不能涵盖北京大量的没有户口的自由职业者群体。自由职业人群其实是最富有理想色彩的，他们选择了（或者忍受着）不安定的乃至动荡的工作方式和生活方式，是因为怀揣梦想。北京这二十来年神话般的发展速度，首都和周边地区拉开的距离，年轻一代人和上一代人之间的代沟，个体和个体命运之间的反差更增添了梦幻色彩，促使他们留在这座各种文化交汇的城市。为此人们专门创造了一个词"北漂"来命名这一人群，他们漂在北京的各个角落，也漂在自己的梦幻之中。"北漂"作为一个群体，其界定是相对模糊的，以职业的自由度或者以有无北京户口为标志都无法涵盖，也可以两种指标互相参照。其实这都无关紧要，关键是北漂们具有的某种生活方式和精神状态，这种精神状态在年轻一代人中带有普遍性，那就是寻找自由空间，从刻板的现代都市社会生活节奏中解脱出来，不为五斗米折腰。当然，他们不是要学陶渊明返归田园，他们对都市生活有很大的认同，他们的理想就在都市光怪陆离的生活之中。如果说变"朝九晚五"为"朝酒晚舞"（酒吧名）有点夸张，那么深陷喧闹都市，他们所企求的就是在其中有自己小小的行动自由。

在拥挤的都市中寻找自由空间是十分奢侈的事情，自由空间的替代品就是想象空间，后海的湖面和酒吧在满足空间想象方面，同年轻人的心思十分契合。

1. 湖面

这是什刹海与三里屯等地的最根本的空间差别。

最富有韵味的空间是什刹海那一片平静的水面，它居然有"海"的称谓。这据说是打元代延续下来的，那时人们把水泊叫"海子"（据说是蒙语），另一种说法是当初形容其"汪洋如海"而得名，其实，无论当时如何浩瀚开阔，估计都没能达到"两涘渚崖之间，不辨牛马"的程度。还有一种称谓是"积水潭"，这比较符合实际，由金代的白莲潭演变而来。但现在人们更愿意叫这一片为海，在心理感觉上要舒畅得多。积水潭包括三片海面——前海、后海、西海，潭竟然比海大，但一点也不矛盾，在人们的印象里两种称谓交叠，或者还有更多更复杂纠缠不清的名头，意味着历史的丰富性和各种文化的交互渗透，有着十足的人文韵味。

真正的人文韵味还是来自其合度的空间距离。也怪，什刹海与北海只一桥之隔，水域相通，气息却完全两样。北海当年是皇家园林，现在还有肃穆之气，辟为公园，游人络绎不绝，然而日暮人散，白塔依然孤高寂寞地与世人保持着距离。什刹海周边原先尽管遍布王公巨卿的宅院，但是间有寻常百姓家庭，市井气息浓郁。市井气息来自平凡而重复的日常生活，来自水面和市民之间亲切的依存关系。

什刹海正是由于没有"汪洋如海"的气势，没有公园管理制度造成的隔阂，才显得亲切宜人。隔岸相望，衣袂朦胧，笑语可闻，有江南古镇的味道。在银锭桥这端，湖面只有三米来宽，似纵身一跃，就能跨越。如果从东到西都这么狭窄也很乏味，幸好在向西迤逦途中，逐渐荡开，在宋庆龄故居附近，水面则要开阔得多，舒展自如，又非杏花春雨江南，小桥流水人家的格局可比拟。

任何城市只要有水，一切都会灵动起来，除了生存和生活上的需要，还有心理和精神方面的理由。诗人们固然行吟泽畔，恋人们亦常常"在水一方"，就是居家过日子的妇女们何尝不可在河边捣衣时相互拉拉家常，诉说胸中的快慰或烦恼。《清明上河图》所展示的风俗画卷，真实地反映了都市生活和水的浪漫关系，踏春、观景、扫墓、赶集、相亲、会友等等，这一切都依赖于那条母亲河。

到了现代，江河湖海在生存和生活方面的功能则被掩盖起来，只是通过各种深埋的管道与厨房、洗手间及各类生活设施相联络，人们容易忽略了其最基本的用途。它们似乎只有观景的功能，游览的用途，正是这般情形所致，水面在心理上的重要性日益凸显。临水建筑的亭台轩榭等的功用无法仅用建筑学来阐释，风景的概念也在嬗变，其中水面的因素日益显其重要性。在商业社会，城市建筑中发展出来的"水景房"更成了特殊的概念而一枝独秀，因为并没有与其对应的"山景房"或"树景房"出现。水景房和品位、价格、财富、生活质量及社会地位结合在一起。这种心理和精神上的重要性，必然会体现在诸如风水、星相文化中，也难怪历史进入了21世纪，风水学居然大行其道，有"东学西渐"之势。在风水中并没有"风"，只有朝向、地形和周边风貌的关系等等，但是水是肯定要有的，它的位置和走向，哪怕是一口井或一座人造的水库都不可小觑。

什刹海地段的空间功能，就是由那一片水面所构造，它能引起的快慰和遐想似乎暗含着人类和水的关系的长长一段历史。平心而论，与其他城市的湖面相比，什刹海没有任何出众之处。尽管它有粼粼碧波和岸边垂柳，也不比任何城市的水面更加风光，遑论无锡的太湖、武汉的东湖、杭州的西湖，就是对比南京的玄武湖或济南的大明湖，它也不占优势。然而，空间功能的发挥不是来自空间大小的自然优势，它是相对的，相对于其所在的城市。由于什刹海坐落在超级都市的中心，便有了特殊的意义：周围的环境越是喧闹，它便越发无可替代；周边的楼越高耸，它便越有平衡的价值。既闹中取静，又富有都市生活气息，对于北京人来说，它是唯一的，有人喜欢它的雅致，有人喜欢它的通俗和平易，也有人喜欢它混合的气味。这一切看起来都是以什刹海的自然风貌为基础，但是更主要的是它的都市氛围和都市语境。就好比一提起黄浦江，人们就想到上海，上海的外滩或东方明珠；提起塞纳河，人们想到的是两岸的淡灰色楼宇，想到的是巴黎。江河的风貌早就与大都市融在一起了，互相难以割舍。

2. 酒吧

2003年之后，说到什刹海，人们的印象中会浮现出暖洋洋一片、鳞次栉比的酒吧和餐馆。

开设酒吧餐馆是利用这一空间的最佳方式，观景和憩息，小酌和闲聊兼顾，临时搭成的建筑不破坏原有的空间结构，还可以不断更换，重构新的想象性空间。

后海的酒吧上百间,其提供的酒水和饮料方面的差别远没有其象征空间的差别来得大。

那些酒吧的开间,大的不过几十平方米,小的只有十来平方米,沿着湖岸一溜排开,门面一家紧挨一家,基本上大同小异。但是在这大同小异中又必须同中有异,显示自身的风格和特色。店主们很少在酒水饮料或服务特色上下工夫(比起南方一些城市的同类酒吧,在服务和卫生等方面显得粗糙随意一些),却在起什么样的店名上挖空心思,如:铁和鱼、七月七日晴、蓝莲花、婉容的花、天与地、接触、左岸、胡同写意、温室咖啡、朝酒晚舞、藕、那里酒吧、桥西酒吧等等,小资情调似乎全在那别出心裁的名头上。接下来是店堂的装修,这也是营造氛围的必要环节,有的刻意仿古、有的全盘欧化,也有的是东洋味道,当然最多的是在中西合璧古今兼收中的自由发挥。

酒吧的名头是经常变换的,有的是经营者易手,另起炉灶,也有的是想通过更名而重整旗鼓。就像舞台的布景更换,虽然演员还是那些演员,但布景的转换会引出新的剧情来。

后海是年轻的寻梦者的好去处,尽管这梦境是极其模糊的,但因为有了灯红酒绿的色调,也就有了几分暖意和希望的幻觉。

3. 名园故宅

这是后海独有的风景,也是一份深厚的历史积淀。

后海的空间中有时间,有历史,有传统。三里屯的空间中没有时间和历史,三里屯酒吧街是当下的产物,是西方的酒吧休闲文化和古老的北京碰撞而擦出的火花。后海则是历史融入当下,传统和现实共享的空间。

后海的名园故宅都有自己丰富而生动的历史,甚至当年的马厩和草料场也有曲折的、沧海桑田般变幻的传奇。[①]

[①] 据有关材料记载,前海西街18号的郭沫若故居最初是和珅的花园,后荒芜,同治年间成为恭亲王府的马厩和草料场,后又成为私人宅院,也曾作为蒙古人民共和国驻华大使馆的所在地。见赵林著《什刹海》第27页,北京出版社,2005年7月。

这些名园故宅中，最著名的是现为宋庆龄故居的醇亲王府花园和坐落在前海西街的恭亲王府，它们陆续成了旅游景点，供人游览参观。尽管那里白天游人如织，熙熙攘攘，但并没有使其失却那一份历史的庄严和神秘感。也许是那高深的围墙和朱漆的大门使它们继续固守住了历史的邈远和幽静，并同墙外喧闹的现实世界拉开了距离。

如果仅仅用"物是人非"来形容这些名园故宅，颇可商榷。更多的情形是人非物亦非，例如原先的涛贝勒府后来辗转成为北京市第十三中学，庆王府邸也辟为卫戍区所属机关的办公用房，原来的那个物，经过不断翻修，又拆又建，扩大或缩小，早就旧貌换了新颜。但是仿佛空间能将时间凝固，不管周遭怎样沧海桑田，人们还是能认同那院墙里的古老时间。就因为那里还保留着当年的空间，可以让后来者依稀辨认前朝。在这一范围里，只要不破坏原有的大格局，不彻底毁坏那些象征符号，就能给后人留下回溯性想象的余地。许多情形表明，若要想象在时间中穿行，有时必须借助空间。试想，如果在原有的宅基地上忽地拔起一座现代化高楼，那就彻底阻断了思绪的时间偏向。有时我们能见到这类折中的举措，即原有的古建筑倒是完好地保留着，近旁紧贴着建起了西式的楼群，像苏州的玄妙观、绍兴的鲁迅故居等等，可想而知，情形同样不妙。因为取消了应有的距离，也就摧毁了原有的空间结构。

幸好，后海的这些深宅大院历尽沧桑，几经转手，其空间格局大致未变。这里所谓未变，不是指具体的屋宇和相关联的种种细节未有变迁，而是说它们还基本保留着原有的舒缓和闲适的风貌，并与现代都市判然有别。尽管它们坐落在现代都市的中心，且已经成为其中的一部分，但是它们的空间功能似乎有了一种固执的时间指向，指向过去，面对它们仿佛就是面对历史。不管这些宅院现在住着哪些居民，宅院大门的一侧有没有"重点文物保护"之类的标志，或者围绕着它们有无掌故和离奇的传说，如"传为明珠故居"①，再如在建筑式样和装修上仿照御宇而"僭侈逾制"②等等，它们几乎都成为历史的等价物。历史并非就是过去，而是人

---

①指现在的国家宗教事务局和宋庆龄故居。
②指和珅旧宅，现恭王府。

们对过去的想象性叙事。这类想象性叙事如果有一定的空间背景作基础，那就有了丰厚的土壤，会生长出更饶有趣味的叙述内容来。特别是夜幕降临，周围一片似沉浸在黑魆魆的历史氛围之中，更使沿湖一带涂上了神秘而久远色彩。

尽管什刹海比较热闹的时分是夜晚，此时那些宅院的大门紧锁，与喧闹的酒吧陌路相隔，但是它们仍能对人们的心理产生影响。因为其空间语境仍在，它既可触发人们思古之幽情，亦可产生丰富的联想，更多的情形是它和形形色色的酒吧共同展现了空间的多样性，并拥有同一片水面。

4. 寺院

寺院，在今天的后海空间里，它们有着与名园故宅类似的功能。据说什刹海的名头来自于环湖一带的寺庙的数量有十座之多，据资料记载，当初兴盛的时候，连湖畔和周边约有二十来座寺庙，当然是在不同的年代彼此消长。如今这些寺院大都名存实亡，还起着宗教功能的只有广化寺一所。其他的诸如护国寺、汇通寺、普济寺、三官庙、火神庙、拈花寺、什刹海寺等等，只能依古迹来看待，有些连古迹也算不上，毫无踪影，即便遗址也只保存在历史的记忆中。不过，说到周边的寺庙，不在于当年到底曾有过多少座，而在于今天人们试图挖掘、恢复，重建和改建的种种努力，因为这些寺庙的功能基本已经转换，它们似乎成了文化的代名词，有多少多少座寺庙，就意味着有多么多么丰厚的文化底蕴，量的增加似乎能加深质的醇厚。而遗迹范围的重新勘查、划定，只是表明人们在重新想象和构建历史时必须有空间作依托，拼贴历史的碎片也需要一定的场所。

作为古迹，或者重建的（或改建的）古迹，今天只有供游人参观的意义，作为信仰和宗教文化历史的见证，它们诉说着我们的祖先的某些心路历程，提醒着生活在时尚中的人们在时间的流淌之中还有着永恒的存在。也许有一天随着风尚的变化，那里将重续香火，由电子乐器发出的暮鼓晨钟之声还会飘荡在什刹海的湖面上。

二、开放型文化

如果不深入到里巷小街，在21世纪的今天，你满大街似乎看不到"北京"的风貌，当年的作家老舍和后起的一代剧作家如李龙云等笔下的北京已经为现代都市景观所覆盖。拔地而起的高楼、宽阔的柏油路、巨大无比的广场、无所不包的超市将古老的北京装点成十分摩登的超级大都市。然而从喧闹而宽阔的北二环或平安大街转入什刹海沿岸，顿觉清爽无限。千万不要以为就此找到了隐世的桃花源，其实后海一带是现代都市的另一副面孔。

作为消费时代的产物，后海文化某种意义上说就是新都市文化，尽管后海的风貌基本保持着以往的格局，似乎不那么时尚，但是其开放性空间不仅不妨碍它接纳最时尚的文化，反而更有利于时尚的生长。人们对时尚的感受是某种风潮，强劲而短暂，它没有稳定的内容，没有连续性。另外，时尚还具有排他性，排斥一切旧有的、不那么时尚的对象。然而，在新都市文化的语境中，一切都在改变，时尚既推陈出新，又包罗万象。新都市生活的节奏使得时尚成为一种常态。在什刹海一带多少可以证实这一感觉。这里仿佛是时尚的橱窗，环湖的店面和周边的环境似乎日日在翻新（其实，这里白天最忙碌的是建筑工人，尽管一到夜晚他们就会悄悄隐去），你能感觉到每天都在发生变化，有新鲜的事物冒头，有别样的风景闪现。当然，什刹海的自然风貌是稳固的背景，在这稳固的背景上有某种深厚的积淀是不能完全用时尚来概括的，时尚中也有某些元素长存不衰，因此称后海文化为时尚不是要切断后海与历史和传统的联系，只是强调后海今天所发生的一切，都有着共同的情景。即便是古旧的风物，在新的情景中也会生出新的含义，这种含义虽然是因人而异的，但是情景有一定的约束力，它会把周围的一切纳入自己的体系之中，变成新的文化的一部分。

1. 夜生活的创造功能

笼统地说，都市文化的表征就是时尚。与传统的乡村生活的封闭、自给自足相反，都市生活是向当下开放的，所以都市文化是面向时尚的，由于它和现代工业文明是孪生兄弟，因而获得了点铁成金的魔力。它能让故旧的风物露出时尚的笑容迎接大众，可以在一夜之间把它们变成著名的旅游景点或采风的好去处。如果需要，还能开路、造索道、建星级宾馆连带豪华厕所，在将观光客带到它们那里的同时，也将自身延伸到周围的每一个角落。

由此可以说后海就是时尚，后海发生的一切变化都是时尚的作用，后海既是时尚的发源地，也是时尚的表征。后海的时尚不仅仅是酒吧街，不仅仅是购物和小吃，也不仅仅是古旧的建筑和名人故居，它是以上所有对象的综合，并且时尚就在这综合的语境中诞生。西美尔曾认为，时尚是一种复杂的结构，似乎可以这样来理解，时尚不是体现在某一些具体对象中的，它主要是情景的产物。时尚或不时尚不是由某些具体的个别的行为所决定，而是取决于大情景。这里说的大情景就是夜生活。

在都市文化中，夜生活最具创造功能。首先都市文化的一个显著标志就是夜生活，夜生活本身就是都市生活和都市文化的产物。这不仅是相对于乡村生活，而且也相对于小城镇生活。大都市的喧哗使日常生活速度加快，并且都市文化将从日出而作、日落而息的自然规律倒置过来，或者说把白天的时间延长，延长到深夜两点或者更晚。现代的照明技术和都市环境为夜生活的展开提供了很完备的保障，白天是旅游观光客的天下，夜幕降临，都市年轻人出动，既从事消费，也从事生产；夜晚的生产和消费之间的关系更加直接，不是生产具体的消费品，如酒和其他饮料，而是生产出娱乐的各种方式。

日出而作，日落娱乐。这日落的娱乐同时也是一种生产活动，需要资本的投入，需要一批产业大军。东直门簋街的昌盛、王府井大排档的热闹、三里屯酒吧的红火都不是简单的供求关系促成，是大都市环境中生长出来的新的生活方式和内容。从农业文明的角度看，它们都是"恶之花"，尽管艳若桃李，却散发出腐败气息，但是这种气息是大都市夜生活最合适的土壤。当年著名作家茅盾写《不夜城》时，旧上海是农业中国的一个特例，曹禺先生的《日出》写的也是上海，上海的夜是罪恶的渊薮，健康的生活从太阳升起的时候开始。然而工业文明和市场机制却偏偏将罪恶之夜扩展到所有的都市，让"恶之花"开遍全球。

在一些文明研究者的眼里，晚近的城市应该是反自然的，如斯宾格勒在其《西方的没落》一书中是这样论述城市文明的，"它希望成为一种和自然不同并且高于自然的东西，这些高耸的山墙、巴洛克式的圆屋顶、尖阁和尖塔既不是也不愿意成为跟自然有任何关系的东西。宏伟的大城市，即作为世界的城市接着开始建立起来，它除了自己以外不能容忍别的东西的存在，而且要去消除乡村的图景"。[①]我们可以质疑这一截然对立的划分方式，但是城市发展的逻辑中确实有对大自然的排斥性，它以楼宇和水泥制品来侵吞自然空间，恨不得利用一切机会将周边的一切都变为自己的领地，即便是修复古建筑（古建筑因其古旧而在今人眼里有了"自然"的意味），城市发展的逻辑在这里也会大做文章，它以修复的名义大肆扩建，添油加醋，在周边造出许多景观来。无论是修复岳阳楼，重建圆明园，还是再造滕王阁，都市文明都有一种冲动，那就是侵吞大自然，以技术制作的奇观来覆盖一切可以利用的空间。只是现实的情势不会只按一种逻辑运行。另一种价值逻辑的反抗，就是在都市中心开辟公园和绿地，甚至人造草坪来加以抵抗。

现在好了，人们把"恶之花"从四周水泥楼厦中移植到自然环境中，移到当年有"西湖春、秦淮夏、洞庭秋"美称的什刹海，不仅使之开得更加艳丽而灿烂夺目，也省却了许多成本和麻烦。

当然，最能反映都市文化和风貌的是追赶时尚的人群，他们也是后海情景的最重要组成部分。入夜，没有熙熙攘攘的人流，没有灯红酒绿下朣朦的身影，后海就不成其为后海，这情景就是每个人都希望从热闹的人群中获取力量，从别人身上窥到时代的气息，或者通过夜生活的氛围来感受时尚，并试图创造出与白天不同的生活来。

[①] [德]斯宾格勒：《西方的没落》，第205页，齐世荣等译，商务印书馆，2001年版。

2. 夜色

　　20世纪90年代以来胡同游成为什刹海一景，一溜的三轮车队，穿着红色或黄色马甲的车夫，在胡同中穿梭。北京风情吸引观光客，国外的游客对老北京的民居民风似乎比国人更感兴趣（国人来京旅游的关注点是故宫、八达岭、颐和园，还有大大小小的人造景观）。管理当局则慢慢地修缮，整治环湖一带的景观和建筑，也修路，也疏通河道，只是节奏缓慢，有点例行公事的味道，依稀之中有一些变化。但是城市的四围却在大拆大建，都市建设的力气基本用在三环、四环、五环一带，拔地而起的公寓和写字楼，巨大的超市和购物中心，那里真正是日新月异。而城市的中心，什刹海一带风光依旧，安详又宁静，除了附近的百姓，就是匆匆来去的外来观光客。但是在2003年以后，这里成了吸引年轻白领的好去处，显然吸引他们的不是前朝的古迹，不是衰败的王府，更不是湖水的韵味，而是夜生活。说得全面一点，这里的夜生活有了湖水和老宅的衬托，别致而富有情趣。

　　在银锭桥畔有一处"后海夜色"的茶餐酒吧，占据了一个很好的观景位置，在烤肉季的西侧，把着一个街角，可以西眺，亦可南望。其实就自然风光而言，后海的夜色不如后海的白昼，白天有湖光山色，有杨柳依依，有青砖灰瓦，还有飞檐画梁，古色古香。特别是秋日的下午，户外绿水与长天一碧如洗，美轮美奂。后海夜色没有特别之处，也就是酒吧街的夜色，除了有时湖中有篷舟摇过或河灯漂移，和别处热闹一点的酒吧街没有明显的差别，周围一片都沉浸在摇曳的彩灯和广告灯箱之中。然而，后海的夜色中有人气，有熙熙攘攘的人群，灯红酒绿和觥筹交错，特别是在夏日，还有疯狂和喧闹。

　　当自然和都市文明奇特地交融在一起时，会爆发出巨大的能量，吸附着夜间游荡的人群。这些人群由各种社会成分组成，都市白领、北漂、商人、观光客、艺术家、青年学生等等，他们的共同点是内心的欲望需要外部情景来调动和激发，而夜生活是一个巨大的、有着奢华的光彩夺目布景的舞台，它会使踏上这个舞台的每一个人情不自禁地摆出各种姿态，投入角色之中。应该说后海夜色就是都市夜生活的典型。

这里有一种微妙的关系变化，原本这里是以名园故宅和周边一带古旧的风貌吸引着白天的观光客的，他们三五成群，漫不经心。有关管理部门缓慢的修缮节奏倒是与之相称，一旦夜生活的兴旺使其成为闹市，什刹海周边就加快了整治和修缮的速度，旧有的、翻盖的、仿造的各色建筑，统统装点一新。灰瓦粉墙、簇新红门，新贵的气息和旅游胜地的做派混杂。其实在夜幕笼罩之中，只有咖啡馆和酒吧奇异而刺眼的光泽吸引着游客，而游客们也是冲着灯光而去，像趋光的飞虫。黑夜中的灯光和流行音乐成为某种坐标，将游荡的人会聚到一起，全不顾也不必知晓什刹海的今昔变迁和历史底蕴，他们关注的只是"今宵"，关注的是夜生活的质量和湖边那一排咖啡馆和酒吧。

3. 夜生活衍生公域的新功能

在哈贝马斯有关公共领域的理论中，咖啡馆曾有着了不起的地位。哈贝马斯认为，17至18世纪的咖啡馆和沙龙是市民社会的公共空间，在这一空间中，一个介于贵族社会和市民阶级知识分子之间的有教养的中间阶层逐渐形成，并对公众舆论保持其影响力。当然在哈贝马斯的论述中，是有着这样一些次序排列的，即它们作为公共领域的诸种机制之一，"首先是文学批评中心，其次是政治批评中心"，这是结合当时社会上发行的一些人文周刊而言的。因为当时，"新的杂志和咖啡馆生活的内在联系十分密切，以至于随意翻阅某期杂志都可以完整地复述出咖啡馆里的生活"。可以这么说"那些周刊完全成了咖啡馆里讨论的一部分，并且同样也把自己看作是文学的一部分"。[①]

但是今天后海一带以惊人的速度崛起的酒吧，不复是哈贝马斯笔下的18世纪的咖啡馆，因为在电子网络几近普及的时代，公共的舆论空间早已转向网络，公众的交往和公共舆论的形成很大部分是由电子传媒所达成，

---

① [德]哈贝马斯：《公共领域的结构转型》，第46—47页，曹卫东等译，学林出版社，1999年1月。

特别是在今天的中国。所以，当这部1961年出版的《公共领域的结构转型》在1990年再版时，哈贝马斯吸收了梅洛维茨的观点，于再版序言的结尾处强调：电子传媒改变了公共交往的方式，动摇了原有的社会边界，这不仅是指原有的经济和社会地位的边界，也指时间方面的界限，即在电子传媒时代"不是同时发生的事件也有了共时性效果"。①

尽管电子传媒取代了以往沙龙和咖啡馆的功能，咖啡馆依然红火，特别是后海的咖啡馆和酒吧，它们有着想象性功能、象征性功能。当然在一个社会学学者那里，运用所谓的"社会学想象力"来看待咖啡或咖啡馆，会读解出许许多多内容来，比如英国著名社会学家吉登斯轻而易举地罗列了咖啡的五种社会学内容：

第一，我们可以指出，咖啡并不只是一种提神的东西。作为我们日常社会活动的一部分，它还具有符号价值。

第二，咖啡是一种含有咖啡因的饮品，对大脑有刺激作用。……但在西方文化中，大多数人并不把嗜好喝咖啡的人看成是吸毒的人。咖啡就像酒精一样，是一种社会能够接受的毒品，而像大麻便不属于此类。

第三，一个人一旦喝了一杯咖啡，就等于卷入了遍及世界的一组复杂的社会与经济关系。咖啡是一种把地球上一些最富裕地区和最贫穷地区的人们联系在一起的产品。

第四，饮用一杯咖啡的举动足以推定过去的社会和经济发展的整个过程。……我们今天喝的几乎所有咖啡都源自曾经被欧洲人殖民的地区（南美和非洲），因而根本谈不上"自来就"属于西方的饮品。殖民时代留下的遗产至今仍然对全球咖啡贸易的发展有着巨大的影响。

第五，咖啡这种产品是当代许多关于全球化、国际贸易、人权和环境破坏的争论的焦点。随着咖啡的日益普及，它的消费已经变得"品牌化"和政治化了。②

当然咖啡和咖啡馆在概念上并不同一，咖啡馆作为一种场域，有着更丰富的读解内容。正如咖啡馆的菜单，除咖啡以外还开列着各类酒水饮

---

① [德]哈贝马斯：《公共领域的结构转型》，第32页，曹卫东等译，学林出版社，1999年1月。
② [英]安东尼·吉登斯：《社会学》第五版，第5—6页，李康译，北京大学出版社，2009年4月。

料，西式糕点等等，在理论上这张菜单还可以无限扩展。所以它们在意义和功能上也有着无限的可能性。

4．社交功能及其模式

不过在无限的可能性中，人们首先会注意到这一场域的夜生活和社交功能，无论是咖啡还是茶水，鸡尾酒还是软饮料，都是以上功能的点缀或辅助品。夜生活虽然是休闲的和娱乐的，但却不是自娱自乐的，它发生在社交场合和公共场合之中，因此来咖啡馆的人很少独饮独酌。他们三五结伴，呼朋引类，除了自己的小圈子，也确信别人或别的小圈子在此时此刻会蜂拥而至，而其他人群的到来更确证了这个地方值得逗留。说到底是互相证明彼此都找到了消磨时光的最佳方式和最佳地点。

如果说白天在公司、企业、有关机构等单位上班是生存意味的生产活动，那么夜晚的休闲活动是带有生活意味的情趣活动，相比前者，后者似更加高尚一些。然而，夜生活中，这些情趣活动是象征性的，它并不根植于个人内心深处的情性，对情趣的理解和领会虽然因人而异，社交活动的方式却是被规定的，聊天、啜饮料、享电子摇滚、观看前卫录像，或干脆将以上活动从陆地搬到船上，泛舟于湖心，添几分风雅。所有这些看来是个人的喜好和选择，其实与个性和情趣的关联并不紧密，因为夜生活有自己的模式，正如长沙的洗脚和沈阳的听歌，很是风行。其实湖南人并不比其他省份的人更爱洗脚，东北人也不比别的地区人更爱歌喉（当然，这不妨碍某些专家考证出其历史渊源，如楚国人历史上就喜欢洗脚，有"沧浪之水浊兮，可以濯我足"的说法为证），但是，当洗脚或听歌成为一种时髦的休闲方式时，它们立即风靡全城，左右着消费人群的选择。可以说夜生活的模式开发和再造了都市人的情趣生活方式。这种生活方式有两大要素，即聚会和喧闹，使人时时刻刻处于热闹的情景之中，正是在聚会和喧闹中，个人可以从"斤斤计较"和"精于算计"的交易环境下解脱出来，得到放松。因此，西美尔将都市人看成是"用头脑代替心灵来作出反应"

的社会群体，人们基本处在"克制和冷漠以及理智生活状态"之中。[①]但是，在喧闹的夜生活中，是可以例外的，人们隐身在喧闹的情景下，由心灵来作出抉择而不必借助于理性的思考。当然也有人将夜生活熟练地作为一种应酬方式来运用，这只是白天工作的延伸。而这里所讨论的夜生活，基本是属于消费范畴的，它受特殊的需求关系所支配，是大都市生活不可缺少的组成部分。

当然，夜生活的模式必须是一种社会的消费模式，不仅因为它是在都市生活环境下被创造出来的，还因为依照鲍德里亚的理解。这也是一种积极的关系方式，它利用都市人居住集中的便利条件，能有效地调动一切社会资源，人力、物力和资本的投入，其间还能产出巨大的利润回报，使得这一模式不仅能维持运作，还能不断扩大其规模，吸引更多的消费者。

这就注定都市夜生活不是私生活。夜生活带有公共性，它是娱乐性的社交活动。至于在这一过程中具体是哪种娱乐方式流行，成为时尚，有较大的偶然性，不取决于理性的设计和规律的必然性，而是取决于即时即地的情势，包括商业上的造势，当某一娱乐方式一旦被"品牌化"，即会招徕大量的消费者。如果说三里屯酒吧相当于老品牌，后海就是一种新品牌。培养夜生活情趣和学习烹饪没多大区别，看别人怎么做，照着模仿即可，不同的是，学习烹饪需要一定的技能，夜生活情趣则取决于对大语境的感悟。这一大语境是综合的，不仅是指沿湖一带由细节到整体的，还包括酒吧街外部的都市生活。就酒吧街而言，每隔一段时间，细节会有或多或少的变化，街道的整修，门脸的翻新，店面的易手和改换，然而这些细节的变换正是作为整体语境的需要。正如牌局，尽管打法一样，但每次发到手里的牌都不相同，就有了变换所带来的乐趣。

5．氛围与想象

很有意思的是，每一家咖啡馆或酒吧都有一至数个书报架，每个书报

[①] 西美尔：《大都会与精神生活》，186—199 页，《时尚的哲学》，费勇等译，文化艺术出版社，2001 年 9 月。

架上都有几种时尚类杂志或地产类杂志。时尚代表潮流，地产代表财富。这样时尚—潮流—IT—财富—地产（确切地说是房产）和咖啡馆酒吧结合在一个空间中，给光顾者提供某种想象。所谓想象空间，并非文学或艺术想象，而是信息氛围下的提示和暗喻，有着一定的规定性。这一氛围的构成还需要一部分古今中外的书籍，其中外文书籍要占相当大的比重，以显示其国际化程度。在墙上应该有小幅的油画，古典画风的或印象派的。如果别出心裁，搜集有关民风民俗的艺术品和器物，如民间艺人的剪纸、陈年的陶罐、绣花的土布、老照片等等则更有韵味。在全球化语境下，民间艺术和器物有着特殊的价值，甚至包括它们的复制品和仿制品，因为这些都是传统、文化、民风民俗和民族精神的象征物。

艺术收藏或古旧的器物喻示着品位和财富，这似乎是今天忙忙碌碌的现代人的大语境，无论是咖啡馆的常客还是偶尔光顾的过客，都需要这一氛围。在此氛围中啜饮、谈生意、谈恋爱、聊天甚至发呆，一切都顺理成章，酒吧或咖啡馆的经办人不言而喻的职责就是制造氛围和品位，或者说制造有品位的氛围。

品位和氛围，不是由一两家酒吧和咖啡馆完成的，它似乎是一种社会性认同，有相当的规模来保证。特别是在后海，单个的咖啡馆与湖面相对，就有了些许情调，而鳞次栉比的酒吧和咖啡馆则构成了大的氛围，氛围比情调更重要。虽然情调也是一种氛围，氛围包含着情调，但是氛围中似有某种裹挟的力量，暗示的力量，想象力就在这些力量的推动下蠢蠢欲动。

前文说过，这里不是要讨论文艺创作的张扬个性的想象力，而是指白领阶层的都市梦幻。都市梦幻中有西方的老电影打的底色，有最时尚广告的提示，当然也必须有美酒加咖啡、旋律明快或暧昧的音乐、昏暗摇曳的灯光、前卫的画作、可以隔窗观望的熙熙攘攘的过客等等。或许还会有许多更加奇特的意象，如：精致或奇特的玻璃制品、旋转而上的木楼梯、撒落玫瑰花瓣的洗手池、别出心裁的空间格局……不过无论如何，在都市梦幻中肯定有关于财富的梦幻和欲望，因为所有这一切的基础就是财富。

自然，接下来还有关于财富的想象，它不太会是银行里的数字，或者是股市里的希望，它应该有具体一些的形态，如带有草坪和车库的别墅、豪华的轿车、靓丽的服饰、奢侈的化妆品，还有时尚的健身方式。而这些想象正好都在唾手可得的方便处，在就近的书报架里，不一定要翻看这些书报杂志和广告，事实上没有什么人会在这里下工夫阅读（真正的阅读者会自备书籍），也不必一瞥杂志报刊花里胡哨的封面和诱人的彩页，只要这类宣传品存在，就足以表明它们有不可或缺的功能。是的，人们不一定翻看它们，但是它们必须存在！它们是环境的一个重要部分，而不仅仅是一种可有可无的装饰。

　　后海的氛围，还来自其地域优势。这样一片风景区不是在城市边缘或城乡结合部，而是在北京城内，二环以里的中心地段。北京的写字楼大多在城区的外围，三环四环，甚至更远的聚居区，年轻的白领从城区边缘进市中心，多少有一些朝圣的意味，这是想象的精神中心，尽管并不存在这样一个划定的中心，但是人们在心理上需要这样一个中心。而后海的地域优势转变为心理优势，吸引着四方来客。这和三里屯酒吧街形成有趣的对比，三里屯作为外国使馆的集中区域，有着西方文明象征的意味，它的地理位置贴近东三环，偏于一隅，和后海遥遥相对。在改革开放初期，三里屯就是一个令人瞩目的地方，使馆的高墙和森严的警卫，似乎是捍卫着某种生活方式，不让其外泄，这间接导致三里屯酒吧特别火爆，因为这里成为一个窗口，可以窥视西方世界的某种生活方式，自20世纪80年代后期到整个90年代一直如此。而后海一带安详，作为外国人旅游观光的一个去处，后海是以古都风貌、市井景观的混合体示人的，它是老外窥视国人生活的一个窗口。

　　北京的特殊是作为地理位置的市中心不是都市生活的中心，如故宫、中南海、天安门广场等地均缺少都市生活中心的功能，这一片巨大的空间，庄严肃穆，供人瞻仰，发挥着其现实的或象征性的政治功能和文化功能。每有重大的庆典，这里更是万众聚集一片欢腾。然而所有的这一切却与喧嚣的都市生活无缘，当曲终人散，这里依旧恢复到肃穆而空旷的寂寥之中。夜生活的所在地应该是在都市心脏附近，当原本的地理中心无法施展这一功能时，那么后海一带由于依傍中南海，直接承担了这一功能。当然还有东直门簋街、南锣鼓巷等地，它们共同发挥着都市生活中心的作用，也承担着新都市文化的生产和创造功能。

三、新都市文化的时尚来源

　　说到什刹海的时尚，不能不说到都市生活的时尚来源，当然，情形有点儿复杂。按照早期时尚研究者的看法，时尚往往是由社会的上层阶级所掌控，这些阶层正是通过时尚把自己跟社会大众区分开来，并且社会的"上层阶层所树立的荣誉准则很少阻力地扩大了它的强制性的影响作用，通过社会结构一直贯穿到最下阶层"。①不过，就中国而言，19世纪末以来，这一情形有了明显的变化，西风东渐，时尚的风潮大多是从西边刮来的，时尚也往往是洋玩意儿，即时尚的走向由原先的自上而下，转变为横向的，自西向东。虽然如此，由于时尚传播的路线是从西化精英到普罗大众，仍然可以看成是自上而下。然而自上而下的惯例也常常有例外、有变化。时尚的风向有时难以捉摸，时尚也可能来自大众，来自大众的某一阶层和某一群体，无论是《大话西游》的流行，还是某一款式服装如牛仔服的风靡，都可能说明这一点。因此时尚也往往有自下而上的或横向趋势。有的博客研究者认为，这一转变最明显的例证可以在网络或博客上获悉，他们描述了博客时代"时尚的新机制"，指出，是博客"颠覆了时尚既定的传播流向，博客成为时尚的历史也是一次自下而上的反向流行历程"。②对博客现象的这一描述，揭示了新兴自媒体的特殊的社会功能。不过认真追溯起来，应该说自从消费文化产生，情形就有了些变化，所谓自下而上的倾向在消费文化中表现得最为明显。消费文化的价值观是由社会心理决定的，引导社会心理的因素虽然很多，但是平民阶层所体现的群体倾向对社会心理的影响最大，因为这一阶层在消费和购买力上体现出来的能量是巨大的，在这一领域里，他们个体的力量是相加的，千万个个体的力量足

---

① [美] 凡勃伦：《有闲阶级论》，第67页，蔡受百译，商务印书馆，1964年版。
② 马秋：《时尚，悄悄改写博客》，《媒介批评》第二辑，第36页。

以汇成时代的潮流，使之有一种非理性的裹挟势头。而以往，在传统社会中，大众在思想观念上是追随精英阶层的，即便有自身的追求，在话语的表达上也是无力的，不能对社会潮流产生决定性的影响。而今，个体的消费倾向和消费能力可以转换成某种话语的表达。

具体到后海，其时尚来源与三里屯酒吧有明显区别。三里屯的时尚是单向的，起码有一度是单向的，以"洋"为时尚，从洋酒到西洋音乐，也包括店面的布置和装潢。后海的情形显然要复杂得多，气象也阔大得多，在大情景中，一切均披上时尚的外衣，西洋的可以，古色古香亦可。甚至钓鱼的、暴走健身的、唱怀旧歌曲的也不无时尚的意趣。在某些时尚本质论者的眼里，后海的时尚是马马虎虎的时尚，是一锅粥的时尚，没有三里屯的正宗。但那兼收并蓄的劲头，其实正说明了来源的平民化和大众性。不过，时尚来源的多元导致了时尚的多样和庞杂，因此新都市文化的特征包含着时尚的混杂性。

时尚和新潮有时是同义词，但是时尚并不总等于新潮，在新都市文化中，时尚具有混杂性，但在一定时段内有主导情景。

时尚的概念与古老、与传统对峙，但是概念的对峙并不表明指涉的对象一定有天壤之别。特别是时尚的概念，没有固定的对应物。前文已经讨论过，今天的时尚是多元的，已经不是精英阶层向草根阶层的单向传播（如西美尔、凡勃伦所言），当然，也不是正好相反，由草根阶层向精英阶层作逆向传播（尽管网络时代已经提供了这种可能），而是多维的、交叉的，重叠的多向互动传播，即时尚的来源是多元的。之所以出现这种情形是因为当代生活的节奏加快，时尚的节奏也随之加快。按照西美尔的说法，这是"反映了对强烈刺激的迟钝程度"，并且"越是容易激动的年代，时尚的变化就越迅速"，[①]故没有一个社会阶层可以独占时尚，也没有一种趣味可以持久地成为时尚的标准。各类时尚之所以相交在后海，是因为后海的那一片空间，这空间可以容纳来自四面八方的人流，自然可以接

---

① [德]西美尔：《时尚的哲学》，第76页，费勇等译，文化艺术出版社，2001年9月。

受各路时尚，时尚也必须寻找其可展示的空间，所以它必然从各个方向聚拢来，聚集到这一方宝地之中。

　　一般说来时尚的主流人群应该是年轻的白领、生意场上成功人士、梦幻的"北漂"一族等。他们的娱乐、休闲、生活方式就是时尚的模板。银锭桥两侧的酒吧和摇滚就是专门为他们准备的。然而稍微观察细致一些，人们就能发现后海时尚的独特还在于那里有另类的夜生活模式。后海有中老年人的一块天地，在那里，中老年人与"早酒晚舞"的年轻人似乎有同样的心态。他们唱怀旧歌曲、暴走健身、在夜色中垂钓，并以自己的热情表明，都市的夜生活有他们的一份。既然当年那宁静的湖畔曾经是他们的百草园，那么今天这时尚乐园依然是他们的游戏空间。没有这些，后海就不成其为后海，没有一种时尚可以覆盖生活的底色，时尚的混杂共生是时尚中的时尚，也是新都市文化的显著特征。

四、消费语境中的"自然环境"

　　消费文化有强大的内驱力，它会源源不断地生产时尚，即不需要再由精英来倡导某种风尚，它内在于现代的市场竞争机制之中。并且消费文化是有全球化趋势的、感染性很强的风潮，它并不扎根于某一特定的文化土壤中。所以与以往的情形不同，因为它不是传统概念上的文化，即语言文字符号组成的文化。消费文化是由特殊的符号如物质产品或特定的情景构成，有某些有效的功能，实用的功能兼心理功能，也有诱人的外观、形态，再加色、香、味等等。所以消费文化概念的发明者，鲍德里亚在创始之初，就把一大堆日常居家度日的消费品，如从简单的生活用品到家用电器，从服装到化妆品等等都罗列其中，甚至女性的身体也囊括在消费文化之中。鲍德里亚之所以把它们作为文化来看待，是因为"今天，很少有物会在没有反映其背景的情况下单独被提供出来"，是因为"几乎所有的服装、电器等都提供一系列能够相互对应和相互否定的不同商品"。[①]按照结构主义原则,人们在其中能读解出符号意义。当然,这一类符号意义与其能指的联系并不紧密,不像词典,词汇和意义有着相对固定的对应关系。在消费社会中,符号意义并不胶着于特定的能指形态,更多的情形是取决于大的语境和新近的流行趋势。所以在消费文化中,思辨的、形而上的意味淡薄,感受性的、心理性的暗示,或者说声色犬马的意味比较浓重。

虽然,鲍德里亚在他的著作里没有谈到自然环境也可以作为一种符号来读解(虽然他已经注意到了整个社会将因自然环境的破坏而作的弥补也作为增长的最新成就来炫耀的荒谬性),然而自然环境——往小里说,哪怕是它的微缩景观,也有着非比寻常的意义。就像当年欧·亨利小说中的《最后一片叶子》,其在病危的琼西的心理引起的那种延续希望和憧憬的功用。而今,"都市绿地"或"水景"在我们看来也成为那一片片瞩目的绿叶,无论在城市普通居民,还是环保主义者的心目中,无论在市政管理部门,设计部门,还是在房地产开发商眼里,均有着无可取代的重大价值。正是大都市的迅速扩张,使得原本不为人注意的、熟视无睹的大自然和自然空间成了稀罕之物,正是高楼林立、车水马龙的都市生活,才使自然环境有了农业社会所不可能具有的现实的或象征的意义。

不过进入消费社会,自然空间的意义就不再是那几种固定的说法。如在18世纪启蒙主义者卢梭"回归自然"的呼吁中,大自然是纯洁的、天然的象征,自然状态是一种最天然的符合人性的状态,而人类的文明进程,如所谓的都市文明则使人性扭曲,违反人类原本的天性。再如,在19世纪某些人类中心主义者那里,自然是相对于主体的客体,它们在逐渐人化的过程中与主体同一。是人类社会的演化使得大自然的意义常新。

在今天的新都市文化中,"大自然"还会不断增长出许多新的、以前所意想不到的含义。例如复兴"风水"这门古老的法术(甚至发展成一门可与行销学相媲美的学问),重新使山水形胜与人的居住环境及市场价值挂钩。生产新的空间意义,即不是物质的存在和运动形式的几何空间,而

[①] [法]鲍德里亚:《消费社会》,第2—3页,刘成富、全志钢译,南京大学出版社,2000年10月。

是与当代人情绪和心态不断变化相契合的心理空间，人们会发现在同一物理空间中可以并存多种心理空间；变空间为一种时尚的载体，创造新的空间奇观与消费的社会结构相吻合（条件是它必须向大众敞开，一旦被建筑物或别的对象占有，其物理空间就会凝固）。大自然本是无价的，几千年来静静地、安详地存在着，几不被人们所察觉，就像空气，不在缺氧或重度污染的情形下，我们丝毫不会加以关注。但是在近百年来都市化的情景下，特别是在消费社会，它进入了快速的升值过程，伴随着这个过程，大自然成为衍生多种意义和不同意义的空间。

　　新都市文化是多元的、开放的、有很强的包容性的，这多元和开放来自多种观念的倡导和相互作用，来自各种有关现代生活理念的实践，也必然会将大自然和生态平衡囊括其中。其中有些理念可能是互相矛盾的，有些则并行不悖，但是这些都能被包容到今天的文化实践中。都市生活实践的丰富性、开放性、复杂性、通融性总是会突破种种观念和理念的预设，创造出难以预测的、驳杂的生活形态。这一点在什刹海地区表现得尤其明显。

　　什刹海周边演化的最奇特之处是，关于它的功能一直在探索和讨论之中，而同时对它的修缮、拆建和改造也一直在进行之中。尽管早在1984年，政府和有关管理部门就开始制订《什刹海历史文化旅游风景区总体规划》，并在1990年经首都规划委员会公布为"历史文化保护区"。但是具体到如何规划、如何保护、如何整治，很难统一，讨论中有各种声音，有争议，没有定论：是风景旅游区、酒吧街、老北京风情景区、市民生活休闲区，还是历史文化保护区？按理上述的诸种功能并非相对立，它们往往是兼容的，例如，旅游和对历史文化的保护并不冲突，或者说对历史文化的保护正是为了让更多的观众有瞻仰的机会和可能。然而在消费社会的今天，情形有点复杂，承认其旅游区的功能，可能会一夜之间增加许多旅游设施和开辟出新的旅游项目来，这显然会危及历史文化的保护。如强调其民风民俗，那么伪民俗的建筑和器物大行其道，最后非搞得俗不可耐地收场为止。因此，一方面市政管理部门、有关专家学者、市民、周边住户在大众媒体的参与下，对什刹海的历史文化地位、当下的功用、城市生态和环境保护等话题展开了热烈的探讨；而另一方面，环湖一带的改造和建设也在含糊、矛盾甚至对立的理念中各行其是地进行着。夸张地说，这里几乎每天都有小拆小建，每天都有局部的变动。但是正是由于争论，所以周边的拆建和改造基本上是小规模的、零星的，反映了管理当局谨慎的、尽可能保护现状的明智态度。

在当代中国，开发商、建筑商最有排山倒海的力量和大的气魄。他们有用不完的钢筋水泥，有大功率的推土机和各类最先进的建筑机械设备，还有迅速的动员和运作能力（如批地、拆迁等），也因此他们有呼风唤雨、改天换地的伟力（当然强大的力量背后有巨大的利益）。但是这一伟力在什刹海一带颇为收敛，没有制造出巨大的动静，总算保留了那么一块近4平方公里的空间。传统、权力意志、民意等等很例外地在这块土地上保持了一致，成为一道巨大的屏障，阻止了大规模建筑开发的摧枯拉朽的脚步。这道屏障背后有许多现实的力量作支撑，也有历史文化的或社会心理的因素在起作用。有些是暗中发力，有些则在明面上，有堂堂正正的理由，例如"老北京的生活风貌"和"都市野趣"就是其中两道重要的保护屏障。

1. 老北京的生活风貌

什刹海作为北京25个历史文化保护区之一，是老北京生活风貌的标本。有专家认为，在诸多保护区中，"什刹海和天桥是北京最有人民性和民俗特色的"。[①]老北京风貌其实是巨大的混合物，有历史古迹，有王府花园，有普通民居，有京味小吃，有风土人情。有关部门在1995年推出胡同游，并把什刹海一带作为主要景点，就是因为老北京民风在这一带还留有十足的余韵。虽然老北京城内布满大大小小的胡同，虽然胡同的风貌大同小异，都是灰墙、老屋和悠长的七曲八拐的巷子，但是在金丝套一带，密集的胡同显得格外幽深和古朴，斜街曲巷、老树、剥落的院墙。因为三面环水的缘故，步入缠绕得如蛛网状的胡同就仿佛走进了迷宫，紫禁城那四方四正的方向感在这里完全不管用。在这里漫步和穿行城区的其他胡同不

---

① 《什刹海研究（三）》，第37页，北京市西城区什刹海研究会编。

同，你不必担心走着走着，眼前会突然耸立起一幢现代化楼宇，倒是能猝然撞见深宅大院。每一座大院都可能记载着前朝遗事和百多年来的神秘故事。

为了保持历史的神秘感和旧有的风貌，后海一带新盖的建筑基本都取四合院的外观。灰色的围墙配朱红的大门，楣上吉祥的户对和脚下坚实的门当也像模像样，只是门墙旁那车库的金属大门暗示着大院里的现代化装修。同样的理由，前海东侧建造的金锭桥，为汉白玉三孔拱桥，取长虹卧波之势，一派雍容华贵，只是取名太珠光宝气，抵消了些许神秘色彩。设想这里如果矗立着现代化的钢架水泥桥，那么观感就会完全不同，

民以食为天，老北京生活风貌中自然应包括饭庄、餐馆和茶楼，无论是作为风景旅游区、历史文化保护区还是休闲度假区，吃的文化坚如磐石，不可动摇。环海一带，除了银锭桥畔的烤肉季是老北京百年饮食文化的缩影，其他基本上是近二十年，特别是近十年来陆续开张的，开张就红火。除前海西侧一字排开的各色餐馆外，周边零星地散落着的各类餐馆也很有起色，粤菜、湘菜、川菜、客家菜、杭帮菜、云南菜、私家菜等南北风味在这里都有一席之地。这里要说说私家菜。私家菜是指古时深宅大院里的美味佳肴，"从前，官府的厨师离开府邸后，流落于民间，这些厨师在官府菜的制作基础上，进一步将烹饪技术融会发挥，久而久之，自成一种类别"。[①]私家菜的吃法是厨师配菜，而不是顾客点菜。说到私家菜，不能不提及厉家菜，坐落在羊房胡同11号的厉家菜餐馆作为"宫廷风味菜"而名扬四海。据说厉家菜的配方和做法是厉家的先人从清宫里承传下来，又有溥杰先生鉴定，称之为"地道的大内菜肴"，还留了墨宝"谨心妙腕调宫馔，继往开来备八珍"[②]为证。西海边和柳荫街有几家饭馆，也是打着宫廷菜肴的招牌，如"皇家佛跳墙""宫廷养生餐"等，当然里边的厨师有无高人指点，与大内御膳有无传承关系都无关紧要，关键是在符号氛围上向"皇家"靠拢，餐馆内部的装潢和布置上尽量展示豪华气派，在想象功能上发挥其作用。另一家西海鱼生，在用餐环境上颇有讲究，除了有大厅、包间，还有廊桥伸向湖中，顾客用餐可凭栏而坐，把酒临风。当然还

[①]《什刹海的老字号和特色店》，第69页，当代中国出版社，2006年1月。
[②]同上，第73页。

观念的艺术与技术的艺术

有更风雅一些的选择,即在固定的船舫或游船上也可雅集,有诗酒泛舟的韵味,江南风掺入老北京风貌中,也算相得益彰。当然在这些地方用餐价格不菲,也是为显示其"高雅"的一种手段。其实是贵在独特的地理位置和无价的清风明月上。

2006年夏,后海一带还兴建了"九门小吃",各类媒体争相报道,着实热闹了一阵。因前门改造,一些老字号小吃店无处安身,移花接木,将它们异地安置,接纳到后海的景观中来,是有关管理部门颇有创意之举。搬迁到孝友胡同来的传统小吃店包括小肠陈、爆肚冯、茶汤李、年糕钱、奶酪魏、羊头马、豆腐脑白、月盛斋、门框褡裢火烧等等。这些小吃店集中在一起,冠之以"九门小吃",和昔日的王府成比邻之势,很有代表和象征意味。当从宫廷仿膳到民间小吃都集中在环海一带的方寸之地,以往阶层的区隔被轻易打破,东富西贵南贫北贱,在历史语境中形成的地域界别骤然消失,一切均浓缩在狭小的空间中,色彩斑驳,气象混沌。

新都市文化的魔力就在于能点铁成金,将高雅的与低俗的、大内的与民间的、公共的与私家的、四合院的与大杂院的统统化为民俗的符号,高低贵贱都变成老北京风情之景观。它甚至也能化新时尚为老风俗。例如,有人将现代的会员制西餐馆办到西海一侧的四合院内,也是一绝,因为有了周边咖啡馆和酒吧作过渡,一切都不显得突兀,倒是增添了一些雅趣。

2. 都市野趣

"都市野趣"是作家刘心武在讨论什刹海的空间功能时提出的概念,他希望在北京这个大都市的中心仍然保留一块富于野趣的情调空间,不要被过分嘈杂的商业活动所占领,被喧嚣的消费文化所包围。并认为这里应以享受野趣为旨,最好有禅悟。与作家诗意化的表述相呼应,或者说更加有学术分量的表达,是关于恢复什刹海"湿地生态"和"湿地景观"的建议。有学者认为,原本出于保护和整改愿望的"清淤、修堤、装防护栏"的整治工程,反而毁了什刹海湿地的生态景观,使得生物多样性遭到破坏,生物链的净化功能被截断,导致了什刹海水质的蜕变。因此,当务之急是"尽可能地恢复原有的生态——一个生物多样性的生态系统"。[①]应当说关于"野趣"和"恢复湿地"的这类呼吁代表了相当一部分人的意见,这比所谓展现"老北京风貌"更有感召力。"老北京风貌"多少是为外来的观光客考虑的,而野趣和生态保护却是生活在大都市居民的生活要求和情感要求,也是都市生活质量高低的一种体现。

似乎是作为一种回应,2004年春上,有人在后海建了野鸭岛。据说在20世纪90年代,湖畔一带就有久违的野鸭归来,为了使它们有栖身之地,在附近工作和生活的市民曲喜圣就做了一个小竹排,供野鸭繁殖和栖息。后来,竹排破旧不堪,面积也太小,2004年在与有关管理部门商量并征得同意后,曲岛主特意建造了一座约80平方米的颇为"豪华"的野鸭岛,不仅是请厂家定做,而且还是玻璃钢材料制作的,可见即便是野趣,也是现代科技产品。说到底,什刹海的野趣,是象征性的,就像前海的荷花或湖中的泛舟。保卫这些野趣,倒是需要人为的努力。在熙熙攘攘的游人和观光客蜂拥而至的时刻,什刹海的规划、整理和维护工作是必不可少的,但是每一次整理和维护就会剔除一些野趣。"野"就是不加雕琢、显现本来面目,"野"就是顺其自然,但是今天如果一切顺其自然,不加限制,那么商业浪潮就会顺其自然地吞噬"大自然"。都市发展的逻辑、商业利益和消费文化的推演就会把所有上天的造化变成现代工业和现代科技的造化。所以今天的"野趣"是人们千方百计保护的结果,也是人为设计的结果。难得社会花费了许多力量,不是去建造什么,而是反对或阻止建造什么。尽管在都市中心保留了这么一个不大的空间,在不大的空间里,有那么一点点野趣,其象征意义远远大于现实意义,但是必须有这样的象征,这也是都市文化的一个必不可少的组成部分。提倡野趣,似乎有悖都市化,然而反都市单一发展逻辑就是新都市文化的重要内容。其实人们的期待是十分复杂的,不同的阶层、不同的修养和不同的年龄对都市空间有自己的要求,但是有时又在某些方面达成惊人一致的共识。如对野鸭岛的关注就是一例,正是受生态平衡和环境保护意识的影响,自然界的飞禽走

[①] 杨乃济:《恢复什刹海湿地加诗地的景观生态》,载《什刹海研究(三)》,第117—124页。

兽有了不同以往的意义，否则它们只是人们的下酒菜。也因此，所谓"野趣"也就带有了新的、现代性内容。故而野鸭岛的一度沉没，野鸭的死亡等等引起了多方的关注，不少媒体也纷纷加以报道，成为都市人茶余饭后的一个话题。

野鸭岛作为"野趣"虽然只有象征意义，但是在超大都市的中心，这样一个象征太重要了。它寄托着都市人回归自然的一个永远难以实现又不断延续的梦想。

3. 休闲生活——老传统加新花样

什刹海的天然空间是生产休闲环境的绝佳场所，无论是传统意义的休闲，还是需要花钱或投资的时尚休闲，都必须有相应的空间作保障。因此保持老北京风貌也好，保留都市野趣也罢，均在新的语境中为休闲提供了外部的物质空间，使得休闲生活的意义空间有其生长的处所。

在新都市文化中，休闲有了不同以往的含义。休闲并非是闲着或休息着，而是要找一些事情来干干，因此"休闲"似乎是一个有特殊含义的动词。例如对整天坐写字楼的人来说，运动或户外活动就是休闲；对整天忙碌奔波的人来说，坐下来喝杯咖啡或茶就是休闲；有的以打高尔夫为休闲，有的以看娱乐大片为休闲，有的以野外远足为休闲。总之，必须寻找一些事情来做，而不是无所事事地待着。

休闲生活的意义空间是由传统的、现代的、习俗的、娱乐的多种文化因素拼贴而建构，它包含着许多成分。关于时尚的走向，前文已经有所分析，由于休闲是新都市文化中的一个不可缺少的部分，休闲必然和时尚相交汇、相融合。休闲往往从时尚中获取更多的意义。按理时尚就应该是现代的和流行的，然而时尚同时也是充满着变数的，时尚的节奏和一定时期的社会心理相关联。此外，休闲所强调的是和庸常的日常生活的区别，不仅是和日常工作相区别，更是和一般而言的日常休息相区分。就今天社会语境而言，休闲是一个特殊的领域，因为在这里，最适宜发挥个体的活力和创造性。个人作为社会的一员，在许多方面受到社会的束缚和限制，他

（或她）的活力、想象力、主动精神只有在这一领域里可以得到相对的释放。亦即社会的规范化、同质化过程越深入，休闲生活就越是为人们所关注所重视。

今天，休闲生活的多样化和现代科技手段的发展息息相关。传统的休闲方式，如垂钓、品茗、遛鸟、漫步、对弈、票友聚会等等仍然为人们沿袭。虽然新的人群和新的市场环境总会带来休闲的新花样，如欣赏电子摇滚、看民间录像，但是在后海一带，比较流行而又稳固的休闲生活是老传统加新花样。

以垂钓为例，这项古老的休闲活动绵延至今，人们只是在渔竿渔具上略施小技（当然是现代科技），如渔竿的制材是玻璃纤维或者碳纤维的，坚固又轻盈，可以拔节伸缩，便于携带；垂钓时有专门的辅助支架，可以解放手臂；有结实的渔线，如各种型号和色泽的尼龙线、碳纤维线或陶瓷线等，能甩出很远的距离；有灵便省力的渔线轮，如纺车型的、圆鼓型的、叉式齿型的，渔线轮可以收放自如。现代技术所提供的种种方便和选择，在几十年前是无法想象的。特别是夜晚，闪亮的鱼漂浮动，荧光闪动，幽明游弋，不仅使得夜间垂钓成为可能，韵味无限，还增添了一道独特的风景。

后海的集体歌咏活动也有传统的意味。中老年人唱年轻时熟悉的歌曲，思旧怀古。唱着唱着，也开始唱一些现代流行歌曲，伴奏也由手风琴换成了电子乐器。时尚的风吹拂，使得一切都在改变，正如散步酿成暴走，遛宠物变成了养生。

现代科技手段作为新媒介总是给传统的休闲生活带来些许变化，带来不同以往的感受，这里新科技带来的便利和效率或许是次要的，新鲜感和时代感是主要的。在公众的或露天的场合进行的休闲活动，还往往是一种展示活动（前文说过，休闲是特殊意义的动词），休闲者有意无意在展示自己，展示自己与环境的融洽程度，展示自己的与时俱进、不落伍，展示自己对新事物的适应能力和接受能力。传统的休闲活动以闲适为主，符合人们的生理和心理要求，因此能够得到长久的延续；而新花样、新技术的注入，使之既有了别样的趣味，也涂抹上了时代的色彩，契合都市人的社会群体心理，同时也给休闲活动提供了其他种种正当性理由。

正是消费社会的运作，使得休闲成为一个开放性概念，不断有新的消费方式或名目成为休闲生活的内容。即休闲是一个随着社会经济发展和文化的演化，无限扩展的概念。其扩展的逻辑就是不断地开发出新的休闲方式和名目，或者说是"生产"出新的休闲条件和相应的休闲环境来。说到底，休闲文化既是一种经济文化，也是文化经济。都市社会越是膨胀，经济活动越是繁忙，所谓的休闲生活也越名目繁多。

五、媒体的什刹海概念

另外，从媒体和各种渠道的反映，也可以看出人们对什刹海一带功能认识的变化，不同的时期、不同的人群、不同的大环境，会产生各有侧重的见解和建言。当然什刹海地处北京，它理应展现老北京的风貌，否则何来历史文化，何来"时尚"的历史文化。

这里所说的媒体什刹海概念，是指它的形象概念，以区别于其地理概念。什刹海的地理位置很清晰，是指前海、后海和西海，但是什刹海的形象概念就复杂了许多，它可以指环湖一带，也可以指周边地区，2000年以来的媒体报道中，什刹海的概念就有更加丰富的内涵。有时它是地理概念，有时则是文化概念，有时是旅游景点概念，有时是指其所发挥的有关社会功能的概念，有时则是以上所有概念的综合。本文在这里是着重分析其形象概念，即大众媒体在塑造什刹海整体形象时，赋予了它怎样的概念内涵。之所以强调"塑造"，是因为短短几年工夫，各种称谓和期待纷至沓来，例如：什刹海是一座文化"博物馆"[1]、有深厚的"文化底蕴"[2]、是"得天独厚"的"老北京风情景区"[3]；是"北京的名片""北京城内景观的一颗明珠""北京都城历史文脉中心"、具有天然的"原创性景

---

[1] 孙晓胜：《银锭桥畔逛胡同 什刹海里赏丝竹》，《新华每日电讯》，2000年7月16日。
[2] 文娟：《什刹海夜航》，《人民政协报》，2000年11月10日。
[3] 王工：《保护什刹海历史文化区》，《人民政协报》，2000年11月13日。

观"①;"京城最好的旅游之处""细节最销魂"的酒吧街②;等等等等。这里汇聚了所有最美好、最时尚的形象概念,但是似乎都缺少一个渐进的"自然"的演化期,亦即在短短几年间,百千年来静静流淌的什刹海,变魔术般地被堆砌了各种光彩夺目的头衔。它敞开的自然空间和特有的历史过程的结合,突然之间生发出无数的可能性功能,这些可能性既同时,又并行不悖地运行,这种情状只有在消费社会和新都市文化的语境中才可能出现。然而,消费社会既然是强调消费对象的符号意义,那么大众媒体的用武之地就是不断地制造和完善其意义。本来新都市文化的建构过程离不开大众媒体,它是在和大众媒体互动中逐渐演化和建构的,大众媒体犹如新都市文化的广告,支付广告开支的是大众的眼球。有的经济学家发明了"眼球经济"这一概念,这是从经济学立场出发来定义的,换一个角度看,这就是新都市文化的特性之一。新都市文化必须有大众媒体的参与,因为它不是自给自足、自生自灭的、分散的小农文化,它是由社会集中动员的各种力量结合的产物,大众媒体在动员社会各种力量的过程中有着无可替代的巨大作用,各种时尚杂志、各类报刊的时尚和生活版、网络和博客等等无时无刻不在营造某种氛围,如闲适的、浪漫的、典雅的、高品位的、个性化的、物超所值等等。所有这些氛围都是新都市文化所赖以产生的元素和组成部分,什刹海地区就是在这样一种氛围中逐步演化,慢慢地改换着自己的面貌。有时人们希望它更多地体现老北京的生活风貌,以满足或排遣怀旧的情怀;有时人们希望它在大都市中心保持自然风光并增添野趣,可获取返璞归真的享受;也有时周边的居民或白领阶层认为它更应该是休闲生活的场所,以调节、舒缓忙碌的、快节奏的现代生活旋律。当然,所有的关键是什刹海有那么一片自然空间。自然空间某种意义上等同于自由空间,是未被占领的空间,或者说是可以任由各种文化和观念占领的空间,它必然成为消费文化的逐鹿之地。

(完成于2009年)

①冉茂金:《什刹海——未来北京人文奥运第一社区》,《中国艺术报》,2004年10月8日。
②薛昌、桑瑞严:《北京酒吧街风姿大比拼》,《华夏时报》,2004年10月22日。

# 第四辑
诗学研究

20世纪中国文学史研究观念的演变
——从系谱论到本质论

一

开卷钱基博的《现代中国文学史》，很有阅读快感。其著述文字酣畅淋漓，遒劲有力，一路读来，作者饱满的情绪力透纸背，笔触所到，有如苏轼所说的，"常行于所当行，止于不可不止"……但是另有一种怪怪的错愕感挥之不去，这来自他的编排体例。

该体例除了绪论和编首，正文分上下两编：上编为古文学，下编为新文学。在古文学编中又分"文"和"诗"两部分。文的部分，有魏晋文、骈文、散文；诗的部分则有中晚唐诗、宋诗、词、曲；下编新文学则分新民体、逻辑文、白话文三大部分。

说实话，最初翻检此书时，我略有眩晕，以为作者的现代文学史，就是指全书第二编的新文学。但是既然现代文学是指新文学，古文学怎么占了几近全书的三分之二的篇幅？这与全书宗旨不符呀。另外古文学怎么会只从王闿运和章炳麟开始？骈文怎么只写刘师培等人？

定下神来琢磨。才弄明白，作者的现代文学史是从晚清开始的，不是从五四新文学才起始，所以像我们列在近代史课本上的一干文人如王闿运、陈三立、张之洞、王国维等就进入到现代文学史的视野之中。当然更主要的是钱基博的文学史范畴是以文体作分野的，他将王闿运、廖平、吴虞、章炳麟、黄侃和苏曼殊等的文体作为魏晋文章的余脉来看待的；将刘师培、李详等视作骈体文的传人,所以一部现代中国文学史竟然以"魏晋文""骈文"等古代文体为其开场锣鼓。接下来可以想见,作者是怎样来安排其章节和文学人物,并将他们对应起来的,如"中晚唐诗"一节对应樊增祥、易顺鼎等人,"宋诗"一节对应陈三立、张之洞、郑孝胥等人。当然为了这种编排体例,作者给出了充分的理由,如对王闿运的评价:"故其为文悉本之《诗》《礼》《春秋》,而溯庄、列,探贾、董,旁涉释乘;发为文章,乃萧散似魏晋间人;大抵组比工夫,隐而不现,浮枝既削,古艳自生。"①

同样,该文学史将刘师培列在"骈文"的名目之下,也是文体上的原因:"师培与章炳麟并以古学名家,而文章不同。章氏淡雅有度而枬于响。师培雄丽可诵而浮于艳。章氏云追魏晋,与闿运文为同调。师培步武齐、梁,实阮元文言之嗣乳。"又说"师培于学无所不窥;而论文则考型六代,探源两京⋯⋯"②

这样读者就很好理解,他因为樊增祥、易顺鼎等诗风相近,"颇究心于中、晚唐"而将他们归在一处。其实按樊增祥的自述,他自己是转益多师,"所蓄既富,加以虚衷求益,旬煅季炼,而又行路多、更事多,见名人长德多,经历世变多,合千百古人之诗以成吾一家之诗"。③

钱基博《现代中国文学史》的写法,虽然体例独特,倒不是没有来由,下文中我会详细论述。这里还是先回到我所说的错愕的感觉,这种感觉是对自己已有的知识结构的一种撞击,因为我以前所了解的现代文学史、中国文学史,甚至国人写的西方文学史,如欧洲文学史等都不是这样的写法。我以往所了解的文学史一般的写法,是将时段分开,在每一时段开始前有一个关于该时代的概说、概观或导言等,先要把这一时段的社会经济、政治状况介绍一番,然后才轮得上文学,最后才落实到具体时代的具体作家。即以影响比较大的几种文学史为例,无论是刘大杰1948年版的《中国文学发展史》、游国恩等1963年主编的《中国文学史》,还是

---

① 钱基博:《现代中国文学史》,第38页,凤凰出版传媒集团、江苏文艺出版社,2008年。
② 同上,第115页。
③ 同上。

晚近一些的中国社会科学院的《中国文学史》、章培恒主编的《中国文学史》、袁行霈主编的《中国文学史》，都在每一社会阶段的开端。对社会形态和政治、经济状况先作简要介绍，似乎形成一种套路，不先谈社会大背景，经济和政治状况，不对生产力和生产关系了然，就不能直接进入文学层面的内容（刘大杰在其1962年版的修订版中，主要是添加了这方面的内容）。

我原先所熟悉的文学史体例结构中不包含钱基博的这种以文体特点为分野的写法，我以前读过的文学史是20世纪50年代以来陆续出版的，特别是以北京大学55级学生集体名义编撰的《中国文学史》，开一代风气。①这种写法受到两种西方思想的影响，一是本质论和反映论思想，另一是马克思主义的经济基础决定上层建筑和意识形态的思想。虽然在"文革"结束后，人们会以"左""受极左思潮影响""受政治运动冲击"等评价来论及那时的一些学术思潮和著述，但是基本的路数和意识形态是从上述方面而来，有其学术思想方面的深刻原因，只不过有的极端，有的相对中肯一些。

钱基博有没有受以上西方思想的影响很难判定。按照有关资料的介绍，钱基博年轻时"一心向往学习西学"②而且在20年代初在上海的圣约翰大学当过教授，处于时代潮流之中，不可能不受西方思想影响。但是从《现代中国文学史》的写法上看，显然没什么影响（尽管从他的《现代中国文学史》写成的年份看，各种西方思潮，包括马克思主义都已经进入中国）。当然如果钱基博写的是古代文学史而不是现代文学史，体例的独特性就不会那么明显，他在若干年后写的《中国文学史》，其体例和其他同时代的文学史大致相同。但是，20世纪20年代，他在将那么一群文化人写进文学史时，没有将他们以年代划分，比如以同治、光绪，清末、民初和北洋时期来划分，而是以文体流别来区分，是十分自然的事情。因为朝代的更替是相对外在的，文脉的延续和流传则是更加直接的，更何况这一时段中的文化人，有的是作者识面的前辈，有的是同辈人，处于大致相同的文化氛围中，遭受同样的时代变迁，在同样的社会历史大背景下，各自创

---

①例如游国恩等主编的《中国文学史》，在其说明中就直言其影响。
②国学网。

作风貌的差异显然不能用时代来解释，也不能简单以前朝的流风余韵来说明。

这里就不能不说到中国文学研究传统。中国的文学研究传统是关注文章流别的传统和系谱研究传统。这一传统可谓源远流长。近人刘师培在其《搜集文章志材料和方法》一文中特别强调了这一方法：

> 文学史者，所以考历代文学之变迁也。古代之书，莫备于晋之挚虞。虞之所作，一曰《文章志》，一曰《文章流别》。志者，以人为纲者也；流别者，以文体为纲者也。今挚氏之书久亡，而文学史又无完善课本，似宜仿挚氏之例，编纂《文章志》、《文章流别》二书，以为全国文学史课本，兼为通史文学传之资。[①]

应该说，这一见解不是为刘师培所独家秉持，也为当时北京大学一干文学教授的共识。当年的《北京大学日刊》于1918年5月2日登载的国文教授会议的"文学教授案"似可为此佐证，其关于文学史课程的开设有如下说法：

> 教授文学史所注重者，在述明文章各体之起源及各家之流别，至其变迁、递演。因于时地才性政教风俗诸端者，尤当推迹周尽使原委明了。
> 教授文学所注重者，则在各体技术之研究，只须就各代文学家著作之中取其技能最高，足以代表一时或虽不足代表一时而有一二特长者，选择研究之。[②]

可见，"文章各体之起源"和"各家之流别"是20世纪初文学史研究的主要对象，没有什么大的争议。大家之所以对此见解比较一致，缘由是古文论中早有这一传统。刘师培将之追溯到了晋代的挚虞。挚虞的《文章流别集》四十一卷虽然亡佚，但是还有《文章流别论》存世，所谓流别

[①] 刘师培：《中国中古文学史讲义》，第114页，上海古籍出版社，2000年。
[②] 转自陈平原《不该被遗忘的"文学史"》，见《早期北大文学史讲义三种》，第620页，北京大学出版社，2005年。

是既强调"流"又区分"别"的，但后人更看重的是"别"。如郭绍虞主编的《中国历代文论选》认为《文章流别论》"之所以值得重视"，重要理由之一就是"因为它把文章的体裁区分得更细"。经由挚虞，刘勰的《文心雕龙》搜集和囊括了从《明诗》到《谐隐》，由《史传》至《书记》，林林总总不下二十种文体。而在此之前，关于文体这方面的分辨有"文学"与"文章"之别，还有"文"与"笔"之分野，有奏议、书论、铭诔、诗赋之归类。所以梁元帝在其《金楼子·立言》中有"古之学者有二，今之学者有四"的说法。

如果说《文章流别论》，注重的是"别"，那么钟嵘的《诗品》因其鉴定和把握诗歌的流品，其要义在溯"流"，考镜源流，揭橥递演。

作为中国最早的文学研究典籍，钟嵘的《诗品》用现在时髦的话来说，是文学（诗歌）系谱学研究的开山之作。一般文学研究者关注他的《诗品序》，认为这是诗歌"缘情说"的代表作。这么说当然没有问题。除了强调情感，对于诗歌创作的演进，从四言到五言的发展，对于五言的推崇，关于比、赋、兴三义怎样"酌而用之"等等，钟嵘在《诗品序》中均有所言及，也都为《诗品》研究者所恒久关注。然而，他的《诗品》不仅仅是强调情感，讨论诗体的演进，更是确立了一种评价标准，即诗歌的品第或格调，否则不成其为诗品。

钟嵘认为"昔九品论人，七略裁士，校以宾实，诚多未值"，[①]而自己的判断是有文本作依据的，因此要比九品论人可靠得多。他将汉以来的122位诗人分上、中、下三品：上品计有李陵、班婕妤、曹植、刘桢、王粲、阮籍、陆机等11人；中品计有曹丕、嵇康、陶渊明、鲍照等39人；下品有班固、曹操、王彪、徐干等72人。

钟嵘划分的标准，如按其《诗品序》开首"动天地，感鬼神，莫近于诗"之说，应该是以情感的真伪，情调的雅俗来判定其优劣。但是只要稍微关注一下《诗品》的正文，我们就能发现，其对诗歌的品评不是依据其内涵的情感真挚和强烈的程度而定，而是依据它们的源流血脉来判别的。

---

① 以下关于《诗品》的引文，均见[清]何文焕：《历代诗话·上》，第2—24页，中华书局。

上品诗往往是血统高贵，它们来自《诗经》《楚辞》这样一个古老而久远的传统，有"文温以丽，意悲而远"这样委婉而高远的意境。如李陵"其源出于楚辞，文多悽怆"；曹植"其源出于国风，骨气奇高，词彩华茂，情兼雅怨"；刘桢"其源出于古诗，真骨凌霜，高风跨俗"；阮籍则"其源出于小雅……言在耳目之内，情寄八荒之表。洋洋乎会于风雅，使人忘其鄙近"。

至于中品诗，离源头已远，似没有一个诗人有资格直接承传《国风》《小雅》的。中品诗人的源流至多来自上品，如曹丕"其源出于李陵"，颜延之"其源出于陆机"，这还算有些来历；而陶渊明则比较惨，其源出于同为中品的应璩，应璩则"祖袭魏文"，还是在中品内打转转。中品还有许多诗人没有标出源流。是钟嵘无暇顾及还是不想再细细分辨？

论及下品诗人，钟嵘干脆就不标源流了。既然列为下品，显然其源流来自何处已经不十分重要了。因为他们离主流已远，流品芜杂，所以就三五个一拨，轻松打发。其中最为简略的是仅用16字就将7位诗人一起了断，正是惜墨如金。我们可以说这样的评判，未免草率，但是要对一百多诗人个个都作出精当的评断，本来就不是容易的事情，对排行榜的最后几名，人们不能有太高的期望。

钟嵘的判断是否公允、切中肯綮，另当别论，后人关注《诗品序》而少言《诗品》中具体的评价，表明钟嵘所确立的诗歌判断标准没有普适性。他对陶渊明的误判，或者说将这样一位著名的被历史证明有久远影响的诗人列为中品，其趣味和鉴赏力引起了后人的批评和质疑。但是就现有文献看，钟嵘是第一个对诗歌创作的系谱作出描述并下判断的，他的评价和划分代表了那时的一种风尚，即崇尚古风。亦即钟嵘制作的这份诗歌"排行榜"不是以今天我们熟悉的市场法则或销售量来定夺的，而是以它们与诗歌的源头《国风》或骚楚"血统"的亲疏远近来定高下的。因此《诗品》上开首就有"古诗"赫然在目，"古诗"不知何人所作，只是"其体源出于国风"，故名列榜首。当然，正因为不知具体作者，也不知准确年代，有些许神秘色彩缭绕，使之平添三分魅力。

钟嵘所谓的"古诗"，是指由无名氏创作，并经由无名氏编选的汉五言诗歌集，其中除了陆机所拟14首，被他称为"文温以丽，意悲而远，惊心动魄，可谓几乎一字千金"。其外还有45首，"旧疑是建安中曹、王所制"（即创作或编选）。①这样，钟嵘所见的古诗集，当不少于59首。据说《昭明文选》中的"古诗十九首"，也是萧统从《古诗》集中精挑细选出来的。鉴于钟嵘的时代稍早于萧统，大致可以推断，萧统能见到的前人的选本，钟嵘应该也能见到。或许他们见到的是相同的本子。

这里不是想考证《诗品》所推崇的"古诗"是否包含"古诗十九首"，或者它们均出于同一个更古老的选本，只是想指出，钟嵘所推崇的"古诗"既是汉代五言诗最早源头，也是五言诗中的翘楚和标杆。此外它们还有另一重价值，那就是它们源出于《国风》，源出于《诗经》和《楚辞》，承续了一个伟大的传统，即乐而不淫、哀而不伤、怨而不怒及言近旨远的传统。由此钟嵘为后人考订了一个大致的诗歌演进系谱。除了源出于《国风》《小雅》《楚辞》等，钟嵘还沿波逐流，细加甄别，将自己熟悉和认可的诗人归入到这样的源流之中，不管他们是其源出于李陵、出于陈思、出于公干者，还是出于仲宣、出于陆机者……其中出于陈思和仲宣者最众，似表明钟嵘更加"偏袒"建安七子，特别是欣赏他们"情兼雅怨""高风跨俗"的诗风，并认为建安一干诗人得五言古诗之真传，上承风骚之精髓，下启魏晋之风韵。而对于时人推崇的鲍照、谢朓等略有讥刺，称这些人为轻薄之徒，因为他们竟然"笑曹刘为古拙，谓鲍照羲皇上人，谢朓今古独步"。②

钟嵘之前，刘勰已经有"时运交移，质文代变"，"歌谣文理，与世推移"，"文变染乎世情，兴废系乎时序"③等说法。但是钟嵘从维护诗歌系谱的立场出发，既然认"古诗"为五言诗最高标杆，"建安风骨"是其嫡传，那么必然对时人的其他趣味大加质疑。他批评那些学习鲍照、谢朓的人"师鲍照终不及'日中市朝满'，学谢朓劣得'黄鸟度青枝'。徒自

---

① 《历代诗话·上》，第6页。
② 同上，第2—3页。
③ 刘勰：《文心雕龙·时序》。

弃于高明，无涉于文流矣"。①所谓"无涉于文流"，就是不入流，不入诗歌之主流。不入诗歌之主流，当然就难入诗歌之堂奥。至此，钟嵘有关诗歌品第的评判立场和明源流溯系谱的考察方法昭然于文坛，并影响了其后一代又一代的诗家和文学（诗歌）研究思路。

　　说到系谱研究的传统，中国诗学的学术理路和现代西方的系谱学并不相同。中国的系谱学讲学统讲承传，西方现代人文学科的系谱学，例如尼采的系谱学思想，则是建立在对已有的旧说怀疑和质询的基础之上的，即通过词源学等方法来挖掘历史的碎片，并不是想维护某种统一的历史观，并为此寻找某一个确定的起点。恰恰相反，尼采"是要驻足于细枝末节，驻足于开端的偶然性"，来打破这种统一性。

　　按福柯的说法，"系谱学家需要历史来祛除起源幻象"，因为系谱学"并不打算回溯历史，不打算在被忘却的散落之外重建连续性；它的任务并不是给整个发展进程强加一个从一开始就已注定的形式，然后揭示：过去仍在，仍活生生地在现在中间，并在冥冥中唤醒它"。相反，系谱学"应该追寻来源的复杂序列，就要坚持那些在自身散落中发生的东西……揭示在我们所知和我们所示的东西的基底根本没有真理和存在，有的只是偶然事件的外在性"。②

　　其实，尼采的所谓道德系谱研究，并不是要在世界的背后寻找善与恶的起源，而是想追问："人在什么条件下为自身构造了善与恶的价值判断？这些价值判断本身又有什么价值？迄今为止它们是阻碍还是促进了人的发展？它们是不是生活困惑、贫困、退化的标志？或者与之相反，它们自身就显现了生活的充实、力量和意志，或者显现了生活的勇气、信心和未来？"③

　　尼采从词源学出发，认为"善"这个词并非像那些道德系谱学家所想象的那样，从一开始就必然与"无私的"行为相联系。相反它产生于贵族的价值判断走向衰亡的时期。尼采认为，最早从古希腊时候起，"真

---

① 刘勰：《文心雕龙·时序》。
②《福柯集》，第150—151页，上海远东出版社，1998年12月。
③ [德]尼采：《论道德的系谱》，第3页，谢地坤译，漓江出版社，2000年1月。

诚""高贵""好"这些正面的词就是贵族用来表达自身的,所以"善=高贵=权势=美丽=幸福=神圣",而"平凡""俗气""低级"等词汇演变成"坏"的概念,是用来形容下等人的。后来,在漫长的话语争夺战中,在僧侣们最阴险狡诈的复仇行动中,加之道德上的奴隶起义,情势逆转,那些价值正面的词和概念被底层人们所篡夺、改变和拥有,故"唯有苦难者才是善人;唯有穷人、无能的人、下等人才是善人;唯有受苦受难的人、贫困的人、病人、丑陋的人,才是唯一虔诚的人;唯一笃信上帝的人,唯有他们才配享天堂的至乐"。而那些"高贵者和当权者,永远是恶人、残酷的人、淫荡的人、贪婪的人、不信上帝的人,你们将永远遭受不幸,受到诅咒,并将罚入地狱"![1]由此,尼采得出道德诞生于奴隶们的"怨恨精神",而不是出于善这样一种结论。尼采的"重估一切价值"十分重要的一环,就是对现有道德和善恶起源说的颠覆。

福柯重提尼采的系谱学,不是肯定尼采的价值立场,而是发扬其词源学的方法,重现"实际的历史",以颠覆禁锢人们头脑的本质主义的历史观。在福柯看来,尼采的系谱研究开辟了一种历史研究的新途径,即"使实际的历史与传统历史相对立"的途径,"实际的历史打乱了通常在事件的突现与连续的必然性之间建立起来的关系。总有一种历史传统(神学的或理性主义的),倾向于将特殊事件纳入理想的连续性——目的论的进程或自然因果序列。而'实际'历史要使事件带着它的独特性和剧烈性重现"。[2]

至于系谱学对于福柯,则是自己着手的《知识考古学》的理论向度的新拓展。知识考古学探讨的是某些知识和观念的产生和流变,其深层则展示历史演进的多样性和复杂性,以解构历史的统一性和连续性。当然,福柯将历史分解为多种话语和层面,知识考古学就是分门别类地来揭示这些话语的演化过程,而系谱学,按他自己的理解,是一套带有实践品格的话语分析方法。由知识考古学走向系谱学,就是由知识分析走向知识—权力的分析,故在福柯那里,系谱学家就是致力于现代社会中权力、知识以及

---

[1] 参见《论道德的系谱》第11—18页。
[2] 《福柯集》,第157页。

肉体之间关系的诊断学家。

中国的系谱研究，走的是另一条路径。中国的系谱研究和发掘是经验性的和考据性的，是为了确立或维护一种道统或学统，是为了加固某些随着时代的流变而可能失落和被丢弃的传统礼教和价值观。就如韩愈在其《原道》中所弘扬的尧、舜、禹、汤、文、武、周公、孔子之道，是试图以文化保守主义的方法强调文化的一致性和连续性，或者说为了某种理想，建构了文化的一致性和连续性。文学（或诗歌）的系谱研究还有另一重意义，就是给文学鉴赏和批评确立一种趣味标准和审美标准。

在中国的学术传统和思想传统中，由于没有本质论和反映论的根基（当然不排除个别学人、思想家在这方面有所建树），所以也不会产生类似西方现代意义上的系谱学。尼采、福柯等的系谱学与本质论认识论呈反相关关系，正是在现代西方语境中，系谱学有其振聋发聩的开拓性意义。

西方学者在追溯认识论的现代源头时，往往追溯到笛卡尔的基础理论。海德格尔曾认为，从莱布尼茨以来，德国思想界所达到的高度，丝毫没能超越这个理论，而恰恰是在这基础之上展开了它形而上学的广度，并为19世纪的思想繁荣创造了前提。

与笛卡尔几乎同时代的中国学者黄宗羲，则走了一条以今天西方的眼光看似更为"现代"的路子。在其《明儒学案》中，他对有明一代的学术思想的递演、嬗变和各个流派的传承作了缜密而结实的梳理，包括对17个学派的210个学者的思想学说的考辨，可谓其功厥伟。

诚然，钱穆在其《读刘蕺山集》中有言："余少年读黄梨洲《明儒学案》，爱其网罗详备，条理明晰，认为有明一代之学术史，无过此矣。中年以后，颇亦涉猎各家原集，乃时撼黄氏取舍之未当，并于每一家之学术渊源，及其独特精神之所在，指点未臻确切。乃复时参以门户之见，意气之争。……故其晚年所为学案，已仅可为治明代儒学者之一必要参考书而止。"①

这里"指点未臻确切"，今人可以作两种理解：一是《明儒学案》乃

---

① 钱穆：《中国学术思想史论丛》（第7册），第261页，安徽教育出版社，2004年。

黄宗羲一人之力所完成，17个学案，二百多学人，在材料的搜集、归纳和概述上，未免有疏漏和不当之处；二是见仁见智的问题，确切和未臻确切是可以进一步讨论的话题。说到"门户之见"，也是在所难免，人总有其局限性，黄宗羲浸淫王门心学日久，自然倾心于王门，在全书62卷中，王门各派就占了20卷。应该看到钱穆的批评是就《明儒学案》的内容而言，从方法和形式上讲，《明儒学案》远远领先于时代。黄宗羲所确立的学术研究框架，不仅为日后其弟子的《宋元学案》所遵循，也对两百多年后梁启超撰写《中国近三百年学术史》产生了很大的影响，这一框架几乎不必作大改动就可搬到当下中国思想史学术史的讲义中，搬到今天的大学课堂上。

这里不能不提到当年与梁启超《中国近三百年学术史》同样有影响的章太炎的《国故论衡》。这部被胡适称为有"贯通的功夫"的，精心结构的著述，可以说是具有某种系谱学理路的，依胡适当时的眼光，中国"这两千年中只有七八部精心结构，可以称作'著作'的书，——如《文心雕龙》《史通》《文史通义》等——其余的只是结集，只是语录，只是稿本，但不是著作"。①当然，胡适对《国故论衡》的下卷"诸子学九篇"尤其青睐，认为其"别出一种有条理系统的诸子学"。②

而本文关注的是《国故论衡》中卷有关文学的篇章。章太炎显然对当时流行的狭隘的文学观及相关见解，不以为然，例如将文学从经史子集等各种文类中独立出来，给以命名，并以此将众多的历史文献划分为文学或非文学等。所以他在"文学总略"一篇中从概念演变的角度梳理了文学观念的流变，认为从历史来看，文学并不单指"文采斐然"的词章，亦即文学的功能。以今天的话来说，不能只从所规定的所谓审美功能出发来框定，更不能以今天的文学观来曲解前人的各式文学观，因为文学的情形复杂得很，不能简单归类。例如在孔子以前的时代，文或文章可以是指某种社会秩序亦可指仪式典礼等等。如"孔子称尧、'舜焕乎其有文章'，盖君臣朝廷尊卑贵贱之序，车舆衣服宫室饮食嫁娶丧祭之分，谓之文；八风从律，百度得数，谓之章"。又如"'言之无文，行而不远'，盖谓不能

---

① 胡适：《五十年来中国之文学》，第71页，杨犁编《胡适文萃》，作家出版社，1991年。
② 胡适：《中国哲学史大纲》，转自陈平原《国故论衡·导读》，第7页，上海古籍出版社，2003年。

举典礼，非苟欲润色也"。[1]由此而下，每一个时代都有该时代对文章或文学的理解，例如对"文"与"笔"、"文"与"辞"的划分，有韵之文与无韵之文的划分等等，都不是绝对的，因为在章太炎看来"文与笔非异涂，所谓文者，皆以善作奏记为主。自是以上，乃有鸿儒。鸿儒之文，有经、传、解故、诸子，彼方目以上第，若非后人摈此于文学外，沾沾焉惟华辞之守，或以论说、记序、碑志、传状为文也"。[2]

接着，他依次指出《昭明文选》和阮元等文学观自相矛盾的地方：如"若以文笔区分，《文选》所登，无韵者固不少。若云文贵其彣耶，未知贾生《过秦》、魏文《典论》，同在诸子，何以独堪入录？有韵文中，既录汉祖《大风》之曲，即《古诗十九首》亦皆入选，而汉晋乐府，反有佚遗。是其于韵文也，亦不以节奏低卬为主，独取文采斐然，足耀观览，又失韵文之本矣。是故昭明之说，本无以自立者也"。[3]

至于近世阮元"以为孔子赞《易》，始著《文言》，故文以耦俪为主又牵引文笔之说以成之。夫有韵为文，无韵为笔，是则骈散诸体，一切是笔非文，适足自陷"。[4]

由此，他辩驳道："前之昭明，后之阮氏，持论偏颇，诚不足辩。最后一说，以学说、文辞对立，其规摹虽少广，然其失也，只以彣彰为文，遂忘文字，故学说不彣者，乃悍然摈诸文辞之外。"[5]此处所谓的"最后一说"，即指以学说和文辞相对立的文学观，虽然这也是打昭明和阮元那儿过来，其实已经融合了西方的本质主义文学观，例如我国最早的由黄人撰写的《中国文学史》，在其开篇就由文学的本质入手，提出了六条文学特质（下文将提及，此处不赘述）。

章太炎反对狭隘的文学观，无论是来自古人还是来自西人，这不仅是因为其学养所致，而且还有其以深厚的学养为基础的辨析事理的立场和方法，以他自己的话来说："夫持论之难，不在出入风议，臧否人群，独持

---

[1] 章太炎：《国故论衡》，第49页。上海古籍出版社，2003年4月。
[2] 同上，第50页。
[3] 同上，第51页。
[4] 同上。
[5] 同上，第53页。

理议礼为剧，出入风议，臧否人群，文士所优为也；持理议礼，非擅其学莫能至。"①如果说，章学诚有所谓"六经皆史"的说法，那么在章太炎那里是六经皆文，不仅六经皆文，而且史学即文学。

在《论式》篇中，他放论："余以为持诵《文选》，不如取《三国志》《晋书》《宋书》《弘明集》《通典》观之，纵不能上窥九流，犹胜于滑泽者。"②

今天来看，太炎先生的文学观不仅古老，同时亦前卫得很。所谓前卫，是他的这些看法居然与后来者，1983年英国学者伊格尔顿的《文学理论》相通，或者应该反过来说，伊格尔顿的持论竟与章太炎相近。伊格尔顿在该书的导言"什么是文学"和第一章"英国文学的兴起"中洋洋洒洒数万言，说的就是这一层意思。他在文学概念的辨析中发现："事实上不可能给文学下一个'客观的'定义"，例如文学是"虚构"的或"想象性"的作品，"文学是一种写作方式"，或"文学是'非实用'话语"，再或者文学是"被赋予了高度价值的写作"等等，因为每一种论断都有其破绽。其实，"文学并不是从《贝奥武甫》直到弗吉尼亚·伍尔夫的某种写作所展示的某一或某些内在性质，而是人们把自己联系于作品的一些方式"。因为文学并无固定的"本质"。③

伊格尔顿认为，现代美学或艺术哲学在18世纪以来，对现代文学的兴起和发展、对文学本质论的形成起了至关重要的作用。这主要是在这一时期中，"从康德、黑格尔、席勒、柯勒律支和其他人的著作中，我们继承了'象征'与'审美经验'、'美感和谐'与艺术品的独特性这些当代观念。以前，一些人出于各种各样的目的写诗、演戏、作画，另一些人以各种各样的方式读诗、观剧、赏画。现在，在这些具体的、随历史而变的实践正在被归结为某种特殊的、神秘的能力，即所谓'美感'，而一些新型的美学家则在力图揭示其内在的结构。这些问题以前并非从未被人提起，但现在却开始具有一种新的重要意味。假定存在着所谓'艺术'这样一种

---

① 《国故论衡》，第82页。
② 同上，第83页。
③ [英]伊格尔顿：《二十世纪西方文学理论·导言》，伍晓明译，北京大学出版社，2007年。

不变的客体，或所谓'美'或'美感'这样一种可以孤立出来的经验"。①伊格尔顿进一步论述到，尽管"《伊利亚特》作为艺术对于古希腊人的意义不可能同于大教堂作为艺术品对于中世纪人的意义，也不可能同于安迪沃霍尔的作品作为艺术对于我们的意义，但美学的作用就是压住这些历史的差异。艺术被从始终纠缠它的物质实践、社会关系与意识形态中抽拔出来，而被提升到一个被孤立地崇拜着的偶像的地位"。②

显然，在伊格尔顿看来，文学本质论或艺术本质论是由审美意识形态和相应的一系列观念以及有关社会功能的划分为支撑的。但是，在中国，这一观念的出现，最早却是由文类的划分，如文与笔，文与辞，有韵之文与无韵之文的区分所造成。章太炎正是通过所掌握的文献，以及《文选》的自相矛盾之处来表明其立场的，即人们不能将某种划分方式或某一时期的观念加于所有时期之上，以为这是亘古不变的准则。

程千帆在为《文学总略》作注本时，将章太炎的文学观归结为广义的文学观，而今人所谓"纯文学"则是狭义的文学观。"则自《论语》所称，迄阮氏所指，由广及狭。"③其实这里除了广和狭，还有一层意思须挑明，即章太炎认为，文学观念是随时代变迁而变换的，不能削足适履。另外，从文质彬彬的角度讲，那些优秀的历史文献，比单靠华丽辞章取胜的所谓文学作品，更有阅读价值。

由章太炎而钱基博，我们看到，他们是从其自身进展的内在理路出发来看待文学的历程的，与后来的文学本质论者有很大的不同。

从文学系谱学研究的角度来审视钱基博的《现代中国文学史》，在他的现代文学人物中为什么可以有樊增祥、易顺鼎等只在较小的文学圈内有影响的人物，而没有李伯元、吴趼人、刘鹗、曾朴等在普通民众中影响很大的近代小说家，就比较容易理解了。因为这些近代小说家在传统文学的系谱上没法安排，新文学中也没有他们的地位，新文学是以新民体或白话体为发端的，新民体有康有为、梁启超等，白话体有胡适和鲁迅等。

---

① [英]伊格尔顿：《二十世纪西方文学理论·导言》，第 20 页，伍晓明译，北京大学出版社，2007 年。
② 同上。
③ 程千帆：《文论十笺》，第 46 页，武汉大学出版社，2008 年。

现代意义上的中国文学史是从20世纪初肇始的，林传甲的《中国文学史》被学界公认为最早的著述。这部草创的文学史，按林传甲自己的说法是"仿日本笹川种郎中国文学史之意以成书焉"。①有多种著述均提及了中国早期的文学史对日本人所写的中国文学史的借鉴，由于手头没有笹川种郎的文本，不知道这一仿意或借鉴是指文学观念上，还是大的框架上。我更相信是指文学观念上的仿照。因为从目录看笹川种郎的体例是按"春秋以前的文学"，"春秋战国时代的文学"，"两汉文学"逐次编排的，即在大量的历史遗留的文本中将文学的部分，从非文学的部分区分出来。

林传甲的文学史就大的框架上而言，无论是上半部分论述文字和音韵的演变，还是下半部分探讨文体流变，应该是出自中国古老的传统，不像从日本学者那里借鉴。特别是谈论文体的部分，更是有来历可寻，所以林传甲的文学史在这方面有更大的包容度和宽尺度的分野。他所列的文体有群经文体、周秦传记杂史文体、周秦诸子文体、史汉三国四史文体、诸史文体、汉魏文体、南北朝至隋文体、唐宋至今文体、骈散古合今分之渐；骈文又分汉魏六朝唐宋四体之别。显然这里不是在说挚虞或刘勰意义上的文体，而是以历史和时代演进为主轴，作大跨度的概述。

在林传甲的文学史中为什么没有诗歌、小说、戏曲？今人认为最重要的文学样式都不在其列，特别是没有诗歌。如果说在中国古代，小说、戏曲属于稗官野史，"托体稍卑"，那么诗歌历来是中国文学的正宗，为什么也没有？

这或许要追问到林传甲的文学观。这是比较笼统的文学观，按他自己的说法："夫籀篆音义之变迁，经史子集之文体，汉魏唐宋之家法。"②几乎无所不包，既包括文字之学，文章之学或文笔之学，也有骈散之体的区分，但就是诗歌阙如，虽然在其《文学史》第七篇中，有若干小节论及"诗三百"，也只是将其作为"群经文体"之一种来讨论而已，绝不是诗歌文体本身独立的价值所至。这估计是受桐城派文学观念的影响（其时，桐城文学依然红火有地位，尚未跌落到"桐城谬种"的境地，否则清廷大

---

① 转自陈平原《早期北大文学史讲义三种》，第29页。
② 同上。

臣张百熙不会一而再，再而三延请吴汝纶出任京师大学堂总教习）。或许在林传甲那里，文学主要是指文章之学，因此文学和诗学分隔在两个领域。这是没有经过现代思维辨析、分化的文学观，虽然以经史子集为依据，但是不仅集部中的小说、戏曲不在其列，居然连诗歌都没有份。

中国的文学研究是系谱性的经验性的研究，是地地道道的"内部研究"，没有经过外部研究洗礼的内部研究。所以后来者在文学研究上往往沿袭前人的思路和框架，只是在材料的取舍和处理上力求别开生面，并在历史的纵向描述中，力求全面、清晰和到位。所以我们能看到的早期北大文学史讲义，如刘师培的《中国中古文学史讲义》（1917年）、朱希祖的《中国文学史要略》（1916—1920年之间）、吴梅的《中国文学史（自唐迄清）》（1917—1922年之间），虽然各有千秋，但是在思路上无大的突破。刘师培在其《中国中古文学史讲义》中强调骈体文在文学史上的地位，是对桐城古文的一种反拨，其上承阮元的文学思想而来。阮元推崇汉学，褒扬骈体文，认为只有像孔子那样"以用韵比偶之法，错综其言"才配得上称"文"，并将孔子的《文言》奉为文章之楷模。因此刘师培文学史的宗旨虽然逆时（相对于桐城派在晚清的兴盛而言），却并非独树一帜。当然这与即将到来的"五四"新文化运动所批判的"桐城谬种，选学妖孽"出发点完全不同。

这里须提到黄摩西，有论者认为他所撰写的《中国文学史》虽然正式出版稍晚于林传甲的1910年，但是在1904年就已经编撰为教材，并用于东吴大学的教学，"应属国人所著第一部本国文学史"。[①]其实林传甲在京师大学堂的讲义也印行于1904年。另外有说法："中国文学史一书非摩西一人所作，属于古代者，出摩西手，汉以后则他人所续也。"[②]故黄摩西文学史的独特之处不在于时间上的第一，而在于进入具体史料前，有洋洋洒洒之论述，有总论、略论、分论诸篇，对"文学之目的""文学史之效用""文学之起源""文学之种类""文学之定义"等等一通辨析。他的

[①] 徐斯年：《黄摩西的〈中国文学史〉》，《鲁迅研究月刊》，第24页，2005年第12期。
[②] 《黄人》，第8页，中国文史出版社，1998年6月。

文学"特质论"在20世纪初是脱出中国传统研究思路的，明显受西方思想影响，即不以体制定文学，而以内容特质来界定文学。所谓文学之特质者如下：

（一）文学者虽亦因乎垂教，而以娱人为目的。
（二）文学者当使读者能解。
（三）文学者当为表现之技巧。
（四）文学者摹写感情。
（五）文学者有关于历史科学之事实。
（六）文学以发挥不朽之美为职分。①

他的文学史分期也与其特质论相关联，以专制制度与个体情感、自由精神的对决所造成的势态而划分，由此形成文学全盛期（上世）、文学华离期（中世）、文学暧昧期（明代）、第二暧昧期（清代）等四个大的阶段。

谢无量的《中国大文学史》或许受启于黄摩西，开篇就专门设立"文学之定义"一章。其中就"中国古来文学之定义""外国学者论文学之定义""文学研究法""文学之分类"等问题作了理论的梳理和探讨，然后才由历史的源头往下叙说。该书出版于1918年，在体例和内容上不仅比黄摩西规整，也比与他几近同时期的刘师培、朱希祖、吴梅的文学史讲义齐备，周详。

谢无量的《中国大文学史》拓展了中国文学史的基本规模。另外，也是最有体例意义的，是在各个历史时期之下，以文学家为主线，为人物立了专章专节。在此之前，林传甲是依据时代和文体为线索，王国维的《宋元戏曲史》（1914年）也是以时代和戏剧体裁作为线索，不以戏剧家为章节的中心，朱希祖《中国文学史要略》亦如此，均可谓"目中无人"，即在体例的纲目中，没有具体的作家。刘师培的稍好，在两晋文学中设有嵇、阮、潘、陆等名目，但是说到南朝，简约了许多。谢无量于历代的著

---

① 《黄人》，第69页，中国文史出版社，1998年6月。

名诗人、文学家等均设有专节,从这一点看,倒是有笹川种郎的影响,明显是将目光聚焦在具体的文学家身上。

但是其中所设"五帝文学"和"夏商文学"章节,既无材料上的依据,也和其中古文学史、近古文学史等内容无理论上的前后一贯性。

二

20世纪的文学史研究到了胡适有一个大的转变。胡适的文学研究,从根本的立场上改变了在他之前因袭的传统,开创了中国文学研究的本质主义的路径。这体现在他写的《白话文学史》中,该书虽然于1928年才正式出版,但是于1921年在给教育部办的国语讲习所讲授国语文学史时,就有了基本的大纲和讲义。胡适的新思想与他年纪轻轻就留学国外有很大关系。胡适的白话文学史观是本质主义加进化论的,虽然他的《白话文学史》通篇没有提及"本质"这个概念,但是他认为与口语相联系的"活"的语言,是文学的根本,文言则是"半死的语言"。由此写《白话文学史》,要一切推倒重来。先秦的他不敢碰,因为缺乏材料上的依据,无法在《诗经》等典籍中明确区分"死文言"和"活语体"。汉代的有乐府在,可以对照汉赋中的文人创作,区分白话和文言,所以《白话文学史》从汉代开始写起,这也是一种写作上的策略。

当然这不是胡适个人的主义和方法,也是一个时代的主义和方法,是"五四"新文化运动一干人如陈独秀、钱玄同、周氏兄弟等共同的立场。这一立场从根本上改变了在他之前许多学者因袭的经验性和系谱性文学观和文学史研究方法。

胡适及其"五四"同人的文学观,最简要地说来,就是认为真正称得上文学的只能是白话的文学,因为只有白话的文学才是活的文学,是当下的文学,是写实主义的文学。胡适在其《白话文学史》的自序和引子中反复强调,自己撰写《白话文学史》就是"要大家知道白话文学在中国历史上占一个什么地位。老实说罢,我要大家知道白话文学史就是中国文学史的中心部分，中国文学若去掉了白话文学的进化史，就不成中国文学史了，只可叫'古文传统史'罢了"。①

在年轻的胡适心目中，真正的文学应该是鲜活的和有生命的。那么，什么是活的文学呢？那就是"不模仿古人，语语须有个我在"的文学。②他在和梅光迪等人争论时称："文字没有古今，却有死活可道。"③只有用活的文字写出来的活的文学，才是有生命的文学，才是真正的文学。这就是文学的实质，或文学的本质（虽然胡适并没有用"本质"或"实质"这个概念，但是在其《白话文学史》中始终贯穿了这一思想，并且影响了好几代学者）。所以他特地强调："这书名为'白话文学史'，其实就是中国文学史。"又说："我们现在讲白话文学史，正是要讲明……中国文学史上这一大段最热闹，最富于创造性，最可以代表时代的文学史。"④

就胡适而言，西方的本质论思想、进化论思想，还有实证主义等等都对他有深刻的影响。由于没有进入到西方思想深厚的传统中，所以许多地方存在着误解，比如对杜威的实用主义哲学思想，胡适并没有真正理解其内核，故直到20世纪50年代末，在其《胡适口述自传》中，还只讲其"实证思维术"；并且进一步，将自己当初的"大胆的假设，小心的求证"的说法和杜威的思想和研究方法联系起来。⑤而根本没有涉及杜威实用主义理论中的反本质主义内核。

这里的意思不仅是想说，胡适并不真正理解他的老师杜威，更想说只有在坚定的本质论思想指导下，才会写出《白话文学史》这样气势豪迈，横扫千古的著述。他早年的大胆假设，一切好的文学都是白话写就的，"一部中国文学史也就是一部活文学逐渐代替死文学的历史"⑥就是这一思想最概括的表述。

触发胡适写白话文学史的动机可能是偶然的，或许是起于和朋友们如

---

① 胡适：《白话文学史·引子》，第2页，东方出版社，1996年3月。
② 姜义华编：《胡适学术文集·新文学运动》，第17页，中华书局，1993年9月。
③ 同上，第10页。
④ 胡适：《白话文学史·自序》，第7—8页。
⑤ 《胡适口述自传》，第100—104页，唐德刚整理，安徽教育出版社，2005年。
⑥ 同上，第153页。

任鸿隽、梅光迪在大洋彼岸的争论。当初他批评任鸿隽，因为任的《泛湖即事》长诗中有"言棹轻楫，以涤烦疴""猜谜赌胜，载笑载言"这样的"三千年前之死语"，结果遭到了猛烈反击，由此双方点燃战火。胡适又是发表宣言，又是带头尝试着作白话诗，所以在十多年之后，撰文回顾这段往事，他名之曰"逼上梁山"。①

其实，真正称得上"逼上梁山"的还是写那部《白话文学史》，要把历史装到自己的理论框架中是何其艰难？之所以他的文学史只写了上半部分，到唐代就戛然而止，正源于此。要将文言和白话截然分开，殊非易事，年轻生猛如胡适，上梁山也只走了半途。后来郑振铎1938年所出版的《中国俗文学史》显然是在受到胡适等人和新文化运动的影响下完成的。毕竟区分雅俗，比区分死活、区分文言和白话容易一些。另外写俗文学史，意味着还有一部雅文学史存在，或者还有非俗非雅的文学史（在此前的1932年，郑就完成了《插图本中国文学史》，似乎是雅俗兼收）。

总之从捍卫自己的文学观出发，又出于讲课的需要，胡适的这趟梁山是非上不可的。

为了贯彻自己的意图，也是一种写作策略，在其《白话文学史》中，胡适总是将各朝各代的文学作品分成两类，即：一类是鲜活生动的，来自民间的，白话的；另一类是半死的或僵死的，来自庙堂的，拟古的。或者在同一个诗人的作品中（如杜甫），将其中的好诗，或他认为成功的诗歌，看成是"说话的"和有"自然神气"的；而另一些则是仿古的，文言的、硬凑的，因而是失败的，"全无文学的价值"。②

为此，他的白话文学史要从汉代开始，而不能从先秦和诗经写起，因为胡适和当时的学术界难以区分先秦的典籍中，哪些是当时的白话，哪些是更古老的古文（恐怕在今天依然是一个难题）。尽管知道《诗经》的"国风"是从民间采集的，带有原始的清香和露珠，但哪些是原汁原味，哪些是经文人加工改造，已经变得文绉绉的"华伪之文"，不太好分辨。至于那些艰深的文字，是当初的白话，因年代久远，后人难以读解，才变

---

① 转自《胡适学术文集》，该文发表于1934年《东方杂志》，第31卷，第1期。
② 胡适：《白话文学史》，第255页。

得佶屈聱牙的，还是庙堂文人仿古的伪作，殊难判定。故胡适在开篇中就申明，"手头没有书籍，不敢做这一段很难做的研究"。①

一到汉代，情形就相对容易辨别。因为有先秦的典籍为依据，所以胡适大胆断言："汉朝的韵文有两条来路：一条路是模仿古人的辞赋，一条路是自然流露的民歌。前一条路是死的，僵化了的，无可救药的。"②那些汉赋如枚乘的、司马相如的、杨雄的就属于前一条路，所以，在白话文学史中毫无地位，特别是那个以自己才华引得卓文君私奔的司马相如，在胡适眼里更是一钱不值，认为他的有些赋简直是"荒诞无根的妖言，若写作朴实的散文，便不成话了；所以不能不用一种假古董的文体来掩饰那浅薄昏乱的内容"。最要命的是他还开了个坏头，胡适认为"用浮华的辞藻来作应用的散文，这似乎是起于司马相如的《难蜀父老书》与《封禅遗札》"。这成为两千年来做"虚辞滥说"的绝好模范，绝好法门。③

既然，文人创作被否定，白话文学史从汉朝的民歌开始是必由之路。故而汉乐府中的许多无名氏的作品如《江南可采莲》《战城南》《十五从军征》《艳歌行》《陌上桑》《孤儿行》《陇西行》《东门行》《上山采蘼芜》等等均进入文学史的视野。

这里，似乎颠倒的历史被颠倒过来。因为在胡适之前或同时，陆续面世的一些文学史，包括本文前面提及的一些，还有如游国恩早期的《中国文学史讲义》，都是将有名有姓的文人创作，作为文学史的表述对象。乐府中只有像《陌上桑》《孔雀东南飞》《木兰辞》等特别著名的无名氏作的篇章才会被录用，其他的篇章就很少被收录。这里除了传统的原因，如历来关注文人创作，轻视民间文化，另外一个原因是，有名有姓的文化人，有史书依据，有年代可考，写入文学史像模像样。无名氏的作品流传久远，很难断定年份，很难判定是个体创作还是集体智慧结晶，所以不予考虑也在情理之中。

当然，将民歌作为文学史的主流来描述，这种情形只在汉代或南北

---

①胡适：《白话文学史》，自序，第8页。
②同上，第38页。
③同上，第32页。

朝有相对便利的条件，因为有乐府诗集在，保存了大量的民间文学。在另外一些年代，情形就比较复杂，因为没有大量的民间文学可以作参照。所以必须在文人的创作中间来加以甄别，寻找哪些是"语体"（白话），哪些是文言。如以晋代为例，胡适必须将文化人分为两拨，一拨是缺少创造力和想象力、因袭守旧的文化匠人，另一拨则是向民间文化学习，敢于将俚语俗语写入自己诗歌的有真才华真性情的诗人。所以有许多耳熟能详的文人因被划入第一拨而遭到摈弃，按其《白话文学史》中的说法是："两晋的文学大体是一班文匠诗匠的文学。除去左思、郭璞少数人外，所谓三张、二陆、两潘都只是文匠诗匠而已。"①另一拨人则以陶渊明为代表。在胡适眼中，只有东晋的陶渊明才派得上称"大诗人"，因为"他的诗在六朝文学史上可算得一大革命。他把建安以后一切辞赋化、骈偶化，古典化的恶习气都扫除得干干净净"。②

自陶渊明而下，胡适精心挑选了南朝的鲍照与和尚诗人惠休、宝月等，就因为他们的诗风俗白，属"委巷中歌谣耳"，"颇伤清雅之调"，受到当时"一班传统文人的妒忌和排挤"，所以现在应该得到重视和重新评价。

这里比较有意思的是陈叔宝陈后主。无论从民间文化论或者从文学革命论出发，这位生活奢靡，善作艳词的亡国之君，这位"生于深宫之中，长于妇人之手"的末代皇帝，均是被摈弃的对象，但是白话文学史将他列为文人创作的表率，就因为"后主的乐府可算是民歌影响的文学代表"。胡适认为："选几百个美貌的宫女学习歌唱，分班演奏；在这个环境里产生的诗歌应该有民歌化的色彩了。"③

这里显而易见，胡适建立了这样的逻辑和文学标准：白话—民间—乐府，或白话—乐府—民间。只要是跟乐府相关，就是民间的，就是白话的，就是有生命力的。

由此，当作者由南北朝文学而下，经由"佛教的翻译文学"，进入到

---

① 胡适：《白话文学史》，第93页。
② 同上。
③ 同上，第109页。

唐代诗歌时，为了贯彻和强化这样一个意图，他独辟蹊径，不是按历史的分期，如初唐、盛唐、中唐、晚唐来铺陈，而是以"唐初的白话诗""八世纪的乐府新词""歌唱自然的诗人"这样的体例来安排章节。（而在1922年制定的《国语文学史》新纲目中，胡适还是以初、盛、中、晚的分期来设置体例的）。

唐代是中国文学最辉煌的时代，是文人诗歌的高峰期，也是其白话文学理论能否确立的试金石。为的是要和他的理论相对应，所以胡适改变了通常的体例。在这一体例中他提出自己的新见解："盛唐是诗的黄金时代，但后世讲文学史的人都不能明白盛唐的诗所以特别发展的关键在什么地方。盛唐的诗的关键在乐府歌辞。第一步是诗人仿作乐府。第二步是诗人沿用乐府古题而自作新词，但不拘原意，也不拘原声调。第三步是诗人用古乐府民歌的精神来创作新乐府。在这三步之中，乐府民歌的风趣与文体不知不觉地浸润了，影响了，改变了诗体的各方面，遂使这个时代的诗在文学史上放一大异彩。"①

由此，人们可以明白作者的用心，即胡适为什么将贺知章、高适、岑参、王昌龄、王维、李白等一干著名诗人放到"八世纪的乐府新词"一章中，而又将同一时代的孟浩然、王维、裴迪、储光羲、李白、元结等安置在"歌唱自然的诗人"一章中，这里王维和李白均出现两次，分身而二，为的是强调他们怎样由仿作乐府到自作新辞的。即"当日的诗人从乐府歌词里得来的声调与训练，往往用到乐府以外的诗题上去。……五言也可，七言也可，五七言夹杂也可，大体都是朝着解放自由的路上走去，而文字近于白话或竟全用白话"。接着胡适批评某种诗体的划分方式，说："世妄人不懂历史，却把这种诗体叫作'古诗''五古''七古'！""那解放的七言诗体，曹丕、鲍照虽开其端，直到唐朝方才成熟，其实是逐渐演变出来的一种新体，如何可说是'古诗'呢？"②

这里，胡适不是要为"古诗"划定范围，也不是想为唐人的"新体"正名，只是想表明，唐人的诗歌就是当年的白话诗，是唐之前几百年发展

---

①胡适：《白话文学史》，第187—188页。
②同上，第194页。

起来的白话诗传统的巅峰。按他的说法：是"五六百年的平民文学——两汉、三国、南北朝的民间歌辞——陶潜、鲍照的遗风，几百年压不死的白话化与民歌化的趋势，到了七世纪中国统一的时候，都成熟了，应该可以产生一个新鲜的、活泼的，光华灿烂的文学新时代了。这个新时代就是唐朝的文学"。又说："唐朝的文学的真价值，真生命，不在苦心学阴铿、何逊，也不在什么师法苏李（苏武、李陵），力追建安，而在它能继续这五六百年的白话文学的趋势，充分承认乐府民歌的文学真价值，极力效法这五六百年的平民歌唱和这些平民歌唱所直接间接产生的活文学。"①

但是即便将唐朝文学整个纳入白话传统，有许多诗人是难以安排到以上的两个章节中去的。像孟郊、张籍、韩愈等等，还是只能按年代，归到"大历长庆间的诗人"一章中。

或许整部《白话文学史》中，为大诗人杜甫、元稹和白居易立专章，是胡适比较有创意的部分。如果说前述许多著名诗人，是不得不有所交代，否则整个唐代部分就难以成立，那么，杜甫和白居易是要单独处理的。白居易有《新乐府》诗，有明确的"为人生的文学"的主张，诗风晓畅，又有"每作诗，令一老妪解之"的传说，因此将其归入《白话文学史》是有其充足的理由的。杜甫的情形则要复杂得多，杜甫作为忧国忧民的大诗人，是文人创作的代表，也是后世诗人的典范，他"转益多师"，"读书破万卷"，学识广博，文学主张并不单一，其沉郁敦厚的诗风也不能以白话概括之。但是如果一部文学史（胡适写到唐代基本还是诗歌史）缺了杜甫，或者将其归入上面"八世纪的乐府新词"的一干诗人中，简单打发，显然难成体统。但若要将其纳入白话文学史中，是需要一番技巧和论述策略的。这策略就是将杜甫的诗歌分为两部分，即一部分是有价值的诗歌：如《丽人行》《兵车行》《自京赴奉先县咏怀五百字》等，胡适认为这些社会问题诗是"杜甫的创体"，有独特的意义。这些名篇和后来动乱中所写下的《北征》《哀江头》《羌村》《新安吏》《石壕吏》《无家别》等等虽然"都是从乐府歌辞里出来的，但不是仿作的乐府歌辞，却是

---

① 胡适：《白话文学史》，第 113 页。

创作的'新乐府'"。①而另外一些诗歌，即早年那些"勉强作苦语"的乐府仿作，如《出塞》等，则没有什么深远的意义，自然也就没有什么价值。因为那时候少年杜甫的"经验还不深刻，见解还不成熟，他还不知道战争生活的实在情形"，故所作诗歌其"意境是想象的，说话是做作的。拿他们来比较《石壕吏》或《哀王孙》诸篇，很可以观时世与文学的变迁了"。②

至于杜甫的律诗，在诗家历来的品评中有很高的评价，可是在胡适的标准里却没有什么地位，因为从白话文学的立场出发，格律诗是一种枷锁，对于诗人来说，创作律诗是一种戴枷锁的舞蹈。因此胡适称："律诗本是一种文字游戏，最宜于应试，应制，应酬之作；用来消愁遣闷，与围棋踢球正同一类。老杜晚年作律诗很多，大概只是拿这件事当一种消遣的玩艺儿。"③接着他别出心裁，提出一种新的说法，即"杜甫作律诗的特别长处在于力求自然，在于用说话的自然神气来作律诗，在于从不自然中求自然"。④由此，胡适眼中的好律诗居然是"打破律诗"声律的诗，这近乎悖论。其实，胡适就是要反对格律诗，即便是"诗圣"杜甫，也不轻易放过。故那为后世文人所津津乐道的一些名篇，如《秋兴》八首等，均被列入"全无文学的价值"的作品之列，胡适的理由是"律诗很难没有杂凑的意思与字句。大概做律诗的多是先得一两句好诗，然后凑成一首八句的律诗。老杜的律诗也不能免这种毛病"。⑤

这里胡适的标准已经由白话转到是否言之有物，还是为文造情上面，提倡白话就是提倡情感的自然流露，就是提倡真实，言之有物，反对造作，反对为文造情。

与此相应，胡适还强调了杜甫谐趣的诗风和打油诗，缘由是"白话诗多从打油诗出来"，⑥打油诗的分量虽轻，却有一份自然的轻松，真切的轻松，没有格律诗那份矫饰。所以那些不入诗论家法眼的俳谐诗打油诗都成

---

① 胡适：《白话文学史》，第241页。
② 同上，第242页。
③ 同上，第253页。
④ 同上，第254页。
⑤ 同上，第255页。
⑥ 同上，第247页。

了《白话文学史》的好材料,更何况它们是出自大诗人手笔。由此胡适称杜甫"晚年的小诗纯是天趣,随便挥洒,不加雕饰,都有风味。这种诗上接陶潜,下开两宋的诗人"。①

当然,限于材料,也是既定的思路,胡适将唐以前白话文学史的整个重心放在诗歌,诗歌的关节点在乐府。所以,该书的最基本思路,即西汉以乐府和故事诗为主,东汉以后以文人创作中接近乐府体的诗歌为主流。因此他才说"到了东汉中叶之后,民间文学的影响已深入了,已普遍了,方才有上流文人出来公然仿效乐府歌辞,造作歌诗。文学史上遂开一个新局面"。②基于此,他将诗人分为两类,仿效乐府的和拘泥于体制的,或将同一个诗人的诗歌分为两类,白话的和文言的,以适合他的白话文学观念。

这里的关键是胡适以什么来断定只是东汉中叶以后,文人们才来仿效民间的创作,造作歌诗?难道东汉中叶以前的诗人和文化人就不从民间吸收养分?另外,第一流的诗人和文人创作难道不反过来也影响民间创作?再则,从体制上讲有庙堂的和民间的区分,但是从诗歌语言和风格讲,这种划分是否简单化了一些?简单化就容易有破绽,捉襟见肘。因为一代有一代之文学,所有能够流传于世的诗歌对后人来说都是前朝"古"话,人们也不会以其产生当时是否是白话为自己喜欢的标准。文学史更多关注的是流传于世的、为后人推崇的作品。任何一位优秀的诗人、文学家总是集大成者。他们既向生活学习,也向传统学习,当下生活和以往的历史经常是交织在一起的,一切历史的都可以成为当下的,所谓传统就是两者的汇合点。

胡适的《白话文学史》和他的《中国哲学史大纲》一样,只有上半部分,没有下半部分。而且这上半部分基本只讲诗歌,没有涉及散文,严格讲只能算是半部白话韵文史。按理还有许多内容可写,之所以没有续写,缘由可以有很多,我们可以有多种设想。如1928年之后,胡适声誉日隆,一面有大量的行政事务和学术事务要处理,另一面还要整理国故(如著《淮南王书》)、考订佛学(如出版《神会和尚遗集》、撰写《菏泽大师神会传》等),但笔者个人的揣测,是胡适对续写没有了兴趣和热情。尽

---

① 胡适:《白话文学史》,第245页。
② 同上,第39页。

管宋以后大量的话本、戏曲、小说等都是白话文学史的上好材料，特别是元代，无论是杂剧、散曲还是小说，均最符合胡适的标准（当时胡适曾以为施耐庵、罗贯中都是元末的人）。但是那些开创性的思想已经在上半部分得到了较充分的阐释，区分文学作品的价值和质量的标准既是以白话为准，似乎要说的话已经不多，或者说一部白话文学史到此已经完成，除非从社会学角度或叙事学角度等方面再辟新路。

另外，他的白话文学思想也部分为学界所接受，或者说是"五四"一代人的共识，如陈独秀、鲁迅、傅斯年等均有相似的表述，再如郑振铎，其《插图本中国文学史》和其后的《中国俗文学史》显然也是受这一思潮深刻影响。

当然胡适等人的文学死活论是建立在文学进化论基础之上的。

胡适终其一生，倡导的是进化论文学观，从"五四"前一直到20世纪50年代后期未有改变。当初，在使其"暴得大名"的《文学改良刍议》中，他说道："文学者，随时代而变迁者也。一时代有一时代之文学；……文学因时进化，不能自止。唐人不当作商周之诗，宋人不当作相如子云之赋，——即令作之，亦必不工。逆天背时，违进化之迹，故不能工也。"①在《白话文学史》的引子中说："这一千多年中国文学史是古文学的末路史，是白话文学的发达史。"后来他在《五十年来中国之文学》的演讲中再次强调："中国每一个文学发达的时期，文学的基础都是活的文字——白话的文字。但是这个时期过去了，时代变迁了，语言就慢慢由白话变成了古文，从活的文字变成了死的文字，从活的文学变成死的文学了。"②

一个时代有一个时代的文学，这一说法没有异议，并且由文学的历史所证明，故当年刘勰就有"歌谣文理，与世推移"，"时运交易、质文代变"之说。但是文言是否就是死去的语言，情形就要复杂得多，在某些语境下，过去的文言可以转化为今天的文化代码，起修辞的功用，语言的死和活不是一个简单的问题，任何个人不拥有评判权。不能以书面和口头来

---

① 姜义华：《胡适学术文集·新文学运动》第21页。
② 《白话文的意义》见《胡适文集》，第12卷，第77页。

作截然的划分。另外由于某种情境和条件，那些通常被认为死去的语言有时会起死回生，死而复活。当年黄庭坚所说"点铁成金，脱胎换骨"并非全无道理。

胡适肯定未有料到，某些早已死亡的文字还能复活，例如"囧"这个古文字，在今天的网络上就大行其道，逍遥得很。某些几被新文化运动浪潮淹没的古典诗词，在近一个世纪后又起死回生，纷纷进入流行歌曲，且风靡一时。可以估计，随着电脑技术的发达，字库的扩展和输入法的简捷，保不准还会有些个甲骨文和金文起死回生，跃入现代汉语之中。再则，一代有一代的文学是指文学创作而言的，文学接受的情形就要另当别论。不必说那些千古名著，就是某些早已经被历史烟尘湮没的作品，在多少年之后，也会被重新发现，甚至还会在异国他乡突然火爆走红，这既有偶然性，也有必然性。

当然，白话文学观的崛起，除了本质主义文学观作为思想内核，这里也可以看出民粹主义或平民主义思潮对"五四"一代人的深刻影响，这就涉及另一个巨大的话题，似应作专门研究，此处不表。

胡适的《白话文学史》开创了中国文学史的本质主义研究先河。在胡适大受批判的20世纪50、60年代，文学研究中的本质主义和反映论思潮在中国大陆风头正健，成为文学史研究的主导话语，文学史写作的基本路数是强调其意识形态本质和对社会现实生活的反映（甚至阶级斗争的反映）。这一点在游国恩等主编，由人民文学出版社出版的颇具权威性的《中国文学史》中得到如下表述："文学艺术是现实生活通过人们头脑的反映，在阶级社会中又是阶级意识形态的形象表现，它不可能超阶级而存在。"[①]在思想解放运动展开的20世纪70年代末，这种阶级斗争反映的文学观被研究者逐渐摒弃。但是，本质论文学观却依旧有其土壤，许多文学史在写法上相当雷同，即每一历史时段前均有概论或概说，以对该时期的社会政治、经济状况作简述，然后才进入文学历程的叙说。这一体例似已规定，文学作为意识形态是社会经济基础和政治上层建筑等的反映，而雷同

---

① 游国恩：《中国文学史》，第5页，人民文学出版社，1963年7月，第1版。

的体例和写法，也表明撰写者对既成的文学史研究观念的接受。直到20世纪90年代后期，复旦大学出版社出版的《中国文学史》，一边质疑文学是"对社会生活的形象反映"这样一种文学镜式本质观，一边还在树立另一类本质主义文学观。在其长达61页的导论中，详尽阐释了文学的人性本质和情感本质，提出了如"我们可以给文学的成就确定一个与其定义相应的标准，那就是作品感动读者的程度"，[①]如"文学发展过程实在是与人性发展的过程同步的"，[②]文学是"以感情来打动人的、社会生活的形象反映"等观点；并认为："一部文学史所应该显示的，乃是文学的简明而具体的历程：它是在怎样地朝人性指引的方向前进，有过怎样的曲折，在各个发展阶段之间通过怎样的扬弃而衔接起来并使文学越来越走向丰富和深入，在艺术上怎样创新和更迭，怎样从其他民族的文艺乃至文化的其他领域吸取养料，在不同地区的文学之间有何异同并怎样互相影响等等。"[③]应该说，文学越来越走向丰富和深入是无疑问的，关键是在哪方面深入，可以是揭示人性的丰富性复杂性方面的深入，也可以是其他方面的深入和变化。如果概而言之"人性指引的方向"等，则还是在本质主义的窠臼之中。

以此看当年那半部《白话文学史》和相应的文学史研究方法，可谓影响深远。

（载《上海文化》2011年第3期）

[①] 章培恒等：《中国文学史》，第14页，复旦大学出版社，1996年3月。
[②] 同上，第19页。
[③] 同上，第61页。

"思想内容"和"艺术成就"的两分阐释模式探析
——中国文学史研究观念演变案例研究

关注20世纪文学史研究观念的演变，1949年是一个重要年份。因为政权的更替，也因为政权更替在思想上和意识形态上带来的根本性变化，这些都对思想界、学术界和文学研究界产生了巨大的影响。

由此文学史研究观念也随之有相应转变，当然观念的转变是多方面的，其中之一就是对思想和艺术的二分，即将文学作品的思想价值和艺术价值分开来加以论述和评价。以我有限的识见，似乎1949年以前的诸多文学史著述从来不把思想性和艺术性分开来讨论，这种思想性和艺术性（或艺术风格、艺术特征等）二分的批评方法似乎是20世纪50年代后的专利，并且还延续到当下。

笔者曾在图书馆发现浦江青的《中国文学史讲义选编》，因对作者了解甚少，想看看书中相关的介绍和说明。不料这本2011年由凤凰传媒集团和江苏文艺出版社出版的著述，居然没有任何前言后记的说明，即关于作者的生平简历及这本讲义的相关情况的交代：如著述或成稿的年份，最初的讲授对象，是初版还是再版，讲稿内容为何集中在中国古代小说和戏剧方面等等。然而，当笔者翻检讲义目录，看到如下章节时，突然明白这应该是20世纪50、60年代的著述，如"《西游记》的内容及其思想性"；"《三国演义》的思想性与人民性"；"《三国演义》的艺术性"等等（当然，其中"人民性"一词也坚定了我的判断）。浦江清先生虽然1957年就去世了，学术生涯基本在20世纪上半叶，但是从讲稿目录判断，这本讲稿的最后定稿显然应该在20世纪50年代中期。

一

我所见到的若干本50年代前的文学史，在章节上均无后来所盛行的这种体例，即将思想内容和艺术成就分别进行论述。今天，有关中国文学史的著述可谓汗牛充栋，但是随便从书架上抽一本下来翻看，就会发现这种体例是如此"深入人心"，几乎在那个时代以及随后的年代里成为一种公共体例。当然，其中最有影响的是1962年人民文学出版社的，由中国科学院文学研究所编著的《中国文学史》，以及1963年同样由该社出版的游国恩等编著的《中国文学史》（高等学校文科教材）。在中国科学院文学所的版本中，像"《史记》的思想内容和艺术成就""乐府民歌的思想内容和艺术成就""李白诗歌的思想内容""李白诗歌的艺术特点"这样的章节是基本的阐释套路；再如元杂剧《西厢记》和明小说《西游记》也都是按同一格局处理的，"《西厢记》的主题思想和人物形象"之后是"《西厢记》的艺术特色"，"《西游记》的主题思想和人物形象"之后则是"《西游记》的艺术特色"[①]，一不小心容易看混。在游国恩主编的《中国文学史》中，这一体例和作品分析模式更加深入，只要有影响的大诗人，无论是陶渊明还是李白、杜甫还是白居易，陆游还是辛弃疾，均要对其诗歌作"思想性和艺术性"的分别考察。如此，中国的文学界学术界最有影响的机构团体、学术单位和高等学府，中国科学院文学所和北京大学的学者们，共同奠定了近半个世纪的文学史的思想内容和艺术成就的二分阐释模式。

这也是一个时代的总氛围，除前文提及的浦江清，还有詹安泰的《中国文学史》（1957年）和姜书阁的《中国文学史纲要》（1961年），他们

[①] 中国科学院文学研究所中国文学史编写组：《中国文学史》，目录页，人民文学出版社，1962年7月。

都已经在对某些文学作品,如《诗经》等,作思想内容和艺术形式的分别论述。之后,"文革"十年,唯一准许出版的文学史著述,就是1970年修订的刘大杰的《中国文学发展史》(后文将提及,这里不展开)。改革开放的20世纪80、90年代,尽管历经思想解放运动,各种学术思潮雨后春笋般破土而出,但是文学史撰写中"二分模式"一统天下的局面却未动摇。如北京大学出版社的《中国文学史纲要》(1983年出版,此为中央广播电视大学教材)、北京师范大学出版社的《简明中国文学史》(1984年)、高等教育出版社的《中国古代文学》(1988年)等等,均沿用了这一阐释模式。直到2009年马积高的《中国古代文学史》,还是延续着思想内容和艺术成就的二分"传统"。当然,自20世纪90年代后,一方面有不少文学史,继续按这一套路撰写,另一方面,情形也有所改变,如1996年章培恒等编著的《中国文学史》,有"艺术成就"或"文学成就"的章节,思想内容并没有单独提出。再之后,袁行霈主编的《中国文学史》(2000年),傅璇琮、蒋寅主编的《中国古代文学通论》(2004年),王齐洲《中国文学史简明教程》(2006年)等,都打破了这一窠臼,有了新气象。

但是若我们的目光向前移,翻检1949年之前的一些文学史著述,情形就完全两样,那种思想性艺术性的截然划分写法是了无踪迹的。无论是20世纪之初的文学史草创之作,如林传甲、黄人、谢无量的著述,还是20年代胡适、傅斯年、游国恩、郑振铎,或40年代后相当成熟的著述,如林庚或刘大杰的文学史均如此。

这里不是讨论文学史写作中能不能或应该不应该运用思想内容和艺术成就的两分模式,也不是依据此来评判一部文学史质量的高低,而是说,在20世纪50年代,文学史研究观念确确实实发生了大的转变,

以最靠近20世纪50年代出版的刘大杰的《中国文学发展史》为例,这本1943年完成的著作中(据作者本人所说是"因书局种种原因"晚到1949年1月才出版),[1]所有被提及的文学作品,均没有思想内容和艺术成就(或艺术风格、艺术特征等等)的二分表述,亦即所有能够进入文学史的

---

[1] 刘大杰:《中国文学发展史·新序》,古典文学出版社,上海,1957年12月。

作家诗人或作品都是有价值的，在文学史上应该享有其地位，无须再就其思想内容和艺术成就另作分别的说明。当然这也意味着在文学作品中，两者是合一的，不能作简单的切分，没有独立于艺术表现的思想内容，也没有离开思想内容的艺术手段。因为在作者看来，"文学便是人类的灵魂，文学发展史便是人类情感与思想发展的历史"。①

同时代另外一本同样有影响的著述，即林庚的《中国文学史》也如此，将文学的历程比作人类精神和心路的历程。著述将中国文学的发展过程分为四个阶段，即启蒙时代、黄金时代、白银时代和黑夜时代，以此来展开阐述。

朱自清先生在1947年为此书所作的序中说道："林静希（庚）先生这部《中国文学史》，也着眼在主潮的起伏上。他将文学的发展看作是有生机的，由童年而少年而中年而老年；然而文学不止一生，中国文学是可以再生的，他所以用'文艺曙光'这一章结束全书。"在此序中，朱先生还认为"中国文学史的编著有了四十多年的历史，但是我们的研究实在还在童年"。不过，近二十多年来，"从胡适之先生的著作开始，我们有了几部有独见的《中国文学史》。胡先生的《白话文学史》上卷，着眼在白话正宗的'活文学'上。郑振铎先生的《插图本中国文学史》，着眼在'时代与民众'以及外来文学的影响上。这是一方面的进展。刘大杰先生的《中国文学发展史》上卷，着眼在各时代的主潮和主潮所接受的文学以外的种种影响。这是又一方面的发展。这两方面的发展相辅相成，将来是要合而为一的"。②在朱自清看来，胡适、郑振铎、刘大杰、林庚等从不同的几个方面合围而来，将拓展出文学史研究的新方向。

朱先生自然没有料到，若干年后，文学和文学史研究朝着另一个方向，大刀阔斧地前行。

---

① 刘大杰：《中国文学发展史·自序》，百花文艺出版社，2007年8月。
② 林庚：《中国文学史·朱佩弦先生序》，清华大学出版社，2009年。

二

　　将文学作品的思想内容和艺术表现作分别的描述、考察和评判，是无产阶级革命意识形态的产物。这一革命意识形态，从其最初产生到逐渐成熟、扩展经历了上百年的时间（如由1848年的《共产党宣言》算起），并随着俄国苏维埃革命政权的建立，达到了空前的强化。这从列宁的一系列相关著作中可以得到印证。列宁在1913年关于《民族问题的批评》一文中，提出了"两种民族文化"的理论，即"每个民族文化里面，都有一些哪怕是还不大发达的民主主义和社会主义的文化成分，因为每个民族里面都有劳动群众和被剥削群众，他们的生活条件必然会产生民主主义的和社会主义的思想体系。但是每个民族里面也都有资产阶级的文化（大多数的民族里还有黑帮和教权派的文化），而且这不仅是一些'成分'，而是占统治地位的文化。"[①]因此列宁说："每一个现代民族中，都有两个民族。每一种民族文化中，都有两种民族文化。有普利什凯维奇、古契柯夫和司徒卢威之流的大俄罗斯文化，但是也有以车尔尼雪夫斯基和普列汉诺夫为代表的大俄罗斯文化。乌克兰也有这样两种文化，正如德国、法国、英国和犹太人有两种文化一样。如果多数乌克兰工人处在大俄罗斯文化的影响下，那我们就会肯定地知道，除了大俄罗斯神甫和资产阶级的文化思想外，起作用的还有大俄罗斯的民主派和社会民主派的思想。"[②]列宁反对在一般意义上提"民族文化"，因为，在他看来在旧政权统治下，"民族文化一般说来是地主、神甫、资产阶级的文化"。[③]所以他所提出的两种民族文化理论，在某种意义上也就是提出两种阶级的文化。虽然，七年之后，在苏维埃掌权的全俄无产阶级文化协会第一次代表大会的决议中，列宁反对无产阶级"臆造自己的特殊文化"，强调"马克思主义这一革命无产阶级的思想体系赢得了世界历史性的意义，是因为它没有抛弃资产阶级时代最宝贵的成就，相反地却吸收和改造了两千年来人类思想和文化发展

[①] 转自《列宁论文学与艺术》，第84页，人民文学出版社，1983年。
[②] 同上，第87页。
[③] 同上，第84页。

中一切有价值的东西",①但是其后的俄罗斯无产阶级作家联合会（即"拉普"）在其宣言中仍声称"无产阶级文学是同资产阶级文学相对立的，是它的对立面。注定要与其阶级一起灭亡的资产阶级文学脱离生活，逃到神秘主义，'纯艺术'的领域里去，把形式当作目的本身等等，以此掩盖自己的本质。相反，无产阶级文学则把革命的马克思主义世界观作为创作基础，把当代的现实生活（无产阶级就是这个生活的创造者），把无产阶级过去生活和斗争的革命浪漫精神以及它在未来可能取得的胜利作为创作材料"。②"拉普"的作家们不但倡导无产阶级文学，并且将传统的艺术形式或"纯艺术"看作是资产阶级的专利，于是艺术手段和政治内容有了分离。

具体到中国，到中国文学，有关文学和艺术的二分标准，是毛泽东1942年《在延安文艺座谈会上的讲话》中提出的，即文学艺术作品的政治标准和艺术标准，并认为："各个阶级社会中的各个阶级都有不同的政治标准和艺术标准。但是任何阶级社会中的任何阶级，总是以政治标准放在第一位，以艺术标准放在第二位的。"③这一两分标准的提出是无产阶级革命意识形态运作的结果，是某种原则，也是一种策略，以解决评价文学或艺术作品时所遇到的尴尬，特别是对传统文化和艺术作品的评价问题。在这一标准提出以前，激进的革命思潮具有否定一切传统文化和一切革命性不那么鲜明的文学的倾向。如后期创造社和太阳社的革命文艺家们受到"拉普"的影响，以开创和发展无产阶级革命文学为己任，认为"艺术是阶级对立的强有力的武器"，④因此衡量一部作品的价值要"依是否有利于无产阶级解放运动为标准"，⑤至于那些脱离革命文学的作家，那些只强调艺术性的作家们，只不过是"一贯的发展着资产阶级个人主义的意识形

---

① 转自《列宁论文学与艺术》，第120页，人民文学出版社，1983年。
② 《"拉普"资料汇编·上》，第3页，中国社会科学出版社，1981年9月。
③ 《毛泽东文艺论集》，第73页，中央文献出版社，2002年4月。
④ 冯乃超：《冷静的头脑》，载《创造月刊》，第2卷，第1期，1928年8月10日，转自陈安湖《中国现代文学社团流派史》，第233页，华中师范大学出版社，1997年。
⑤ 李初梨：《普罗列塔利亚文艺批评标准》，载《我们》，第2期，转自陈青生《创造社记程》，第171页，上海科学出版社，1989年9月。

态"①而已。在这些年轻的革命文艺家眼里,革命的政治和旧艺术是有些对立的,他们很有些看不起那些只关注艺术技巧"工拙"的小资产阶级艺术家与旧文化人,那些"短视的作家与批评家他们是始终在个人主义思潮底下生活着的,他们所看到的只是要求个人的自由,和各个人的个性的发展。他们是不懂得什么叫文学的社会的使命的,他们没有想到文学给予社会的影响的,虽然偶尔也有少数人跑出来说一两回文学与社会,但等到他们去创作的时候,这种思想早被他们的实际材料挤得脑外去了,仍然不免走上为艺术而艺术的路"。②故而这些革命文艺家们提出"把属于艺术性的东西'让给昨日的文学家去努力'"。③那些"昨日的艺术家"不仅是指地主资产阶级旧文化人,可能还包括鲁迅,也包括如冰心、巴金、老舍、沈从文等,因为太阳社的批评家钱杏邨,就将鲁迅看作"时代的落伍者",称"鲁迅的出路只有坟墓"。④他们这样做,并不担心这种激进的扫荡行为会导致文学的衰落。因为"文学是永远革命的,真正的文学只有革命的一种,所以真正的文学,永远是革命的前驱,而革命的时候,总会有一个文学的黄金时代出现"。⑤

这里之所以说20世纪40年代在延安提出的二分标准是一种策略,是因为在作为政治家的毛泽东那里,政治标准是根本的标准,艺术标准只有在为政治服务时才起作用,所以才有政治标准第一,艺术标准第二之说。然而所谓艺术标准,不是指独立于政治之外的另一套标准,而是指在政治正确的前提下,艺术表现力的高低而言。所以在同一篇讲话中,有所谓"内容愈反动的作品而又愈带艺术性,就愈能毒害人民,就愈应该排斥"⑥的说法。但是在20世纪30、40年代,无产阶级革命要取得胜利必须团结一切可以团结的力量,因此像20年代末,后期创造社、太阳社等激进的文学观,

---

① 钱杏邨语,转自《中国现代文学社团流派史》,第251页。
② 钱杏邨:《蒋光慈与革命文学》,转自《蒋光慈研究资料》,第268页,宁夏人民出版社,1983年7月。
③ 忻启介:《无产阶级艺术论》,载《流沙》第4期,1928年5月1日。转自《中国现代社团流派史》,第251页。
④ 《中国现代文学社团流派史》,第251页。
⑤ 王哲甫:《中国新文学运动史》,第83页,成印书局1933年9月,转自上海书店印影本,1986年。
⑥ 《毛泽东文艺论集》,第74页。

将无产阶级政治立场作为评判艺术的唯一标准，后来在左联时期就得到了一定的纠正。在抗日战争期间的延安，需要团结一切可能团结的文化人，更不会只用一种政治标准来衡量所有的作品。待到1966年"文化大革命"前后，就不需要这一策略了，在与传统作彻底决裂的名义下，所谓的艺术标准就无足轻重了，或者说不存在离开政治标准的艺术标准。

然而就1942年的当时而言，艺术标准的提出，毕竟表示了对艺术独立于政治意识形态的某种承认，这对接纳大量受传统文化教育和西方文化或艺术教育的知识分子，有团结的作用。

其实当政治标准和艺术标准并提时，尽管将艺术标准放在第二位，还是不能忽略其中的内在矛盾，即如果某一部作品不符合政治标准时，所谓的艺术标准还有没有意义？如果没有意义，那所谓艺术标准仍然是不成其为标准，如果有意义，那么当第二位的艺术标准与第一位的政治标准产生冲突时，艺术标准起什么作用？符合艺术标准的文学作品能否为其不符合政标准而获得某些谅解或豁免？

实际上，政治标准往往对政治倾向强烈的作品有评判作用，在对古今中外的文学作品，特别是大量的古典文学作品的阐释中，以某种政治标准或革命意识形态来衡量，显然生硬，这样一个评判框架也过于简单化。所以就有了思想内容和艺术成就这样的二分的阐释模式，这是政治标准和艺术标准的一种相应转换。从容量上说，它比前者来得宽广，另外从文艺作品是社会生活的反映这一立场出发，这一二分模式也有其逻辑根据。

从现有材料看，这种文学史研究的思想内容和艺术成就的二分体例，是由北京大学中文系1955级学生们编撰的《中国文学史》大面积推开的[1]。这本被人们称之为"红皮本"的中国文学史，不仅因其封皮是紫红色的，还因为当时意气风发的青年学生要"把红旗插上中国文学史的阵地"，[2]而红在囊子里。在这些年轻学子看来，由于封建学者和资产阶级学者"历史的、阶级的局限性，并没有写出一部真正科学的文学史"，所以"我们再不能沉默了，我们要在党的正确领导下，谈出我们的看法，向资产阶级学

---

[1] 见人民文学出版社1958年出版的《中国文学史》，由北京大学中文系1955级集体编著。
[2] 转自戴燕：《文学史的权力》，第199页，北京大学出版社，2002年。

术思想展开不调和的斗争……"。①所谓资产阶级的学术思想或者说资产阶级学者的主要错误是"竭力抹杀文学的阶级性,或者是无视作家的阶级地位,把他们和人民等同起来;或者是把文学作品所反映的具体内容抽象化,把它打扮成似乎是人民的普遍的东西"。这样"离开了阶级观点,抛弃阶级分析的方法,就不能认识文学的本质",②因此,北大的年轻学子要自己动手,并按照政治标准第一,艺术标准第二的原则,写出一部立足于马列主义思想立场,以无产阶级文艺理论为指导的文学史来。

正是出于这一目的,该文学史要将文学作品的政治内容或思想内容凸显出来,并加以分析和评判。因为在编撰者们看来,马列主义最基本的批评立场和批评方法就是反映论的立场和方法,即认为"文学总是一定阶级意识的反映,是为一定阶级利益服务的,它只能是阶级斗争的工具"。③如果回避这一立场和方法,不讨论作品具体的题材内容,不从作品对社会生活的反映,对阶级状况的描述入手,而大谈所谓艺术的"境界"和"格调",则是将艺术同内容割裂开来,这样就无法认清文学的本质问题。以往的文学史之所以只关注文学形式,抽掉文学的阶级内容,是由于编撰者的"资产阶级的反动立场,使他们不敢正视文学的政治内容;资产阶级腐朽的享乐主义文学观也使他们沉湎于所谓'纯艺术性'中"④不能自拔。因此,必须重起炉灶,写出一部"区别于一切资产阶级学者的文学史"⑤来。

由此,我们看到在"红皮本"文学史中,思想内容和艺术成就的两分观念因时而生,并贯穿于整部著述之中,尽管在各个章节中措辞有不同,但是基本的分析模式大致相同。在文学史的起始《诗经》中,就有"周代民歌的思想性"和"周代民歌的艺术性"这样的提法;在《楚辞》中亦如此,在有关屈原一章中,将"屈原作品的思想性"和"屈原作品的艺术性"作分别的论述;在汉代民歌这一章中,则有"两汉民歌的思想内容"和"两汉民歌的艺术成就"的对举(应该说"思想内容"和"艺术成就"

---

①转自戴燕《中国文学史·前言》,第2页,北京大学出版社,2002年。
②同上,第6页。
③同上。
④同上,第7页。
⑤同上,第9页。

这两个概念的对举，在日后的许多文学史中被更多地予以采纳，一直延续到今天）。当然，最能体现文学反映论思想的是长篇小说批评，因此在明清小说中，这一分析模式得到了充分的发挥，关于中国四大古典名著的论述，均按照此套路进行。如："《三国演义》的社会意义"和"《三国演义》的艺术成就"；《水浒传》的"光辉的思想内容"和"卓越的艺术成就"；"《西游记》的现实意义"和"《西游记》的艺术成就"；"《红楼梦》的思想内容及人物形象"和"《红楼梦》的艺术性"等等，由此，这一二分模式遂成为文学史撰写中的新八股。

前文已经提到，在北京大学1955级学生集体编撰的《中国文学史》于1958年出版之前，已经有一些学者在文学史某些章节的撰述中使用了思想性和艺术性的两分阐释方式，但是这只是编写方法上的一种尝试或选择，并无政治立场上或思想意识上的正确与错误的区分。北大的"红皮本"文学史，将这一体例提升为政治正确的范本，于是就使该模式成为半个世纪以来《中国文学史》的通行体例。另外，在这背后还应该看到当时受苏联的文艺思想的巨大影响。1954年至1955年，苏联专家毕达可夫在北京大学开课，在其讲义中，将作品的主题和思想性作为文学作品的基本构成要素来看待，而作品的艺术性和形象性则作为"文学的一般学说"中的基本特质来处理，也给了两分阐释模式提供了思想资源。① 笔者本以为，苏联文学史也会有这一阐释模式，从而影响了那个年代的中国学生。然而，其时由季莫菲耶夫编著的《苏联文学史》却不是这样的写法，即在具体的作品分析中要灵活得多。这似乎表明，思想内容和艺术成就的两分阐释模式基本是中国特色的文学史的写作套路。

今天来看，该"红皮本"文学史作为思想和批判运动的产物，不再引起文学史研究者更多的兴趣，该文学史在对许多文学作品的阐释中无视文学本身的特性，将阶级立场作为分析文学作品的首要依据，也显得荒唐。另外，它在许多方面的提法过于偏颇，对一些作品的评价简单、生硬，对前辈文学史研究者如林庚和刘大杰等的批判，过于粗暴等等，也记录了一

---

① [苏] 毕达可夫：《文艺学引论》，高等教育出版社，1958年9月。

个时代的学术生态。但是颇有意味的是，其关于思想内容和艺术成就两分的编写体例，却保留下来了，成为文学史研究过程中的非常流行的或者说通行的观念，成为了文学史研究的一种新模式。

后来的文学史研究者、撰写者在套用这个模式时，看似自然而然，水到渠成，却忽略了半个世纪前有过的惊心动魄的思想改造运动。虽然当年那场"插红旗，拔白旗"的激烈斗争早已不见，简单地用阶级和阶级斗争的立场、观点来分析文学作品的批评方式也不时兴了，并被遗弃。但是一个时代在思想观念上留下的印迹却是那样地深刻，以至成为半个世纪来中国文学史写作的通行模式。

三

这里，为了更清晰地呈现文学史研究观念的这一重大转变，有必要对某些个案作略微细致一些的考察。

以个案为例，那么著名文学史家刘大杰是很有代表意义的人物，用20世纪50、60年代惯用的文学术语来说，刘大杰先生是一个典型。

刘大杰的《中国文学发展史》，在学界的口碑很好，笔者听不少前辈师长和学人对刘大杰《中国文学发展史》褒奖有加。该部著作有不少版本，除了最初由中华书局出版的《中国文学发展史》，该著作还在1957年、1962年和1970年代作了三次修订和出版。第三次修订是指由上海人民出版社出版的《中国文学发展史》第一卷（1973年）和第二卷（1976年）。除最后的"文革"期间的那个修订版，对于前几个版本的评价各有不同，有的认为1949年版的质量较高，也有的认为1962年修订版内容更加扎实，更加缜密。如骆玉明先生在肯定了1949年版的不羁的才情，"自由飞扬"的文笔的同时，认为1962年的修订版"结构更加完整，原有的缺漏、疏忽得到弥补，叙述变得较为严谨和规范"。认为虽然与初版本相比，修订版中"自由挥洒、无所顾忌的言论减少了"，但"就知识性、学术性来说，还是比前者显得成熟和老练"。并且"比起在前后多种集体编写的《中国文学史》,刘先生的书仍然是最漂亮、最具有才华和最能显示个性的一种"[1],而另有研究者虽然"不准备简单地把三次修订作为某种'倒退'来描述"[2],但是认为,"刘著文学史的三次修订便是一步一步由人文性叙述文本变成僵化的理念文本的过程"。[3]还有的研究者认为"两次修订本相比初版,则是有退有进的,退的是对时事的妥协和个性的逊让,进则在于许多方面的叙述更趋完整和准确"。[4]

而本文所关注的是思想内容和艺术成就的二分观念是怎样一步一步地进入到刘大杰的《中国文学发展史》之中的,这是一个漫长的转变过程,从初版完成的1949年一直延续到1976年,在27年的过程中,研究观念的变化是比较复杂的,有反复,有深化,也有紧跟时势的情形。

这里观念的转变,既有自然演变,即随着学识增长和人生经历的丰富,转化为深邃的学术洞见,也有迫于外界形势,为适应形势而改变,或者说先是被迫,后来慢慢就接受。当然作为一个治学严谨的研究者,即便是迫于形势,也是在努力适应和消化之后,作出相对审慎的反应,除了1970年代版,因为受"文革"思潮影响较大,较多地增加了阶级论和儒法斗争的内容,不被学界所认同。这次的修订,"是外来压力作用的结果,它显然不能代表刘先生对中国文学的真实看法"。[5]据说"刘大杰先生在去世前对此也'感到十分痛苦和遗憾'"。[6]

因此学界主要是以1949年的初版本和1962年的修订版本来作比较,其中也涉及1957年的版本。而认真翻检这两个修订版,会发现从内容上说,1962年版文学史最为丰富,而在思想观念上,阐释框架上,1957年版的转变才是关键。

而本文所关注的所谓思想和艺术两分模式也是在刘大杰1957年版的

---

[1] 刘大杰:《中国文学发展史·前言》,第5—6页,复旦大学出版社,2006年。
[2] 见贾毅君《文学史的写作类型与文本性质》,载《天津大学学报》(社科版),第3卷第3期,第207页,2001年9月。
[3] 同上,第213页。
[4] 陈尚君:《写在刘大杰〈中国文学发展史〉初版重印之际》,见刘大杰《中国文学发展史》,第629页,百花文艺出版社,2007年。
[5] 《中国文学发展史·前言》,上卷,第3页,复旦大学出版社,2006年。
[6] 刘大杰:《中国文学发展史》,第30页,百花文艺出版社,2007年。

文学发展史中就出现的,这一点最明显的转变体现在小标题和目录中。在1957年的版本中,按照作者自己的说法,缘于"教书很忙","没有充裕的时间"来作较大的修订工作,因此"只做了一些收集材料和分期分章的准备工作","只在文字上作了些改动,体制内容,仍如旧书"。①

在体制内容基本不变的情况下,文字作了哪些改动呢?从小标题看,最明显的改动是关于思想和艺术的二分原则。例如屈原,初版本中只有"屈原及其作品"一节,在1957年版本中增加了"屈原文学的思想与艺术"一节。既然有思想和艺术之分,那么有关思想内容不能不概括成以下几个方面,即"爱国精神的发扬""强烈的政治倾向"和"不屈不挠的斗争精神"等等。②

在"汉代的诗歌"一章中,在整体大致不变的情形下,最后加了结语部分。在这一部分中,最主要的是强调了汉代乐府歌辞和古诗的某些思想内容,即"在那些诗篇里,我们看见了男女恋爱的歌唱,豪强恶霸对于人民的压迫,封建制度下的婚姻悲剧,战争的苦痛,妻离子散的别情,孤儿寡妇的悲惨生活,中下层知识分子的苦闷,都能生动地、形象地表现出来。这种现实主义精神和富于人民性反抗性的思想内容,不仅是继承了诗经的优良传统,并且创造性地发展了这种优良传统。这对于后代诗人发生很大的教育意义与启发作用"。③虽然在前面的若干小节中,这些内容已经分别作了表述,但是为了体现修订原则,作者在这里作了集中的总结。因此,结语中的这段话,也可以看作是作者"对马克思列宁主义的初步学习"④所取得的成果。

当然,说是"文字改动",其实并不是只在已有章节的基础上增增减减,也增加了一些全新的内容。例如初版中没有司马迁,也许当初作者并没有把《史记》看成是文学作品的缘故,因此在1957年版中新增了"司马迁与史传文学"整整一章。其中"《史记》的史学价值"与"《史记》的

---

① 刘大杰:《中国文学发展史·新序》,上卷,第1页,古典文学出版社,1957年,上海。
② 刘大杰:《中国文学发展史》,上卷,第105—107页,古典文学出版社,1957年,上海。
③ 同上,第225页。
④ 同上,见《中国文学发展史·新序》,第1页。

文学成就"两节的分设,某种意义上也可以看成是思想内容与艺术成就这一模式的运用。

应该说,1957年版的《中国文学发展史》虽然按作者自述,在整体上改动不大,但是在不少章节中,已经试图将思想性和艺术性的二分原则融入其论述框架,并将将阶级分析方法运用到作品阐释之中,为1962年"正式重写"文学史做了观念上的准备。

然而,翻阅1962年版文学史,人们会发现,作者并没有继续将这一思想内容和艺术成就二分的阐释模式加以推广,而是试图寻找新的思想与艺术相结合的阐释视角来解读作品(当然,1962年版的文学史,最大的修订是在内容的扩充上,特别是清代部分。据统计,该部分由初版的五万余字,到1957年的八万多字,又到1962年的约二十余万字[①])。

作为有个性,有独立见解和学术洞见的作者,刘大杰不愿意按当时通行的思想内容和艺术成就这种二分模式来阐释文学作品(可与当时科学院文学所编写的《中国文学史》,或者与稍后的游国恩等主编的《中国文学史》相比较)。因此,他试图从艺术和现实生活之间的关系来展开论述,即思想内容和艺术成就不能简单地作二分,这样既符合他的学术立场,也与他1949年版的《中国文学发展史》的基本思路相吻合。

即以《红楼梦》为例,作者在"曹雪芹与《红楼梦》"一节的修订中,将初版的"《红楼梦》的文学价值"作了较多的扩充。首先从文学对现实生活的反映入手,强调《红楼梦》的巨大成就,是"在这部家谱式的小说里,大胆揭露了君权时代外戚贵族的荒淫腐朽的生活,指出他们种种虚伪、欺诈、贪心、腐朽、压迫和剥削以及心灵与道德的堕落"。[②]为此,作者特地增加了"《红楼梦》的现实主义艺术特色"的阐述,认为小说的现实主义内容"是在于真实地反映了农民地主的阶级矛盾和善于分析、表现家族内部的矛盾,善于描绘人物的典型性格"。[③]其实,在《红楼梦》

[①] 陈尚君:《写在中国文学发展史初版重印之际》,刘大杰:《中国文学发展史》,第630页,百花文艺出版社,2007年。
[②] 刘大杰《中国文学发展史·下卷》,第322页,复旦大学出版社。
[③] 同上,第326页。

中，有关农民和地主阶级的矛盾的描写并不突出，曹雪芹主要是写荣宁二府的兴衰史和贵族地主阶级的生活百态，作者也清楚这一点（据说毛泽东告诉干部们，《红楼梦》至少要读五遍，领会《红楼梦》要抓住总纲，所谓总纲就是小说第四回中的四句话："贾不假，白玉为堂金作马；阿房宫三百里，住不下金陵一个史；东海缺少白玉床，龙王请来金陵王；丰年好大雪，珍珠如土金如铁。"也是同一个意思，即《红楼梦》作为封建贵族地主阶级生活的写照，既有文学意义，也有历史文献的意义），所以接下来，其展开的落脚点则在小说所反映的地主阶级内部的矛盾上；认为好的文学作品就是要将生活中的矛盾集中展示出来，并且要做到既深刻又典型：故在《红楼梦》中，"母子、父子、夫妇、兄弟、姊妹、妻妾、主仆、丫头与丫头，无处不显示着矛盾与冲突，演成无数的葛藤，无数的对立，围绕着纠缠着那一家族的各种人物，有的是追求功名，有的是维护名教，有的为了爱情，有的为了钱财，有的是争权夺势，有的是争情夺爱。真是千头万绪，曲折回旋，曹雪芹都把它们安排得条理分明，描写得入情入理。"[①]

即作者认为，这部伟大作品丰富而深刻的内容就是在现实主义创作过程中得到体现的，由此，必须通过艺术表现手段来加以阐发。既然在许多研究中，认为《红楼梦》是"高度的思想性和艺术性的统一"[②]的伟大作品，那么就要从两者高度统一的方面着手，即必须从艺术角度和文学结构上来体悟其深刻的内涵，而不必将思想性和艺术性作分隔论述。

刘大杰在1962年版文学史的修订过程中，一方面大大增加了文学作品对现实生活的揭示和所展露的社会生活内容上的阐释，即从文学反映论角度来读解作品，另一方面又拒绝在阐释体例上继续将作品的思想内容和艺术成就作分别描述（即作者并没有在1957年版文学发展史的基础上，将这二分模式进一步泛化）。这里既体现了作者的个性，也表现出他独立的学术人格。当然，形势比人强，随着一波又一波的政治运动浪潮，最后在20世纪70年代版的文学发展史中，还是没有逃脱用思想内容和艺术成就的

[①] 刘大杰：《中国文学发展史·下卷》，第326页，复旦大学出版社。
[②] 红皮本《中国文学发展史·下册》，第390页，人民文学出版社。

二分模式来改写文学史的命运。

在各个版次的文学发展史中，最能清晰反映刘大杰文学史修订思路轨迹的，还是在对诗人李白的论述和阐发上，即每一次修订，这位浪漫派大诗人就向社会现实靠拢一步。

在初版（1949年）的文学发展史中，诗人李白是作为浪漫派的伟大代表而获得其文学史的地位的。所以有关诗人的这一章节的题目就是作者认为在浪漫文学的传统中，"无论在诗的体裁，内容或其作品的风格上，兼有王、孟、岑、高二派之长，集浪漫文学的大成，使这一派作品呈现着空前的光彩"的，非诗仙李白莫属。"前人加于诗歌上面的种种格律，都被他的天才击得粉粹。在中国过去的诗人内，从没有一个有他这么大胆的勇气和创造性的破坏。在他的眼里，任何规律，任何传统和法则，都变成地上的灰尘，在他天才的力量下屈服了。他是当代浪漫生活、浪漫思想、浪漫文学的总代表。"①当然，李白的意义和价值，还在于和杜甫的写实主义的"社会诗"的对照上，作者认为李白和杜甫在诗风上"是形成绝不相容的极端"，②"杜甫要把诗歌来表现实际的社会人生，一扫宫体诗人所歌咏的色情，与浪漫诗人所憧憬的神奇与超越，他的取材，是政治的兴亡，社会的杂乱，饥饿贫穷的苦痛，战事徭役的罪恶，都是黑暗的暴露与同情的表现。因为如此，他的作品变成了历史，变成了时代的镜子"。③而李白"是一个彻底的纵欲享乐者，他对于过去未来全不关心，只追求现世的快乐与官能的满足"，最后作者还引用宋人罗大经的话作归结："李太白当王室多难海宇横溃之日，作为诗歌，不过豪侠使气，狂醉于花月之间耳。社稷苍生，曾不系其心膂。其视杜少陵之忧国忧民，岂可同语哉。"④

然而，1950年后，浪漫主义大诗人李白不能再一味浪漫下去了，再伟大的诗人也必须以对社会现实生活的反映来证明自己的价值。故刘大杰在1957年版的文学发展史中，首先在标题上去除了"浪漫"两字，相关章

---

① 刘大杰：《中国文学发展史》，第240页，百花文艺出版社。
② 同上，第247页。
③ 同上，第248页。
④ 同上，第246页。

节由原先的"浪漫诗的产生与全盛"和"浪漫派的代表诗人李白",改成了"李白与盛唐诗人"和"李白的生平及其作品"。在内容上特地增加了"李白诗歌的现实意义"一小节,作者似有辩解地写道,将屈原和李白作为中国古代积极浪漫主义诗歌的双绝,"并不是否定李白诗歌的现实意义",认为李白诗歌重要内容和现实意义之一,"是善于描写和歌咏祖国的山河","他以多种多样的表现方法,以强烈的吸引人的艺术力量,对于祖国雄奇壮丽的清绝明秀的山河景色,做出了精美无比的描绘与歌诵,使读者发生热爱祖国江山的艺术感情"。在这里,刘大杰将"浪漫派"改成"积极浪漫主义",将诗作能激发读者爱国主义精神等,均包括在现实意义里面了。而另一重现实意义则落在"李白的古风、乐府一类的诗篇里",因为在那里"也有直接反映人民生活,批判黑暗政治,揭露权贵荒淫的作品,这些作品数量虽不多,但是不能忽略的"。

为了说明那些数量不多,却"不容忽略"的现实主义作品的意义,作者增加了若干内容,如从李白的古风和乐府中各选取了一首诗(《古风》二十四和《战城南》)录于文中,并作了相关的阐释:"前一首谴责太监权贵们的荒淫横暴,后一首表现了非战思想。"接着又引申道:"再如《古风》十四、十九、三十四等篇,是指责征吐蕃、征南诏的战争和反映安禄山之变乱的。再如《丁都护歌》的写船夫,《宿五松山下荀媪家》的写农妇,《江夏行》的写商妇,在一定程度上,反映出劳动人民辛勤的生活面貌,都是值得注意的作品。"①

在1962年的修订版中,还是在"李白诗歌的现实意义"一小节,为了补充1957年版的阐释不足,又添加了《苏武》《经下邳圯桥怀张子房》《寄东鲁二稚子》等诗歌的现实意义的阐释,当然只是增加了少量文字。正如前文所述,1957年版文学发展史已经在观念上完成了基本转变,故除了一些字句,没有大的改动。

接下来,在1970年的修订版中,我们能看到政治浪潮和思想改造运动的威力,在那里浪漫派大诗人的面目发生了极大的改变。在这最后一次修

---

① 刘大杰:《中国文学发展史·中卷》,第105—107页,古典文学出版社,1958年,上海。

订过程中，作者大大地扩充了篇幅，李白和许多唐代诗人均由专节改为专章。大量的阶级分析进入了文学史，尤其是有关儒法斗争的内容。这里不准备将这种政治干预文学研究的情形展开论述，只需将小标题列出，就一目了然。在有关这位伟大诗人的一章中《李白的阶级地位与诗歌艺术》成为题目，还专有一小节是"李白的阶级地位"，而浪漫主义诗人李白同时成为一个"批判儒家，推尊法家"的政治路线正确的诗人。当然，李白也确似有这方面的诗作内容，如："我本楚狂人，凤歌笑孔丘。""余为楚壮士，不是鲁诸生。"等，这些豪放不羁的诗句本来是展示这位诗人浪漫情怀的，现在则成了批儒崇法的呈堂证据。

也就是在这一章中，我们看到了刘大杰先生抵制许久，不肯轻易套用的二分模式："李白诗歌的思想内容"和"李白诗歌的艺术特色"终于显现。①这里，二分模式不是一个阐释路径问题，而成为一种政治标准了。

（载《探索与争鸣》2013年第6期）

---

① 刘大杰：《中国文学发展史·二》，目录页，上海人民出版社，1976年8月。

中西诗学范畴及其差异

本文将中西诗学按其形态标别为抒情诗学和叙事诗学，是依据其各自的概念系统和使用概念系统时所关注的诗学焦点而定的。诗学的形态首先取决于概念系统的规定性，为了便于考察，这里择其要而析之，暂将庞大的、纷乱的、重复的、互相交叉的诗学范畴归纳出三类，即1.诗本体范畴，2.创作范畴，3.关于诗人修养的范畴，分别来加以分析探讨。诗学的范畴当然远远不止这些，以上的归类也并不完整、严密，然而从这三个方面入手，大致能勾勒出一种诗学形态的基本轮廓。

一、诗本体范畴比较

中国诗论对于诗本体的界定立足于情志说，"诗言志"或"诗缘情"以及在此基础上衍生出来的"吟咏情性""志足而言文，情性而辞巧""为情造文""根情、苗言、华声、实义""诗缘情景发""情在言外""言志为本，缘情为先""诗有别材，诗有别趣""诗传性灵""诗道性情"等说法比比皆是，这里已无须指明这种种说法的出处和作费力不讨好的赘述，只是"志"与"情"的关系须稍作考辨。

在先秦，"志"的意义比较广泛，有"志向"的意思。如孔子曰："盍各言尔志。"也有记事记物的说法，如《庄子逍遥游》："齐谐者，志怪者也。"还有其他几层含义，①不过，从早期统治阶层采诗以观风俗察民情的角度看，或许记事功能要多一些。所以也有"诗，所以记物也"②的说法。也有的学者认为，最早的诗歌是指古代社会中宗教、政治、狩猎等活动所用的祭祀之辞或庆功之辞。因此，所谓"诗言志"实际上是多言"王政之所由废兴"之事和"以其成功告于神明"之词，写诗者也多为巫祝之官。这一说法也可以看成是对诗的记事功能的另一种表述。

随着诗歌创作实践的进展，随着对诗歌功能认识的加深和对自身情感表达的认识，人们渐渐把志和情联系起来，将志看成是情性。故《毛诗序》有"在心为志，发言为诗，情动于中而形于言"之谓。挚虞在其《文章流别论》中干脆将情志并提，有"夫诗虽以情志为本，而以成声节"云云。③至于刘勰的"诗者，持也，持人情性"④等等更是为人所熟知。

这里不能不提及钟嵘的《诗品》，这位诗论家在著作中将各种刻骨铭心的情感极其生动形象地表述出来，给后人留下了难以磨灭的印象："嘉会寄诗以亲，离群托诗以怨。至于楚臣去境，汉妾辞宫；或骨横朔野，或魂逐飞蓬；或负戈外戍，杀气雄边；塞客衣单，霜闺泪尽；或士有解佩出朝，一去忘反；女有扬蛾入宠，再盼倾国。凡此种种，感荡心灵，非陈诗何以展其义，非长歌何以骋其情。"⑤诗缘情，这情字包含着何等丰富的内容啊，真可谓万种风情。

刘勰、钟嵘等对诗本体的这种界定虽然不能涵盖所有人的看法。但由于这一界定发生在诗学的开创时期，故对日后诗学的发展产生了至深的影响，使诗与情感的关系在诗学中得到了"开山纲领"地位的确认。

唐是诗歌创作的最旺盛时期，似乎是一种必然，宋是诗歌理论的高峰期。宋人对于"言志""言情"的理论搞得最透。

例如，对于《周易》颇有研究的邵雍对于"情""志"同样也辨析得很细："怀其时则谓之志，感其物则谓之情，发其志则谓之言，扬其情则

---

① 《辞源》，第 2 卷，第 1099 页，"志"词条。
② 《管子·山权数》，转自《诸子集成》第 5 册，第 366 页，中华书局，1954 年。
③ 转自郭绍虞主编：《中国历代文论选》第一册，第 191 页，上海古籍出版社，1979 年 8 月。
④ 《文心雕龙·明诗》。
⑤ [清]何文焕辑：《历代诗话》上，第 3 页，中华书局，1981 年 4 月。

谓之声，言成章则谓之诗，声成文则谓之音。然后，闻其诗，听其音，则人之志情可知之矣。"① 显然，在邵雍那里情和志是有分工的，并且是并行不悖的，即志与诗相联系，情与曲调（音）为表里。

与邵雍同时代的张载对"志"的解释与前者不同，他似乎更看重"志"所包含的日常心态，而不是邵雍的怀时之志，或某种席卷天下，包举宇内，囊括四海的雄心大志。他认为："古之能知诗者，唯孟子为以意逆志也。夫诗之志至平易，不必为艰险求之。今以艰险求诗，则已丧其本心，何由见诗人之志？"② 张载所强调的"平易"之志和"本心"其实已接近我们所理解的情了，不过，这应该是指日常的情感和人情，有"好诗不过近人情"的意味在。

再来看看被江西诗派奉为不祧之祖的黄庭坚是怎样来谈论此话题的："诗者，人之情性也，非强谏争于庭，怨忿诟于道，怒邻骂坐之为也。其人忠信笃敬，抱道而居，与时乖逢，遇物悲喜；同床而不察，并世而不闻，情之所不能堪，因发于呻吟调笑之声，胸次释然，而闻者亦有所劝勉。"③ 黄庭坚似主张不平则鸣，与张载的平易之志有所区别，并且他干脆从"情"字出发，省却了"志"的纠缠。

山谷道人诗名昭著，其本人丰富而深广的创作实践和体验必然使他偏于"情"字。也或许诗人从来没有想到要把"情"从"志"那里分离出来，对于他来说，"诗言志"就是"怊怅述情"，两者本无可分。

或许有感于"志"与"情"的讨论难以辟出新意。张戒在其《岁寒堂诗话》中，绕过"志"与"情"的对立，另提出"言志"与"咏物"的一对矛盾，以表明自己独特的见解：

> 建安陶、阮以前诗，专以言志；潘、陆以后诗，专以咏物。兼而有之者，李、杜也。言志乃诗人之本意，咏物特诗人之余事。古诗苏、李、曹、刘、陶、阮本不期于咏物，而咏物之工，卓然天成，不

---

① 《宋诗话全编》，第294页，江苏古籍出版社，1998年12月。
② 同上，第383页。
③ 同上，第948页。

可复及。其情真，其味长，其气胜，视《三百篇》几于无愧，凡以得诗人之本意也。①

这里，"情""味""气"是指一批极有才华的诗人在言志和咏物之中表现出来的特质，"情"并不是"志"的对应物（因为现在有"咏物"可与"言志"相对），不如说"情"是内在于"志"的，它来自诗人本性的率真的冲动。诗人在创作中是伤时吟志，还是滞留于咏物，雕琢弄巧，取决于诗人的情怀。有真情怀大情怀者必定能写出气往轹古，辞来切今的好诗，反之，只能学到一些雕虫小技，沾染些许镂刻习气，丝毫不能得诗人之本意。因此，张戒在《岁寒堂诗话》中借评点古人说出自己的见解：

《国风》《离骚》固不论，自汉、魏以来，诗妙于子建，成于李、杜，而坏于苏、黄。余之此论，固未易为俗人言也。子瞻以议论作诗，鲁直又专以补缀奇字，学者未得其所长，而先得其所短，诗人之意扫地矣。段师教康昆仑琵琶，且遣不近乐器十余年，忘其故态，学诗亦然。苏、黄习气净尽，始可以论唐人诗。唐人声律习气净尽，始可以论六朝诗。镂刻之习气净尽，始可以论曹、刘、李、杜诗。《诗序》云："情动于中而形于言，言之不足，故嗟叹之。"子建、李、杜皆情意有余，汹涌而后发者也。刘勰云："因情造文，不为文造情。若他人之诗，皆为文造情耳。"沈约云："相如工为形似之言，二班长于情理之说。"刘勰云："情在词外曰隐，状溢目前曰秀。"梅圣俞云："含不尽之意，见于言外；状难写之景，如在目前。"三人之论，其实一也。②

这里，诗论家引经据典，只是想阐明一个问题，即"情"的重要和不可替代性，诗人之真情是不可以咏物、声律、议论、补缀奇字和镂刻习气等来蒙混和取代的，情或情性是诗之所以为诗的根本。张戒同时代的，或

---

① 《宋诗话全编》第3235页。
② 同上，第3240页。

前后的诗人、诗评家几乎都对此达成了共识。

如王灼认为,时人的诗歌之所以不及古代的诗歌,其原因就在于古人在作诗时放任性情,故歌无定句,句无定声,而今人约束自己性情的缘故("今人固不及古,而本之性情,稽之度数"[①])。

再如郑樵在《六经奥论》中曰:"诗者声诗也,本于情性。"[②]

至此,关于诗本体的讨论似可告一段落,从《毛诗序》到刘勰的《文心雕龙》,再到宋人的诗话,大都情志并提。虽然,在情志关系的论述上莫衷一是,或回避,或迂回作解,各有各的说法,但是最终落到"情"上,是为归宿。因此,当严羽在《沧浪诗话》中说道"诗有别材,非关书也;诗有别趣,非关理也",口气相当肯定,接下来引用《毛诗序》说道,"诗者,吟咏情性也",[③]就像是在引用一条人所共知的几何公理。而姜夔在《白石道人诗说》中提到"吟咏情性,如印印泥"也是同样的口气。

当然,漫长的历史中,对于诗本体的认识不会只有一种模式,都发表同一种见解。尽管在具体的创作中,谁也无法把"志"与"情"分离开来,并且这种分离在文学创作和诗歌实践中也毫无意义。但是只要在概念上理论上存在着这种可能性,那么就会有人利用这种可能性做文章,而诗学史和批评史也告诉人们,某些站在"文以载道"立场上的理论家批评家正是通过某种途径来将两者分离,并且扬"志"以抑"情",将"志"与"道"联系起来,甚至在论述中星转斗移,以"道"来取代"志"。

在这方面比较极端的要数北宋的理学家们,如理学大师程颢云:"必有《关雎》《麟趾》之意,然后可行周公法度。"他又以自我设问的方式说道,"有问:《诗》三百,非一人之作,唯以一法推之。伯淳曰:'不然,三百,三千中所择,不特合于《雅》《颂》之音,亦是择其合于教化者取之'"。[④]将《诗经》的产生与社会的教化功能联系起来,当然不是理学家们首创,《毛诗·序》里就有这方面的内容。但是,只强调教化,甚至

---

① 《宋诗话全编》,第 3332 页。
② 同上,第 3465 页。
③ 同上,第 8719 页。
④ 同上,第 517 页、第 514 页。

认为《诗》三百，只是合于教化者取之，就见出了理学家论诗的真正目的所在。到了这一步，离"诗以载道"就隔着一层纸了。

果然，程颢之弟程颐就把这层纸捅破了："《诗》《书》载道之文，《春秋》圣人之用。""《诗》《书》《易》言圣人之道备矣。"又说："《诗》《书》如药方，《春秋》如用药治疾，圣人之用全在此书……"①

原本在许多诗论家那里，无论是由"志"到"情"，还是"情志"并提，"情"和"志"的内容都是相当个人化的，它们是诗之所以为诗，诗人之所为诗人的根本，也是诗人之间，各流派之间相识别的标志。一旦理学家们将"志"与"道"联系起来，个人化的"志"就会慢慢演变成某种固定理念的化身，成为统治思想教化的产物或这种教化所要达成的目的，而私人的情感就走向对立面，成为排斥的对象。

当然，追溯起来，"文以载道"的说法并非自北宋理学家始，虽然，"文所以载道也"的具体提法可以见自周敦颐的《通书·文辞》，但是一般的看法是"文起八代之衰"的韩愈开了文以载道的先声。然而，在韩愈那里对于"道"的向往是相对个人化的。按他个人的说法："然愈之所志于古者，不唯其辞之好，好其道焉尔。"②"思古人而不得见，学古道则欲兼通其辞；通其辞者，本志乎古道者也。"③亦即韩愈表明的是自己的立场，他在古文的"辞"和"道"之间首先注重的是其中的"道"，并身体力行，在自己的写作和教学中去实践之。

韩愈并没有把所有的古代经典都看成是"道"的化身，像程颐那样把《诗》《书》等都当成是载道之文。也没有认为所有的诗文都应该以载道为旨归。这后面的一步是宋人在韩愈等人的基础上向前迈出的。但是这一步是非同小可的，有了这一步，才可以对"诗言志"进行某种改造，即在"言志"和"道"之间建立起一定的联系，而排斥"情"的作用。即如程颐，在对《诗经》中许多具体的篇目的品评中，基本上只谈教化、怨刺和礼义，罕有谈情性者。因为一谈情性就有可能与"圣人之道"相抵触、相背离。

---

① 《宋诗话全编》，第 525 页。
② 《韩昌黎全集》，第 310 页，中国书店，1991 年。
③ 同上。

当然，不必奇怪理学家为何对"情性"视而不见，甚而至于排斥"情性"，因为，理学家论诗是从建构和维护其理学体系的目的出发的，合则留，不合则去。可以说，他们是为了意识形态而牺牲了"情性"。

虽然，像理学家那样极端排斥"情性"者在有宋一代的诗论家中占很少数量，但是其对后世产生的影响却不可小觑，并且搞乱了"诗道性情"这样一个本来已被诗家所公认的问题。

例如，明代道学先生方孝孺等一方面承认"诗者，所以道情志而施诸上下也"，但是另一方面又认为，学诗必须先明道："道之不明，学经者皆失古人之意，而诗为尤甚。"①他还特别强调："诗之所言虽辞有不同者，而其旨必归于孝悌、礼让、慈爱、敦睦，恳恳然有闵俗思古之意。"因此，"治天下统治者不用仁声化民则已，若有用者，舍是诗将奚取哉"。②既然诗的功能在于教化，那么诗本体是什么也必有交代，故方孝孺说道："古之诗其为用虽不同，然本于伦理之正，发于性情之真，而归乎礼义之极。"③

尽管方孝孺还未抹杀"性情"二字，但是将它夹在"伦理之本"和"礼义之极"的中间，这"性情"该是怎样一种状态就可想而知了，肯定毫无率真、自然、活泼可言，只可能有一副呆板道学的面孔。

与方孝孺差不多同时代的"台阁派"也是如此，在讲"诗以道性情"的同时，提倡"诗以理性情而约诸正"。④台阁重镇杨士奇称："古之善诗者，粹然一出于正，故用之乡闾邦国，皆有裨于世道。夫诗，志之所发也。"⑤显然，这里的"志"与"情"无缘，它不是个人化的志向或思想，而是经过规范的，又有强大传统作背景的"理"与"道"。台阁派的另一位主将黄淮则进一步发挥道："诗三百篇，且载事物之理，其于事君事亲之道，特加详焉。"⑥如果把黄淮所说当成是杨士奇的补注，倒是珠联璧

---

① 《明诗话全编》，第 378 页，江苏古籍出版社，1997 年 12 月。
② 同上，第 380 页。
③ 同上，第 378 页。
④ 同上，第 415 页。
⑤ 同上，第 423 页。
⑥ 同上，第 445 页。

合，浑然一体。

按照台阁派诸君的解释，所谓"诗言志"就是言乡间邦国间的事君事亲之道，否则就算不上好诗。所以杨士奇认为："自汉以下历代皆有作者，然代不数人，人不数篇，故诗不易作也。"①

这样，台阁派就给诗所言之"志"规定了大致的方向，而历代诗人能符合他们所给定方向的，自然是少之又少。

他们也同时给"性情"圈定范围。如台阁派诗人梁潜说道："诗以道性情，而得夫性情之正者尝少也。"②亦即虽然同是诗道性情，其中还要分出一个正与不正的区别来。那么，以什么来作标准？我们没有找到答案。但是按台阁派的逻辑，也许这"性情"的正与不正跟"志"相关联，而"志"又是"道"的体现。到头来，个人化的"性情"还是要受高高在上的"道"的制约。

当然，不管是台阁派，还是此前的理学家，不管他们怎样处心积虑地在诗歌理论中灌输和宣扬他们的"载道"理念，或以诗学为政治和意识形态服务，他们毕竟无法操纵和改变诗歌发展的历史，也难以扭转诗学的整体走向。并且他们有时也不能克服自相矛盾的情形，即在高谈"教化""礼义"一阵之后，又不免回到"诗道性情"上来。可见中国诗歌自身的特质和诗学的传统不是几个卫道士所能轻易转变的。而明末的最后一位大儒王夫之，更是在自己的诗学著作中倡言性情，他说："诗以道情，道之为言路也。诗之所至，情无不至；情之所至，诗以之至。"③在这里诗的完美和诗人情感的表露达到了高度的融合，两者合而为一。当然不是什么样的情感流露都能得到他的赞许。王夫之特别强调情感的真诚程度，认为"诗不可伪"，反对在诗中"强入以情，无病呻吟"，显然他是将先儒"修辞立其诚"的传统与自己的"诗以道情"观念牢牢地结合在一起了，多少有了一些"真善美"归一的系统美学思想。

中国的古典诗学虽然并不到王夫之那里终结，但是有关"诗缘情"或者

---

① 《明诗话全编》，第422页。
② 同上，第430页。
③ 王夫之《古诗评选》卷四。

307

说"诗道性情"的诗本体思想却可说在王夫之那里获得了最高的完成。①

相比之下，西方诗学关于诗本体的认识比中国诗学似乎要统一得多。他们那里模仿说一贯到底。德谟克利特、苏格拉底、柏拉图创模仿说，亚里士多德给模仿说以心理依据，并在其上建立起严密的体系；一直到19世纪初浪漫主义诗人宣称"所有的好诗都是从强烈的情感中自然而然地溢出的"（华兹华斯语），似乎还无人对模仿说提出明确的异议。

既然是模仿，模仿对象是一个十分切要的问题。是直接模仿情感还是模仿具体的事件？这是一个分水岭。

从现有的著作残篇看，德谟克利特或许是最早提出模仿说的学者，当然他的模仿是多方面的，并不限于文学和艺术。如他提到了"应该做好人或仿效好人"。他说："在许多重要的事情上，我们是模仿禽兽，是禽兽的小学生的。从蜘蛛我们学会了织布和缝补；从燕子学会了造房子；从天鹅和黄莺等歌唱的鸟学会了唱歌。"②

继德谟克利特之后，苏格拉底也谈到了模仿。从色诺芬的《苏格拉底回忆录》看，苏格拉底除了提到模仿人的动作和行为，也赞同"把人在各种活动中的情感也描绘出来"，以引起观众的快感。③在此基础上，他又进一步提出对"心灵的性格"进行模仿，不过他同时又认为这种模仿必须借助于人的外在行为和表情才能显示。④从现在保存的材料看，苏格拉底的言谈中压根儿没有后来19世纪浪漫主义诗人直抒胸臆、情感自然溢出的思想的苗头。

当然，德谟克利特、苏格拉底等只是草创而已，到了柏拉图那里，模仿说才形成系统的学说，并且规模宏大。柏拉图认为，艺术是对现实世界的模仿，现实世界是对某种理念的模仿，因此艺术世界和真实隔着三层。这样，柏拉图的诗本体概念略微有点复杂，虽然，诗模仿的是现实世界，

---

① 我的这一想法来自陶水平先生的博士论文《船山诗学研究》，该论文对王夫之的这一观念有较透辟的阐述和研究。
② 伍蠡甫主编：《西方文论选》上卷，第5页，上海译文出版社，1979年6月。
③ 同上，第10页。
④ 色诺芬：《回忆苏格拉底》，第120页，商务印书馆，1986年。

由于现实世界只是理念的影子，只有理念才是真实的，所以诗本体也就是某种最高的或永恒的理念。只是诗人们经常要处理的却是情感问题，即艺术模仿情感。柏拉图认为诗人经常是模仿人性中"低劣"的情感，培养发育人性中低劣的部分，所以应该把他们逐出自己所设想的理想国。

如他在《理想国》一书中指出，诗人"逢迎人性中低劣的部分"，因为"模仿诗人既然要讨好群众，显然就不会费心思来模仿人性中理性的部分，他的艺术也就不求满足这个理性的部分了；他会看重容易激动情感的和容易变动的性格，因为他最便于模仿"。①

柏拉图关于诗模仿人性中低劣的情感，显然与中国的"诗缘情"不同，即柏拉图眼中的诗人品格低下，他们是为了逢迎和讨好观众才如此模仿的，而不是一吐心中之快或抒发宏才大志。但是毕竟柏拉图关注点是落在日常情感上，对艺术中"愤怒、恐惧、忧郁、哀伤、恋爱、妒忌、心怀恶意之类的情感"颇加留意，②因此在他的模仿说中，我们还见不到更多讨论叙事方面的言谈。

由此，当这里提到亚里士多德时，其意义不仅仅是古希腊模仿说的继承者和改造者，他还是完整的叙事诗学的创造者。

亚里士多德的《诗学》是西方诗学牢固的奠基石，他对艺术模仿的界定最为明确，即模仿"行动中的人"，③这是最一般意义上的叙事了。因为叙事文学正是由行动中的人，或者说制造事端的人来充当主角的。接下来，无论是讨论悲剧还是史诗，亚里士多德都主张模仿的对象应该是行动着的人的"一个完整的、有一定长度的行动"，④怎样才算得上完整？他本人对"完整"的解释是指有头、有身、有尾："所谓头指事之不必然上承他事，但自然引起他事发生者；所谓尾恰与此相反，指事之按照必然律或常规自然地上承某事者，但无他事继其后；所谓身，指事之承前启后者。"⑤可见，模仿完整的行动就是指所模仿的事件的完整。这样，亚里士

---

① 转自《西方文论选》上卷，第38页。
② 柏拉图：《斐列布斯篇》，转自《西方文论选》上，第43页。
③ 亚里士多德《诗学》，第7页，罗念生译，人民文学出版社，1982年12月。
④ 《诗学》，第7章和第23章。
⑤ 同上，第25页。

多德将模仿说完全建立在叙事的基础之上了。

对行动中的人进行模仿必然涉及人的情感，正如我们在悲剧中体验到悲壮、崇高的情绪，在喜剧中体会到滑稽的或其他的种种感受那般。然而这毕竟是第二位的、派生的东西，中间还须有一层媒介。

亚里士多德之所以将"行动中的人"和"完整的、有一定长度的行动"规定为模仿的对象并不是凭借想象力随意地界定的，而是从具体的艺术样式出发，即从对史诗和悲剧的总结中提炼出来的。在此前人们谈到模仿，将雕塑、绘画、音乐和戏剧等混为一谈，不分彼此。而亚里士多德则对史诗和悲剧等叙事艺术进行了专门的考察和研究（据传亚里士多德还专门为亚历山大校订过一部《伊利亚特》），从模仿对象的规定性中将诗的艺术同其他艺术区别开来。

自亚里士多德之后，人们谈到模仿，谈到诗，就是在谈叙事艺术。例如贺拉斯的《诗艺》，讨论的是叙事作品，他认为诗人在模仿自然时允许虚构，但须合乎情理等等，讲的也是叙事作品。因此他《诗艺》中所举的范例几乎都来自《荷马史诗》和古希腊的悲剧。

文艺复兴的意大利诗人们谈到模仿、谈到诗时也是在谈叙事艺术。例如在那场"古今之争"中，明屠尔诺和钦提奥围绕着《罗兰的疯狂》这部有多条情节线的传奇体叙事诗应该不应该以古代诗学的原则来作为衡量的标准争辩时，其实就是在讨论叙事文学的一般性准则。

例如批评《罗兰的疯狂》的明屠尔诺认为，合格的诗其各部分都要真正协调一致，情节应该整一，否则就不够完美。除此而外，诗人还要"尽一切努力去模仿自然，它愈接近自然，也就模仿得愈好"。[1]无疑，在明屠尔诺看来，情节的"协调一致"与诗人的"模仿自然""接近自然"有某种关联性，处理好这种关联是诗（亦即是叙事作品）的最高准则。

而为《罗兰的疯狂》辩护的钦提奥在《论传奇体叙事诗》一文中则持相反的观点，他称："情节的头绪多，会带来多样化，会增加读者的快感，也使作者有机会多加穿插，运用如果放在单一情节诗篇里就难免遭到

---

[1]《西方文论选》上，第189页。

谴责的那些事件。……"①钦提奥反对以亚里士多德等规定的原则（如情节的整一等等）来约束自己同时代诗人的创作，他的理由是"希腊拉丁人是从他们的诗人那里学到了他们的诗艺，我们也应该从我们的诗人那里学到我们的诗艺"。②

可见所谓"古今之争"的关键其实就是叙事原则之争。是以古典原则为今天的楷模呢，还是从今天的创作中总结出新的原则来指导创作？接下来，钦提奥关于历史学家和诗人的不同职能的说辞虽然看上去是在重复亚里士多德的看法，实际上是别有用意。他说："历史家有义务，只写真正发生过的事迹，并且按照它们真正发生的样子去写；诗人写事物，并不是按照它们实有的样子，而是按照它们应当有的样子去写，以便教导读者了解生活。"③所谓按照它们应当有的样子去写，就是说即便诗人所运用的题材是古代的，"也要运用一些不符合古时实况而却符合现时实况的事物"来写。

到底是由于叙事原则的分道扬镳，影响了"古今之争"双方对诗应该如何模仿生活的看法呢，还是由于对模仿说认识上的差别导致了叙事原则的对立？目前已难于考证，但是这场争论至少表明批评家们是将叙事等同于模仿，或者是将两者联系起来思考的，模仿是叙事的模仿，叙事是模仿的叙事。正如英国诗人锡德尼在那篇著名的《为诗一辩》中所作的辩护："就是最好的历史家也是在诗人之下的；因为无论什么历史家必须叙述的活动或斗争，无论什么计谋、政策或战略，诗人愿意就可以用他的模仿化为己有，而且照他自己的意思加以美化，为了使它更有教育和娱悦的意义，因为一切是在诗人之笔的权威之下，从但丁的天堂直到他的地狱……"④

在锡德尼，维护诗的地位就意味着维护诗对生活的创造性模仿的权利，维护能够承当这种创造性模仿的叙事原则。不仅锡德尼，从文艺复兴到19世纪，西方批评家的模仿概念大都是同叙事诗或叙事原则相关联的。

---

① 《西方文论选》上，第185页。
② 同上，第186页。
③ 同上。
④ 同上，第238页。

或可说，由亚里士多德开始，西方的模仿说基本上已演变成诗学或叙事艺术的代名词。虽然，批评家们有时也会谈到绘画或雕塑等等其他门类的创作，但是那只是旁证，人们无暇也没有意识到应该将绘画的模仿从叙事模仿中区分出来。直到德国著名批评家莱辛的《拉奥孔》问世，从题材、媒介、心理效果到审美理想等四个方面来区分诗和绘画这两种不同的艺术样式为止。

二、诗创作范畴比较

诗创作范畴包含的方面远比诗本体范畴要广泛，因为它涉及具体的创作活动和创作技巧。因此在诗创作范畴中或许更能体现出中西方抒情诗学与叙事诗学的分野。

似乎是冥冥之中的巧合，中国古代称诗有六义，即"风""雅""颂""赋""比""兴"，西方也是六义，即情节、性格、言语、思想、形象与歌曲。[1]西方诗学的六义是指构成叙事作品的六个要素。中国的六义颇有说法，因为最初没有界定，[2]所以日后诗论家们各有各的看法。既可以看作是指不同的诗体（如刘勰的"毛诗述传，独标兴体""比体云构"等），也可以看作是创作手法（如《毛诗序》的"风也，教也；风以动之，教以化之。上以风化下，下以风刺上，主文而谲谏，言之者无罪，闻之者足戒，故曰风"），还有一些说法是两者并用的（如在刘勰的整部《文心雕龙》中，经常是两种概念交替使用）。

直到唐人孔颖达在《毛诗正义》中称："风雅颂者，诗篇之异体。赋比兴者，诗文之异辞耳。大小不同，而得并为六义者，赋比兴是诗之所用，风雅颂是诗之成形。用彼三事，成此三事，是故同称为义，非别有篇

---

[1] 这是亚里士多德总结的戏剧的六个要素，见罗念生译《诗学》，而陈中梅的《诗学》注译本则将最后两个要素译成"戏景"和"唱段"。
[2] 据说最早见于《周礼·春官宗伯》有："大师掌六律六同以合阴阳之声……教六诗，曰风，曰赋，曰比，曰兴，曰雅，曰颂。"

卷也。"①之后，一般的说法才把两者区分开来，将"风""雅""颂"看成是诗体，将"赋""比""兴"当成是创作手法。②所以就创作范畴而言，中国诗学是比兴据其要，在西方则是情节、性格占首位。这最初的分岔，说到底是由具体的文体决定的，即分别相对于抒情文体和叙事文体，诗论家们总结出了各自对应的创作范畴。

当然，从古人对比兴的最初界定看，很难说比兴的手法是专对于抒情诗而言的。例如东汉的郑玄有云："比者，比方于物也；兴者，托事于物。"③一直到宋代，也没有太大的变化，如朱熹的解释是："比者，以彼物比此物也。兴者，先言他物以引起所咏之词。"

但是若将创作手法与它的具体功能联系起来看，那么比兴的作用是明确的，即它们基本上是抒情的有效手段，故诗论家们常以抒情诗为底本来讨论比兴二义。例如"直如朱丝绳，清如玉壶冰"乃比也，"客舍并州已十霜，归心日夜忆咸阳，无端更渡桑乾水，却望并州是故乡"此乃兴也，等等。这里并不是说叙事文学就不必或不能用比兴，而是说倘若中国诗学中早有叙事文学之一席地位的话，那么比兴之义在诗学中就不会占那么显赫和永久的地位。若李贽、叶昼、金圣叹、李渔等小说或戏剧理论家先于诗论家们立论，中国诗学的创作范畴中必然会引入"逼真""摹神""人物情理""性格""立主脑""密针脚"等叙事术语而改变整个古典诗学的面貌。

不过，尽管在中国的诗歌创作中，比兴的功用是不言而喻的，及至抒情体诗歌创作发展到南北朝时期，所表现出来的问题要远远超出比兴二义。所以在《文心雕龙》被今人称之为创作论的20篇论文中，刘勰将比兴放在相对靠后的位置上。

在刘勰的诗美学体系里，神思、风骨、情采、熔裁、声律等创作范畴显得相对重要一些，因为中国的诗歌到魏晋六朝产生了极其深刻的变化，这种变化的动因是多方面的，可以从各个角度来加以描述；而鲁迅先生曾

---

①王向峰主编：《文艺美学辞典》，第780页，辽宁大学出版社，1988年。
②孔颖达的说法或许受钟嵘的影响，后者在《诗品·序》中将毛诗序的六义，缩短为三义，称"故诗有三义焉：一曰兴，二曰比，三曰赋。文已尽而意有余，兴也；因物喻志，比也；直书其事，寓意写物，赋也"。
③同上。

以"文学的自觉时代"来概括魏晋南北朝的文学创作的特点,堪称不刊之论。因为在那个时代,文人们多少有了点"为艺术而艺术"的观念,文学的功能不仅仅是"助人伦成教化",而且还要讲究"华丽好看"(鲁迅语),这就对诗歌创作提出了更高的要求。

如果说,在先秦,所谓的"诗言志"是指自然而然地道出胸中的情感;那么,在汉代,诗歌作为教化的工具,所谓的"志"被儒家的文人们朝着日常人伦和日常生活情感方面发展,这就有了"经夫妇、成孝敬、厚人伦、美教化、移风俗"等等说法。

这种情形到了六朝,有了新的变化。由于大量文化人的参与诗歌创作,对诗歌的功能自然会增添一些新看法,这些看法基本集中在具体的创作问题和相关的手法上。也就是说,关于诗本体,他们虽然基本上沿用"诗言志"等等说法,并且追加上"诗缘情",但是在具体的创作实践中,提出的问题就多了,这些问题涉及创作中的言意关系,涉及审美情感的表达,涉及传统的继承与出新,还有具体的手法运用及创作者的人格等等。

因此,当今天的人们将魏晋六朝看作是文学发展史上的转折时期,不仅是因为那时的文化人有着一股子"唯美"的精神,将诗赋文章雕琢得十分精致(有时精致过头,弄到唐人十分厌烦的地步,故有陈子昂感叹"文章道弊五百年矣");而且还因为当时的一批诗论家找到了某种相对稳定的描述方式,将诗歌创作中的一些最为主要的问题提了出来,成为"永恒"的话题,日后诗论家反复讨论的基本上就是这些问题或由这些话题派生出来的问题。

于是我们可以说,诗学的真正成熟期由此到来,这不但是指系统的、有影响的诗学著作都是由该时期发轫,而且从那个时期起,中国诗学开始建立自身的一整套创作范畴。这套创作范畴在其发展过程中几乎规定了中国诗学的走向。

已有学者在为中国诗学构造体系,提出志、情、形、境、神五大观念"是中国古代诗论中五根重要的支柱"。[1]并认为"中国自有诗以来,

---

[1] 陈良运:《中国诗学体系论》,第26页,中国社会科学出版社,1992年。

诗歌理论对诗歌创作实践的抽象表述是：发端于'志'，演进于'情'与'形'，完成于'境'，提高于'神'"。①

而笔者认为上述说法虽然中肯，但就诗歌创作而言，如与西方诗学相对照，最能代表中国诗学精髓的是言意之辨和"境界"学说。前者表明，由于中国的诗歌基本上面对的是内心的情感、体验、意志，因此创作者经常所要处理的是如何以文字更准确地表现情感的问题，所以是有关表达（或者说是表达的困惑）的问题，因此言意间的关系就凸显出来了。后者则可以看作是前者的升华，既是对情感的内涵提出更高的要求，也是对诗歌创作提出更高的要求，这一要求似有点不食人间烟火的意味，与一般的日常生活和日常情感保持着相当的距离。但是它确实给中国诗歌的发展，或者说抒情型诗歌的前行找到了一条颇有前景的出路。

1. 言意问题

中国古典诗学于整体营造上讲究立意。立意，即意在笔先，表现出诗人独特的情性并将其对象化客观化，它是诗人观察生活、诵吟对象一种独特的角度，是别具一格的慧眼和个人意趣结合的产物。如"作诗必先命意，意正则思生"②"论文以意为主"③"未造其语，先立其意"④"意之所向，透彻玲珑"⑤"无论诗歌与长行文字，俱以意为主，意犹帅也"⑥等等，都把立意放在进入创作阶段的首要地位。这里除了肯定和推崇诗人独特的情性，还有别的意味，即要求诗人在其作品中须有一个主导情致，使整篇作品格调统一。须说明，后期戏剧家们，如李渔等亦有立意之说，但那实质上等同于叙事文学的主题，所以为示区别，李渔不得不改换术语，用"立主脑"来替换前者（从这里也可看出立意说是与诗本体的情志说相

---

①陈良运：《中国诗学体系论》，第26页，中国社会科学出版社，1992年。
②魏庆之：《诗人玉屑·卷六》，转自《宋诗话全编》，第9015页。
③《清波杂志·卷中》。
④《中原音韵·乙语作词起例 作词法》。
⑤《诗学指南·诗法》。
⑥《姜斋诗话·卷二》。

呼应的）。

自然，谈到立意，就不能不联系到言意之辨这个古老的话题。

一般认为，言意之间关系问题的提出，最早见于《周易·系辞上》："子曰，书不尽言，言不尽意，然则圣人之意其不可见乎？子曰，圣人立象以尽意，设卦以尽情伪，系辞以尽其言。"[1]可见古人老早就注意到这个问题了，只是"言不尽意"的困惑能难住一般人，似乎难不倒圣人。当然，这个问题在庄子那里提出来时，则成为带有普遍性的问题，他在《天道》篇中云："世之所贵道者书也，书不过语，语有贵也。语之所贵者意也，意有所随。意之所随者，不可以言传也……"[2]

在《外物》篇中又云："荃者所以在鱼，得鱼而忘荃；蹄者所以在兔，得兔而忘蹄；言者所以在意，得意而忘言。"[3]这里不仅见出了言意之间的差别和它们之间若即若离的关系，而且思想的利刃分明已经插入到语言坚硬的外壳之中，将本不可剥离的内核从中剔出。如果说庄子的言意之辨主要是从哲学和语言本体问题出发的，那么陆机在《文赋》的开篇中则是从文学创作的角度提出此问题的："余每观才士之所作，窃有以得其用心。夫其放言遣词，良多变矣。妍蚩好恶，可得而言。每自属文，尤见其情。恒患意不称物，文不逮意，盖非知之难，能之难也。"[4]

陆机的时代是魏晋玄学风行的时代。由于少年王弼等一批玄学思想家的推动和发扬，"一种真正思辨的、理性的'纯'哲学产生了"[5]，纯哲学的思辨必然要关注言意这类问题。例如王弼在《周易略例·明象》中对于卦象和言、意三者之间关系的论述是十分经典的："夫象者，出意者也。言者，明象者也。尽意莫若象，尽象莫若言。言生于象，故可寻言以观象，象生于意，故可寻象以观意。"在对象、言、意三者的辩证关系作出说明之后，他还说道："言者所以明象，得象而忘言；象者所以存意，得

---

[1]《黄侃手批白文十三经·周易》，第44页，上海古籍出版社，1983年。
[2]陈鼓应：《庄子今注今译》，第356页，中华书局，1983年4月。
[3]同上，第725页。
[4]郭绍虞主编：《中国历代文论选》，第一册，第170页，上海古籍出版社，1979年。
[5]李泽厚：《美的历程》，第87页，文物出版社，1981年。

意而忘象。"①

　　据说在王弼看来，"言词和形象都是可穷尽的传达工具，重要的是通过这些工具去把握领悟那不可穷尽的无限本体、玄理、深意"。②虽然，陆机在这个问题上的看法达到了几乎相同的层次，但是从其行文看，他的"意不称物，文不逮意"的困惑显然是来自其创作实践。即对于陆机等诗人来说，他们体察到言意或言文之间的微妙关系主要并不是由于思辨的力量，而是来自具体的创作经验和体会。因此在陆机之后，我们很快就看到有不少诗人和诗论家表达了大致相同和相近的意思。如陶渊明在那首脍炙人口的《饮酒》诗中以"此中有真意，欲辨已忘言"的佳句结尾，不仅使得"采菊东篱下，悠然见南山。山气日夕佳，飞鸟相与还"的描写有了更深一层的含义，似还告诉人们领会人生意义和真谛的途径在文字之外。刘勰在其《文心雕龙·神思》篇中曰："方其搦翰，气倍辞前，暨乎篇成，半折心始。何则？意翻空而易奇，言征实而难巧也。"③更是道出了言意之间难以克服的距离。当然，这里刘勰更强调的是语言的局限性和文学表现的力不从心的方面。还有，钟嵘在《诗品·序》中谈到诗的创作中应该兴、比、赋三种手法"酌而用之"时，提醒诗人们："若专用比兴，患在意深，意深则词踬。若但用赋体，患在意浮，意浮则文散，嬉成流移，文无止泊，有芜漫之累矣。"④虽然钟嵘只是将"意浮"和"意深"同比兴等创作手法联系起来，但所谓意浮文散，意深词踬的说法表明，他同样认识到言意之间的紧张关系。

　　由于诗人和诗论家们多是从自身的创作实践和创作体会出发来讨论此问题的，所以一般来说他们的发言要比哲学家来得生动而形象。

　　例如，杜甫有"文章千古事，得失寸心知"的诗句，或可看作是这方面的悉心体会，也勾勒出了这位大诗人惨淡经营、谨慎勤勉的形象。

　　白居易称："诗有内外意，内意欲尽其理；理谓义理之理，美刺箴

---

① 王弼：《周易略例·明象》。
② 《美的历程》，第95页。
③ 周振甫：《文心雕龙译注》，第295页。
④ 《历代诗话》，第3页。

诲之类是也。外意欲尽其象，象谓物象之象，日月山河虫鱼草木之类是也。"①居然将意分为"理"和"象"两个层面。而司空图的"不著一字，尽得风流，"似乎将言意之间的辩证关系推到了极致。

当然，关于言意关系问题并不完全是言不及义的感叹和沮丧，有时也有言、意、物契合的欣喜和快慰，相比之下，刘禹锡在这个问题上表现得极为自信和乐观，他说"片言可以明百意，坐驰可以役万景，工于诗者能之"。②

苏东坡说得更是痛快淋漓："吾文如万斛泉渊，不择地而出，在平地滔滔汨汨，虽一日千里无难，及其与山石曲折，随物赋形而不可知也；所可知者，常行于所当行，止于不可不止，如是而已。"

正是由于诗人和诗论家们的关注，言意之辨由哲学和思辨的领域进入到诗学的领域，成为中国诗学的一个经常性的话题，这在有宋一代的诗话中表现得较突出。

欧阳修在《六一诗话》中引梅圣俞："诗家虽率意，而造语亦难。若意新语工，得前人所未道者，斯为善也。必能状难写之景如在目前，含不尽之意见于言外，然后为至矣。"③

刘颁的《中山诗话》则从另一角度论述此问题，将"意"和"言"分出了主次轻重："诗以意为主，文辞次之，或意深义高，虽文词平易，自是奇作。世效古人平易句，而不得其意义，翻成鄙野可笑。"④

张表臣的《珊瑚钩诗话》表达了相同的意思："诗以意为主，又须篇中炼句，句中炼字，乃得工耳。以气韵清高深眇者绝，以格力雅健雄豪者胜。"⑤正是由于"意"的神秘和无法捉摸和界定，所以它成为诗学中讨论的一个难点。

至于严羽的《沧浪诗话》以禅入世，强调"羚羊挂角，无迹可求"似有一点走火入魔的意味，不过他最后还是回到"空中之音，相中之色，水

---

① 《历代诗话词话选》，第 177 页，武汉大学出版社，1984 年。
② 同上，第 176 页。
③ 《历代诗话·上》，第 267 页。
④ 同上，第 285 页。
⑤ 同上，第 455 页。

中之月，镜中之象，言有尽而意无穷"①上，表明基本的话题还是那个老话题。

当然，更多的诗论家不是直接讨论言意之间的关系问题，而是将其作为一个常用的评判指标来品评诗句，这也是中国诗话的一大特点。如陈师道在《后山诗话》中评价刘梦得写"望夫石"的诗句："望来已是几千岁，只似当年初望时。"用了"语虽拙而意工"，同时，称顾况的同题材诗句"山头日日风和雨，行人归来石应语"是"语意皆工"。②

又如，魏泰在《临汉隐居诗话》中也是以此来批评唐人的乐府的："唐人亦多为乐府，若张籍、王建、元稹、白居易以此得名，其情叙怨，委屈周详，言尽意尽，更无余味。"③

叶梦得在《石林诗话》中评论王安石的诗歌时用的几乎是相同的标准："王荆公晚年诗律尤精严，造语用字，间不容发。然意与言会，言随意遣，浑然天成，殆不见有牵率排比处。如'含风鸭绿粼粼起，弄日鹅黄袅袅垂'读之初不觉有对偶。至'细数落花因坐久，缓寻芳草得归迟'，但见舒闲容与之态耳。而字字细考之，若经隐括权衡者，其用意亦深刻矣。"④

以上除了白居易将"意"分为理和象二个层面，一般来说，诗论家们基本将"意"作为一个整体看待，或者说"言"的对立面就是"意"。如果说"言"是具体的，那么"意"就是抽象的，是无法道明的。正是"意"的难以说破这一特性，故在诗学的发展过程中演变成巨大的代码，即："意"既可以是抒情、述怀，也可以是咏物、写景；意既是属于诗人主观情感、意志或思想方面的，也可以是某种衡量诗歌好坏的客观标准（即诗歌应该做到"语意皆工"，而不能"言尽意尽"，否则就没有深度和内涵）。

"意"演变成特殊代码，既表示中国古典诗学的某些特征，如：概念缺少分化，原初的概念成为永久性的概念，直观的色彩大于思辨的色彩等等；同时也表明古典诗学本身的研究范围以及所规定的容量，即中国古

---

① 《历代诗话·上》，第 688 页。
② 同上，第 302 页。
③ 同上，第 322 页。
④ 同上，第 406 页。

典诗学将自身的关注目光大致锁定在抒情方面,锁定在诗句的传情达意方面,所以诗论家们才反反复复讨论这个难以说尽的问题。而这一相对狭窄的研究空间反过来又引导着他们只能在这一方向上无限循环。

事情的辩证逻辑或许是这样的,即中国的诗人和诗论家们越是认同言志抒情的传统,他们就越发感受到表达的困难和压力,他们越是感受到表达的困难和压力,也就越发体会到言不尽意的奥妙和真谛所在。

当然言意关系是一个带有普遍性的问题,西方的思想家、哲学家们也曾就此提出过类似的看法。如柏拉图就意识到言和意的某种紧张关系,他说过"理念领域独立于语言形式的表达而存在"这类意思的话,[1]但是或许他们从模仿说出发,太专注于被叙事的对象而忽略了语言工具本身的局限性,所以在两千年的漫长时间中,西方诗学家们似乎并不怀疑"言"能忠实地传达作者意图的功能。这一情形使中国诗学在总体上显得狭窄,而在另一些方面表现出无比的深邃来。

2. 境界问题

这是中国特有的诗学范畴(不仅是指它的范畴形式,也是指它特有的内涵),这似乎是涵盖以往中国诗学精髓的最为概要的提法,它是在一千多年的诗学实践中发展起来的。如果说言意问题是缘于表达的困惑的话,那么境界的提出则开辟出一条路径,可以通向某种完善的表达,并将问题引向极致。无论是最初从诗学角度提出"物境""情境""意境"的王昌龄,或在《存余堂诗话》中单举"意境",认为"作诗之妙,全在意境融彻"的朱承爵,[2]还是最后收梢的集大成者王国维都把它同诗人创作的最高标准联系在一起的。

这里我们省略了关于境界词源的种种考证,一是因为已由不同的学者从不同的角度做了大量的这方面的工作,二是因为某一范畴或概念的含义

---

[1] 转自温菲尔德·诺思:《符号学手册》,第 29 页,印第安那大学出版社。
[2] 见《历代诗话·下》,第 792 页。

取决于其共时的语境,往往与其词源学上的意义相去甚远。

境界一词的用法很多,如果将"意境"和单用一个"境"字的,统统算上的话,就更加繁多庞杂。

当然,无论今天的研究者对境界一词下何种定义,都绕不过王国维曾持有的立场。王国维说得很是简洁明快:"境非独谓景物也,喜怒哀乐亦人心中之一境。故能写真景物真感情者谓之有境界,否则谓之无境界。"这里,我们比较能够理解其中所说的"真情感",而对于"真景物"一说颇有疑惑,什么样才算是"真景物"?是否还有假景物存在?不过如果把真景物和真情感联系起来解,或许能释然。如叶嘉莹先生所读解:《人间词话》中所标举的"境界",其含义应该是说凡作者能把自己所感受到的真实的情感,在作品中鲜明真切地表现出来,使读者也可得到同样鲜明真切之感受者,如此才是有"境界"的作品。所以欲求作品之"有境界",则作者自己必须先对其所写之对象有鲜明真切之感受。至于此一对象则既可以为外在之景物,也可以为内在之感情;既可以为耳目所闻见之真实之境界,亦可以为浮现于意识中之虚构之境界。但无论如何却都必须作者自己对之有真切之感受,始得称之为"有境界"。如果只是因袭模仿,则尽管把外在之景物写得"桃红柳绿",把内在之感情写得"肠断魂销",也依然是"无境界"。[1]

说到底,境界是同某种理想的情怀相关的,用现代的文艺理论术语来替换,可把它看成是审美情感,这是与日常情感不同的一种情感。它不同于《毛诗序》所说的"情动于中而形于言"的情,也不同于刘勰所说的"诗者,持人情性"的情,甚至不同于钟嵘的"楚臣去境,汉妾辞宫"之情,或"负戈外戍,杀气雄边;塞客衣单,孀闺泪尽"之情。因为它是相对复杂的,它是在一定的文化传统和氛围中逐渐积累和培养起来的情感,是以某些观念为对象发展起来的特殊的情感,是人类面对自身的精神性观照。

当然,我们以审美情感来归类它们时,不免有某种简化的倾向。这里只是想说它们是属于艺术的,是同日常生活的自发的情感有着某些区别的

---

[1] 叶嘉莹:《王国维及其文学批评》,第221页,广东人民出版社,1982年9月。

对象，是在艺术活动中，或者具体地说是在诗歌的创作和鉴赏中逐年累月积累起来的某种精神现象。由于这种情感不像日常情感那样明显，那样容易把握，因此不容易被人察觉，或常常被人们所忽略。

或可说，在诗本体的问题上中国古代的诗论家们早就停止了追问，即在点明诗歌的或言志、或道情的功能之后，并没有作进一步的探究，例如对于情感的对象，情感的类型，情感的产生过程等等进行深一步的评析。

倒是在对创作过程和对某些创作现象的研究和关注中，诗论家们显出了研究思路的进展。例如刘勰提出的"风骨""情采"等范畴，钟嵘的以品位论诗，就不是一般意义上的创作手法，它们不像"比""兴"等范畴那样具体，那样实用。这些范畴概念将中国诗学引导到一条相对空灵的、与日常情理保持一定距离，或者说多少带有形而上意味的研究道路上。

因此，当我们说中国的诗学是抒情诗学时，以下两个条件必须注意：一、它是相对于西方的叙事诗学而言的；二、抒情诗学的"情"字不能简单理解为日常生活情感。

由于与日常生活情感保持着距离，所以在中国诗学中基本没有叙事诗歌的地位，因为在叙事诗中要处理大量的日常生活，无法一味高蹈；由于与日常生活情感保持着距离，所以中国诗学走上了相对空灵的道路。在中国古典诗学中正是那类优雅的、空灵的创作范畴较有生命力。

有的论者将中国诗学划分为儒家诗学和道家诗学。儒家诗学是强调文以载道的，经世致用的，提倡社会教化的；而道家诗学则讲究陶冶性情的，超凡脱俗的，空灵高蹈的。如果这种说法是重在儒家思想或道家思想（也包括释家）对中国诗学的发展方向所产生的影响，则无可非，如果将这种划分来认识中国诗学本身，那么将产生偏差。因为就中国诗学的创作范畴而言，基本上是偏于高蹈一路的。从"神思""风骨""滋味""韵味"一路下来，越往后越空灵。例如"意境""神韵""格调""性灵""真趣"等等，再如"学诗如参禅""诗道在妙悟""天籁自鸣"等等。虽然，中国的文人士大夫在谈到诗歌的社会功能时，大都从教化入手，但是这并不妨碍他们在讨论具体的创作问题时取一种超脱的诗学态度。因为创作实践和各种诗学现象告诉他们，优秀的诗歌并不是紧贴当下的生活,就地取材,就事论事,就情生情的,它们总是同现实生活和现实世界保持一段距离的。

这里我们还可以更进一步,将"境界"看成是有深厚的文化传统作背景的理论代码。因为境界所包含的真实内容并不是什么客观的真景物和真感情,而是千百年来中国诗人鉴赏和品评诗歌的趣味和传统。其实,所谓的"真景物"和"真感情"是无法验证的,而且是因人而异的,对于一首打动我们的好诗,从来不必作传记方面的考证。这不是怀疑诗歌出自诗人的心灵,出自诗人的真情实感,这是毫无疑问的,但是有真情感未必能出好诗,未必能让读者满意。为了将个人情感和诗歌创作区别开来,著名英国诗人艾略特曾经在其《传统与个人才能》一文中发表了以下见解:"诗不是放纵感情,而是逃避感情;诗不是表现个性,而是逃避个性。"[1]按照艾略特的看法,诗人的情感和经验必须首先经过一个非个人化的过程才能进入作品,这个非个人化的过程就是融入传统的过程。

当然,所谓传统并不是往事的代名词。在艾略特的眼里,"传统的意义实在要广大得多"。它不仅仅是指一种历史意识,而且还含有一种领悟,即"不但要理解过去的过去性,而且还要理解过去的现存性"。据说:"历史的意识不但使人写作时有他自己那一代的背景,而且还要感到从荷马以来欧洲整个的文学及其本国整个的文学有一个同时的存在,组成一个同时的局面。这个历史的意识是对于永久的意识,也是对于暂时的意识,也是对于永久和暂时的合起来的意识。就是这个意识使一个作家成为传统的。同时也就是这个意识使一个作家最敏锐地意识到自己在时间中的地位,自己和当代的关系。"[2]

如果说,以上艾略特所表述的传统,含义丰富甚至太过复杂的话,那么这里在分析"境界"所代表的诗学传统时不妨简化一下。

亦即我们与其在优秀的诗篇中去发现由"真景物"和"真感情"所合成的"境界",不如去考察中国诗歌中情感表达的历史和情感表达的传统来得更加有意义。这一传统会告诉我们境界的大致含义。

---

[1] 转自《"新批评"文集》,第32页,中国社会科学出版社,1988年4月。
[2] 同上,第26页。

比如"古诗十九首"是有境界的，陶渊明的诗是有境界的，还有李杜诗或苏辛词。境界虽然可以看成是某种规范，但它绝不是静止的，它有多种表现形态。

若用王国维自己的话来描述，从"可堪孤馆闭春寒，杜鹃声里斜阳暮"到"采菊东篱下，悠然见南山"；从"细雨鱼儿出，微风燕子斜"到"落日照大旗，马鸣风萧萧"都可算作是境界的范本。

或许可以说，境界是封建士大夫和文化人的田园山水趣味，人生趣味的最高表达，是他们介于出世与入世之间的特殊心态的写照。在境界中，人生必须与世俗的世界保持距离，又不是完全不食人间烟火。

自然，我们也可以考察境界这个审美范畴的历史演变的状况。已有学者在这方面作了很是细致扎实的工作，[1]指出"境界"范畴作为一种审美或鉴赏标准，最先是出现在画论中，[2]如郭熙在《林泉高致画意》中，有"境界已熟，心手已应"的说法。后来又曾向戏剧和小说等方面拓展，如汤显祖评点《红梅记》有"境界迂回婉转，绝处逢生，极尽剧场之变。"[3]而另一位戏曲家祁彪佳则指出一出好的戏剧："能就寻常境界，层层掀翻，如一波未平，一波复起。"[4]至于在小说批评中，是梁启超率先运用此概念，他在《论小说与群治之关系》一文中说："小说者，常导人游于他境界，而变换其常触常受之空气者也。"[5]

其实无论是汤显祖等人还是梁启超，从当时的批评语境来分析，关于"境界"范畴的含义并不像有的论者所指出的那样是"情节、故事的展开与发展所形成的种种戏剧性场面"。[6]在这里"境界"更多是指某种抽象的品质，因为"境界"的语用传统告诉我们，这一范畴基本上不是指具体的

---

[1]据范宁先生在《关于境界说》一文中考辨，"境界"一词最初见于《新序·杂事》"守封疆，谨境界"，指的是疆土界线，班昭的《东征赋》有："到长垣之境界，察农野之居民。"也是这种用法。后来翻译佛经的人借用这个词来"表明抽象的思想意识和幻想"。以上转自《人间词话及评论汇编》第366—367页，书目文献出版社，1983年版。
[2]参见陈良运先生的《中国诗学体系论·创境篇》，本文以下的有关引文转自此书。
[3]同上，第310页。
[4]同上。
[5]同上，第313页。
[6]同上，第310页。

操作层面上的技巧手法，它是具体的手法和技巧所企望的某种结果，这一结果并非指向现实生活，而是高于现实生活。

或许还可以进一步说，"境界"两字根本无关乎具体的创作手法，境界就是境界，它不是在一般的技巧层面上能够达到的。例如王国维说，"红杏枝头春意闹"，著一"闹"字而境界全出；"云破月来花弄影"，著一"弄"字而境界全出矣。

为什么如此这般就"境界全出"？王国维没有具体指明，答案要在其他方面寻找。

中国的文人士大夫阶级的精神视野和内心生活是同圣贤的诗书紧密相连的，是由这些诗书所表现出来的思想内容和精神价值所承传的。因此，他们对现实生活和日常生活多少有点鄙视，而他们对于境界的向往就是对以往的文化传统和这一传统所建构的理想的向往，他们相信这一文化传统所体现出来的精神内容和相应的价值远远大于现实生活所给予的。所以即便是讨论戏剧或小说这类叙事作品，他们也会自觉或不自觉地运用境界这一尺度。因此在这些领域中"境界"概念的出现，既不表明它同叙事性作品已经建立起内在的联系，也不表明它已由诗学概念扩展为其他创作文体的适用性范畴，而只是显示出概念运用者试图将这些后来的文体同先前的诗学传统之间建立起新的联系而已。

应当说由意境而入境界范畴是顺理成章的，这是由中国古典诗学发展的内在逻辑所导引的，也是由这些范畴的语用传统所规定的。

与中国诗学创作范畴的高蹈、空灵相左，西方诗学的创作范畴是相对具体而可操作的。由于是以模仿说为基础的叙事诗学，因此情节和性格这两个概念最频繁地出现在诗论家关于创作的讨论中。

亚里士多德在其著述中首推情节，他说："悲剧艺术的目的在于组织情节（亦即布局）"，"情节乃悲剧的基础，有似悲剧的灵魂；性格则占第二位。悲剧中没有行动，则不成为悲剧，但没有性格，仍然不失为悲剧"。也因此他对情节的整一，情节的"突转"与"发展"以及它的长度等等都有较详尽的论述。他还强调："如果有人能把一些表现性格的话以及巧妙的言辞和思想连串起来，他的作品还不能产生悲剧的效果；一出悲剧，尽管不善于使用这些成分，只要有布局，即情节有安排，一定更能产生悲剧的效果。"[1]——附带说明一下，现在的文学体裁分类将戏剧和叙事诗一划为二，但是从根本上说，戏剧源于叙事，希腊戏剧原本是一人诵读并伴有合唱队，后来才渐渐发展到二人以上的对话。亚里士多德认为抓住了情节也就抓住了叙事艺术的核心环节。而以语言作为媒介的模仿，其对象必然是时间上先后承续的动作。尽管用现代叙事学的眼光来看文本，会把解析的重点放在叙述的各个层面上，但是谁也无法否认，在以往的叙事作品中，情节是其内在的结构，灵魂的外形。没有情节，其他叙事手段将失去意义。至于亚里士多德将性格放在第二位，似历来有异议。

如贺拉斯在其《诗艺》中倾向于显示性格特征的鲜明性。他告诫诗人："你想在舞台上再现阿喀琉斯受尊崇的故事，你必须把他写得急躁、暴戾、无情、尖刻，写他拒绝法律的约束，写他处处诉诸武力；写美狄亚要写得凶狠、剽悍；写伊诺要写她哭哭啼啼；写伊克西翁要写他不守信义；写伊俄要写她流浪；写俄瑞斯忒斯要写他悲哀。"[2] 他同时又强调："神说话，英雄说话，经验丰富的老人说话，青春、热情的少年说话，贵族妇女说话，好管闲事的乳媪说话，走四方的货郎说话，亚述人说话，生长在忒拜的人、生长在阿耳戈斯的人说话，其间都大不相同。"[3]

而莱辛在《汉堡剧评》中更是将性格放在首位，他认为："诗在描绘事件和性格时，首先应该考虑的是性格。人物的行为源于人物的性格。"故诗人的"职责就是加强这些性格"，"只有性格对他来说是神圣不可侵犯的"。

其实，不管情节或性格孰轻孰重，意大利诗人瓜里尼所说的"诗所用的是情节和人物"（性格）[4]几乎成为西方诗学公认的准则。因为情节与性格都是叙事文学的基本要义，离开了它们就无所谓叙事。因此有多少诗论讲情节的重要性，也必然会有相应的诗论讨论性格的不可或缺。波瓦洛、

---

[1] 罗念生译：《诗学》，第6章。
[2] 罗念生、杨周翰译：《诗学·诗艺》，第143页。
[3] 同上。
[4] 见《西方文论选·上》，第197页。

狄德罗、莱辛、丹纳、别林斯基、契诃夫等等于两者都有精辟的论述,这是因为他们于具体的创作均有深入研究的缘故。而西方古典主义的创作理论所要规范的,基本上也就是情节(或行动)和性格(或人物)。例如,所谓的"三一律",主要就是强调情节(或行动)的一致,包括前文所提及的那场"古今之争",明屠尔诺与钦提奥争论的关键点之一,就是在情节的一致或情节的多头绪上,哪一个更加符合诗的创作规律?而诗人们对于悲剧或喜剧的区分的关注,落脚点则是在人物(或性格)上,比如悲剧应该是由"伟大的行为"和"伟大的人物"组成,"以便与喜剧相区别,喜剧中的行为是琐屑的,人物是微贱的"[①]等等。

总之在西方古典诗学看来,捉住了情节或人物这个关键,也就把握了叙事问题的难点,而叙事问题得到解决,诗创作的基本问题也就迎刃而解了。

站在以上视角来看西方19世纪兴起的那股汹涌的浪漫主义思潮,那么这里不仅有观念之争,还有为抒情文体在诗学上争一席之地的意义。

在西方,抒情诗有悠久的历史,这历史绝不会比中国的短多少。至少可以从被柏拉图称为"第十位文艺女神"的古希腊诗人萨福的《致阿那克托里亚》《午夜》等作品算起,中间起码有意大利兴起的十四行抒情诗、本琼森为代表的英国颂诗。但是同中国的叙事诗不入诗学的眼界正相反,在相当长的一段时期内,抒情诗没有进入西方诗学的视野,诗人和批评家几乎找不到恰当的方式和合适的评价途径来解析抒情诗歌。因此,浪漫主义诗学最常被人提起的是华兹华斯的名言:"所有的好诗,都是从强烈的感情中自然而然地溢出的"和那部《抒情歌谣集》的富有激情及感染力的序。

与古典主义诗学相比,西方浪漫主义诗学不仅历史短促,而且在内容上也单薄得多。至于其在精微的程度上,远远无法与中国的古典诗学相媲美,其原因就在于抒情诗在西方诗学传统中没有地位的缘故。

---

① 德莱顿:《悲剧批评的基础》,转自《西方文论选·上》,第309页。

三、论诗人修养的范畴比较

在中国古典诗学论及诗人修养的范畴中，养气说和叶燮的有关"才、胆、识、力"的理论，影响最大，而最能体现中国诗学抒情性特征的莫过于养气说。

自孟子提出"养浩然之气"，王充、刘勰专有养气篇论气之调畅，心之澄明。气的概念尽管如孟子所说"难言也"，但是历代文论家一涉及创作主体的修养时，几乎都要在此题目上作文章。如刘勰称："吐纳文艺，务在节宣，清和其心，调畅其气，烦而即舍，勿使壅滞。"反之，"若销铄精胆，蹙迫和气，秉牍以驱龄，洒翰以伐性，岂圣贤之素心，会文之直理哉"。[1]

尽管古人难以在概念上完全把握所谓的"气"，但是出于他们自身的创作体验，都承认气的存在和它对于创作的至关重要性。由于抒情诗基本是短制，又由于它的上下文连接不是像叙事诗那样紧紧依靠情节和人物的性格或行动来贯穿，而是依靠情绪的连续性及情境的和谐融合来完成；所以抒情诗人可以借助的外力远远没有叙事诗人那般恒定，在他延续诗篇的能力中，技巧的因素，叙事绘景方面的技能训练也不可能像在叙事长诗中那般运用得如此充分。同样是一波三折，叙事诗可以通过情节的巧妙设置和循环来推向高潮，而抒情诗则更需要情感的律动来保证，对于延续情绪，节制破坏性宣泄，并使情感之河绵绵流淌不绝的能力的培养，人们不可能找到像遵循叙事法则那样的有效途径。所以养气一说颇为风行，气遂成为诗人修身养性中至关重要的一环。

故自刘勰之后，这个题目几乎成为诗论家的热门话题。

唐人曰："气水也，言浮物也……气盛则言之短长与声之高下者皆宜。"[2]又曰："理辨则气直，气直则辞盛，辞盛则文工。"[3]

---

[1]《文心雕龙注释》，第456页。
[2] 转自朱东润：《中国文学批评史大纲》，第91页，古典文学出版社，1957年。
[3] 同上，第96页。

宋人曰："文者气之所形，然文不可学而能，气可以养而致。"① 又曰："其气完者其辞浑以壮，其气削者其藻局以卑。"②

元人曰："气不能养而作之，则昏而不可用。所出之言，皆浮辞客气，非文也。"③

明人曰："为文必在养气"，"谁能养气塞天地，吐出自足成虹霓"。④

清人曰："文要养气，诗要洗心。"⑤

尽管气之玄虚如斯，情之飘忽似彼，但是诗人性情各异，变化又难以捉摸，想想我们的古人也只能以一个"气"字来笼之。

王国维在《人间词话》中有客观之诗人与主观之诗人的区分。主观之诗人不必多阅世，阅世愈浅，则性情愈真。然而同是阅世浅近者，孰能为诗人？如果替静安先生着想，他或许会拈出一个"气"字来对之，否则无以觅取诗人及诗作中情感灵性高下之根由。

总之，如前文叶嘉莹先生所说，中国诗学由于讲究"兴发感动"，所以偏重于诗人的气质禀赋、内在涵养、精神风貌等等纯主观方面的因素，所以"气"的概念就显得格外重要。另外"气"还包含着生理方面的和身体健康方面的内容，因为在中国古典哲学中，"气"就有物质的含义，起码《易·系辞上》有"精气为物"的说法，所以当孟子说："夫志，气之帅也，气，体之充也。"⑥时，强调的是其物质的一面。在《淮南子·原道训》中也有相似的意思："夫形者，生之舍也；气者，生之充也；神者，生之制也。"⑦我们可以相信这都是和中医学上"气"的概念相通的，所以养气也有保养身体的意思在。

亦即在中国古典诗学中养气至少有三层含义，一是指保持身心健康；

---

① 罗根泽：《中国文学批评史·三》，第114页，中华书局，1961年。
② 同上，第96页。
③ 陈绎曾《文说》。
④ 《宋文宪全集·文原》。
⑤ 《清诗话·履园谭诗》。
⑥ 杨伯峻：《孟子译注》，第62页，中华书局1960年版。
⑦ 转自李泽厚等主编：《中国美学史》，第一卷，第477页，中国社会科学出版社，1984年。

二是提升气质涵养；三是指进入具体作品的精神气韵，也就是曹丕所说的"文以气为主"的气。也许正是这三种含义的汇通，使得养气说贯通二千年，在古典诗学中几乎享有"诗言志"般的稳固地位。

现在让我们看看西方诗学在这方面的情况。

西方诗学对诗人主体修养的关注与诗本体及创作范畴的研究相比似没有中国诗学这般相称。这大概能说明一个问题，即在叙事文学中由于作家不必直接出面，所以理论将他们遗忘。然而，只要一涉及这个话题，以柏拉图和亚里士多德等为首，诗论家们几乎都强调灵感，盛赞天才。这或许是由叙事文学的广度、逼肖程度及所描绘对象的深入的程度决定的。因为长篇的叙事文学需要格外聪慧、敏锐的素质和丰富的想象力，而这种复杂的创作心理能力又为一般人所不及，故而诗论家们呼唤天才。

除此而外，与模仿说的叙事法则相对应，在对诗人的具体要求上强调的是他们对大千世界的观察能力、剖析生活的能力和创作技巧的训练。因为诗论家们既然认为艺术是对有一定长度的行动的模仿，是对现实世界的模仿；那么认识外部世界，遵循自然的规律，创造出优秀的作品，就要靠勤学苦练，学会观察生活的本领，并掌握艺术创作的规律。

例如贺拉斯在其《诗艺》中称："有人问：'写一首好诗，是靠天才呢，还是靠艺术？'我的看法是：苦学而没有丰富的天才，有天才而没有训练，都归无用；两者应该相互为用，相互结合。在竞技场上想要夺得渴望已久的锦标的人，在幼年时候一定吃过很多苦，经过长期练习，出过汗，受过冻，并且戒酒色。在阿波罗节日的音乐竞赛会上的吹箫人，在这以前也经过学习，受过师傅的斥责。今天他可以说：我写出了惊人的诗篇，让落在后面的人心痒难搔吧……"①

诗艺诗艺，顾名思义就是指诗的创作技艺，如果说中国诗学的养气说有点"功夫在诗外"的味道，对于初入门者来说颇显空泛的话，那么在西方诗学中，对于写作功夫的要求就比较具体。他们认为经验和技艺对一个

---

① 《诗学·诗艺》，第 158 页。

诗人来说是十分重要的。或可说在西方诗学中要求诗人注重实践经验和创作技巧的风气至少在贺拉斯的时代就有了记录。

正是由于注重创作技巧的缘故,再加上柏拉图的影响,所以在西方将诗看成雕虫小技的倾向比中国严重。据说,西方在中世纪,"诗同文法和格律学混沌不分。诗先是被归在文法名下,后来又被归在修辞名下"。[1]

因此即使是被恩格斯称为中世纪的最后一个诗人,新时代的最初一位诗人但丁,也偏重于诗人在技艺和修辞方面的修养,他说:"诗不是别的,而是写得合乎韵律、讲究修辞的虚构故事。……因为那些大诗人是按照艺术的规则写作的,而我们已经说过的诗人却是随意乱写的。因此我们愈是谨严地模仿那些大诗人,我们写的诗就愈正确。"[2]

由于叙事诗一般比抒情诗要有规模,难以一气呵成,所以即便像但丁这样的大诗人也强调写作的规则和修辞方面的技艺。而文艺复兴后西方的文学大师们除了讲究艺术规则,大都注重对自然世界和对生活的观察,他们认为诗人必须有开阔的视野和敏锐的洞察力才能写出好的作品来。当然这里所说的观察生活已不是仅仅出于模仿的需要,在更高的含义上有主客观统一的意味在。

例如大诗人歌德认为:"古人这些崇高的艺术作品同时也是最崇高的自然作品,由遵循真实的自然的规律的人制作出来的。一切随心所欲的作品,一切想入非非的作品,全部消失了,这就是必然,这就是上帝。"[3]

歌德在其与爱克曼的谈话录中谈到自己年少时在观察自然方面所下的功夫:"我观察自然,从来不想到要用它来作诗。但是由于我早年练习过风景素描,后来又进行一些自然科学的研究,我逐渐学会熟悉自然,就连一些最微小的细节也熟记在心里,所以等到我作为诗人要运用自然景物时,它们就随召随到,我不易犯违反事实真相的错误。"[4]也因此他对年轻的爱克曼有如下教导:"到你现在已经达到的地步,你就必须闯艺术的真

---

[1] 陆扬:《欧洲中世纪诗学》,第5页,上海社会科学院出版社,2000年。
[2] 《西方文论选》,上卷,第173页。
[3] 韦勒克:《近代文学批评史》,第一卷,第273页,上海译文出版社,1987年。
[4] 《歌德谈话录》,第108页,人民文学出版社,1982年。

正高大的难关了,这就是对个别事物的掌握。你必须费大力挣扎,使自己从观念中解脱出来。"①

那么怎样才能从观念中解脱出来呢?那就是观察和研究:"我想就出这个题目给你做。你也许还要再去三四次,把那地方仔细观察过,然后才能发现它的特征,把所有的母题集拢起来。你须不辞辛苦,对那地方加以深入彻底的研究,这个题目是值得费力研究的。"②

司汤达把诗人称为"人类心灵的观察者",认为作诗人的一个职责就是"认识人们"。雨果说道:"任何诗人在他们身上都有一个反映镜,这就是观察……"

福楼拜对莫泊桑的指点就更加具体,他说:"对你所要表现的东西要长时间很注意去观察它,以便能发见别人没有发见和没有写过的特点。任何事物里,都有未曾被发见的东西,因为人们用眼观看事物的时候,只习惯于回忆起前人对这事物的想法。最细微的事物里也会有一点点未被认识过的东西,让我们去认识它。为了要描写一堆篝火和平原上的一株树木,我们要面对着这堆火和这株树,一直到我们发见了它们和其他的树其他的火不相同的特点的时候。"③

自然,单就观察于诗人艺术生命的重要性而言,中国诗论家们在认识上并非落后,所谓"读万卷书,行万里路",所谓"纸上得来终觉浅,绝知此事要躬行"(陆游),所谓"眼处心生句自神"(元好问),所谓"身之所历,目之所见,是铁门限"(王夫之)等等都十分看重诗人的阅历。然而与整个诗学的主导精神联系起来看,西方诗学对观察有如此强调显然是与具备更地道的叙事才能挂钩的,即正是为了在模仿中做到情节生动、性格逼肖,并与整个自然世界相近,才要求作家去观察自然,观察心灵。

以上对中西在诗本体、创作和诗人修养等方面诗学范畴的比较是极其概括的,由于中西诗学均有漫长的历史,内容十分丰富,因此这一概括存

---

① 《歌德谈话录》,第 9 页,人民文学出版社,1982 年。
② 同上,第 10 页。
③ 《文艺理论译丛》,1958 年第三期《小说》。

在着诸多可以商榷的地方。但是，只有通过对概念系统的概括，我们才大致能寻找出中西诗学各自关注的焦点。

即由于概念系统的规定性，中国诗学说诗的焦点在于如何在语言的外壳与内涵之中建立起一个复杂、精微的情感世界，从而达到一片和谐、怡情的境地。因此古人论诗最切中腠理者是某些关系范畴的提出与处理，如："言与意""形与神""情与景""言内与言外""象内与象外""物象与意象"等等，处理好这些关系范畴是一首好诗的关节所在。

中国古代的诗论家大都兼是诗人，有丰富的创作实践经验和深刻的内心体验，因此处在传统之中，他们关心的自然是诗人的情感和内心体验怎样获得一条通畅的出路，并且在表现中再度构造和经历这种情感。领会了这一点，就会悟到"诗言志"这样一个古老的命题为何在反复的念叨中常常被转换成诗如何来言志及志和言的关系问题，而不仅仅是言什么志的问题。如孔颖达的"言悦豫之志则和乐兴而颂声作，忧愁之志则哀伤起而怨刺生"[1]即是一例。再如邵雍觉到了"志"与"诗"的天然不可分，乃说道："诗者人之志，非诗志莫传，人和心尽见，天与意相连。"[2]

清代的纪昀较为细致地描述了由志（即情）到言的过程："在心为志，发言为诗，古之风人特自写其悲愉，旁抒其美刺而已。心灵百变，物色万端，逢所感触，遂生寄托，寄托既远，兴象弥深，于是缘情之什，渐化为文章。"[3]

与西方人把本体论与方法论分离开来认识世界的方式不同，中国古人往往合二而一，因此对孔老夫子的"辞达而已"实在不能作肤浅的理解，一个"达"字包含着许多至深至奥的道理，所以同一个孔夫子在另一个场合会有"不学诗无以言"的庭训。由于诗人们一方面认识到情感表达的困难，有不学诗无以言之感慨，另一方面又有言不能尽意之遗憾，所以，言和意、形和神、言内和言外等诸对范畴就成为中国诗论的永久性话题而每每得到新的阐发就不足为奇了。

---

[1]《诗大序正义》。
[2]《宋诗话全编》，第298页。
[3]《纪文达公遗集·鹤街诗稿序》。

反观西方诗学，与中国诗学比照，称它为叙事诗学毫无唐突、乖谬之处，因为这是西方诗学概念系统所规定的，而其真正关注的焦点就是叙事作品虚构的可信性和合理性，这种可信性和合理性首先是以模仿说为基础的，而后在情节的组合中，在性格摹写中，在氛围环境的描绘中，构造出一个"第二自然"来。亚里士多德著名的"必然律"和"可然律"理论的提出，使艺术虚构获得了理论依据，从此模仿和虚构有了一个统一点。贺拉斯等教人们如何将谎撒得圆，这表明在诗学创建的前期，虚构的可信性和合理性已经不容忽视。至于西方诗学上较大的争论如"古今之争"、关于三一律规则的论辩等，在某种意义上可以看作是有关虚构的最基本原则之争。较后的狄德罗、莱辛、歌德乃至别林斯基、托尔斯泰等关于真实性和典型性问题的探讨和辨析也可归于此，无非是要求人物行为和环境有一种超越日常现实之上的真实感，达到一种不似之似，在虚构中完成艺术的目的。

现在可以把前面的话头重新拾起，由于概念系统的规定性和中西说诗的焦点所限，本文将中西诗学的整体形态分别界定为抒情诗学和叙事诗学；并认为这是中西诗学形态的根本差异所在，而其他的差异是由这一根本差异所派生。

（原载《北京文学》1989年第5期，修订于2000年夏）

神话叙事与诗

诗学形态的形成背景是诗，而早期的诗受神话的影响很深，诗学形态的铸就不能不联系到神话（例如亚里士多德的《诗学》讨论的史诗和悲剧都源于神话）。这样说也许失之笼统，因为中西神话对中西诗的影响有质的不同。不同点在于西方诗的源头归于神话，西方神话是与西方叙事艺术共生的，交互促发的，而中国诗以抒发情感为主，尽管在《楚辞》中能明显窥到神话的行踪，然而诗与神话并非一体，神话只能在诗创作的某些方面施予影响。比如灿烂的神话意象——"驷玉虬以乘鹥兮，溘埃风余上征。朝发轫于苍梧兮，夕余至乎悬圃。""吾令羲和弭节兮，望崦嵫而勿迫。""鸾皇为余先戒兮，雷师告余以未具。"——给诗带来瑰丽迷人的色彩。

西方神话与叙事艺术共生即指希腊神话的灿烂炫目是由叙事艺术的发展和叙事手段的多样化所带来，谁也没有在《荷马史诗》、赫西俄德的《神谱》和希腊戏剧等叙事文学之外接触过完整的希腊神话。反之，早期希腊人也没有在如此瑰丽的神话之外读到过精彩的叙事文本。一般的说法是古代希腊的史书撰述借鉴了史诗的表达方式。希罗多德和修昔底斯都是向《荷马史诗》学习叙事本领的。[1]还有一种说法，"在希罗多德以前，希

---

[1] 维柯在其《新科学》中说道，号称希腊史之父的希罗多德在其"著作中充满着寓言（神话），他的风格还保留不少的荷马风格。在他以后所有的历史学家们都还保留着这一特色，用的辞句都介乎诗语与俗语之间"。见《新科学》第8页，朱光潜译，人民文学出版社，1985年。

腊各族人民的历史都是由他们的诗人写的"。[1]当然,这类说法无须进一步考证,在这样一个文化和科学的黄金时代,谁又能脱离由史诗和戏剧构成的大氛围,完全另起炉灶呢?

不错,我们应该相信许多神话研究者的看法,即神话在其最初阶段是零星的、不系统的、自相矛盾的,乃至诗意化的。它是原始人在万物有灵观念支配下对外界自然的解释,这种解释也同原始人对自身的起源的疑惑联系在一起。无论是历史神话学派,自然神话学派还是社会神话学派,他们对神话功能所作的历史的、自然的或社会性注释都含有部分真理。然而当这些原初形态的神话一旦在流传中系统化、规范化、审美化而呈现出动人的面目时,也就渐渐脱离了上述功能而与叙事艺术的发展和成熟交融在一起了。

这里涉及神话与叙事的关系。只要我们相信神话是在流传过程中日益成形的,而不是上帝的独白并又附灵于诗人传播于世的话,那么神话就是同叙事艺术共同成长的,它们互为因果,互相缠绕,关系密不可分。也就是说神话是在一代又一代,一个城邦又一个城邦的诗人们交替的叙述中逐渐完成的。不管人们将荷马当成是古希腊众多盲诗人的代名词,还是《伊利亚特》和《奥德赛》的最后记录者、加工者或集大成者,反正都一样。

一、神话不是"给定之物"

讨论西方神话与叙事的关系问题,首先要站在这样一个立场上,即神话并不是先在的给定之物,然后再与叙事发生种种关系的,实际上神话与叙事是交互生长的。

自然,这里不能回避的是神话的起源问题。一旦涉及神话的起源和发生学问题就容易产生误解,以为是要寻找那个被神话颠倒和歪曲的世界,并把那个世界还原。其实问题远不是那么简单。尽管西方人接受的神话遗

---

[1] 《新科学》,第435页。

产是丰饶的，颇为完整，但是古希腊神话远不是一蹴而就的，在神话漫长的形成过程中必然有各种因素在起作用，不可能设想有一个给定的单一世界摹本在背后发挥着巨大的凝聚作用。

在神话的种种阐释中，在研究家和学者设计的各种世界摹本中，有必要提及分析精细的语言神话学说。因为这一学说多少揭示出语言和叙事的演变与神话演进之间的关系，揭示出语言传播过程中产生的偏差在神话构成中所起的作用，对于我们颇有启示意义。

所谓语言神话学，简言之就是认为神话是产生于语言的误用之中，是人类语言的某种基本缺陷，或者说是言语的"病理"结果造成了神话。因为"所有的语言指示本质上是模糊的——而恰恰是在这种模糊性中，在语词的这种'同源形似现象'之中，存在着神话的全部根源"。[①]

德国著名哲学家恩斯特·卡西尔（Ernst Cassirer）在《语言与神话》一书中全面检讨、阐述和发展了这一学说，他的一些基本思想和看法如："神话思维和语言思维在各个方面都交错着，神话王国和语言王国的巨大结构在各自漫长的发展过程中都受着同样一些心理动机的制约和引导。""神话和语言受着相同的，至少是相似的演化规律的制约。"等等，[②]深刻而不凡。因此本文展示这一学说的思路，有助于我们理解神话与叙事之间，史诗与叙事之间的相辅相成的关系。

最初将语言和神话联系起来考察的是哲学家赫伯特·斯宾塞（Herbert Spencer）和语文学家马克斯·米勒（Max Müller）等，他们认为神话是源于语言的误用或者说是语言和思维的差异造成的。

如马克斯·米勒曾列举丢卡利翁和皮拉的有关传说："当宙斯将他们二人从毁灭了人类的大洪水救出之后，他们从地上捡起石块，抛掷身后，石块落地变成了人，他们二人也就成了新的人类的祖先。这种人由石块变成的起源说确实荒诞不经，似乎也无从解释——但是，如果我们回想一下，在希腊语中，人和石块是由发音相近的名称所指代的 λαοί 和 λᾶας 是

[①] 恩斯特·卡西尔：《语言和神话》，第31页，生活·读书·新知三联书店，1988年6月。
[②] 同上，第102页。

半谐音词，问题不是即刻昭然若揭了吗？或举达佛涅的神话为例，达佛涅的母亲——大地之神把她变为一株月桂树，从而把她从阿波罗神的怀抱中解救了出来。这里，也只有语言史能使这个神话变得'可以理解'，也只有语言史才能赋之以某种意义。谁是达佛涅？要想回答这个问题，我们必须求助词源学……'达佛涅'（Daphne）一词的词根可以追溯到梵文中的Ahana一词，这个词在梵文中的意思是黎明时分的红色曙光。一旦我们了解了这一点，整个问题也就一目了然了。菲玻斯和达佛涅的故事无非是描述了人们每天都可以观察到的现象罢了：晨曦出现在东方的天际，太阳神继而升起，追赶他的新娘，随着炽烈的阳光的爱抚，红色的曙光渐渐逝去，随后死在或消逝在大地之母的胸怀之中。因此，在这个神话的发展中起着决定性作用的，不是自然现象本身，而是由于希腊语中用来指称月桂树的语词（δάφν）与梵文中用来指称黎明的语词之间具有的联系。"①当然，这样的例子绝不在少数，因此在马克斯·米勒等看来，神话既不是变形为荒诞故事的历史，也不是初民们对无法理解的自然现象的一种原始而形象的解释，神话是以语言为媒介并据之得以传播的某种东西，是语言的某种基本缺陷、某种固有弱点的产物。②他说："神话是必然发生的。如果我们承认语言是思维的外在形式和显现的话，那么神话就是自然而然的了，它是语言固有的必然产物；实际上，神话是语言透射在思维上的阴影。这道阴影永远不会消失，除非语言和思维完全重合，而语言又是永远不会与思维完全重合的。"③

语言神话论者虽然敏锐地意识到神话在其发生和演变过程中会受语言的钳制，并试图找出其中的联系。但是他们在寻找联系的过程中把这种可能有的联系作为一种必然的存在看待，并进一步将此当作是阐释西方神话的统一的底本，这就将复杂的过程简单化了；另外，这里还含有将神话当作是先在之物的倾向。

故卡西尔称以上这种研究语言与神话关系的方法和态度是"那种幼

---

① 转自恩斯特·卡西尔：《语言与神话》，第31—32页，生活·读书·新知三联书店，1988年6月。
② 同上。
③ 马克斯·米勒：《宗教学导论》，第353页，转自卡西尔《语言与神话》，第32页。

稚的实在论的必然结果",它同那种将神话当成是初民们对日、月、星辰或风、雨、雷电等"自然界重大事件的观察"的研究方法在本质上相差无几。因为他们都仅仅将神话看成本质上是一个幻象世界,以为人们一旦发现了产生这种幻觉的根源,就能对这种幻象作出解释。然而,神话并不是某种明确地给定的东西。在卡西尔看来:"所有那些以为通过探究经验领域,通过探究客体世界便可以找到神话起源的理论,所有那些以为神话是从客体中产生,并在客体中发展和传播的理论都必定是片面的、不充分的。……因为,神话式表述是不能如此简单地通过确定它直接而原始地集中表述的客体就可以理解和领会到的,它现在是并将永远是心灵的奇迹。"[①]

那么,卡西尔是如何来看待神话并破译这心灵的奇迹的呢?

神话既然不是"给定之物",不是对某种既定对象(大自然的或历史的现象)的幻象式表述,它起源于何处?

卡西尔认为,神话的起源和发展可以同语言进展的历史相参照,它们都是人类心智演化过程的对象和产物,它们在"心智建构我们关于'事物'的世界过程中执行着作出规定和作出区别的功能"。[②]

关于原始人类心智的演进与语言发展之间的规律性和相似性,哲学家、神话学家乌西诺(Usener)有极为精辟的描述,卡西尔受其启示和诱导,并为之折服。他大段地引录乌西诺的论述,这些论述对于今天的我们来说,仍然闪烁着智慧和洞见的光芒。

乌西诺认为:"在心智演化过程中一直存在着这样一些历时很久的时期,其间,人的心智缓慢而吃力地向着思想和概念发展,并且沿循着完全不同的观念作用与语言的规律。只有当语文学和神话学揭示出那些不自觉的和无意识的概念过程时,我们的认识论才能说是具有了真正的基础。特殊性的知觉与一般性的概念之间的断带,远比我们在学院派哲学的观念以及我们用来思想的语言的影响之下所能设想到的要大得多。如若不是语言在人类没有自觉意识到的情况下准备起一架桥梁并开始铺设它,我实在想

[①]《语言与神话》,第38页。
[②] 同上,第42页。

象不出,在如此巨大的断带之上何以能架设起这样一座桥梁来。正是语言促使众多随意而个别的表达方式让位于一个方式,使之得以展延其所指范围,覆盖越来越多的特殊实例,直至最终指称所有的特殊实例,从而获得了表达概念的能力。"①

乌西诺试图揭示的是人类认识史及其起源,在这里语言和心智是同步的,而神话则是其表象。当然也可以理解为心智、语言、神话三位一体,否则就无法说明为什么世界各民族文明的源头都有神话的身影。

神话在心智和语言的演进过程中扮演着重要角色是毋庸置疑的,若没有神话,则语言缺少表述的对象,而没有表述对象就不可能展开表述过程,若脱离了对象和过程,语言的演进就缺乏内在的动力,而与此相应,心智的发展也就会停滞。因为在初民社会中,神话很可能是除实用交际目的之外的唯一的叙事,故神话叙事包含着巨大的功能,它是人类认识、阐释和评判自身和外部世界的最主要途径;它同时也是思维和语言得以表现的凭借物,或可说神话就是原始人全部的精神世界。今天的人类宗教、哲学、文学、艺术等等全是从当初的神话中萌发的。

自然,以神话与叙事交互生长,相互构成的逻辑来推演,我们同样能得到类似乌西诺的见解,然而乌西诺的洞见并不就此为止,他还以精湛的分析和现代人合理的想象来构筑起其学说的框架。他追溯了神祇概念的演化过程,以展示神话的构成历史。

所谓神祇概念的演化过程是将神话的形成过程划分为三个阶段,即最古老的是"瞬息神"阶段,其次是"专职神"阶段,最后是"人格神"阶段。

所谓"瞬息神"是指"某种纯粹转瞬即逝的东西,是一种一掠而过、方生即灭的心理内容,其客观化和外在化便创造出了这种'瞬息神'的意象。打动人心的每一个印象,撩人心绪的每一个愿望,诱惑人思的每一个希冀,威胁生存的每一个危险,无一不能以这种方式对人产生宗教影响。只要听任自然滋生的情感、个人的境遇或令人惊诧的力量显示带着一股神

---

① 转自《语言与神话》第43页。

圣之气移注于个人面前的物体之中,他就会经验到瞬息之神,就会创造出瞬息之神"。

在高于瞬息神的层次上就是"专职神"了。"专职神"并非源于自然滋生的情感,而是出自人类已成秩序的持续性活动。随着心智与文化的发展进步,人们对待外部世界的关系由一种被动的态度均衡地转变为一种主动的态度。人不再受外来印象和影响的随意支配和摆布,他已不再是一只可以随便地抛来抛去的羽毛球;人类开始依照自己的需求和愿望,开始行使自己的意志来左右事件的进程。

自然,"专职神"只是神祇概念发展的中间阶段,而宗教意识则必须经过这个阶段才能达到其最高境界——"人格神"阶段。乌西诺认为,"人格神产生的必要条件是一个语言——历史过程",在这个过程中,原先专职神的名称"由于语音的偶然变化而丧失了其原意义,或由于词根的老化而失去了与活的语言的联系……那么,这一名称不再向使用它的人提示某种单一活动的观念(而承受该名称的主题又只能和该活动相联系)。于是,这个语词就演变为一个特有的名称,并且,和人的名字一样,这个名称就被附加上了一重人格概念的意义。一个新的存在就这样产生了,并且从此依循其自身的规律而发展。在过去只是表达某种活动而非某种个性的专职神的概念,现在获得其体现,可以说,有血有肉地出现了。这个神现在能够像人一样地活动,像人一样地受苦受难;他现在参与各种各样的活动,但他已经不再像过去那样只是完成那一项职能,他现在是作为一个独立的主体而与那项职能发生关系"。①

到了"人格神",就接近人们印象中神话故事的神祇形象和人物了,但是人们何曾想到这生动而富有人情味的形象并不是一蹴而就的,神并不是从天而降的,而是像幼卵演化成昆虫那般缓慢而艰辛地达成。在这里我们似乎感受到了达尔文物种进化论对乌西诺的影响。

在追述乌西诺的基础上,卡西尔提出了"隐喻式思维"的概念(从他对隐喻式思维的表述来看,多少是受到了维柯《新科学》和列维·布留

---

① 以上均转自《语言与神话》,第 45—48 页。

尔《原始思维》的影响[①]），他认为，研究神话的发生和起源可以从这里起步，要研究人类的认识史或者说语言发展的历史也可以从这里起步。语言的命名作用就像初民们对神祇的命名一般，同样会经过几个阶段，而要理解语言最初的表述如何成为可能，就要理解隐喻的巨大作用。反之我们要理解神话，隐喻思维也是最好的切入口。因为无论是神话还是语言，它们都离不开隐喻的思维方式，他说道："如果有人要问，这两种隐喻当中哪一种产生了另外一种——是神话的视点产生言语中隐喻式表达方式呢，还是相反，神话的视点只能在语言基础上产生发展——那么，上述思考则表明，这个问题实在是似是而非。首先，我们在此讨论的并不是'前'与'后'的时间关系，而是语言诸形式和神话诸形式各自之间的逻辑关系……语言和神话处于一种原初的不可分解的相互关联之中，它们都从这种关联中显现出来。但只是逐渐地才作为独立的要素显现的。它们是从同一母根上生发出的两根不同的子芽，是由同一种符号表述的冲动引出的两种不同的形式，它们产生于同一种基本的心理活动即简单的感觉经验的升华。在言语的言响单位和神话的原始形象中，同一种内心过程实现了自身：语言和神话都是内在张力的转化渠道，是以确定的客观的形式和形象对主观的冲动和激动情状的表象。"[②]

这里，卡西尔试图揭示的是语言、心智和神话的同根现象，并且认为三者是可以相互印证的。卡西尔的这一见解是至关重要的，其意义不仅仅是从发生学角度上告诉人们如何看待神话与语言，而且扭转了人们对神话的看法，即神话既不是人类对某种外在事物单纯地进行解释的产物，也不是对既定对象的后到的表述，它是与初民的心智同步发展的某种语言。后人只注意到了这解释的结果，而忽略了神话本身是与解释共存的，神话就是初民的语言这一事实。至于神话后来被作为独立的要素受到单独的考察，只是由于思维和概念分化的结果。这一分化伴随着新的精神领域的开

[①] 列维·布留尔将人类思维划分为两种类型，即逻辑思维和原逻辑思维，原逻辑思维就是原始人的思维，这是一种受"互渗律"支配的、以集体表象为基础的、神秘的思维方式。卡西尔提出"隐喻性思维"也是与逻辑思维相对的一种思维方式，所谓隐喻思维的基本原则"部分代替整体"，或类比的方法被认为是支配着早期人类谈吐的基本原则。
[②]《语言和神话》，第106页。

拓和作为思维表象的符号世界的丰富共同到来。此时，神话才逐渐成为人类解释世界的一种特殊的语言，就好比艺术的语言，绘画的或音乐的语言。

二、叙事的成熟与神话的"成长"

现在，我们已走到了神话叙事的门槛旁，也许卡西尔等对语言和神话关系的考察所得出的某些结论，更适用于描述叙事艺术与神话形态之间的关系。

事实上，已经有学者注意到神话与叙事诗的近亲关系，并指出："古代神话，乃是现代诗歌靠着进化论者所谓的分化和特殊化过程而从中逐渐生长起来的总体。神话创作者的心灵是原型；而诗人的心灵……在本质上仍然是神话时代的心灵。"①

加拿大著名批评家诺思洛普·弗莱在其繁多的著述中更是强调神话与文学的同根关系，他相信神话之所以成为神话不是由于其中有神的存在，（这一点是毋庸置疑的）而是由于它们构成了一个庞大的故事体系的缘故；这个故事体系会使自己不断完善，并且在逐渐完善的过程中"勾勒出一整个宇宙，其中的众多神祇都以人性化形式代表着大自然，同时还按自己的视角说明人类的起源、命运，人力量的限度及他们欲望滋长的地步"②。所以，弗莱说："神话作为一类故事，乃是语言艺术的一种形式，属于艺术的世界。"③

如果将古希腊神话作为一个艺术世界来看的话，其成熟的形态是由《荷马史诗》和古希腊的悲剧所展现的。特别是《荷马史诗》，它既堪称古希腊神话的宝库，同时又是西方叙事艺术的典范。我们在《荷马史诗》中领略到的各种叙事方式和叙事技巧与19世纪的小说手法相比，简直未能

---

①普雷斯科特：《诗歌和神话》，第10页，转自卡西尔《人论》第96页，甘阳译，上海译文出版社，1985年12月。
②吴持哲编：《诺思洛普·弗莱文论选集》，第125页，中国社会科学出版社，1997年12月。
③同上，第124页。

发现有多大的差别，例如：锁闭式结构的运用（《伊利亚特》）；紧凑的插叙和倒叙的穿插（《奥德赛》）；设置悬念（整个《奥德赛》的结构）；挑起戏剧性冲突的高潮（阿伽门农和阿喀琉斯的反目为仇）；以曲折多变的情节来展现丰富生动的人生和英雄个性（奥德修的历险经过）；氛围的热烈烘托与渲染（阿喀琉斯与海克特的厮杀）；还有种种宏大场面的描写，神和英雄的心理独白和叙述者的旁白；等等，表现手法真是极为老到和圆熟。

我们有理由说《荷马史诗》中成熟的叙事对于神话的丰富发展和流传肯定产生过不可磨灭的功勋，否则历史之父希罗多德不会说，是荷马和赫西俄德制造了希腊的神谱。

当然，假如我们追问一句，荷马和赫西俄德是依据什么来制造希腊的众神的？是依据神的品性，神的逻辑，还是依据某些大自然的现象和规律（像自然神话学派所作的阐释）？答案应该是否定的。因为神话中的神是生活在叙事的规律之中，并不真正生活在奥林匹斯山上。

正是依从叙事原则，弗莱认为，神话中各类角色的胡闹，甚至造孽的行为不是什么神性的展露，而是出于故事的需要。他说："神话中的人物可以为所欲为，其实仅是讲故事的人的随心所欲，不必追究激发听者兴趣的事是否合乎情理或逻辑。神话中发生的事只能在故事中才会有；他们构成一个自成体系的文学天地。所以，神话跟民间故事一样，对小说家自然也具有相同的感染力。神话为作家提供一个现成的古老的框架，使作家得以穷竭心计地去巧妙编织其中的图画。"①

在弗莱的阐述中至少暗含着这样一层意思，即神话是故事的产物（既然"神话中发生的事只能在故事中才会有"），或可说神话是叙事原则的产物。虽然由神祇充当主角是神话存在的必要前提，但是神话的流传和发展则却取决于故事和故事的感染力，弗莱甚至认为，在这一点上和民间故事没什么两样。

因此，这里似可将"神"和"神话"区分开来。单个的神，或者用乌

---

① 吴持哲编：《诺思洛普·弗莱文论选集》，第124页，中国社会科学出版社，1997年12月。

西诺的说法是瞬息神和专职神，可能是前于故事的，它们的产生与语言的发展、心智的发展是同步的，或者是互为因果的，另一方面我们能在其中窥见隐喻性思维的发端。而神话则不同于单个的神，神话是由故事或叙事原则所保证的，它本身就是故事最初的面孔。在神话中，神祇的行为不是受宙斯的指派，而是受叙事原则支配、受叙事人支配的，在某种意义上也是受广大听众的喜好摆布的。当然，所谓受叙事人支配并不意味着荷马或其他行吟诗人可以为所欲为，荷马之所以为荷马是他最擅长于讲故事，作为古希腊伟大的叙事者，他最精通叙事的法则。

据说，几乎所有的希腊城市都声称荷马就出生在它们那里，因此，维柯在其《新科学》中专门辟出一卷，题为"发现真正的荷马"。虽然维柯既没有弄清楚荷马的生卒年月和真正的故乡，[①]也没有说出写《伊利亚特》的荷马和《奥德赛》的荷马是否肯定属于两个不同时代的诗人，更没有告诉人们"荷马"是某个诗人的真实姓名呢，还是那个时代对盲人的称呼？但是，在其著作中倒处处表明，那个被称为荷马的诗人是智慧超群的讲故事能手。

按照维柯的概括，荷马具备这样一些叙事本领。例如，1. 他能够创造出很完美的"诗性的谎言"来，用亚里士多德的话来说，就是"把谎说得圆"；2. 他"长于创造英雄人物性格"，贺拉斯惊叹其能够赋予笔下人物"无比崇高而妥帖的特征"，如将"英雄所有的一切勇敢属性以及这些属性所产生的一切情感和习俗，例如暴躁，拘泥繁文细节，易恼怒，顽强到底不饶人，狂暴，凭武力僭夺一切权力……都归到阿喀琉斯一人身上"；[②] 3. 他具有驾驭语句的卓越才华，在他的史诗中既有"像星空那样崇高"的诗句，又有"取自野蛮事物的一些比喻"，他既能表现出"真实的热情……使我们真正受感动"，又能"把战争和死亡描绘得残酷可怕"；4. 他还有高超的心理描写能力，因为他"所写的英雄们在心情的轻浮上像儿童，在想象力的强烈上像妇女，在烈火般的愤怒上像莽撞的青年"。[③]

[①] 依维柯的看法，《奥德赛》的作者荷马来自希腊西部偏南，而《伊利亚特》的作者荷马却来自希腊东部偏北。参见《新科学》第439页。
[②] 《新科学》，第423页。
[③] 《新科学》，第三卷"发现真正的荷马"。

345

那么荷马的超凡的叙事本领来自何处？

柏拉图认为来自灵感，他说："凡是高明的诗人，无论在史诗或抒情诗方面，都不是凭技艺来做成他们的优美的诗歌，而是因为他们得到灵感，有神力凭附着。"①

亚里士多德则认为是来自天赋或完美地运用一些叙述技巧。

维柯既然以《新科学》命名自己的著作，必然会剔除神灵附体等神秘色彩。在其"发现真正的荷马"中暗示，"希腊各族人民自己就是荷马"，荷马是优秀诗人的总代表，《荷马史诗》是集体智慧的结晶。

在维柯的设想中，神话叙事至少经过三个发展阶段，最后才以歪曲的形式传到荷马手里。

第一个时期创造出作为真实叙述的一些神话，"真实的叙述"是希腊人自己对神话（mythos）一词所下的定义。第二个时期是这些神话故事遭到修改和歪曲的时期。第三个时期就是荷马接受到这样经过修改和歪曲的神话故事的时期。②

当然，第一个时期的"真实的叙述"只能是一种假说，这是来自词源学的提示，难以证实。第二个时期同样是假说，因为人们已无法获得这类"经过修改和歪曲"的文本。我们能见到的只能是最后一个阶段即经荷马之手点化的文本——辉煌的史诗。不过，维柯的三个时期的假说至少表明在他看来神话是在演进中成熟起来的，相应地，叙事手段也是逐步发展和丰富起来的，而荷马是集大成者。

这里是否意味着这样一层意思，即相比较而言，那些幼稚的、简陋的、拙劣的叙事在漫长的传播过程中慢慢遭到了淘汰，而那些符合听众心理的、有着引人入胜情节的、调动各种修辞手段而比较完美的叙事在此过程中渐渐积累，终成大观。

或许我们还可以推断，是成熟的叙事手法的引发，古代的行吟诗人和预言家们才能依次变化出无数个大同小异、前同后异或前异后同的神话故事来；并在此基础上编派出一个由宙斯为首领，包括12个主要神祇和一

---

① 转自朱光潜：《西方美学史》上卷，第57页，人民文学出版社，1979年。
② 《新科学》：第423页。

观念的艺术与技术的艺术

系列中小神祇的"奥林匹斯神系"来，又把人间的一切羞耻的不光彩的行为，盗窃、通奸、欺诈和人的情感给予大小神祇，使他们在神话中生活得有滋有味。①而现今的一些学者之所以能够运用原型理论和结构主义的批评方法归纳出一系列故事背后的深层结构正可以佐证上述看法，即这种原型和深层结构是相同的叙事手段演绎而成的。希腊人利用了成熟的叙事艺术给世界以完美形态的神话，使整个世界为之震动，为之瞠目，于是就产生了诗！

　　成熟的叙事艺术就是诗。依照维柯的三段划分方式，我们宁肯说神话到了第三阶段，到了荷马手里，就变成了诗。神话与诗的差别，不是在题材上，也不是在其叙述过程是否真实或歪曲上，而在于叙事水准的高下和是否合乎规范上。据说，由于熏陶，古希腊的一般民众对于神话故事也耳熟能详，但是只有行吟诗人能完整地吟诵史诗。如果说神话是自然状态的叙事，诗则是依照叙事规则组合起来的神话，有着刻意制作的痕迹。薄伽丘认为"诗"这个语词导源于一个很古的希腊语词Poetes，它的意义是拉丁语中所谓的精致的讲话②。据说赫西俄德等把诗歌创作比作"编织"，他的同时代诗人将作诗比作组合或"词的合成"，而喜剧大师阿里斯托芬更是直截了当地指出，诗是一种技艺，③亚里士多德则称诗人是"情节的编织者"，等等。另一方面，"诗的名称也间接地表明作诗是一件需要技艺的工作，Rhapsoidia含有'编织'之意……"。④

　　是的，诗需要灵感，不能一味地编织和制作下去，写诗毕竟不是手艺活儿。但那是言辞组织的灵感，是思想和感受表述的灵感，是有关叙事技巧的灵感，而不是空洞的、大而无当的，或毫无边际的灵感。

　　神话叙事进入诗，是叙事发展的必然，诗的诞生就是叙事规则已然形成的一个证明，诗是叙事的典范。亚里士多德的《诗学》和贺拉斯的《诗艺》都表明，所谓诗就是人们能从中讨教叙事技艺、学习叙事本领的摹本。

---

① 色诺芬说："荷马和赫西俄德把人间一切羞耻和不光彩的行为都给了神祇：盗窃、通奸、欺诈。"转自《人论》第126页。
② 转自《西方文论选》第178页。
③ 陈中梅译注：《诗学》，第284页，商务印书馆，1996年7月。
④ 同上，第285页。

三、诗以神话为叙事对象

马克思曾感叹于人类童年时代的天真不可复得和希腊神话的魅力不可企及。应当说,这种美丽的根源之一在于早期希腊人高度发展的叙事艺术与尚未完全成熟的自我意识在某一个基点上获得了完美的统一。早期的诗以神话为叙事对象是基于神话故事的某种永恒的特征——"经常要放大个别具体事物的印象",用亚里士多德的话来说,就是"心眼儿狭窄的人爱把每一种特殊事例提高成一种模范。其缘由必然是人的心智还不明确,受到强烈感觉的压缩作用,除非在想象中把个别具体事物加以放大,就无法表达人类心智的神圣本性"。[①]

神话兴盛的时代是人类的自我意识还比较低微的时代,人类还不善于把自身周围的琐事和人际关系作为直接的对象来叙说和演绎,他们往往下意识地把现实生活糅合到神话中去,假借神的名义来诉说人间的一切。而叙事艺术的发展则满足了人们这种将自身的材料来造神的要求,因此尼采说:"唯有一种用神话调整的视野,才能把全部文化运动规束为统一体。一切想象力和日神的梦幻力,唯有凭借神话,才得免于漫无边际的游荡。"[②]诗以神话为叙事对象,既是诗人们的选择,也是必由之路,这种情形的产生是基于以下几点理由:

1. 神话是宝库

对于荷马时代的诗人来说,神话是他们最为丰富的资源宝库。神话为诗叙事提供了大量的素材,而在神话以外很难找到如此丰富的叙事资源。在神话的形成过程中,初民们将奇诡的想象力和现实生活的观察融合在一起,将对自然世界的理解和对自身的认识融合在一起,将他们的信念和价值尺度与对神的信仰和崇拜融合在一起。神话几乎涵盖了初民精神生活的

[①] 转自维柯《新科学》,第426页。
[②] 尼采:《悲剧的诞生》,第100页,生活·读书·新知三联书店,1986年版。

全部内容，以神话为叙事对象如同寻到了一把进入他们精神世界大门的钥匙。因此就不难理解西方那些最优秀的诗篇，不仅是《荷马史诗》，如维吉尔的《埃涅阿斯纪》、奥维德的《变形记》、但丁的《神曲》、弥尔顿的《失乐园》等等都是以神话为背景。

自然，今天可以揣度，在神话之外还有民间故事和其他种种传说可以用作叙事材料，但是民间故事和传说与神话之间有着巨大的区别，神话由于其内容的特殊性（如它是一部落或民族共同信仰的产物，它能在人群之间产生认同感，等等），多少已成为一种传统，即传播神话成为一种传统。如弗莱认为："与民间故事不同，神话通常是属于一个特别严肃的范畴：人们相信神话都是'的确发生过'的事，或在解释生活的某些特点如宗教仪式方面具有特殊意义。此外，民间故事可以互换主题的成分，从而形成不同的变体，神话却显示出一种奇特的趋势，像滚雪球一样变成更大的体系。我们拥有创世神话、人类堕落及洪水的神话、变形记及神祇垂死的神话、天仙配及英雄始祖神话、病原起因神话、天启神话等等；《圣经》的作者，或像奥维德那样的神话收集家，往往还把神话归成不同的系列。虽然神话本身很少涉及历史，但它们也为口述传说提供了一种兼收并蓄的形式，其结果之一，便像我们在荷马作品和《圣经·旧约》中见到的那样，将区别传说、历史回忆及真实历史之间的界限也抹杀了。"[①]

弗莱的这段论述不仅说出了神话作为叙事对象优于民间故事的根本原因，同时也道出了某些容易被忽略的情况，亦即神话作为叙述对象对叙事艺术本身的贡献。似乎只有神话才有这种播散和覆盖的功能，在一次一次口耳相传中，它打破各类叙述的界限，将历史叙述、事实叙述和传说叙述融会在神话叙事之中，难分彼此。

据说，雅典有过这样一条法律，规定新喜剧的人物性格必须是完全虚构的才准上演。[②]从立法的用意看，可能是为了避免人身攻击和对著名政治人物的直接讽刺，有着维护安定团结局面的意味。但是从另一方面看，倒也不失为规范叙事的有效手段。这一规范的结果是迫使诗人们同现实保持

---

① 《诺思洛普·弗莱文论选集》，第124页。
② 《新科学》，第421页。

距离，而从神话与传说中寻找叙事对象。所以，贺拉斯在其《诗艺》中干脆教导后来的诗人们最好从《荷马史诗》中借用素材和人物性格。他说："用自己独特的办法处理普通题材是件难事；你与其别出心裁写些人所不知、人所不曾用过的题材，不如把特洛亚的诗篇改编成戏剧。"①

从这一教导中我们或能发现当时的风气，即希腊人和罗马人在诗创作中，在叙事过程中对古代神话的兴趣可能大于对现世生活的感应。当然，这里并非要得出这样的结论，说当时的人们不关心现世生活，一味沉浸在虚幻的世界之中，而是说某种叙事传统可能产生的效应。这种效应诱导后来者从神话中寻找题材和灵感。因为神话世界是一个迷人的、色彩斑斓的世界，它不仅有着现实世界的一切，还有着现实世界所没有，而存在于人们观念中的一切。一个生活在理性时代的人不能想象古希腊人创造的神祇居然有30000名之多，"因为他们把每一个石头，水源，小溪，植物或靠岸的岩石都当作一个神。这类神包括林神、树精、山仙水怪之类"。②这是一个神话与现实彼此难分的世界，也可说，在他们的眼中，那时的神话世界大于现实世界，因为是前者涵盖了后者。

2. 神话给诗人以灵感

神话是诗人津津乐道的对象，还因为只有神话能激发诗人们的灵感和想象力，神话与现实世界之间拉开的距离正好是诗人们灵感和想象力的自由空间，借用神话作叙事材料，诗人们可以无拘无束。

神话叙事的自由首先是虚构的自由，虚构不单单是凭空编造或把谎撒圆，虚构中饱含着诗人的理想和欲求。对于诗人来说，神话已不是词源学意义上"真实的叙述"的意思，而是一个展示自己才华的对象。通过神话题材，诗人们能够摆脱现实的掣肘，最大限度地发挥自己的创造力和想象力，并在其间充分地投射自己的欲望。因此弗莱在有关神话叙事的研究中

---

① 亚里士多德、贺拉斯：《诗学·诗艺》，第144页，人民文学出版社，1982年。
② 《新科学》，第200页。

指出："就叙事而言，神话是对一种行为的模仿，这种行为接近或处于欲望的可想象的极限。诸神喜欢美丽的女性，他们用奇异的力量你争我夺，安慰并帮助人类，或者站在他们永生的自由的高度旁观人类受苦受难。神话在人类愿望的最高层面上展开的这一事实，并不意味着神话必然呈现为人类所获得的或可以获得的世界。就意义或dianoia（思想）而言，神话世界同样可看作一个行为的场所和领域，须记住我们的一个原则，即诗歌的意义或模式是一种具有概念性含义的意象结构。神话意象的世界，在宗教中通常是用天堂或乐园的观念再现出来的，而且这个世界是神启的，相当于一个早已被解释清楚了的世界，是整体隐喻的世界。在这个世界里，一切都与其他的事物具有内在的共同性，仿佛它完全处在单一的整体之中。"①

在这个隐喻世界里，但凡神能干什么，诗人就能干什么，诗人想干什么，神们就去干什么。正是假借神的名义，诗人取得了对一切事物的处置权。不要小觑这一超于现实世界的处置权，这是诗人发挥灵感的前提。现在我们回过头来听听柏拉图的有关灵感的理论就会清楚，为什么他强调"凡是高明的诗人，无论在史诗或抒情方面，都不是凭技艺来作成他们的优美的诗歌，而是因为他们得到灵感，有神力凭附着"，②因为诗人们口若悬河的时候总是同他们吟诵神话的时候重合。尽管亚里士多德对自己老师的灵感说不敢苟同，他倾向于认为个人天赋和高超的作诗技能的结合是一首好诗的条件，但是或许有一点他也无法否认，即那些行吟诗人的最佳状态都是在神话叙事中得到充分表现的。倘若诗人们只是吟赏风月，拈花惹草，那么他们的诗作得再好，柏拉图也不会将此与神灵附体联系在一起。当他说："诗人是一种轻飘的长着羽翼的神明的东西，不得到灵感，不失去平常理智而陷入迷狂，就没有能力创造，就不能作诗和代神说话"时，显然是指那些与神话相关的叙事和诗创作，以柏拉图自己的说法是指"酒神歌，颂神诗，合唱歌，史诗"等等。③

---

① Northrop Frye, *Anatomy of Critcism* p.136, Princeton, New Jersey Princeton University Press, 1973.
② 柏拉图:《伊安篇》,《西方文论选》上卷，第18页。
③ 同上，第19页。

总之，无论灵感是来自神灵附体，还是诗人自身的天赋，它都同神话有着密切的关联。通过吟诵神话，诗人进入了一种与凡庸世界完全不同的世界，产生了种种幻觉；与此同时诗人的想象力也得到了高度发挥，打破了时间和空间的束缚，精骛八极，心游万仞，由此，诗人们获取了灵感，而灵感又引导诗人将神话编织入诗。夸张一点说，在近代以前，西方的优秀诗人大都借助于神话叙事而名扬于世。所以，弗莱在谈及传统的喜剧和现代的现实主义的作品时竟然认为，尽管作家们挖空心思地给这些作品安上大团圆的结尾，给另外一些作品以讽刺的结尾；但其实没有一个是经认真观察人类的生活及行为而得来，它们只不过是编故事的手段，而这些故事手段和"文学样式不可能来自生活，只能源自文学传统，因而归根结底来自神话"。[1]正是神话有着激发诗人灵感的功用，在西方诗歌史上神话题材一直经久不衰，所以批评家又说："我们常见有些诗人，尤其是年轻的诗人，动不动就起用神话，因为神话为他们的诗兴提供一个遐思畅想的广阔天地。"[2]

3. 神话的活力——世俗生活

为了保持神话的活力，当然也是为了保持诗歌的永久的魅力，诗人们必须源源不断地给神话注入源头活水，这就是现实生活。神话的丰富性和戏剧性不是来自天国，而是来自人间社会。社会的现实生活是神话全部内容的来源，希腊神话的魅力不在于它的体系的庞大和神的功能的完备，而在于它能广泛地吸收人间社会的养分，并源源不断地把它输入到各类神话故事之中（在这一点上，正好同中国的神话相反，笔者将在下文中谈到）。所谓人间社会的养分就是以人为尺度和摹本，以当时的社会生活为尺度和摹本来塑造神。据说当初，"希腊人是凭他们自己的性格来判定他

---

[1]《诺思洛普·弗莱文论选集》，第131页。
[2] 同上，第129页。

们的神也和他们自己一样放辟邪侈",①他们对某些还有疑义而"不甚清楚的事物,自然而然地经常按照他们自己的某些自然本性以及由他们所引起的情欲和习俗来进行解释"。②

虽然,从发生学和起源上推究,神的诞生同原始人对大自然的恐惧和好奇之心密切相关,例如太阳神、海神、雷神等等的产生都是自然现象的功能转换。但是在神话中,那些惹是生非的神却是爱神、战神、智慧之神、艺术之神和神们爱管闲事的妻小,他们之间的你争我夺构成了神话故事的主要内容。这多少表明,在神话中,神与神之间的冲突不是自然现象和自然法则引起的,而是由社会原因和社会冲突所引起,是人们社会冲突的一种反映。

法国的社会学家涂尔干说得好:"不是自然,而是社会才是神话的原型。神话的所有基本主旨都是人的社会生活的投影。靠着这种投影,自然成了社会化世界的映像:自然反映了社会的全部基本特征,反映了社会的组织和结构、区域的划分和再划分。"③

当然,今天我们应该在涂尔干的论点上再前进一步。毋庸置疑,包括神话在内的所有人类文化都是社会化的产物,即便是真正的大自然也是人化的大自然,是人类社会的大自然,我们已不可能站在社会之外来讨论人或自然。这里的关键是要弄清楚,神话中所反映的世界,是社会生活哪一部分的投影?是社会生活的日常部分世俗部分呢,还是其道德伦理的、神秘的、或宗教的部分?

希腊神话的特征是它注重人的日常世俗的社会生活,因此,它是人们世俗社会生活的投影。在这种世俗的社会生活中充满了物欲和冲动的情感。虽然,有的学者认为:"希腊神话的最大特色是其中充满了英雄及英雄故事,这在全世界的神话中可说是个异数。通常,我们在神话中所读到的,大半是与神或世界创造有关的故事,重点在动植物及人类的繁衍及散

---

① 《新科学》,第446页。朱光潜先生据此认为,维柯在费尔巴哈之前就已提出神是人按自己的本性创造出来的这一重要学说。
② 《新科学》,第105页。
③ 转自《人论》,第101页。

播，而其中的动物，又多半拥有人或超人的力量，能言善道，法力无边。在许多神话中，人类英雄要不是退居其次，若隐若现，就是完全消失，毫无地位。《荷马史诗》之所以在希腊文学中占有如此重要的位置，可能与其英雄色彩有关。"[1]殊不知，在这里英雄是作为处在和神相对的位置上的凡人而行动的，所谓的"英雄色彩"，即他们感动读者或听众的地方，不是那些崇高的、超凡入圣的品性，而是他们作为凡人的欲望、贪婪的一面，是他们固执地与不可知的命运激烈抗争的顽强而任性的一面。这些凡人的性情和行为，凡人的愚昧和盲动性，使他们有了世俗的一切特征，就是独独欠缺神性。而希腊神话的生动性、活泼性和丰富性正是得益于此。在世俗的生活场景中，神和英雄们走下高高的祭坛，互相争斗，互相欺诈，做小动作；再不就是酗酒打架，纵欲撒野，原形毕露。按照色诺芬的说法：是"荷马和赫西俄德把人间一切羞耻和不光彩的行为都给了神祇：盗窃、通奸、欺诈。"[2]

当然今天的人们已不可能想到荷马当年曾受到以下的种种指责，批评家们指责他是因为"他的卑劣语句""他的村俗习俗""他的粗疏比喻""他的地方俗语""他的音节失调""他的土语前后不一致""他把战争和死亡描绘得残酷可怕""他把神变成人，把人变成神"等等。[3]这些批评者和指责者没有想到恰恰是以上这些特质使得荷马流传千古，或可说没有这些粗野鄙俗的东西就没有荷马的存在。

诗人给了神祇所有的世俗品性和不光彩行为，如骄傲、狂怒、邪恶、野蛮和残酷等等，这就等于是给了他们在人间的通行证，开启了人、神之间的关卡。因为"正是希腊人格神的这种缺点和不足使得人们能够在人性和神性之间架起相互沟通的桥梁"。由于神性和人性的互通，或者说在古代史诗中角色的神性正是由人性来体现的，是以人性的尺度来构筑的，所以卡西尔称："在荷马的史诗中我们看不到两个世界之间有什么确定的屏障。人在他的神祇中所描绘的正是他自己。在神的一切中所表现出来的正

---

[1] 罗青译：《荷马》，第90页，台湾，时报出版公司，1986年。
[2] 转自《人论》，第126页。
[3] 《新科学》，第445—446页。

是人的千姿百态、喜怒哀乐、气质性情，甚至于癖好。"①

古希腊人在诗中讲述的是神话故事，表现的却是人间的生活。

四、在叙述中扩大神话

当诗以神话为叙事对象时，同时也注定了神话必定通过诗的叙述而扩大自身。

我们在《荷马史诗》中读到的神话，在希腊悲剧中读到的神话应该比当时在民间流传的神话更完备、更系统，因而也更加庞大。这种说法虽然是推测性的，但是这一推测所依据的是文化发展的内部规律。这一规律常常向我们表明，在外部环境不变的情况下，一种文化的流传取决于其自身的严密和完整的程度，文化的生命力与传播性是测试该文化是否成熟和能够独树一帜的试金石。那些有生命力的文化会在流传过程中逐渐吸收来自各方的养分，充实壮大自身；而那些零星的、片段的、缺乏系统，因而显得混乱的文化，往往会在流播的过程中遗失或被废弃。恰如鼎盛时期的儒家文化之于道家文化，京剧之于其他地方戏曲，前者优于后者的地方正在于自身的系统化和内在的丰富完备和缜密。

史诗的精彩得力于神话，神话使诗有了丰富的取之不尽用之不竭的题材宝库；同样，神话的广泛流传得益于史诗，诗使零碎的、混乱的、重复的、意义暧昧的，甚至相互矛盾的神话故事在传播过程中得到整理和系统化、得到再创造和发扬光大。

我们正是通过《荷马史诗》，跨进了希腊神话令人目眩的宝库的，《荷马史诗》既是开启神话宝库的一把巨大的钥匙，同时又是神话宝库自身。

通过奥维德，我们几乎总览了西方古代有关变形的神话。那些神话故事原本或许是独立的，各不相干的，但是现在成了一个整体。这里的关键，是奥维德的《变形记》将所搜集到的有关神话进行了精心的编织，将

---

① 《人论》，第 126 页。

它们巧妙而有机地串联在一起,"一个故事里套着另一个故事,前边的故事隐喻着下一个故事,还有古怪离奇的情节"。①

是奥维德的《变形记》使今天的读者窥见了色彩斑斓的古代神话。这不仅是说《变形记》的功劳是保存了(《荷马史诗》以外的)精彩的神话,还应该说,奥维德通过自己的诗扩展了神话,延续了神话,使得神话能以更加灿烂辉煌的面目问世。故威尔金森称《变形记》是巴洛克式的史诗,当然,"巴洛克"在这里绝对是一个赞词,L.P.威尔金森说道:"《变形记》是'巴洛克'式的,这个概念是指它的大规模的不停地运动(像帕加马壁缘上战斗中的神祇和巨人),它的变化,奇特的想象,修饰词和出人意料之处,对奇异怪诞物的偏爱以及幽默与宏伟华丽的相结合。"②

一般说来,我们比较认同这样一种说法,即神话故事构成了《变形记》的主要内容,是神话给予史诗以充分的养分,使史诗获得了听众的青睐。但是现在同样可以这样说,是史诗滋养了神话,是史诗延续了神话,使得神话在一个更高的水平上,在更加契合听众心理的层面上得到播扬。因此反过来说,奥维德的诗是神话的一个部分一点不为过。当然,《荷马史诗》也是神话的一个部分,因为人们印象中的神话是已经按照荷马的叙述或奥维德的叙述所改造过的样本。诗人们付出的心血使神话更加生辉,例如,今天的读者在想起朱庇特和伊俄的故事时,最动心的是奥维德以其精湛的笔触描写伊俄变成白牛后求救的过程及父女对话的情景:

> 她想伸出两臂向阿尔古斯有所请求,却没有臂膀可伸,她想诉诉苦,却只能发出牛鸣。她听到自己的声音,惊慌失措,非常害怕。她走到她父亲的河边(她过去是常常在这里游戏的),她看见自己在水里的倒影,张着大嘴,翘着犄角,她吓得赶快逃跑。她的姐妹们——河仙奈阿斯们——也不认得她了,就连她父亲伊那科斯也不知道她是谁。但是她照旧跟在父亲和姐妹后面,把身体挨过去,要他们抚摸赞赏。伊那科斯老人折了一把草,举着喂她,她就舔父亲的手,又想吻

---

① 保罗·麦线特:《史诗》,第36页,王星译,昆仑出版社,1993年4月。
② 转自《史诗》,第36页。

他的手。她不觉眼中流下泪来，她若能说话，她一定会说出自己的名字，说出自己不幸的遭遇，请求援救。她既不能说话，就用蹄子在地上写字，说出自己变成牛形的悲惨故事。她父亲伊那科斯看了连声叹道："唉、唉！"他搂住流泪的小牛的双角和雪白的颈脖说："我好伤心啊！你当真是我的女儿么？我把全世界都找遍了。今天把你找着了，反倒叫我更难受，不如没有找着。你一言不发，不回答我的话，你只顾深深叹气，只能用牛鸣来回答我。我像蒙在鼓里一样，在给你准备洞房和迎婚的火炬，希望先有一个女婿，再抱一个外孙。现在我只好从牛群里给你找个丈夫了，从牛群里去找外孙了。人死了就没有悲哀了，而我又不成，做一个神真倒楣，死亡是会给我吃闭门羹的，我的恨真是绵绵无绝期了。"①

在这里，诗构成了神话的最精彩的、最有魅力的部分，读者已不可能将奥维德的个人叙事从神话中剔除出来，神话归神话，诗归诗了。

自然，现代人手头所拥有的材料也不足以帮助读者和研究者将两千年之前的史诗与当时民间流传的神话区分开来。不过，这不妨碍我们搞清楚有关问题，即神话是怎样在被叙述的过程中渐渐得到扩展的。我们似可转一个方向，求助于法兰西学院院士杜梅齐尔。

法国著名历史学家、宗教学家乔治·杜梅齐尔的《神话到小说——哈丁古斯的萨迦》一书所作的仔细的考辨或许是我们所能见到的最扎实的比较研究。在这一研究中，作者以令人信服的材料表明，古代神话是怎样在被后人的传诵和叙述中得到扩展和延伸的，有时尽管是歪曲的延伸。

《哈丁古斯的萨迦》是中世纪丹麦著名学者萨克索·格拉玛底库斯（Saxo Grammaticus）的巨著《丹麦人的丰功伟绩》的第一卷的后半部分。所谓"萨迦"（saga）是指中世纪冰岛各种散文体的故事和历史，其实就是指叙事文体，在这一文体中既有历史，也有传奇。当然，"在萨克索的头

---

① 转自周煦良主编：《外国文学作品选》第一卷，第144页，杨周翰译，上海译文出版社，1979年5月。

脑里，这些内容永远是历史，或者已经是历史，不容任何回旋的历史"。①

杜梅齐尔所作的工作就是将《哈丁古斯的萨迦》与保存在《埃达》和其他各种传说中的北欧神话作仔细的比照，指明萨克索的叙事在很大程度上是依据有关的神话材料来展开的，即萨克索笔下的哈丁古斯的故事是来自斯堪的纳维亚人的神话，是对该神话中的约德尔神的生平的改写。

哈丁古斯是丹麦的斯基奥东伽王朝的第三个传奇性国王，他年幼时，父亲丹麦王格拉姆在与挪威国王绥巴达格罗斯的战斗中身亡，随之丹麦被吞并。哈丁古斯的师傅将他救出，并交给巨人瓦格诺甫图斯抚养。哈丁古斯在巨人家长大成人，一心报仇，无意于肉欲的享乐。在巨人的女儿和独眼老人的帮助下，他克服了艰难险阻，终于消灭了杀父仇人，重新君临丹麦，并继续过着东征西讨的生活。《哈丁古斯的萨迦》是围绕着他复仇和征战的一生而展开的。

尽管这一切在萨克索的笔下或许具有历史意味，但是在杜梅齐尔看来，《哈丁古斯的萨迦》是地地道道的小说。而且作为小说来考察，这些神奇的故事既不是作者的独创，也不是来自当时广为流传，而今已经遗失的某些素材，它只是从约德尔神话（该神话被斯诺利的《埃达》②和其他的一些传说所转述）中移植而来的，是对约德尔神话的搬用。杜梅齐尔在其书中列举了哈丁古斯与约德尔神话中约德尔在婚姻、航海和婚后生活以及其他一些情节的诸多相似之处；并大段引证了两个文本的相关文字，对相似之处产生的原因作了较为充分的辨析，以表明萨迦是在对神话进行了小说性的改编后才有这番面貌的。他在全书的结论中写道："我在前面各章里所做的，只是对斯诺利转述的神话和萨克索利用的小说作了解剖比较。我把对应的片段叠在一起，从而证明这里那里存在同一个连贯的情节，同一条线索，以至我们可以把小说看成从神话的宗教结构派生出来的文学结构。同时，萨克索的书在结构上的奇怪现象以及两段离题的神话插述也得

---

① 见《从神话到小说——哈丁古斯的萨迦》第1章，第1页，施康强译，生活·读书·新知三联书店，1999年5月。
② 《埃达》（Edda）是古代冰岛文学作品集的名称，有两部。一部是《诗体埃达》，也称《老埃达》，收集古代神话传说和英雄事迹的诗歌。另一部是《散文埃达》，也称《新埃达》，编著者是冰岛诗人斯诺利·斯图鲁森。

到解释，它们就像成人或老年人身上那些多余的器官，可在年轻人的身上或胚胎里找到根源。本书的宗旨局限于完成此一证明。"①

当然，杜梅齐尔并不仅仅是完成这一证明，他还有自己的价值判断，即他通过对具体而微的细节的对比（如两位主角对歌前的有无铺垫，对歌内容的是否匀称和一致等等方面），不仅想证明小说是对神话的模仿，而且想告诉人们，"萨迦借用了神话的材料并予以歪曲"，是一种相对拙劣的模仿和改变。然而，即便是在相对拙劣的模仿和改变中，我们也能发现神话故事是在被叙述中得到扩充的。尽管杜梅齐尔在其著作中对萨克索的多卷本萨迦颇有贬意，但是他不得不承认，小说在很大程度上丰富了神话，他认为："萨克索的小说体版本比斯诺利的两卷书中有关同一题材的寥寥几行要充实得多。"②

也许这一切都是不言而喻的，小说创作就是要通过调动各种叙事手段来扩充已有的（古老）叙述，添加进许多新的内容，使之取得更完美的成果。事情或许正如杜梅齐尔所揣测："萨迦的作者意识到自己在写作一部'维京传记'，可能或者沿用此类文字常见的套子，或者借用取自其他传记或其他史诗系列的情节来丰富其主人公的经历。萨克索也可能从自身获取灵感，袭用他过去写成的作品。更普遍的做法，是他可能由着自己的兴致，东抓一把，西抄一点。"③但是，不管萨克索花了多大的功夫，投入了多少灵感和创作热情，都没有改变杜梅齐尔的观点，他坚持的基本看法是："无论哪种做法都没有瓦解我们在他宽泛的拉丁文底下发现的那个结构。后者首先是仿照约德尔的神话而形成的，参照这个神话我们便能探索其绞合方式。"④

应当说杜梅齐尔所作的考辨是相当精微的（而笔者在本文中的引述是粗疏的，拿来主义的），在更新的材料被发掘之前，我们没有理由不相信他的论断，即《哈丁古斯的萨迦》深受约德尔神话的影响。不过如果我们

---

① 见《从神话到小说——哈丁古斯的萨迦》，第147页。
② 同上，第151页。
③ 同上，第131页。
④ 同上。

注意到这是从文学发生学角度出发的一次学术旅程，或许会产生这样一些疑问，即我们有什么理由跟在这位院士的后边将同样是来自中世纪的两部作品[①]作如此区分，一部是神话，另一部则是小说。我们有理由问：当杜梅齐尔替《哈丁古斯的萨迦》溯源的过程中，在作这样那样的比较分析时，是否想到后世的读者或许会将《哈丁古斯的萨迦》作为神话来读？既然在萨迦的文本中有那么多的神话因素，那么产生这一现象是再正常不过的了，正像他本人将斯诺利的《埃达》的有关部分看成是神话而没有将其当成小说那般。其实斯诺利的《埃达》作为个人创作既可以当成神话叙事来读，也可以当成其他叙事作品来读，比如，当成小说来读。杜梅齐尔似乎也没有告诉他的读者如何来区分两者。

或许就叙事而言，神话叙事与小说叙事没有根本的差别，如果排除题材的因素，或许我们就不太有更具说服力的证据和判断标准来说出哪些是神话，哪些是小说。我们所有的笨办法是将比较古老的文本当成是神话，或将没有个人创作痕迹的，在民间流传的这类叙事当成是神话。

但是有一点是肯定的，即神话是在一次又一次的传播中，在一次又一次的被叙述中得到扩大和延伸，无论是在民间的神话叙事中，在历史叙事中，还是在小说叙事中。

现在在对神话和叙事的关系作了如上论述后，我们应该再回到本文的起点上来。

在西方，诗人的想象力既然与神话结合在一起，叙事既然与神话交互生长，诗学必然不会走得太远。可以这么说，西方诗学在其创始期所讨论的底本既是史诗和戏剧，同时又是神话。因此将成熟形态的神话看成是西方早期诗学研究的对象丝毫不为过。没有神话叙事就没有西方古典诗学，抑或说没有丰富的、系统的、审美化的、叙事化的神话，西方诗学绝不会是我们今天所见到的这般模样，神话的影响已深入到诗学的内里，无法剔除。

（载《外国文学评论》2004年第2期）

[①] 杜梅齐尔称《哈丁古斯的萨迦》完成于13世纪初，而保存约德尔神话的古代冰岛文学作品集的《埃达》(Edda)也产生于该时期。

隔与不隔

出于个性，或许也出于早年的阅读背景，我喜欢苏、辛之词，不太能接受周邦彦、姜夔的作品。前者如长江大河，一泻千里，十分爽朗，后者给人感觉，妙则妙矣，但是用东北话说，有点磨磨叽叽，每一个犄角旮旯都藏着东西，要花时间慢慢地琢磨，颇觉厌烦。当然也自知是修养不到的缘故。

不过，事情有例外。

去年在开封，看《东京梦华》大型景观演出，编导们为了重现一千年前汴梁的繁华景象，在清明上河园内好一番调度，亭台楼阁水榭回廊画栋楼船，外加现代科技的声光化电，一应俱全。然而，除了制造光怪陆离的虚幻感，很难让人重返千年之前光景。我清楚，身坐这21世纪才落成的园子，所有眼见的一切都是"假景"，本来嘛，一切都是表演，是现代科技在展示其偷天换日的乱真本领。但是，慢着，在这现代大型商业表演中有一样倒是真的，肯定是千年以前的"老古董"，即演出中吟诵的那些诗词。那些流传下来的诗句确是当年的词人骚客所为。编导将李煜、苏轼、柳永、周邦彦、辛弃疾的词作，贯穿在演出之中，既交代了历史背景，又加重了文化气氛。

坐在人头攒动的看台上，听曼妙的音乐声中，滑过李煜的《虞美人》、辛弃疾的《青玉案》、柳永的《雨霖铃》，都没有引起我特别的感受，待到空中传来"并刀如水，吴盐胜雪，纤手破新橙……"，突然周围闹哄哄的声音退去，夜色寂静之中，清亮的溪流淌过心头，是周美成的

《少年游》，从来没有感觉到他的词如此令人心动。此情此景，又是在开封古城，也许他老人家显灵了？我思忖怎么此前从未正眼看过他的作品？《中国文学史》中多有提及，基本是一页翻过，读叶嘉莹的书，讲到清真词的就略过，看俞平伯的书，到此也是跳过。

回到家，从书架上恭敬请下俞平伯的《中国古诗词精讲》，我知道俞老先生最喜欢《清真词》，果然在全书共17讲中，《清真词》就占了3讲，可见分量之重。

对《少年游》，俞老的解说透辟，说"此词醒快"，又说"通观全章，其上写景，其下记言，极呆板而令人不觉者，盖言中有景，景中有情也"。让我想不到的是"吴盐"两字竟还有典故，出自李白的"吴盐如花皎如雪"，惭愧啊，吃吴盐长大的我。

然而，时过境迁，在北京闹市的斗室中，读周美成的词作若干，竟又没了意趣，回复到我此前的感觉，有点磨叽，即便有俞老耐心细致的解说，也没有带来在清明上河园中那"惊鸿一瞥"的感受，甚是教人诧异。

蓦然间想起了"隔与不隔"的话题。

这是王国维的说法，早年读《人间词话》，每到此处，有醍醐灌顶之警醒，原话是"白石写景之作，如'二十四桥仍在，波心荡，冷月无声'，'数峰清苦，商略黄昏雨'，'高树晚蝉，说西风消息'，虽格韵高绝，然如雾里看花，终隔一层。梅溪、梦窗诸家写景之病，皆在一隔字。北宋风流，渡江遂绝，抑真有运会存乎其间耶？"真是大师妙语，一下子就将诗词创作的真谛点了出来，作品好不好，境界高不高，就在于隔与不隔。并且将时代的因素也考虑进去，北宋国运昌盛，则文运昌盛。文运昌盛，则歌诗的气象自然就博大。

后来——什么事情都有后来，理解上有点含糊了，虽然仍然感到心领神会，但是不知道如何来说服自己。雾里看花，隔则隔也，不也是别有一番风味吗？

关于隔与不隔，过去有过许多争论，叶嘉莹先生曾有过概括，认为朱光潜等从"隐与显"的方面，饶宗颐从"意内言外"的角度，来理解王

观念的艺术与技术的艺术　　362

国维的隔与不隔，均有所偏颇，她认为静安先生所提出的隔与不隔，是以"境界说"为基准来欣赏衡量作品时所得的印象和结论。自然，她也认可这样一种说法，即"王氏所谓隔是指以艰深文其浅陋的作品而言"。叶嘉莹自己的理解是，如果在一篇作品中，作者果然有真切之感受，且能做真切之表达，使读者亦可获致同样真切之感受，如此便是"不隔"；反之，如果作者根本没有真切之感受，或者虽有真切之感受但不能予以真切之表达，而只是因袭陈言或雕饰造作，使读者不能获致真切之感受，如此便是"隔"。（参见叶嘉莹《王国维及其文学批评》）

以上，叶嘉莹先生话说得全面又缜密，作者、作品、读者三者都顾及到了，而且读者的地位分外重要，因为最终要以读者能感受到为要务。不过，她漏了讨论这样一种情形，即对同一首诗作，如果一部分读者有真切之感受，另一部分读者没有同样的感受，如何来判定其隔与不隔呢？

王国维在提出"隔与不隔"时，尚无新批评的或接受美学理论问世，在他那里，作者、文本和读者没有分野，隔与不隔似可以涵盖整个创作行为。"隔"，说得更具体一些，就是在诗人写景上，用典不能太过，写情上不能太抽象空洞。用王国维自己的话说："问隔与不隔之别，曰：陶、谢之诗不隔，延年则稍隔矣；东坡之诗不隔，山谷则稍隔矣。'池塘生春草''空梁落燕泥'等二句，妙处唯在不隔。词亦如是。即以一人一词论，如欧阳公《少年游》咏春草，上半阕云：'阑干十二独凭春，晴碧远连云，千里万里，二月三月，行色苦愁人。'语语都在目前，便是不隔。至'云谢家池上，江淹浦畔'，则隔矣。"王国维的意思，写春草不见春草，只说"谢家池上"，"江淹浦畔"，如此用典，实在算不得高明。接下来他又说"白石《翠楼吟》：'此地，宜有词仙，拥素云黄鹤，与君游戏。玉梯凝望久，叹芳草萋萋千里。'便是不隔。至'酒祓清愁，花消英气'，则隔矣。然南宋词虽不隔处，比之前人，自有浅深厚薄之别。"

白石的"酒祓清愁，花消英气"为何就隔，是否如叶嘉莹先生所认为太过造作修饰？可另说。这里最后一句，让人困惑，那意思是南宋词人即便做到了不隔的地步，也不如前人，这样看来，隔与不隔，又不是那么重要。显然，在王国维那里，南宋词的境界整体上比北宋要低那么一等。

周美成可是北宋词人呀。

若果在以前，我会琢磨，以一人一词论，周美成的词到底是可以归在"隔"的一面，还是"不隔"的一面（显然在王国维那里，已经是归在隔的一面了）？有了这番体验，应该换一种角度，我和周词之间，怎么就一会儿隔，一会儿不隔？看来隔与不隔，不是那么简单，确定不易的事情。

说到底，"隔与不隔"或许就是一个极其个人化的话题，是具体的作品与读者个体在某一个特定时刻相遇时的情形，推演开来，包含着多种情形，实在是一言难尽。

读《世说新语》，有谢安与小辈论诗，"谢公因子弟集聚，问《毛诗》何句最佳？遏（谢玄）称曰：'昔我往矣，杨柳依依；今我来思，雨雪霏霏。'公曰：'訏谟定命，远猷辰告。'谓此句偏有雅人深致"。

"訏谟定命，远猷辰告"来自《诗经·大雅·抑》，高亨在《诗经今注》有注释，"訏谟"和"远猷"都是指远大的计谋。因此，前一句诗的大意是"用大的谋划来确定政令"，后一句的意思是"以远大计谋来确定诏诰"。也有的认为"辰告"就是及时告知；后一句应该解释为，有长远的打算要及时告诉民众。

也就是谢安，换了别人，可能会被怀疑脑袋是在哪里被夹过。这两句诗读着就那么佶屈聱牙，若没有注解，尽管是"雅人深致"，也殊难解会，套用今天的网络用语，最多是"不明觉厉"罢了！何如"昔我往矣，杨柳依依，今我来思，雨雪霏霏"来得明丽动人，意蕴绵绵？远行也好，归来也罢，老友相逢，后海品茶，赏知春亭柳，观西山晴雪，无不能与此关联。且古往今来的诗经选本多多，每每有《小雅·采薇》，好像难觅《大雅·抑》。

我的疑惑也表明自己与谢安，与《大雅·抑》有隔。谢安自有谢安的道理，《薑斋诗话》认为包括"訏谟定命，远猷辰告"在内的这前前后后八句诗，是"将大臣经营国事之心曲，写出次第"。

谢玄则更有谢玄的道理，就情景交融而言，"昔我往矣"四句，可谓千古名句。我相信谢玄的感受能与更多的读者相通。因为若要与谢安相通,那应该具备怎样的地位、才智和过硬的心理素质啊?连前方淝水之战,捷报传来,还照样下他的围棋,"意色举止,不异于常"。

多少年以后,王夫子出来打这个圆场,认为"讦谟定名,远猷辰告"与"昔我往矣,杨柳依依,今我来思,雨雪霏霏"有"同一达情之妙"。真有"同一"达情之妙吗?问题是当初谢安并不这样认为,据说,在侄女谢道韫的推荐下,他算是认可了"吉甫作颂,穆如清风,仲山甫永怀,以慰其心"(《大雅·烝民》),也可算作"雅人深致"之佳句,就是没见他认同《小雅·采薇》。当然,谢玄也没有因为老爷子发话而倒戈,如果搞民意调查,谢玄是有这个自信的,赞同他的人一定比赞同谢安的要多。

不过问题就在这里,以雅俗而论,"雅"永远是站在少数人这边的。赞同谢玄的人越多,则表明谢安的判断越有道理。既然是"雅人深致",一般人哪能三下五除二就领会了?

其实"隔与不隔"作为个人的感受而言,有时与趣味之雅俗相关,有时又与此无关。想想谢玄,能打仗,会诗文,喜垂钓,既是国之干城,又是极有品位之人,连带府上的"堂前燕""谢家池"也多有风雅,可以穿越到唐人诗宋人词中,他本人想不风雅都不行。但是在品评佳句上,他和谢安侄叔两人就是各有所好了。

这么说,似乎要回到"趣味无争辩"的老话题上。其实不然,"隔与不隔"不仅取决于个人的品位、修养,还要视读者与作品相遇时刻具体的情景、心境而定。个人的品位和修养还好说,这是一个逐渐积累的过程,所谓山有多高,水有多高,有轨迹可觅。至于情景和心境,殊难把握,这是一个永远开放的说不尽的话题。

其实一部文学作品的突然爆红,经常是特定的情景和社会心理在起作用,这是各种因素的合力,不是作品单独所具有的特质导致。20世纪以来,由形式主义批评而发展起来的语言本质主义,关注文本本身,倾向于发掘语言的独立品格。依语言本质主义者的思路,作品语言的张力、穿透力或某些迷人的魅力是独立永存的、自足的,无须依傍。而中国古代批评家虽然没有形式主义和新批评的理论,却有丰富的文本细读的实践(有偌多的诗话、词话可以证明），这一实践也往往引导他们由文本而推及诗人，因为在他们看来，"隔与不隔"是由诗人创作和其作品所规定，放大一些，是诗人的修养、性情及身处的传统和环境所决定。在他们那里，语言传播过程只是一个单向的施受关系，还不是一个各方分享的过程。作品只是诗人的自然延伸，就连"文本"这样一个相对独立的概念其时还未从作品中分离出来，故所有的批评均是针对作者和作品的。

当然，话又要说回来，王国维其时并无接受美学视野，既然是从创作角度谈"隔与不隔"，自然无关复杂的接受情景。老友春青兄，深谙古文论，认为隔与不隔，其积极意义在于强调写诗要有真切之感受，真实之情感，才能引起心灵的震颤和共鸣，没有这些，故作高深，为文造情，读者再怎么有情趣有心境，积极配合，与其分享，也是白搭。所言极是，权作敝文结尾。

（载《读书》2014年第4期）

后 记

能够出版自选集是比较高兴的事情。因为这里发表的是自己相对满意的作品。

上世纪八十年代初是文学最火爆的年代,自己也写过几篇小说,有某种创作的快感。后来写文学批评,似少了愉快,虽然每篇作品完成和发表都很感欣慰,但确切说只是带来解脱,因为理论文章是有意念贯穿其中的,即在写作之前已经清楚要写些什么,写哪几点,最后的结尾只是达成最初的设想和目标而已(虽然其间也有修改和调整),写作过程并没有给我带来愉悦甚至惊喜。

直到近几年写文化批评和媒介批评的文章,才恢复了某种创作的快感,特别是写《文物与宝物》《去势的儒学与信仰》《隔与不隔》等篇什,开始只有写的冲动,开了头却不知道向哪个方向前行,也不清楚最后的结尾会落在哪里,写作过程是一个探索的过程,尽管有时连探索什么都不甚了了,但是写作本身带给我快乐,超过了对预设意义和目标的完成,真所谓"文本的快乐"。

写作快乐才能持久,我的导师童庆炳先生在序言中希望我"能集中一两个单元(假定一个单元10年),抓住自己感兴趣的问题,用力去做,必能获得更加巨大的学术成果"。看来,为了不辜负他的期望,我还必须像他那样胸襟开阔,永葆青春才行。

在书即将出版之际,要感谢新星出版社的领导谢刚和刘丽华,感谢陈卓和责任编辑黄珊珊,有他们的付出,才有今天这本书的面世。也要感谢

《读书》杂志的历届主编和编辑，正是因为他们对于我的信任，才使我在文化批评和媒介批评的写作中有一份自信和快乐。

  当然，最后要感谢我的家人，今天微小的成绩均源于他们对我的支持和理解。

2014年5月

新人文丛书书目

No.01　史仲文　　文化无非你和我（已出版）
No.02　夏可君　　无余与感通——源自中国经验的世界哲学（已出版）
No.03　单　纯　　立命·究底·理政三道综论集（已出版）
No.04　张　柠　　感伤时代的文学（已出版）
No.05　吴祚来　　我们要往何处去——价值主义与人文关怀（已出版）
No.06　敬文东　　守夜人呓语（已出版）
No.07　王向远　　日本之文与日本之美（已出版）
No.08　金惠敏　　全球对话主义——21世纪的文化政治学（已出版）
No.09　谢　泳　　思想利器——当代中国研究的史料问题（已出版）
No.10　陈晓明　　守望剩余的文学性（已出版）
No.11　赵　强　　问题转换机（已出版）
No.12　许志强　　无边界阅读（已出版）
No.13　王清淮　　新史记（已出版）
No.14　黑　马　　文明荒原上爱的牧师——劳伦斯叙论集（已出版）
No.15　尤西林　　人文科学与现代性（已出版）
No.16　江弱水　　文本的肉身（已出版）
No.17　李雪涛　　误解的对话——德国汉学家的中国记忆（已出版）
No.18　陆　扬　　后现代文化景观（已出版）
No.19　汪民安　　什么是当代（已出版）
No.20　张　闳　　言辞喧嚣的时刻（已出版）

No.21　张　念　女人的理想国（已出版）
No.22　李　静　必须冒犯观众（已出版）
No.23　严　泉　历史变迁的制度透视（已出版）
No.24　王鲁湘　幽光狂慧
No.25　何光沪　秉烛隧中
No.26　郭于华　我们社会的生态
No.27　张清华　狂欢或悲戚（已出版）
No.28　蒋原伦　观念的艺术与技术的艺术（已出版）
No.29　朱汉民　经典诠释与义理体认——中国哲学的建构历程
No.30　彭永捷　汉语哲学如何可能——中国哲学学科范式研究
No.31　晏　辉　走向生活世界的哲学

【注】新人文丛书将于2014年5月前陆续出版；部分书名为暂定，出版时或有调整。

图书在版编目（CIP）数据

观念的艺术与技术的艺术／蒋原伦著．—北京：新星出版社，2014.7
（新人文丛书）
ISBN 978-7-5133-1445-9
Ⅰ.①观… Ⅱ.①蒋… Ⅲ.①文化－文集 Ⅳ.①G-53
中国版本图书馆CIP数据核字（2014）第096686号

观念的艺术与技术的艺术

蒋原伦　著

策划统筹：陈　卓
责任编辑：黄珊珊
责任印制：韦　舰
封面设计：@broussaille私制
版式设计：魏　丹

出版发行：新星出版社
出 版 人：谢　刚
社　　址：北京市西城区车公庄大街丙3号楼　　100044
网　　址：www.newstarpress.com
电　　话：010-88310888
传　　真：010-65270449
法律顾问：北京市大成律师事务所

读者服务：010-88310811　　service@newstarpress.com
邮购地址：北京市西城区车公庄大街丙3号楼　　100044

印　　刷：三河兴达印务有限公司
开　　本：660mm×970mm　　1/16
印　　张：24
字　　数：350千字
版　　次：2014年7月第一版　2014年7月第一次印刷
书　　号：ISBN 978-7-5133-1445-9
定　　价：46.00元

版权专有，侵权必究；如有质量问题，请与印刷厂联系调换。